Liberalisierung und Regulierung der Postmärkte

Ansatzpunkte für eine Neugestaltung der staatlichen Postpolitik

Herausgegeben
von
Diplom-Volkswirt Heinz Berger
und
Dr. Peter Knauth

R. Oldenbourg Verlag München Wien

Die Deutsche Bibliothek - CIP-Einheitsaufnahme

Liberalisierung und Regulierung der Postmärkte : Ansatzpunkte für eine Neugestaltung der staatlichen Postpolitik / hrsg. von Heinz Berger und Peter Knauth. - München ; Wien : Oldenbourg, 1996
ISBN 3-486-22749-1
NE: Berger, Heinz [Hrsg.]

Gesamtherstellung: Grafik + Druck, München

ISBN 3-486-22749-1

Vorwort der Herausgeber

Sowohl auf europäischer wie auf nationaler Ebene werden gegenwärtig intensive Diskussionen über einen neuen ordnungspolitischen Rahmen für den Postsektor geführt. Die heute noch existierenden Monopole werden zunehmend in Frage gestellt. Allerdings ist mit einer völligen Abkehr von der traditionellen Marktordnung im Postsektor nur dann zu rechnen, wenn tragfähige Alternativen aufgezeigt werden. Denn der Übergang vom Monopol zum Wettbewerbsmarkt ist nur dann politisch durchsetzbar, wenn auch während der Transformationsphase die politisch gewünschte flächendeckende Grundversorgung mit postalischen Dienstleistungen sichergestellt ist.

Demzufolge reicht es nicht aus, im Rahmen komparativ-statischer Analysen die Vorteilhaftigkeit des Wettbewerbs als Koordinationsmechanismus aufzuzeigen. Vielmehr geht es darum zu verdeutlichen, daß sich u.a. mittels regulierender Maßnahmen des Staates ein Mehr an Wettbewerb durchaus mit einer gleichbleibend guten oder sogar verbesserten Infrastrukturversorgung - auch während der Transformationsphase - vereinbaren läßt und demzufolge Monopole im Postsektor keine Existenzberechtigung mehr haben.

Die Beiträge dieses Sammelbandes zeigen - trotz vorhandener Auffassungsunterschiede im Detail - eindeutig, daß im Postsektor zum einen weitreichende Spielräume für Liberalisierungsmaßnahmen existieren, die auch genutzt werden sollten. Zum anderen wird verdeutlicht, daß effizienzorientierte staatliche Regulierungseingriffe zumindest aus zwei Gründen erfolgen sollten: Erstens, weil der etablierte Postbetreiber aufgrund der historischen Gegebenheiten auch auf liberalisierten Märkten eine dominante Stellung innehat, die dazu geeignet ist, die Entstehung und Entwicklung eines funktionsfähigen Wettbewerbs zu verhindern. Staatliche Regulierung ist hier im Interesse der Kunden und der Mitbewerber zumindest übergangsweise notwendig. Zweitens scheinen marktkonforme Regulierungsmaßnahmen zumindest in Teilbereichen sinnvoll zu sein, um hierdurch staatlich vorgegebene Infrastrukturzielsetzungen zu erreichen.

Das vorliegende Werk erhebt nicht den Anspruch, abschließende Antworten auf die angesprochenen Fragestellungen zu liefern. Statt dessen sollten insbesondere aus ökonomischer Sicht Anstöße für weitergehende Diskussionen im politischen und wissenschaftlichen Bereich gegeben werden.

Unser besonderer Dank gilt den Autoren, die trotz starker Arbeitsbelastung die Zeit gefunden haben, ihre Beiträge für dieses Buch zu verfassen. Bei den einzelnen Abhandlungen wurde Wert darauf gelegt, daß es sich um jeweils abgeschlossene Beiträge handelt, die ohne Rückgriff auf andere Kapitel des Buches oder spezifische Vorkenntnisse verständlich sind.

Die Herausgeber

Autorenverzeichnis

Bauer, Brigitte, Diplom-Volkswirtin, Wissenschaftliches Institut für Kommunikationsdienste, Bad Honnef.

Berger, Heinz, Diplom-Volkswirt, Ministerialrat, Referatsleiter im Bundesministerium für Post und Telekommunikation, Bonn.

Blankart, Charles B., Prof. Dr., Humboldt-Universität Berlin.

Braubach, Ulla, Dr., Mannesmann Eurokom GmbH, Düsseldorf; bis Anfang 1995 Referentin im Bundesministerium für Post und Telekommunikation, Bonn.

Ernst, Matthias, Dr., Universität Würzburg; Forschungsgruppe EcoTel.

Gröner, Helmut, Prof. Dr., Universität Bayreuth.

Hofmann, Heinrich, Dr., Leitender Regierungsdirektor, Unterabteilungsleiter im Bundesamt für Post und Telekommunikation, Mainz.

Knauth, Peter, Dr., Regierungsdirektor, Referent im Bundesministerium für Post und Telekommunikation, Bonn.

Knieps, Günter, Prof. Dr., Universität Freiburg.

Knorr, Andreas, Dr., Wissenschaftlicher Mitarbeiter, Universität Bayreuth.

Neu, Werner, Dr., Direktor des Wissenschaftlichen Instituts für Kommunikationsdienste, Bad Honnef.

Pieper, Frank, Diplom-Volkswirt, Veba AG, Düsseldorf; bis 1994 Wissenschaftliches Institut für Kommunikationsdienste, Bad Honnef.

Plagemann, Jürgen, Dr., Regierungsdirektor, Referent im Bundesministerium für Post und Telekommunikation, Bonn.

Schöttner, Hubert, Diplom-Volkswirt, Amtsrat, Referent im Bundesministerium für Post und Telekommunikation, Bonn.

Stumpf, Ulrich, Dr., Stellv. Direktor des Wissenschaftlichen Instituts für Kommunikationsdienste, Bad Honnef.

Uhle, Detlef, Dr., Regierungsdirektor, Referent im Bundesministerium für Post und Telekommunikation, Bonn.

Walpuski, Dirk, Dr., Universität Würzburg, Forschungsgruppe EcoTel.

Inhaltsübersicht

	Seite
Vorwort	3
Autorenverzeichnis	4
Teil 1: Einführung	9
Zur Notwendigkeit einer Änderung des Ordnungsrahmens im Postsektor (Berger/ Knauth)	11
Der rechtlich-institutionelle Rahmen des Postmarktes in der Bundesrepublik Deutschland (Plagemann)	47
Teil 2: Marktergebnisse auf regulierten und unregulierten Postmärkten	91
Marktversagen im unregulierten Postmarkt? (Braubach)	93
Produktions- und Angebotsstrukturen im Postsektor (Hofmann)	123
Die Struktur der Nachfrage nach Postdienstleistungen in Deutschland (Uhle)	147
Nachfragebeziehungen zwischen Post- und Telekommunikationsdienstleistungen (Ernst/ Walpuski)	159
Wettbewerb und Regulierung im Postsektor - ein internationaler Vergleich (Schöttner)	175
Teil 3: Ansatzpunkte für Liberalisierungsmaßnahmen und effiziente Formen der Regulierung	199
Effiziente Instrumente der Infrastrukturfinanzierung: Die Infrastrukturfondslösung im Postbereich (Blankart/ Knieps)	201
Lizenzierung als Instrument der Marktöffnung (Gröner/ Knorr)	225
Preisregulierung in monopolisierten Bereichen des Postsektors (Neu/ Stumpf)	247
Die Regulierung des Netzzugangs im Briefdienst (Pieper/ Stumpf)	263
Möglichkeiten und Grenzen einer Qualitätsregulierung in wettbewerblichen Ausnahmebereichen des Postwesens (Bauer)	289
Teil 4: Zusammenfassung und Ausblick	313
Funktion und Struktur der staatlichen Postpolitik (Berger)	315
Stichwortverzeichnis	336

Inhaltsverzeichnis

Seite

Teil 1: Einführung 9

Zur Notwendigkeit einer Änderung des Ordnungsrahmens im Postsektor (Berger/ Knauth) 11

I. Einführung 13
II. Der Markt für Postdienstleistungen 15
III. Zur Begründung staatlicher Tätigkeit im Postsektor 19
IV. Beurteilung des Regulierungsrahmens im Postsektor aus allokationspolitischer Sicht 25
V. Ansatzpunkte für eine schrittweise Liberalisierung und eine effizienzorientierte Regulierungspolitik im Postsektor 29
VI. Ausblick: Die Ergebnisse der Postreform II aus ordnungspolitischer Sicht 41

Der rechtlich-institutionelle Rahmen des Postmarktes in der Bundesrepublik Deutschland (Plagemann) 47

I. Probleme der rechtlichen Betrachtung des Postmarktes 49
II. Die wesentlichen Rechtsvorschriften des Postmarktes im Überblick 51
III. Marktzutritt im Postsektor - der Beförderungsvorbehalt der Deutschen Bundespost POSTDIENST bzw. der Deutschen Post AG 65
IV. Marktaufsicht im Postsektor - die Regulierungsbefugnisse des Bundesministeriums für Post und Telekommunikation 79
V. Das Recht der Europäischen Union im Postmarkt 85
VI. Rechtspolitischer Ausblick 88

Teil 2: Marktergebnisse auf regulierten und unregulierten Postmärkten 91

Marktversagen im unregulierten Postmarkt? (Braubach) 93

I. Einleitung 95
II. Die Theorie des natürlichen Monopols 96
III. Wettbewerbspolitische Schlußfolgerungen 107
IV. Schlußbetrachtungen 118

Produktions- und Angebotsstrukturen im Postsektor (Hofmann) 123

I. Produktionsstrukturen 125
II. Angebotsstrukturen 133

Die Struktur der Nachfrage nach Postdienstleistungen in Deutschland (Uhle) 147

I. Thematisch-methodische Einführung 149
II. Die Nachfrage nach Briefpost 150
III. Die Nachfrage nach Frachtpost 154
IV. Die Nachfrage nach Kurier- und Expreßpost 156

Nachfragebeziehungen zwischen Post- und Telekommunikationsdienstleistungen (Ernst/ Walpuski) **159**

I. Problemstellung 161
II. Nachrichtenübertragung als wirtschaftliches Gut 162
III. Das Konzept der Verkehrswertigkeit 163
IV. Verkehrsaffinität und Qualitätsprofil im Brief-, Fernsprech- und Telefaxdienst 169
V. Ergebnisse und Schlußfolgerungen 170

Wettbewerb und Regulierung im Postsektor - ein internationaler Vergleich (Schöttner) **175**

I. Vorbemerkungen 177
II. Ausländische Postmarktordnungen 179
III. Ergebnis 196

Teil 3: Ansatzpunkte für Liberalisierungsmaßnahmen und effiziente Formen der Regulierung **199**

Effiziente Instrumente der Infrastrukturfinanzierung: Die Infrastrukturfondslösung im Postbereich (Blankart/ Knieps) **201**

I. Einführung: Die Konzeption eines Universaldienstes im Postbereich 203
II. Ein universaler Postdienst in einer Wettbewerbswirtschaft? 205
III. Lösung des Universaldienstproblems über monopolisierte Postdienste 207
IV. Der Infrastrukturfonds als Alternative zu monopolisierten Diensten 210
V. Die Finanzierung des Infrastrukturfonds 216
VI. Reine Subventionslösung statt Infrastrukturfonds 218
VII. Politische Durchsetzbarkeit 220
VIII. Schlußfolgerungen 221

Lizenzierung als Instrument der Marktöffnung (Gröner/ Knorr) **225**

I. Die Ausgangslage 227
II Mögliche Ansatzpunkte der Lizenzierung im Postwesen 229
III. Wettbewerbsverhältnisse im Postwesen 230
IV. Alternative Lizenzierungsstrategien 234
V. Abschließende Beurteilung 245

Preisregulierung in monopolisierten Bereichen des Postsektors (Neu/ Stumpf) **247**

I. Einleitung 249
II. Das Regulierungsproblem 249
III. Rate-of-Return-Regulierung 252
IV. Price-Cap-Regulierung 255

Die Regulierung des Netzzugangs im Briefdienst (Pieper/ Stumpf) **263**

I. Einführung 265
II. Grundlegende Fakten 266
III. Normen für die Regulierung des Netzzugangs 279
IV. Schlußfolgerungen 286

Möglichkeiten und Grenzen einer Qualitätsregulierung in wettbewerblichen Ausnahmebereichen des Postwesens (Bauer) **289**

I. Einführung und Problemstellung 291
II. Operationalisierung des Qualitätsbegriffs im Briefdienst - einige grundsätzliche Überlegungen 292
III. Monopole und Qualität 297
IV. Qualitätsregulierung in gesetzlich geschützten Monopolbereichen? 300
V. Staatliche Qualitätssicherung im Monopolbereich der Post AG? 307
VI. Ausblick 310

Teil 4: Zusammenfassung und Ausblick **313**

Funktion und Struktur der staatlichen Postpolitik (Berger) **315**

I. Rückblick 317
II. Funktionen der Postpolitik 321
III. Gedanken zur Strukturierung der politischen Funktionen im Bereich der Postpolitik 326
IV. Regulierung, Privatisierung und Wettbewerb 329

Teil 1: Einführung

Zur Notwendigkeit einer Änderung des Ordnungsrahmens im Postsektor (Berger/ Knauth)

I. Einführung
II. Der Markt für Postdienstleistungen
II.1. Der rechtlich-institutionelle Rahmen
II.2. Angebots- und Nachfragestrukturen im Postsektor
III. Zur Begründung staatlicher Tätigkeit im Postsektor
III.1. Marktversagen im Postsektor - allokative Effizienz als Ziel staatlicher Postpolitik?
III.2. Außerökonomische Ziele der Regulierungspolitik im Postsektor
IV. Beurteilung des Regulierungsrahmens im Postsektor aus allokationspolitischer Sicht
V. Ansatzpunkte für eine schrittweise Liberalisierung und eine effizienzorientierte Regulierungspolitik im Postsektor
V.1. Die Liberalisierungsvorschläge des Grünbuchs Post
V.1.1. Liberalisierung des grenzüberschreitenden Verkehrs
V.1.2. Marktöffnung im Bereich von Direktwerbesendungen
V.1.3. Einführung einer Preis- und Gewichtsgrenze
V.1.4. Marktöffnung für neue Dienstleistungen
V.2. Lizenzierung als adäquates Instrument des Übergangs vom Monopol zum Wettbewerb
V.3. Aufgaben der Regulierungspolitik
V.3.1. Preisregulierung im Interesse der Kunden
V.3.2. Qualitätsregulierung
V.3.3. Wettbewerbsschutz durch Regulierung
V.3.3.1. Die Quersubventionierungsproblematik
V.3.3.2. Strategische Eintrittsverhinderung als Regulierungsproblem
VI. Ausblick: Die Ergebnisse der Postreform II aus ordnungspolitischer Sicht

Zur Notwendigkeit einer Änderung des Ordnungsrahmens im Postsektor

Heinz Berger und Peter Knauth*

I. Einführung

Die Postpolitik gerät in jüngster Zeit sowohl auf nationaler wie auf internationaler Ebene mehr und mehr in Bewegung. Die Postreform II in Deutschland und das Grünbuch Post der Kommission der Europäischen Gemeinschaften sowie die daraus resultierenden Politikschritte werden den institutionellen Rahmen in diesem Sektor nachhaltig verändern. Hinzu kommen die im Rahmen des XXI. Weltpostkongresses vereinbarten organisatorisch-institutionellen Änderungen des Weltpostvereins.

Bislang zählen die Märkte für Postdienstleistungen zu den Bereichen, in denen das Wettbewerbsprinzip in nur beschränktem Maße Gültigkeit besitzt. Viele Staaten, deren Wirtschaftsordnungen als Marktwirtschaften bezeichnet werden, weisen Postsektoren auf, die weitgehend monopolisiert sind. Dies gilt auch für die Bundesrepublik Deutschland, in der bislang dem öffentlichen Postunternehmen im Bereich der Briefbeförderung ein weitreichendes und gesetzlich abgesichertes Monopolrecht zugestanden wird.[1]

Zwar hat Walter Eucken bereits vor mehr als vierzig Jahren festgestellt, daß öffentliche Monopole ebenso problembehaftet sind wie private.[2] Dessen und anderer Einwände ungeachtet wurde die Monopolstellung der Deutschen Bundespost über Jahrzehnte hinweg jedoch nicht ernsthaft in Frage gestellt. Hierzu trug neben einem - zumindest im Infrastrukturbereich - wenig ausgeprägten marktwirtschaftlichen Bewußtsein nicht zuletzt auch die grundgesetzliche Regelung des Artikel 87 bei, wonach die Bundespost - bis

---

* Bundesministerium für Post und Telekommunikation. Der Beitrag gibt die persönlichen Ansichten der Verfasser wieder.

[1] Bis 31.12.1994 waren weite Teile der Briefbeförderung ausschließlich der Deutschen Bundespost POSTDIENST vorbehalten; seit dem 01.01.1995 liegen diese ausschließlichen Rechte bei deren Nachfolgeunternehmen, der Deutschen Post AG.

[2] Eucken stellt fest: "Die Verstaatlichung von Monopolen löst das Monopolproblem nicht. Staatliche Monopole - z.B. der Eisenbahn oder Elektrizitätswerke - treiben regelmäßig ebenso monopolistische Preispolitik wie private Monopole. Sie suchen ebenso wie private den Punkt der höchsten Reineinnahme zu erreichen, der im Monopolfall meist vom Punkt der optimalen Befriedigung der Nachfrage wesentlich abweicht. Vielfach ist sogar die Neigung, die Monopolposition vollständig auszunutzen, bei staatlichen Monopolverwaltungen größer als bei privaten. Die staatliche Monopolverwaltung fühlt sich nämlich zu diesem Verhalten berechtigt, weil die Einnahmen dem Staat oder der Stadt zufließen, also eine indirekte Steuer darstellen und nicht zu privaten Zwecken verwandt werden. Im übrigen fühlt sich der Staat viel sicherer vor einer möglichen Konkurrenz; er kann z.B. aufkommende Substitutionskonkurrenz mit Mitteln der Gesetzgebung beschränken..."; Eucken, W.: Grundsätze der Wirtschaftspolitik, 6. Auflage, Tübingen 1990, S. 293. „Der Monopolist versorgt nämlich den Markt ständig mangelhaft und befriedigt die effektive Nachfrage niemals ganz, so daß er seine Ware weit über dem natürlichen Preis verkaufen kann, wodurch seine Einkünfte, ob Lohn oder Gewinn, beträchtlich über die natürliche Höhe steigen."; Smith, A.: Der Wohlstand der Nationen, 6. Auflage, München 1993, S. 54.

August 1994 - in bundeseigener Verwaltung mit eigenem Verwaltungsunterbau zu führen war.

In jüngster Zeit wird jedoch weltweit immer häufiger die Frage aufgeworfen, ob und wie die Marktergebnisse im Postsektor durch eine liberalere Marktordnung verbessert werden können.[3] Von besonderem Interesse ist dabei, ob sich wettbewerbliche Marktstrukturen mit der Sicherstellung infrastruktureller Aufgaben vereinbaren lassen oder nicht.

Die Frage, ob aus ökonomischer Sicht liberalisiert werden sollte, kann im Rahmen komparativ-statischer Analysen beantwortet werden, in denen der regulierte Zustand mit dem unregulierten bzw. deregulierten Postmarkt verglichen wird. Wird dabei erkennbar, daß auf offenen Märkten mit funktionsfähigem Wettbewerb gerechnet werden kann, so sind notwendige Bedingungen für einen Abbau staatlicher Eingriffe gegeben. Vor einer Marktöffnung ist jedoch u.a. zu prüfen, inwieweit durch die bisherigen Interventionen Zustände geschaffen worden sind, die einen friktionslosen Übergang vom ineffizienten zum effizienten Regime erschweren. So besteht die Möglichkeit, daß im Vertrauen auf die Dauerhaftigkeit staatlicher Eingriffe wie Marktzutrittsschranken oder Mindestpreise insbesondere auf der Angebotsseite Investitionen in Sach- oder Humankapital getätigt wurden, die im Falle einer Liberalisierung teilweise oder vollständig entwertet werden. Hinreichende Bedingungen für eine Deregulierungspolitik im Postsektor liegen in diesem Fall dann vor, wenn der gesamtwirtschaftliche Nutzen der Wettbewerbsöffnung auch die im Zuge der Deregulierung anfallenden Anpassungskosten innerhalb des relevanten Betrachtungszeitraums übersteigt.

Gegen eine Marktöffnung im Postsektor wird häufig das Argument des "Rosinenpickens" angeführt, dem implizit die Annahme zugrundeliegt, bei der Produktion von Postdienstleistungen würden beträchtliche regionale Kostenunterschiede auftreten.[4] Da private Anbieter im unregulierten Wettbewerb nur dort tätig werden, wo sich dies für sie lohnt, hätte dies zur Folge, daß Bereiche, deren Bedienung hohe Kosten verursacht, entsprechende Preise zu akzeptieren hätten oder überhaupt nicht bedient würden.

Soll aber das gesamte Staatsgebiet zu mehr oder weniger einheitlichen Bedingungen (Preise, Qualitäten) mit postalischen Dienstleistungen versorgt werden, so muß dieses Ziel - regionale Kostenunterschiede vorausgesetzt - durch den Einsatz geeigneter post-

[3] Vgl. hierzu etwa die ordnungspolitischen Grundaussagen und Vorschläge des Grünbuchs Post der Kommission der Europäischen Gemeinschaften: Grünbuch über die Entwicklung des Binnenmarktes für Postdienste. KOM(91) 476 endg., Brüssel 1992, Kapitel 9.

[4] Inwieweit regionale Kostenunterschiede vorliegen, hängt neben den geographischen und siedlungsstrukturellen Gegebenheiten in entscheidendem Maße von der Art der postalischen Leistungserstellung ab. So werden in Deutschland die meisten Briefsendungen direkt in den Hausbriefkasten des Empfängers eingelegt, was sich etwa von der Situation in den Vereinigten Staaten unterscheidet, "where all rural delivery and much urban delivery is to a roadside box.", Cohen, R. H./ Ferguson, W.W./ Xenakis, S.S.: A Cost Comparison of Serving Rural and Urban Areas in the United States, WIK- Diskussionsbeitrag Nr. 114, Bad Honnef 1993, S. 14. Die Studie von Cohen et al. kommt zu dem Ergebnis, daß zwischen Stadt- und Landzustellung in den USA nur vergleichsweise geringe Kostenunterschiede bestehen; vgl. ebenda, S. 3.

politischer Maßnahmen erreicht werden. Bislang wurde diese Zielsetzung unmittelbar mit einem Instrument - nämlich einem öffentlichen Monopolunternehmen - verknüpft, ohne die Frage nach der Effizienz und damit letztlich nach der Verhältnismäßigkeit des Instrumenteneinsatzes aufzuwerfen.

Die Ursachen hierfür liegen zum einen darin, daß die Postpolitik über lange Zeit nicht nur als Instrument zur Sicherstellung der flächendeckenden Befriedigung der Nachfrage nach Dienstleistungen des materiellen Nachrichtenverkehrs und des Kleingutverkehrs betrachtet wurde, sondern indirekt auch als Mittel anderer Politikbereiche wie etwa der Beschäftigungs- und Konjunkturpolitik oder der Strukturpolitik. Darüber hinaus lag den Politikeingriffen eine unzureichende ökonomische Analyse des Postsektors zugrunde. Die Post wurde - wie im Grundgesetz festgeschrieben - als öffentliche Leistungsverwaltung begriffen, die Dienste erbringt, die vom Markt angeblich nicht bereitgestellt werden. Eine Monopolisierung des Gesamtmarktes erschien aus dieser Sicht wenig problematisch.

Ausgehend von der Annahme, daß die staatliche Postpolitik einzig dafür zu sorgen hat, daß eine flächendeckende Grundversorgung mit Postdienstleistungen auf effiziente Weise gewährleistet wird und darüber hinausgehende Zielsetzungen grundsätzlich anderen Politikbereichen zuzuweisen sind, soll nachfolgend gezeigt werden, daß ordnungspolitische Reformen, d.h. insbesondere weitreichende Marktöffnungsschritte sowie - übergangsweise - effizienzorientierte Regulierungsmaßnahmen aus gesamtwirtschaftlicher Sicht sinnvoll sind.

II. Der Markt für Postdienstleistungen

II.1. Der rechtlich-institutionelle Rahmen

Nach § 2 Abs. 1 des Gesetzes über das Postwesen (PostG) ist das "Errichten und Betreiben von Einrichtungen zur entgeltlichen Beförderung von schriftlichen Mitteilungen oder sonstigen Nachrichten von Person zu Person dem Nachfolgeunternehmen der Deutschen Bundespost POSTDIENST bis zum Auslaufen des Beförderungsvorbehalts ausschließlich vorbehalten." Der Begriff Beförderung wird in § 2 Abs. 2 PostG näher beschrieben und umfaßt alle Tätigkeiten, "die dem Einsammeln, Weiterleiten oder Ausliefern der Sendungen an den Empfänger" dienen.[5] § 2 Abs. 3 PostG schränkt den Bereich des Absatzes 1 ein, indem "Nachrichten, die einer anderen Sendung beigefügt sind und ausschließlich deren Inhalt betreffen" sowie "wiederkehrend erscheinende Druckschriften" vom Beförderungsvorbehalt ausgenommen werden.

§ 2 Abs. 5 PostG ermöglicht es dem Bundesminister für Post und Telekommunikation, "...im Einzelfalle Befreiung vom Beförderungsvorbehalt zu gewähren. Die Befreiung kann mit Bedingungen und Auflagen verbunden werden."

[5] Gesetz über das Postwesen (PostG) in der Fassung der Bekanntmachung vom 3. Juli 1989 (BGBl. I S. 1449), geändert durch Art. 6 Abs. 105 EisenbahnneuordnungsG v. 27.12.1993 (BGBl. I S. 2378) und Art. 6 PostneuordnungsG v. 14.09.1994 (BGBl. I S. 2325).

Von dieser Befreiungsmöglichkeit hat der Bundesminister für Post und Telekommunikation bereits auf der Grundlage der bis 31.12.1994 gültigen alten Fassung des Postgesetzes durch die Amtsblattverfügung 6/1994 vom 12.1.1994 Gebrauch gemacht. Nach dieser Verfügung ist das Errichten und Betreiben von Einrichtungen zur entgeltlichen Beförderung von schriftlichen Mitteilungen von Person zu Person allgemein genehmigt, sofern für die Beförderung eine Mindestpreisgrenze beachtet wird, die pro Sendung beim Zehnfachen des Entgelts für einen gewöhnlichen Brief, d.h. zur Zeit bei einem Betrag von DM 10,- (einschließlich Mehrwertsteuer), liegt.[6]

Mit der Amtsblattverfügung 42/1994 (BMPT-Amtsblatt Nr. 4/1994) hat der Bundesminister für Post und Telekommunikation darüber hinaus gemäß § 2 Abs. 4 PostG (alt) die Beförderung von grenzüberschreitenden Kuriersendungen vom Beförderungsvorbehalt ausgenommen, "wenn die Beförderung durch Kuriere vorgenommen wird, die die einzeln nachgewiesenen Sendungen auf dem Weg vom Absender zum Empfänger ständig begleiten und nötigenfalls über eigene Dispositionsbefugnis hinsichtlich Beförderungsweg und Beförderungsmittel verfügen."[7]

Trotz dieser Marktöffnungsschritte, die nicht zuletzt unter europarechtlichen Aspekten notwendig wurden, ist der größte Teil der Briefbeförderung weiterhin im Monopol, was bei der Betrachtung und Beurteilung der gegenwärtigen Marktstruktur zu berücksichtigen ist.

In der Begründung zum Postgesetzentwurf wurde im Jahre 1968 festgestellt, daß "aus der Verpflichtung der Deutschen Bundespost, die Verkehrsbedürfnisse der Allgemeinheit nach den Grundsätzen der Gemeinnützigkeit zu befriedigen, folgt, daß der freie Wettbewerb auf diesem Gebiet auch in Zukunft in bestimmtem Umfange zugunsten der Deutschen Bundespost beschränkt werden muß."[8]

Diese Sichtweise hat eine lange Tradition, wenngleich fiskalische Motive gemeinwirtschaftliche Zielsetzungen der staatlichen Postpolitik zeitweise überlagerten.[9] Gemeinwirtschaftliche oder gemeinnützige Aufgaben wie die Betriebspflicht, der Kontrahierungszwang oder der Tarifzwang bilden zumindest vordergründig die Rechtfertigung des Postmonopols. So wurde auch von einem "gemeinwirtschaftlichen Monopol" der Bundespost gesprochen, das die Einschränkung der Gewerbefreiheit rechtfertige.

---

[6] Durch die BMPT-Amtsblattverfügung 6/1994 (BMPT-Amtsblatt Nr. 1/1994. S. 56) wurde die Amtsblattverfügung 632/1989 Nr. 2 vom 29.6.1989 des Bundesministers für das Post- und Fernmeldewesen (BPM-Amtsblatt Nr. 69 vom 29.6.1989. S. 1243) an die nach der Postreform des Jahres 1989 geänderte Rechtslage angepaßt und "gemäß § 2 Abs. 4 Postgesetz den privaten Kurierdiensten eine Allgemeingenehmigung für das Errichten und Betreiben von Einrichtungen zur Beförderung von schriftlichen Mitteilungen..." in den o. g. Grenzen erteilt.

[7] Bundesminister für Post und Telekommunikation: Amtsblattverfügung 42/1994, BMPT-Amtsblatt Nr. 4/1994, S. 198. Auch diese Allgemeingenehmigung stellt eine Rechtsanpassung einer seit 1985 bestehenden Regelungspraxis dar.

[8] Entwurf eines Gesetzes über das Postwesen. Bundestag-Drucksache V/3295 vom 26.09.1968, S. 9.

[9] Vgl. hierzu auch Ohnesorge, W.: Von den Vorrechten der Post. in: Postarchiv - Zeitschrift für das gesamte Post- und Fernmeldewesen. 69. Jg., 1941, S. 99 - 113.

Übersehen wird dabei freilich oft, daß sich die gesetzten bzw. akzeptierten gemeinwirtschaftlichen Ziele mit Instrumenten erreichen ließen, die zum einen einen geringeren gesamtwirtschaftlichen Ressourcenverzehr zur Folge hätten und zum anderen ohne die mit der Monopolisierung des Postmarktes verbundene massive Einschränkung des verfassungsmäßigen Rechts der Berufsfreiheit auskämen.

II.2. Angebots- und Nachfragestrukturen im Postsektor

Der Markt für Postdienstleistungen in Deutschland wurde - wie in anderen Ländern auch - angebotsseitig lange Zeit durch das Leistungsangebot der Postverwaltung abgegrenzt. Zum Postmarkt gehörte, was von der Post angeboten wurde. Mittlerweile existieren jedoch in vielen Ländern (wieder) leistungsstarke private Anbieter von Postdienstleistungen. Zu nennen sind hier u.a. Unternehmen wie der United Parcel Service, der Deutsche Paket Dienst, German Parcel, DHL, Trans-o-flex etc.

Diese privaten Paket- und Kurierdienste haben in den letzten Jahren zu einer erheblichen Erweiterung des Angebotsspektrums auf den Postmärkten beigetragen. Rechnet man zum Postmarkt die Beförderung, d.h. die Einsammlung, den Transport und die Zustellung von schriftlichen Mitteilungen und Kleingütern bis 31,5 kg, so stellt man fest, daß der Marktanteil der postfremden Anbieter in den letzten Jahren beachtlich gestiegen ist.[10] Zwar war der öffentliche Postbetreiber auch im Bereich der Paketbeförderung mit einem Sendungsvolumen von ca. 682 Mio. Stück und einem Umsatz von ca. 3,9 Mrd. DM 1994 der mit Abstand größte Anbieter[11], doch existiert mittlerweile - trotz eines jährlichen internen Finanzausgleichs zugunsten des posteigenen Frachtdienstes in Milliardenhöhe - eine ganze Reihe privater Kurier- und Paketdienste mit bedeutenden Sendungsvolumina. So beförderte beispielsweise der Deutsche Paket Dienst (DPD) im Jahr 1993 ca. 124 Mio. Pakete bei einem Umsatz von ca. 1,2 Mrd. DM. Eine ähnliche Größenordnung erreichte auch UPS Deutschland, der 1993 über 100 Mio. Pakete beförderte. German Parcel beförderte 1993 ca. 40 Mio. Paketsendungen.[12]

Neben der Deutschen Post AG betätigen sich bundesweit schätzungsweise 40.000 weitere Unternehmen im Paket- und Kurierdienstsegment, von denen die zehn größten Anbieter allein mehr als 50.000 Mitarbeiter beschäftigen.[13] Dies ist ein Indiz dafür, daß

---

[10] Zur Abgrenzung des Postmarktes vgl. auch Pieper, F.: Postdienste im Wettbewerb - Ökonomische Charakteristika und Struktur der Märkte. Diskussionsbeiträge des Wissenschaftlichen Instituts für Kommunikationsdienste, Nr. 99, Bad Honnef 1992, S. 5 ff. Pieper untergliedert den Postmarkt weiter nach der Qualität der erbrachten Dienstleistungen, (Standard, Expreß/ Kurier) nach der Art und dem Gewicht der Sendungen (Brief, Paket, Fracht) sowie nach der räumlichen Ausdehnung (regional, national, international); vgl. ebenda S. 9. Die Abgrenzung des Gesamtmarktes mittels einer Gewichtsgrenze ist recht willkürlich, allerdings entspricht sie der in den Allgemeinen Geschäftsbedingungen der Paketbeförderer angegebenen Grenze.

[11] Vgl. Deutsche Post AG (Hrsg.): Geschäftsbericht 1994, Bonn 1995, S. 2 f.

[12] Vgl. O.V.: DVZ-Übersicht: Kurier-, Expreß- und Paketdienste, in: Deutsche Verkehrs-Zeitung, Nr. 139 v. 22.11.1994, S. 33-44 sowie O.V.: Hier geht die Post ab, in: LOGISTIK HEUTE, Sonderausgabe: Aktueller Überblick: Kurier-, Expreß- und Paketdienste, Oktober 1993, S. 9 ff.

[13] Vgl. ebenda, S. 12 ff.

sich in diesem Teil des Postmarktes schrittweise ein funktionsfähiger Wettbewerb herausbildet.

Im Bereich der Briefbeförderung ist die Deutsche Post AG aufgrund ihrer weitgehenden Monopolstellung der absolut dominante Anbieter. Ihr Umsatz betrug 1992 ca. 16,7 Mrd. DM, bei ca. 16,7 Mrd. Briefsendungen (Brief- und Infopost 1994: ca. 19 Mrd. DM/ ca. 17 Mrd. Stück). Betätigungsmöglichkeiten für private Anbieter gibt es bisher allein im Bereich der Beförderung von nicht-adressierten Werbesendungen[14] sowie in den durch Allgemeingenehmigungen und den durch die jüngste Lizenzierung im Bereich adressierter Massensendungen vom Bundesminister für Post und Telekommunikation geöffneten Bereichen.[15] Die Sendungsstruktur im Briefdienst des öffentlichen Postbetreibers läßt sich für das Jahr 1992 durch die nachfolgende Tabelle veranschaulichen.

Tabelle 1:[16]

Sendungsart	Mio. Sendungen 1992
Briefe	7.803
Postkarten	0.691
Briefdrucksachen	0.958
Drucksachen	1.296
Büchersendungen	0.086
Warensendungen	0.104
Wurfsendungen	1.477
Massendrucksachen	4.314

Die Nachfrage nach Leistungen des Briefdienstes verteilt sich - im internationalen Durchschnitt - etwa zu 80% auf gewerbliche Kunden und nur zu 20% auf private Nachfrager.[17] Allgemein wird von einer nur mäßig wachsenden Gesamtnachfrage nach Beförderungsleistungen im Bereich des Briefdienstes ausgegangen, wobei ein leichter Rückgang im Standardsegment der normalen Briefbeförderung (Individualkommunikation) möglicherweise durch ein vergleichsweise stärkeres Wachstum im Bereich der "Massendrucksachen" bzw. (Direktwerbesendungen/ Massenkommunikation) überkompensiert wird.

Während in Deutschland pro Einwohner im Jahr 1990 durchschnittlich 251 Briefsendungen verschickt wurden, waren es in Großbritannien 284, in Belgien 318, in Dänemark 335 und in Frankreich 355 Sendungen. Österreich erreichte im selben Jahr einen Wert von über 400 Sendungen, die Schweiz einen Wert von 718.[18] Die wohl wichtigste Erklärung für das - insbesondere unter Berücksichtigung des hohen Pro-Kopf-Einkommens -

---

[14] Im Segment der nicht-adressierten Massenpost (Wurfsendungen) gibt es eine ganze Reihe privater Anbieter, die in der Lage sind, zuverlässig bundesweit Zustellaufträge zu erledigen.

[15] Vgl. hierzu Fn 6 f. oben.

[16] Deutsche Bundespost POSTDIENST (Hrsg.): Geschäftsbericht 1992, Bonn 1993, S. 24.

[17] Vgl. Kommission der Europäischen Gemeinschaften: Grünbuch über die Entwicklung des Binnenmarktes für Postdienste, a.a.O., S. 73.

[18] Vgl. hierzu Eurostat: Kommunikationsdienste: Jährliche Statistiken 1980-1991, Brüssel 1993, S. 199.

im internationalen Vergleich sehr niedrige Sendungsaufkommen in Deutschland dürfte im bisher hohen Tarifniveau der DBP POSTDIENST/ Deutschen Post AG liegen. Bei den Tarifen für Briefsendungen - vor allem der unteren Gewichtsklassen mit einem hohen Aufkommen - nimmt die DBP POSTDIENST bzw. die Deutsche Post AG weltweit eine Spitzenposition ein.[19] Dies gilt allerdings nicht in gleichem Maße für die Qualität der erbrachten Leistungen, wenn man diese mit derjenigen von Postverwaltungen bzw. -unternehmen vergleicht, die in stärkerem Umfang im Wettbewerb stehen als der deutsche Monopolinhaber. Zu nennen sind hier Sweden Post, die PTT Nederlande sowie das britische Post Office. In keinem dieser Länder ist das Dienstleistungsniveau (Brieflaufzeiten, Dichte der Einlieferungsstellen, Leerungshäufigkeiten von Briefkästen etc.) auf den Postmärkten im Durchschnitt niedriger als in der Bundesrepublik Deutschland. Dies gilt insbesondere auch - soweit erkennbar - in bezug auf das Ziel der "flächendeckenden Grundversorgung" mit postalischen Dienstleistungen.

Aus empirischer Sicht läßt sich also festhalten, daß eine kontrollierte Marktöffnung die Qualität des Angebots in der Regel eher verbessert und eine Schlechterstellung bestimmter Gebiete oder Bevölkerungsgruppen generell nicht feststellbar ist.[20]

III. Zur Begründung staatlicher Tätigkeit im Postsektor

Zu fragen ist also, warum der Staat auch heute noch so massiv in den Postsektor eingreift und den Wettbewerb so stark behindert. Erklärungsansätze liefern u.a. die verschiedenen Ansätze der ökonomischen Theorie der Regulierung. Aus der sog. Theorie des Marktversagens leitet sich die Hypothese ab, daß es zu staatlichen Aktivitäten immer dann kommt, wenn allokatives Marktversagen vorliegt oder zu erwarten ist. Die staatlichen Eingriffe erfolgen dann im gesamtwirtschaftlichen Interesse, d.h. um die gesamtwirtschaftliche Effizienz zu erhöhen.

Möglicherweise führt auch die demokratisch legitimierte Verfolgung außerökonomischer Ziele zu Eingriffen in den Postsektor. In diesem Fall bleibt - aus ökonomischer Sicht - allein die Frage, ob die eingesetzten Instrumente hinsichtlich der Zielerreichung als effizient zu bezeichnen sind.

Dieser eher optimistischen Sichtweise bzw. Erklärung staatlicher Aktivität im Postsektor stehen in der Literatur Ansätze gegenüber, die staatliche Eingriffe und Wettbewerbsbeschränkungen auf sog. Rentseeking-Aktivitäten bestimmter Individuen bzw. Gruppen zurückführen. Regulierungseingriffe werden danach als Güter auf "Märkten"

[19] In der EU wird das Standardbriefentgelt des deutschen Postbetreibers nach jüngsten Angaben der EU-Kommission allein von der italienischen Post übertroffen. Einer Statistik der Australia Post für das Jahr 1992 zufolge, mußten deutsche Postbenutzer 1992 im Standardbriefbereich weltweit die höchsten Entgelte entrichten; vgl. Australia Post: Australian Postal Corporation - Submission to the Industry Commission Inquiry into Mail, Courier and Parcel Services. o.O., 1992. S. 22.

[20] Zu einem ähnlichen Ergebnis gelangt auch eine Studie von Price Waterhouse, die die Zusammenhänge zwischen Wettbewerb und Infrastrukturversorgung analysiert; Price Waterhouse Corporate Finance Beratung GmbH: Internationaler Vergleich der Postinfrastruktur. Berlin 1993. S. 97.

gehandelt.[21] Politiker und Verwaltungen, die durch ihre Entscheidungen bestimmten Gruppen nützlich sind, können ihrerseits damit rechnen, im politischen Prozeß bzw. bei der Verfolgung ihrer eigenen Ziele eine entsprechende Unterstützung zu erfahren bzw. im Falle unbequemer Entscheidungen entsprechend attackiert zu werden. Die Folge des Rentseekings sind in der Regel erhebliche gesamtwirtschaftliche Verluste, da der von den Rentseekern initiierte Umverteilungsprozeß in der Regel einen nicht unerheblichen unproduktiven Ressourcenverzehr für Lobbying, Rechtsstreite etc. nach sich zieht.[22]

Zur Klärung der Frage, ob sich der gegenwärtige Regulierungsrahmen mit ökonomischen Notwendigkeiten erklären läßt oder allein auf politischen Opportunismus zurückzuführen ist, erscheint es sinnvoll, zunächst die Produktions- und Kostenstrukturen des Postsektors zu betrachten, aus denen sich zumindest theoretisch die optimale Marktstruktur und Marktorganisation ableiten läßt.

III.1. Marktversagen im Postsektor - allokative Effizienz als Ziel staatlicher Postpolitik?

Definiert man den Postmarkt als den Markt, auf dem Postdienstleistungen, d.h. alle Dienstleistungen, die in unmittelbarem Zusammenhang mit der Beförderung von Briefsendungen und Kleingütern stehen, ausgetauscht werden, dann ist zunächst festzustellen, daß dieser Markt mehrere vertikal integrierte Teilmärkte umfaßt. Diese Teilmärkte oder Teilfunktionen sind die Einsammlung, der Transport, das Sortieren sowie die Zustellung der Sendungen an die Empfänger.

Aus ökonomischer Sicht bedeutsam ist die Frage, ob auf den einzelnen Stufen oder sogar auf dem Gesamtmarkt der normalen Briefbeförderung Größen- oder Verbundvorteile vorliegen, die ein natürliches Monopol oder ein (enges) natürliches Oligopol und damit einen Fall des allokativen Marktversagens begründen können. Überzeugende empirische Untersuchungen, die diese Frage generell beantworten könnten, liegen jedoch nicht vor. Allerdings spricht einiges dafür, daß im Bereich der lokalen Zustellung mit nennenswerten Economies of Scale gerechnet werden kann, möglicherweise gilt dies in abgeschwächter Form auch für den Bereich der Einsammlung. Die Einführung von Hochleistungssortieranlagen könnte dazu führen, daß auch auf der Stufe der Sortierung Größenvorteile auftreten. Hieraus folgt, daß die vertikale Produktionskette als Ganzes betrachtet Economies of scale sowie Economies of Scope aufweist.[23] Dies bedeutet jedoch nicht, daß der Bereich der normalen Briefbeförderung insgesamt von nur einem Unternehmen bedient werden sollte. Vielmehr ist Wettbewerb innerhalb der Briefbeförderung auf den einzelnen Produktionsstufen durchaus sinnvoll. Dies gilt uneingeschränkt für den Transportmarkt, der im Bereich des Straßenverkehrs konstante Skalenerträge aufweist. Vorstellbar ist, daß große Sortieranlagen verschiedenen Betreibern offenstehen,

[21] Diese Sichtweise geht u.a. zurück auf George Stigler; vgl. ders: The Theory of Economic Regulation, in: Bell Journal of Economics, Vol. 2, 1971, S. 3.

[22] Vgl. hierzu auch Buchanan, J.: Rent Seeking and Profit Seeking, in: Buchanan, J./ Tollison, R. D./ Tullock, G.: Toward a Theory of the Rent-Seeking Society, College Station, 1980, S. 12 f.

[23] Vgl. Panzar, J.C.: Is Postal Service a Natural Monopoly, in: Crew, M.A./ Kleindorfer, P.R.: Competition and Innovation in Postal Services, Boston u.a. 1991, S. 223.

die sich beispielsweise auf den Bereich der Einsammlung spezialisieren könnten (Consolidators). Möglich wäre schließlich auch, für den Größenvorteile aufweisenden Bereich der lokalen Zustellung zumindest einen Wettbewerb um den jeweiligen Markt im Demsetz'schen Sinne vorzusehen.[24]

Unter Kostengesichtspunkten völlig unproblematisch ist die Marktöffnung für die Vielzahl von Diensten, die nicht der Beförderung von Standardbriefen zuzurechnen sind. Hierzu zählen regionale (Fahrrad-) Kurierdienste ebenso wie lokale, privat betriebene Postfachanlagen (Post Boxes) oder Postagenturen.

Obwohl die Kostenstruktur der Briefbeförderung Wettbewerb zuläßt, könnte es im unregulierten Postmarkt zumindest teilweise aufgrund existierender Nachfragekomplementaritäten zu Konzentrationsprozessen bzw. zur Monopolisierung des Marktes oder zumindest von Teilmärkten kommen,[25] woraus wiederum Effizienz- bzw. Wettbewerbsprobleme resultieren könnten.

Wird etwa eine Beförderungsleistung x - wie im grenzüberschreitenden Verkehr - in Teilen vom Unternehmen A und in Teilen vom Unternehmen B produziert, die beide auf ihren jeweiligen regionalen Märkten bzw. ihren Produktionsstufen über Monopolstellungen verfügen, dann hängt die nachgefragte Menge der Beförderungsleistung x vom Gesamtpreis ab, der sich zusammensetzt aus dem Preis P_A für die von Anbieter A bereitgestellte Teilleistung A und dem Preis P_B für die Teilleistung B. Wird nun unterstellt, daß die beiden Unternehmen unabhängig voneinander jeweils den für sie gewinnmaximalen Preis setzen, dann sind sowohl der jeweilige individuelle Gewinn als auch die jeweilige Absatzmenge geringer (der Gesamtpreis entsprechend höher) als bei einer abgestimmten Politik der gemeinsamen Gewinnmaximierung.[26]

Für die beiden Unternehmen besteht demzufolge auf den ersten Blick ein Interesse an einer abgestimmten Preispolitik, um das gemeinsame Gewinnmaximum zu erreichen, in dem beide bessergestellt werden.

Es kann nun aber gezeigt werden, daß der Punkt der gemeinsamen Gewinnmaximierung kein stabiles Gleichgewicht darstellt, da - ausgehend von dieser Situation - die Unternehmen wieder ein Interesse haben, ihren jeweiligen Teilpreis anzuheben. Die Unternehmen befinden sich in einer der Kartellproblematik ähnlichen (Gefangenen-) Dilemmasituation, die auf den Umstand zurückzuführen ist, daß die Preiselastizitäten für die einzelnen Unternehmen unter der Preiselastizität der Gesamtnachfrage liegen und die Nachfragewirkungen der Preiserhöhung des einen Unternehmens vom jeweiligen Komplementärproduktanbieter zum Teil mitgetragen werden müssen.[27]

[24] Vgl. ebenda, S. 224 f.

[25] Vgl. Baumol, W.: Some subtle pricing issues in railroad regulation, in: International Journal of Transport Economics, Vol. 10, 1983, S. 343.

[26] Vgl. ebenda, S. 343 f.

[27] Ist p_A in der Ausgangssituation gleich 0.6p und beträgt die Gesamtpreiselastizität 0,5, dann liegt die Preiselastizität für das Unternehmen A bei 0.3 (0,6 x 0,5). Eine 20%ige Erhöhung von p_A führt zu einer Gesamtpreiserhöhung um 12% und demzufolge zu einem Mengenrückgang von nur 6%; vgl. ebenda, S. 344.

Eine Lösung für dieses Preisbildungsproblem liegt in der Fusion der beiden Anbieter. Alternativ hierzu bieten sich vertragliche Regelungen oder regulatorische Eingriffe in die Preisbildung an, mit deren Hilfe die angeführten Instabilitäten in Grenzen gehalten werden können.

Bezugnehmend auf das Aussagengebäude der Contestable Markets-Theorie könnte für den Postsektor die Frage des kosten- bzw. nachfrageseitig bedingten natürlichen Monopols als unter wettbewerbspolitischen Aspekten wenig bedeutsam bezeichnet werden, da die Produktion von Postdienstleistungen in nur unerheblichem Umfang mit irreversiblen Investitionen verbunden ist. Demzufolge wäre auf den Postmärkten mit einem Wettbewerb zu rechnen, der weitgehend contestable und damit als allokativ effizient zu bezeichnen ist.

Allerdings dürfte dies nur für einzelne Partialmärkte, nicht jedoch bei Betrachtung des Gesamtmarktes gelten. In bezug auf letzteren ist die Disziplinierungswirkung des "hit-and-run-entry" aufgrund der mit einem möglichen Netzaufbau verbundenen hohen Transaktionskosten, die zudem zu einem großen Teil versunkene Kosten darstellen, eher gering einzuschätzen.

Ein Grund für staatliche Eingriffe könnte möglicherweise auch in Externalitäten im Postsektor liegen.[28] Der Postmarkt hat wie die Telekommunikation oder der Schienenverkehr unzweifelhaft Netzcharakter.[29] Der Nutzen des einzelnen Teilnehmers im Netz steigt dabei mit der Zahl der angeschlossenen Teilnehmer, also mit der Netzgröße. In die individuelle Entscheidung über einen Netzbeitritt geht in der Regel jedoch nur der dadurch erzielbare eigene Nutzen eines Individuums ein, so daß die Netzgröße im unregulierten Markt möglicherweise suboptimal bzw. zu klein ist.[30] Betrachtet man etwa den Fall von Dokumentenaustauschbörsen, bei denen sich z.B. Unternehmen einer bestimmten Region zusammenschließen und einen lokalen (regionalen) gegenseitigen Postaustausch einrichten, dann ist unmittelbar einsichtig, daß die Attraktivität derartiger Veranstaltungen von der Teilnehmerzahl abhängt. Ein selbständiger Betreiber einer solchen Dokumentenaustauschbörse könnte sich folglich zumindest in der Anlaufphase - bis zur Erreichung der "kritischen Masse" - gezwungen sehen, die ersten Nachfrager für ihre Teilnahme bzw. ihren Marktzutritt zu belohnen, etwa in Form spürbarer Preisnachlässe.

Ein ähnliches Problem stellt sich grundsätzlich auch im normalen Briefpostnetz. Dies wäre jedenfalls dann der Fall, wenn jeder teilnehmende Haushalt oder jedes Unternehmen eine Teilnahmegebühr ähnlich der Grundgebühr im Telefonnetz zu zahlen hätte. In diesem Fall käme es möglicherweise zu Marktaustritten von einzelnen Haushalten, die bei ihrer Entscheidung die damit verbundenen Nutzeneinbußen anderer Netzteilnehmer nicht berücksichtigen würden. Möglicherweise stellt der gegenwärtige Abgeltungsmodus, der

[28] Vgl. hierzu auch Braubach, U.: Deregulierung der Postdienste, Köln 1992, S. 60 f.

[29] Vgl. hierzu Blankart, Ch. B./ Knieps, G.: Netzökonomik, in: Jahrbuch für Neue Politische Ökonomie, 11. Band, Tübingen 1992, S. 77.

[30] Vgl. hierzu auch Treworgy, D. E./ Waddell, J.A.: Postal Service and Less Developed Countries, in: Crew, M. A./ Kleindorfer, P. R.: Competition and Innovation in Postal Services, Boston u.a. 1991, S. 260 ff. Treworgy und Waddel diskutieren die Externalitätenproblematik am Beispiel des Aufbaus internationaler Postnetze.

eine Zahlung durch den Absender vorsieht, in Kombination mit den gegebenen Angebotsverpflichtungen des öffentlichen Postbetreibers bereits eine gewisse Form der Subventionierung und damit der Internalisierung von Netzexternalitäten dar. Im Falle der Zulassung mehrerer Postnetzbetreiber müßte unter dem Aspekt der Netzexternalitäten demzufolge besonderes Augenmerk auf die Kompatibilität der Netze gelegt werden, da ansonsten mit negativen Wohlfahrtsaspekten zu rechnen wäre.[31]

Zusammenfassend läßt sich also festhalten, daß es im Postsektor durchaus Bereiche gibt, in denen natürliche Monopole und Externalitäten von Bedeutung sind, trotzdem kann hieraus kein dauerhaftes Marktversagen abgeleitet werden, das als Begründung für marktinkonforme staatliche Eingriffe betrachtet werden könnte.

III.2. Außerökonomische Ziele der Regulierungspolitik im Postsektor

Wenn also die Fälle des Marktversagens nicht geeignet sind, als Rechtfertigung für die gegenwärtigen Staatseingriffe in die Postmärkte zu dienen, stellt sich die Frage nach den zugrundeliegenden außerökonomischen Zielen.

Anzuführen sind hier die ursprünglich bedeutsame Zielsetzung der Förderung des staatlichen Zusammenhalts oder der Anbindung entlegener Gebiete[32] bzw. die in Deutschland durch Art. 72 GG angestrebte Einheitlichkeit der Lebensverhältnisse, die einen Eckpfeiler der gegenwärtigen Raumordnungspolitik darstellt.

Durch eine regionale Umverteilung bzw. Quersubventionierung soll sichergestellt werden, daß die infrastrukturelle Versorgung mit postalischen Dienstleistungen zu möglichst gleichen Bedingungen landesweit gewährleistet wird. Dies findet seinen Ausdruck in der Festlegung von Infrastrukturaufgaben, die vom öffentlichen Postbetreiber teilweise im Monopol und teilweise im Wettbewerb (Pflichtleistungen) u.a. nach dem Grundsatz der Tarifeinheit im Raum zu erbringen sind.[33] Letztere wird ergänzt durch eine Beförderungspflicht (Kontrahierungszwang) und eine Betriebspflicht[34] sowie durch bestimmte Vorgaben etwa für das Poststellennetz.[35]

---

[31] Vgl. hierzu auch Katz, M. L./ Shapiro, C.: Network Externalities, Competition, and Compatibility, in: American Economic Review, Vol. 75, 1985, S. 424-440. Katz und Shapiro kommen in ihrem Modell u.a. zu dem Ergebnis, "that firms with good reputations or large existing networks will tend to be against compatibility, even when welfare is increased by the move to compatibility.": ebenda, S. 425. Inwieweit derartige Prognosen auch für den Postsektor Gültigkeit haben, sollte zumindest geprüft werden.

[32] Vgl. Sherman, R.: Competition in Postal Service, in: Crew, M.A./ Kleindorfer, P.R.: Competition and Innovation in Postal Services, Boston 1991, S. 206.

[33] Vgl. hierzu § 1 Abs. 1 der POSTDIENST-Pflichtleistungsverordnung vom 12.01.1994, BMPT-Amtsblatt 3/94, S. 126.

[34] Nach § 7 der Postdienstverordnung hat die Deutsche Post AG u.a. die Verpflichtung, "für die Einlieferung von Briefsendungen geeignete und ausreichende Möglichkeiten bereitzustellen" und nach § 8 des Gesetzes über das Postwesen existiert ein Kontrahierungszwang für die von der Post AG angebotenen Monopol- und Pflichtleistungen.

[35] Deutscher Bundestag: Unterrichtung durch die Bundesregierung: Postversorgung auf dem Lande, Konzept des Bundesministers für das Post- und Fernmeldewesen für die künftige Postversorgung auf

Über die den Postbereich unmittelbar betreffenden Ziele und Aufgaben hinaus,[36] wurde das Postunternehmen in Deutschland auch anderen Zielsetzungen unterworfen. So war nach § 2 des bis 1989 gültigen Postverwaltungsgesetzes der Postminister dafür verantwortlich, daß die Deutsche Bundespost nach den Grundsätzen der Politik der Bundesrepublik Deutschland, insbesondere der Verkehrs-, Wirtschafts-, Finanz- und Sozialpolitik geführt wurde. Eine ähnliche Regelung fand sich auch in § 25 Absatz 1 des bis 31.12.94 gültigen Postverfassungsgesetzes für die Deutsche Bundespost.

Die öffentlichen Unternehmen wurden und werden demnach als Instrumente der staatlichen Politik auch außerhalb des Post- und Fernmeldewesens betrachtet. So schrieb die Vorschrift des § 4 des Gesetzes über das Postwesen der Deutschen Bundespost vor, soweit vertretbar, die Einrichtungen der Deutschen Bundesbahn zu nutzen und § 13 Abs. 2 des Gesetzes zur Förderung der Stabilität der Deutschen Wirtschaft forderte den Einsatz der Postpolitik bzw. der Deutschen Bundespost als Instrument der Stabilitätspolitik.[37]

---

dem Lande. Drucksache 9/408 v. 08.05.1981. Vgl. hierzu auch die im Februar 1994 erlassenen politischen Zielvorgaben des BMPT für die DBP POSTDIENST, in denen auf diese Vorschrift Bezug genommen und vorgegeben wird, daß etwa der Einzugsbereich einer "Amtsstelle" der Deutschen Bundespost POSTDIENST "grundsätzlich 2000 Meter nicht überschreiten" soll: Bundesministerium für Post und Telekommunikation: Politische Zielvorgaben für die Unternehmen der Deutschen Bundespost; Sonderdruck aus dem Amtsblatt des Bundesministeriums für Post und Telekommunikation, Nr. 5, Jahrgang 1994, v. 09.03.1994, Vfg. 53/1994.

[36] Vergleiche hierzu die Vorschriften der §§ 4, 25 Absatz 1, Satz 2 sowie § 25 Absatz 2 des Gesetzes über die Unternehmensverfassung der Deutschen Bundespost (Postverfassungsgesetz - PostVerfG) vom 8. Juni 1989, BGBl. I, S. 1026. § 4 verpflichtete die Unternehmen der Deutschen Bundespost "Infrastrukturdienste (Monopolaufgaben und Pflichtleistungen) und die notwendige Infrastruktur im Sinne der öffentlichen Aufgabenstellung, insbesondere der Daseinsvorsorge nach den Grundsätzen der Politik der Bundesrepublik Deutschland zu sichern". § 25 Abs. 1, Satz 2 ermächtigte den Postminister "die für die Entwicklung des Post- und Fernmeldewesens notwendigen und die zur Wahrnehmung der Grundsätze der Politik der Bundesrepublik Deutschland bedeutsamen mittel- und langfristigen Ziele" für die Postunternehmen festzulegen. Schließlich wurde die Bundesregierung durch § 25 Abs. 2 PostVerfG ermächtigt, "...diejenigen Infrastrukturdienstleistungen zu bestimmen, die die [Post-] Unternehmen im besonderen öffentlichen Interesse, vor allem aus Gründen der Daseinsvorsorge, erbringen müssen (Pflichtleistungen). Sie kann hierbei die wesentlichen Strukturen der Pflichtleistungen und der Entgeltregelungen festlegen." Die bisher gültigen Bestimmungen des § 25 Abs. 2 PostVerfG wurden in § 8 des Gesetzes über die Regulierung der Telekommunikation und des Postwesens (PTRegG) übernommen. Die Anfang 1994 in Kraft getretene POSTDIENST-Pflichtleistungsverordnung gilt aufgrund des § 16 des Gesetzes zur Umwandlung der Unternehmen der Deutschen Bundespost in die Rechtsform der Aktiengesellschaft (Postumwandlungsgesetz - PostUmwG) v. 14.09.1994 fort.

[37] Zur Beurteilung der Preispolitik der Bundespost als Instrument der Konjunktur- und Wachstumspolitik vgl. Schmahl, H.-J./ Wohlers, E.: Gebührenpolitik der DBP und Konjunktur- und Wachstumspolitik, in: Diederich, H./ Hamm, W./ Zohlnhöfer, W. (Hrsg.): Die Deutsche Bundespost im Spannungsfeld der Wirtschaftspolitik, Heidelberg 1987, S. 301-316. Nach Auffassung von Schmahl/ Wohlers war die Gebühren- bzw. Preispolitik der DBP kein geeignetes Instrument der Konjunktur- und Wachstumspolitik. Zum einen sei die quantitative Bedeutung der Posttarife vernachlässigbar, zum anderen würden die mit einer nicht an betriebswirtschaftlichen Kriterien orientierten Unternehmenspolitik verbundenen Probleme eventuelle Stabilisierungseffekte überkompensieren; vgl. ebenda, S. 307. Zum 01.01.95 ist die Vorschrift des § 13 Abs. 2 StabG, soweit sie auf die Deutsche Bundespost bezogen war, weggefallen.

Die Instrumentalisierung öffentlicher Unternehmen wird insbesondere gestützt durch die Theorie der Gemeinwirtschaft, die öffentliche Unternehmen nach wie vor als geeignete Instrumente in fast allen Bereichen der Wirtschafts- und Gesellschaftspolitik betrachtet.[38]

Ob öffentliche Unternehmen privaten vorzuziehen sind oder nicht, hängt nicht zuletzt vom rechtlichen Rahmen ab, innerhalb dessen sich diese Unternehmen bewegen. Eine überragende Bedeutung kommt dabei den Anreizstrukturen zu, an denen sich das Management zu orientieren hat. Mit einem befriedigenden Output ist nur dann zu rechnen, wenn die Anreizstruktur der Unternehmensleitung unmittelbar mit der vom Eigentümer vorzugebenden Zielsetzung verknüpft wird und wenn die Eigner (öffentlicher Eigentümer bzw. Aktionär) über hinreichende Möglichkeiten verfügen, die Leistungen des Managements zu überwachen sowie bei erkennbaren Soll-Ist-Abweichungen zu sanktionieren.

Wichtiger als die Frage nach der optimalen Rechtsform erscheint allerdings die Frage, ob die Monopolisierung weiter Teile des Postsektors notwendig ist, um die vorgegebenen politischen Ziele möglichst effizient zu erreichen.

IV. Beurteilung des Regulierungsrahmens im Postsektor aus allokationspolitischer Sicht

Akzeptiert man den Grundsatz der Einheitlichkeit der Lebensverhältnisse als anzustrebendes Ziel für den Postbereich, stellt sich zunächst die Frage, ob diese Zielsetzung durch das seit Jahrzehnten bestehende Monopol erreicht worden ist. Dies ist in bezug auf die Gebühren bzw. Preise der Deutschen Bundespost (POSTDIENST) unzweifelhaft der Fall. Betrachtet man die Versorgung mit postalischen Dienstleistungen bzw. deren Qualität, gelangt man jedoch zu einer anderen Einschätzung. Die Versorgungslage weist zwischen städtischen und ländlichen Räumen seit jeher deutliche Unterschiede auf. Dies gilt für die Anzahl und die Öffnungszeiten von Postschaltern ebenso wie etwa für die Dichte und die Leerungshäufigkeiten von Briefkästen. Es war und ist also eine Illusion anzunehmen, eine tatsächliche Einheitlichkeit in der Postversorgung zu halbwegs annehmbaren

---

[38] Vgl. hierzu die eben von der Gesellschaft für öffentliche Wirtschaft veröffentlichte Broschüre "Privatisierungsdogma widerspricht Sozialer Marktwirtschaft", Berlin 1994, die eine äußerst optimistische Einschätzung der Funktionsfähigkeit öffentlicher Unternehmen enthält. Darin wird festgestellt: "Öffentliche Unternehmen besitzen den Vorzug direkter und gezielter Einflußmöglichkeiten der öffentlichen Träger über die Aufsichtsorgane der Unternehmen. Eigene Unternehmen ersparen somit zusätzliche Regulierungsvorschriften und aufwendige bürokratische Regulierungsapparate." (S. 10); "Insbesondere eignen sich öffentliche Unternehmen, um umfassend und flächendeckend wichtige Infrastrukturleistungen entsprechend den regional-, sozial- und umweltpolitischen Zielen ihrer öffentlichen Träger sicherzustellen." (S. 12); "Öffentliche Unternehmen beteiligen sich im Rahmen ihrer öffentlichen Aufgabenstellung aktiv am Wettbewerb und beleben ihn, sie sichern funktionsfähigen Wettbewerb in wichtigen Bereichen, in denen der Wettbewerb privater Unternehmen infolge von Konzentrations- oder Monopolisierungstendenzen zu erliegen droht." (S. 15); "Auch die öffentlichen Unternehmen, die wichtige Infrastruktur vorhalten und unvermeidliche Monopole bewirtschaften, beteiligen sich vielfach, z.B. im Beschaffungswesen, am Wettbewerb. Soweit allerdings ihre Monopolbewirtschaftungsaufgabe reicht, kann es naturgemäß keinen oder nur Substitutionswettbewerb geben." (S. 16).

gesellschaftlichen Kosten je erreichen zu können, was auch im "Konzept des Bundesministers für das Post- und Fernmeldewesen für die künftige Postversorgung auf dem Lande" aus dem Jahre 1981 anerkannt wurde. Darin wurde festgestellt, daß die "quantifizierbare Inanspruchnahme der Amtsstellen durch die Postkunden .. in einem vertretbaren Verhältnis zu den Kosten für die Unterhaltung von Amtsstellen stehen" muß.[39]

Hieraus wird erkennbar, daß es letztlich nicht wirklich um die Einheitlichkeit der Lebensverhältnisse geht, sondern allenfalls um die Sicherstellung einer mindestens flächendeckenden Grundversorgung[40], oder, wie die Kommission der Europäischen Gemeinschaften in ihrem Grünbuch Post und in ihren Leitlinien für die Entwicklung der gemeinschaftlichen Postdienste feststellt, um die Sicherstellung eines Universaldienstes mit einem Mindestangebot an qualitativ zufriedenstellenden Diensten sowie tragbaren und in räumlicher Hinsicht möglichst einheitlichen Preisen.[41]

Die Kommission der Europäischen Gemeinschaften bzw. der Europäischen Union geht dabei in ihrem Grünbuch ebenso wie der nationale Gesetzgeber (des Jahres 1969) zunächst von der Vorstellung einer sinkenden langfristigen Durchschnittskostenfunktion für den gesamten Postmarkt, also einem natürlichen Postmonopol aus, das jedoch vor Zutritten geschützt werden muß, weil es - vor allem aufgrund der politisch gewollten Tarifeinheit - nicht marktzutrittsresistent sei.[42]

Demzufolge werden auf EU-Ebene auch weiterhin Postmonopole toleriert, jedoch unter Bezugnahme auf Art. 90 Abs. 2 des EWG-Vertrages nur im für die Erbringung der besonderen Aufgabe notwendigen Umfang (sog. Proportionalitätsprinzip). Der zukünftige ordnungspolitische Rahmen wird sich folglich - was Vorgaben aus Brüssel angeht - nicht grundsätzlich von dem gegenwärtigen Zustand unterscheiden; der "Gemeinsame Postmarkt" wird aller Voraussicht nach auch weiterhin durch weitreichende nationale Monopolstellungen gekennzeichnet sein.

---

[39] Deutscher Bundestag: Unterrichtung durch die Bundesregierung: Postversorgung auf dem Lande. Konzept des Ministers für das Post- und Fernmeldewesen für die künftige Postversorgung auf dem Lande, a.a.O., S. 4.

[40] "Die Versorgung mit Dienstleistungen des Postwesens wird begrifflich zwischen der Mindest- und der Vollversorgung anzusiedeln sein. Sie wird einerseits nicht lediglich ein Minimum, andererseits aber auch nicht alle vorhandenen bzw. noch zu entwickelnden Dienstleistungen beinhalten, sondern -entsprechend der Daseinsvorsorge - eine den durchschnittlichen Grundbedürfnissen entsprechende Versorgung gewähren.": Bundesminister für Post und Telekommunikation: Erläuterung zum Begriff der Grundversorgung in der politischen Zielvorgabe, Bonn, Dezember 1992.

[41] Vgl. Kommission der Europäischen Gemeinschaften: Grünbuch über die Entwicklung des Binnenmarktes für Postdienste, a.a.O., S. 12 und dies.: Leitlinien für die Entwicklung der gemeinschaftlichen Postdienste, a.a.O., S. 6 f.

[42] "Um den [Universal-] Dienst .. zu allgemein tragbaren Preisen anzubieten, sind ausreichende Skalenerträge erforderlich. Diese können nur durch die Gewährung einiger besonderer und ausschließlicher Rechte erzielt werden - daher die Notwendigkeit reservierter Dienste." Die Kommission stellt weiter fest: "Es ist zwar möglich, jedoch unwahrscheinlich, daß es in einigen Mitgliedstaaten mehr als einen Anbieter der reservierten Dienste gibt ...": Kommission der Europäischen Gemeinschaften: Grünbuch über die Entwicklung des Binnenmarktes für Postdienste, a.a.O., S. 11.

Allerdings hat die Kommission im Grünbuch Post vorgeschlagen, den grenzüberschreitenden Verkehr sowie möglicherweise auch die Beförderung von Massendrucksachen (Direct Mail) für den Wettbewerb freizugeben.[43]

Trotz dieser Liberalisierungsempfehlungen ist davon auszugehen, daß die europäischen Postverwaltungen bzw. -unternehmen auch zukünftig in nur beschränktem Maße wettbewerblichen Spielregeln unterworfen werden. Dies hat zur Konsequenz, daß zum einen zu befürchten ist, daß die Innovationsbereitschaft und -fähigkeit des Postsektors weiterhin eingeschränkt bleibt. Die Folge ist, daß bestimmte Dienstleistungen auch in Zukunft nicht oder in unzureichendem Maße angeboten werden. Beispiele hierfür sind Fahrradkurierdienste, Dokumentenaustauschbörsen oder spezielle Branchenpostdienste. Zum anderen wird hierdurch auch der Prozeß der Verbesserung des Qualitätsniveaus des europäischen Postsektors verlangsamt, da der potentiell mögliche externe Druck abgeschwächt wird. Die Gefahren, die für die Postbetreiber von der Substitutionskonkurrenz etwa aus dem Telekommunikationsbereich ausgehen, dürften für die meisten Postunternehmen zumindest mittelfristig nicht ausreichend sein, um tatsächlich einer effizienzorientierten Unternehmenspolitik zum Durchbruch zu verhelfen.

Gleiches gilt für das Preisniveau der Postdienste. Es ist bisher keineswegs empirisch nachgewiesen, daß die öffentlichen Monopole, die, wie von der Kommission angestrebt, aufgrund ihrer besonderen Marktstellung ein vergleichsweise hohes Sendungsaufkommen erreichen und damit zu niedrigen Durchschnittskosten produzieren könnten, ihre Leistungen besonders preisgünstig anbieten würden. Die Ursachen hierfür dürften zum einen in einem zumindest ansatzweise vorhandenen monopolistischen Preissetzungsverhalten und zum anderen in der mit abnehmendem Wettbewerbsdruck geringer werdenden Arbeitsproduktivität liegen.[44]

Vergleicht man etwa den Preis der Deutschen Post AG (Deutschen Bundespost POSTDIENST) für einen Standardbrief mit den Preisen des englischen, niederländischen oder des schwedischen Postbetreibers, so ist festzustellen, daß das deutsche Unternehmen, das von allen vier Postverwaltungen (-unternehmen) über den größten Monopolbereich verfügt, auch den höchsten Preis gesetzt hat. Durch eine spürbar höhere Qualität der Dienstleistungen des deutschen Postbetreibers wird dieser Umstand bislang jedenfalls - wie bereits festgestellt - nicht gerechtfertigt. Zwar sind Vergleiche mit ausländischen Erfahrungen und Gegebenheiten immer mit einer Reihe von Problemen behaftet, trotzdem sollte bei der Beurteilung der Leistungsfähigkeit des nationalen Monopolisten nicht darauf verzichtet werden.

Die Leistungsvorsprünge der ausländischen Postbetreiber werden nach den vorliegenden Erkenntnissen nicht durch eine Vernachlässigung der flächendeckenden infrastrukturellen Grundversorgung erkauft. Ganz im Gegenteil scheint es so zu sein, daß die Kundenorientierung der Leistungserstellung mit zunehmendem Wettbewerbsdruck eher an-

---

[43] Diese Vorschläge wurden durch den Ende Juli 1995 veröffentlichten Entwurf eines Richtlinienvorschlags der Kommission im Grundsatz bestätigt.

[44] Siehe hierzu auch Fn 2.

steigt. Wettbewerb und Infrastruktur sind demzufolge - zumindest bis zu einem gewissen Grad - keine Gegensätze.

Die Annahme, durch die Monopolisierung lukrativer Postmärkte ließe sich eine infrastrukturelle Grundversorgung besser erreichen als bei Zulassung von (kontrolliertem bzw. reguliertem) Wettbewerb, ist demzufolge mehr als zweifelhaft. Hinzu kommt, daß das gegenwärtige Arrangement nicht nur im Postmarkt selbst, sondern auch in den nachgelagerten Faktor- und Gütermärkten negative Wirkungen entfaltet. Durch die zu teuere Leistungserstellung und teilweise vorhandene Angebotslücken wird die Nachfrage nach Postdienstleistungen einschließlich Werbesendungen reduziert bzw. rationiert, mit der Konsequenz, daß die Markttransparenz und damit auch die allokative Effizienz in verschiedenen Gütermärkten entsprechend gering ist. Werbetreibende Firmen und mit ihnen Druckereibetriebe und Lettershops wandern in zunehmendem Maße in das benachbarte Ausland ab, um dadurch den vergleichsweise hohen Inlandstarifen des nationalen Monopolisten auszuweichen.

Unter Berücksichtigung der aufgezeigten negativen ökonomischen Wirkungen, die aus der Monopolisierung des Briefmarktes resultieren, ist die 1989 eingeführte Preisgrenze für das Postmonopol in Deutschland sinnvoll.[45] Durch diese Marktöffnung wurde eine bis dahin existierende Angebotslücke im Bereich von Kurierdienstleistungen im Interesse der Nachfrager teilweise geschlossen. Allerdings führt die Mindestpreisgrenze, durch die ein vormals völlig geschlossener Markt zumindest partiell geöffnet wurde, neben dem damit bezweckten Schutz des monopolistischen Kernbereichs, nur dann zu akzeptablen ökonomischen Ergebnissen, wenn die Grenzkosten in dem durch die Preisgrenze abgetrennten Marktsegment in etwa in Höhe der Mindestpreisgrenze verlaufen. Ist jedoch damit zu rechnen, daß die Preisgrenze zum Teil erheblich über den Grenzkosten der betreffenden Dienstleistungen liegt, dann führt dies dazu, daß durch den regulatorischen Eingriff nicht nur die Renten des Monopolisten erhalten, sondern auch Monopolrenten für die privaten Kurierdienstanbieter erzeugt werden, die auch im Wettbewerb nicht unterhalb der Grenze anbieten dürfen. Die durch den regulatorischen Eingriff verursachten "Monopolgewinne" der privaten Dienstleister werden dann weitere Anbieter anlocken, bis auf dem Markt eine gewinnlose Situation eintritt. Künstlich geschaffene Monopolgewinne werden somit durch eine ineffiziente Produktionsweise (Unterauslastung der Kapazitäten) im betreffenden Segment abgeschmolzen, was eine volkswirtschaftliche Ressourcenverschwendung nach sich zieht.

Insgesamt ist festzuhalten, daß in Deutschland eine befriedigende Versorgungslage mit Postdienstleistungen nicht wegen,[46] sondern trotz der Monopolisierung weiter Teile des Briefmarktes erreicht wurde und daß dementsprechend von einer weitgehenden Marktöffnung erheblich effizientere Marktergebnisse zu erwarten sind.

---

[45] Vgl. Fn 5.

[46] Möglicherweise ist der Monopolstatus der Deutschen Bundespost für die Jahre des Wiederaufbaus der Bundesrepublik Deutschland nach dem Zweiten Weltkrieg weniger negativ zu beurteilen.

V. Ansatzpunkte für eine schrittweise Liberalisierung und eine effizienzorientierte Regulierungspolitik im Postsektor

V.1. Die Liberalisierungsvorschläge des Grünbuchs Post[47]

Die bisherigen Ausführungen haben gezeigt, daß der Postmarkt zumindest mittelfristig und in Teilen liberalisiert werden sollte. Im Mittelpunkt der von der Kommission der Europäischen Gemeinschaften initiierten Diskussion standen - wie bereits erwähnt - bislang vor allem der grenzüberschreitende Verkehr, die Beförderung von Direktwerbesendungen sowie die Einführung einer kombinierten Preis- und Gewichtsgrenze. Die Diskussion dieser Vorschläge wurde von der Bundesregierung in einer Stellungnahme zum Grünbuch Post begrüßt; bislang existiert jedoch auf nationaler Ebene keine konkrete Festlegung zu den einzelnen Vorschlägen.[48]

V.1.1. Liberalisierung des grenzüberschreitenden Verkehrs

Wird ein gemeinsamer Binnenmarkt für Postdienste angestrebt, muß über kurz oder lang zumindest der grenzüberschreitende Verkehr in der Europäischen Union liberalisiert werden. Besonderes Gewicht bekommt diese Forderung, wenn man etwa die erzielten Brieflaufzeiten im innereuropäischen Verkehr betrachtet, die immer noch weit von ihrem Zielwert (Zustellung am dritten Tag nach der Einlieferung in mindestens 80% der Beförderungsfälle) entfernt sind.

Der grenzüberschreitende Verkehr läßt sich unterteilen in den ankommenden und den abgehenden Verkehr. 1992 wurden von der Deutschen Bundespost POSTDIENST insgesamt 935 Millionen Sendungen (1991: 927 Mio. Stück) im grenzüberschreitenden Briefverkehr befördert, wovon rund 381 Millionen Sendungen (1991: 387 Mio. Stück) auf den abgehenden Verkehr und rund 553 Millionen Sendungen (1991: 540 Mio. Stück) auf den ankommenden Verkehr entfielen.[49]

Aufgrund der noch vorhandenen Monopolstellungen der meisten Postverwaltungen sind an grenzüberschreitenden Verkehren in der Regel mindestens zwei Postverwaltungen (-unternehmen) beteiligt, woraus die Notwendigkeit spezieller Vereinbarungen über die Abgeltung der Leistung bzw. über die Aufteilung der Erlöse auf die beteiligten Unternehmen resultiert.

---

[47] Zur Beurteilung der Vorschläge des Grünbuchs Post aus ökonomischer Sicht vgl. auch die ausführlichen Stellungnahmen von Stumpf, U./ Pieper, F.: The Development of the Single Market for Postal Services: Comments on the Green Paper. Diskussionbeiträge des Wissenschaftlichen Instituts für Kommunikationsdienste, Nr. 98, Bad Honnef 1992 und Knorr, A.: Monopol oder Wettbewerb bei den Postdiensten?: Eine ökonomische Analyse unter Berücksichtigung des Grünbuchs der EG-Kommission und der Reform des neuseeländischen Postwesens. Fuchsstadt 1993, Kapitel D.

[48] Am 16.06.1995 wurden im Amtsblatt des Bundesministeriums für Post und Telekommunikation Eckpunkte für einen künftigen Regulierungsrahmen im Postsektor veröffentlicht, in denen für einen vollständigen Abbau des Postmonopols - nach einer kurzen Übergangsfrist - plädiert wird.

[49] Vgl. hierzu Deutsche Bundespost POSTDIENST (Hrsg.): Geschäftsberichte 1991 und 1992, Bonn 1992/1993, S. 27/ 31.

Die gegenseitige Abgeltung von Leistungen im grenzüberschreitenden Verkehr unterliegt einigen besonderen Regelungen des Weltpostvereins bzw. des Weltpostvertrages (WPV) u.a. im bisherigen Art. 73. Danach bleibt es zunächst den betroffenen Postverwaltungen unbenommen, durch bilaterale oder multilaterale Absprachen die Abgeltungsregelungen frei zu vereinbaren.[50]

Kommt es zu keiner Einigung, dann können sich die beteiligten Länder bzw. Postverwaltungen auf die weltpostvertraglichen Regelungen berufen und die dort festgelegten Endvergütungssätze als Grundlage ihrer Zahlungen verwenden. Nach der Endvergütungsregelung des Weltpostvertrages kommt es beim Postverkehr zwischen zwei Ländern bislang erst dann zu Zahlungen, wenn der Verkehr unpaarig ist, d.h. wenn ein Land mehr Sendungen empfängt als es absendet. In diesem Fall wird für das den "Exportüberschuß" aufweisende Land der Saldo der Sendungsmengen mit dem Endvergütungssatz des WPV mulitpliziert. Der resultierende Betrag ist an das Importland zu überweisen.

Diese Regelung weist eine Reihe von Problemen auf. So zum Beispiel die Fiktion, daß die Kostensituation in den unterschiedlichen Ländern gleich ist. Dies führt dazu, daß insbesondere Entwicklungsländer deren Zustellungskosten weit unter dem Endvergütungssatz liegen, durch Länder subventioniert werden, deren entsprechende Kosten über dem Durchschnittssatz des Weltpostvereins liegen.

Hinzu kommt, daß durch die nicht kostenorientierten Endvergütungen Anreize für sog. Remailingaktivitäten geschaffen werden.[51] Beim ABA-Remailing[52] werden beispielsweise Inlandssendungen aus Deutschland in ein Drittland verbracht und bei der dortigen Postverwaltung aufgeliefert. Von dort werden sie zurück nach Deutschland in das zuständige Austauschpostamt des deutschen Postbetreibers befördert und mit dem Endvergütungssatz des WPV entgolten, was für den Absender erhebliche Kosteneinsparungen erbringen kann. Diese Form des Remailing verstößt zwar in Deutschland gegen den Beförderungsvorbehalt der §§ 2 Abs. 1 und 27 PostG. Trotzdem nimmt die Bedeutung derartiger Umgehungsverkehre in letzter Zeit immer mehr zu, so daß dringend eine Lösung gefunden werden muß, die sinnvollerweise an den Ursachen solcher Arbitragegeschäfte ansetzt, nämlich an den nicht kostenorientierten Endvergütungen.

---

[50] Vgl. hierzu das Gesetz zu den Verträgen vom 14. Dezember 1989 des Weltpostvereins vom 31. August 1992. in: Bundesgesetzblatt. Teil II. S. 828 f. Entsprechende bilaterale Regelungen existieren etwa zwischen Mitgliedstaaten der CEPT (Conférence Européene des Administrations des Postes et des Télécommunications) sowie zwischen den Postverwaltungen der Nordischen Union (Dänemark. Finnland. Island. Norwegen und Schweden). vgl. Kommission der Europäischen Gemeinschaften: Grünbuch über die Entwicklung des Binnenmarktes für Postdienste. a.a.O.. S. 337 f.

[51] Vgl. zur Remailingproblematik die sehr ausführliche Darstellung von Stumpf. U.: Remailing in the European Community: Economic Analysis of Alternative Regulatory Environments. WIK-Diskussionbeitrag Nr. 89. Bad Honnef 1992.

[52] A steht hier für das Ursprungsland. das in diesem Fall auch zugleich Empfängerland ist. da es sich bei den über das Drittland B umgeleiteten Sendungen faktisch um Inlandssendungen handelt.

Da der Übergang zu einem kostenorientierten Verfahren jedoch für eine Vielzahl von Postverwaltungen mit negativen finanziellen Konsequenzen verbunden ist, werden nur solche Vorschläge durchsetzbar sein, die die Verlierer der Systemumstellung zumindest übergangsweise - etwa über einen Ausgleichsfonds - kompensieren und/ oder die einen hinreichend langen Übergangszeitraum vorsehen. Mittlerweile liegen Vorschläge vor, die eine Orientierung der Endvergütungen an den jeweiligen Inlandstarifen der Postverwaltung des Bestimmungslandes vorsehen und deren Umsetzung eine Verbesserung der Allokationseffizienz im grenzüberschreitenden Verkehr mit sich bringen würde.[53]

Kostengerechte Preise würden das allein auf dem Tarifgefälle basierende ABA-Remailing ebenso wie das ABC- oder das ABB-Remailing unterbinden[54], es sei denn, die Sendungen erhielten im Zuge des Umwegverkehrs einen nennenswerten Mehrwert oder die Tarife der inländischen Postverwaltung für Auslandssendungen wären im Verhältnis zu denen ausländischer Postbetreiber erheblich überhöht.

Die Lösung der Endvergütungsproblematik ist auch vor dem Hintergrund einer möglichen Liberalisierung des grenzüberschreitenden Verkehrs von Bedeutung, da die Nichtexistenz kostenorientierter Endvergütungen - nicht zuletzt von den dafür in erster Linie verantwortlichen Postverwaltungen - immer wieder als Argument gegen eine Liberalisierung des internationalen Verkehrs verwendet wird.

Faktisch besteht jedoch kein unmittelbarer Zusammenhang zwischen der Endvergütungsproblematik und einer Liberalisierung. Probleme können allenfalls mittelbar dadurch auftreten, daß durch eine Liberalisierung des grenzüberschreitenden Verkehrs das unzulässige ABA-Remailing erleichtert bzw. schwerer kontrollierbar wird. Wird also der grenzüberschreitende Verkehr geöffnet, ohne daß zugleich das nationale Monopol fällt, ist durch entsprechende Kontrollmaßnahmen eine Zunahme des ABA-Remailing zu verhindern.

Darüber hinaus ist im Zuge einer Liberalisierung dafür Sorge zu tragen, daß private Postbeförderer zu den gleichen Bedingungen Sendungen bei Postverwaltungen im Ausland einliefern können wie ihre öffentlichen Konkurrenten. Gleiches gilt für ausländische Betreiber, die im Inland bei der Deutschen Post AG einliefern möchten. Die Netzzugangsbedingungen der Deutschen Post AG sollten dann diskriminierungsfrei auf alle privaten und öffentlichen Einlieferer angewendet werden.

---

[53] Vgl. hierzu Stumpf, U.: Terminal dues reform - Towards a domestic tariff based system - , Bad Honnef 1993.

[54] Beim ABB-Remailing befördern private Unternehmen die Sendungen aus dem Abgangsland in das Bestimmungsland und liefern sie bei der dortigen Postverwaltung auf. Beim ABC-Remailing befördert der private Transporteur die Sendungen aus dem Ursprungsland in ein Drittland, um sie dort der nationalen Postverwaltung zu übergeben. Diese befördert die Sendungen dann an die Postverwaltung des Bestimmungslandes.

V.1.2. Marktöffnung im Bereich von Direktwerbesendungen

Der Bereich der Direktwerbesendungen ist das Segment mit den größten Steigerungsraten. Entsprechend wichtig ist die Frage, ob dieser Teilmarkt zukünftig im Wettbewerb steht oder weiterhin von nur einem Betreiber bedient wird. Festzustellen ist, daß Direktwerbesendungen in einer ganzen Reihe europäischer Länder zumindest teilweise von privaten Unternehmen befördert werden dürfen. So etwa in Spanien, in Italien, soweit es sich um offene Sendungen handelt, in Luxemburg und in den Niederlanden.[55] In den Niederlanden hat die PTT Nederlande trotz der Marktöffnung einen Marktanteil behauptet, der bei mehr als 90% liegt.

Die Kommission der Europäischen Gemeinschaften hat in ihrem Grünbuch Post entsprechend festgestellt, daß eine "Zuordnung der Direktwerbung zum nichtreservierten Bereich ..a priori angestrebt werden" sollte.[56]

Vom Bundesminister für Post und Telekommunikation wurde 1993 eine Expertenkommission eingesetzt, die Vorarbeiten für eine Lizenzierung im Bereich der Beförderung von Massensendungen leisten sollte. Von dieser Kommission wurde im Januar 1994 ein Gutachten vorgelegt, das nachdrücklich die Zulassung „privater Transporteure von Massensendungen durch eine staatliche Lizenzvergabe" befürwortet, wobei "sowohl auf europarechtliche Zwänge als auch auf den damit verbundenen gesamtwirtschaftlichen Nutzen verwiesen" wird.[57]

Der Bundesminister für Post und Telekommunikation hat zum 01.01.1995 den Markt für die Beförderung von Massensendungen oberhalb einer Gewichtsgrenze von 250 g geöffnet und die ersten Lizenzen an private Beförderungsunternehmen erteilt. Dieser erste Marktöffnungsschritt bedeutet, daß ca. 10% des bisherigen Sendungsvolumens adressierter Massensendungen bzw. 2,5% des gesamten Sendungsvolumens im Briefdienst der Deutschen Post AG für den Wettbewerb geöffnet werden.

Ab dem 01.01.1996 wird in einem weiteren Liberalisierungsschritt der Massensendungsmarkt oberhalb einer Gewichtsgrenze von 100 g für private Konkurrenten der Deutschen Post AG geöffnet werden.

Eine Lizenzierung setzt dabei voraus, daß die betreffende Sendungsart zunächst - anders als von der Kommission der Europäischen Gemeinschaften ursprünglich vorgeschla-

---

[55] Vgl. hierzu auch Kommission der Europäischen Gemeinschaften: Grünbuch über die Entwicklung des Binnenmarktes für Postdienste. a.a.O., S. 44.

[56] Ebenda, S. 260. Diese Auffassung wurde von der Kommission auch nach Ablauf der Konsultationsphase zum Grünbuch Post in ihren "Leitlinien" (Kommission der Europäischen Gemeinschaften: Leitlinien für die Entwicklung der gemeinschaftlichen Postdienste. (KOM (93) 247), S. 10 f.) sowie in ihrem im Juli 1995 veröffentlichten Entwurf eines Richtlinienvorschlags grundsätzlich bestätigt.

[57] Hennemann, G.: Kohl will Versandhäuser vom Postmonopol ausnehmen - "Gelbe Post" befürchtet 3.5 Milliarden Mark Verlust, in: Süddeutsche Zeitung, 50. Jahrgang, Nr. 15 vom 20.01.1994, S. 1. Die Deutsche Bundespost POSTDIENST vertrat die Ansicht, eine beschränkte Öffnung des Marktes für Massensendungen, der 1993 ein Gesamtvolumen von ca. 2.7 Mrd. DM aufwies, könnte möglicherweise zu Betriebsergebnisverschlechterungen von bis zu 3,5 Mrd. DM nach sich ziehen; vgl. ebenda.

gen - innerhalb des Monopolbereichs bzw. des reservierten Bereichs verbleibt. Der Marktzutritt ist in diesem Fall an Bedingungen und Auflagen wie bestimmte infrastrukturelle Verpflichtungen geknüpft. Durch die Lizenzierung werden staatliche Regulierungsmaßnahmen auf den geöffneten Märkten ermöglicht und Friktionen, die im Falle einer abrupten Marktöffnung auftreten könnten, vermieden.

Insbesondere kann sichergestellt werden, daß es nicht zu dem von verschiedenen Seiten befürchteten "Rosinenpicken" kommt. Die Lizenzierung schützt demzufolge den bisherigen Monopolisten vor gesamtwirtschaftlich ineffizienten Marktzutritten. Hinzu kommt, daß die Deutsche Post AG für die Bereiche der Briefbeförderung, in denen auch andere Anbieter zugelassen sind, weder einer Tarifgenehmigungspflicht noch einem Kontrahierungszwang unterworfen ist.[58] Unabhängig hiervon werden die Chancen der Deutschen Post AG, sich im geöffneten Massensendungsmarkt zu behaupten, - mittlerweile auch von Vetretern des Unternehmensmanagements - als sehr gut eingeschätzt.[59]

V.1.3. Einführung einer Preis- und Gewichtsgrenze

Ebenfalls von der Kommission der Europäischen Gemeinschaften vorgeschlagen wurde die Einführung einer kombinierten Preis- und Gewichtsgrenze. Von der Kommission wurde dabei eine Gewichtsgrenze, die unterhalb 500g liegen soll, empfohlen. Als Preisgrenze wurde das 1,5 - 2fache des Preisäquivalents der Gewichtsgrenze ins Auge gefaßt.

Im Sommer 1995 wurden diese Vorschläge konkretisiert; die Gewichstgrenze soll demnach bei 350 g, die Preisgrenze beim 5fachen des Standardbriefentgelts (z. Zt. DM 5,-) liegen. Die ökonomischen Auswirkungen, die von einer derartigen Marktöffnung ausgingen, können jedoch vernachlässigt werden, da mehr als 95% des Sendungsvolumens der Deutschen Post AG aus Sendungen besteht, die weniger als 250 Gramm wiegen.[60] Ein partieller Einbruch von Wettbewerbern in das für die Marktöffnung vorgesehene Segment hätte demzufolge allenfalls marginale Bedeutung.

Interessant ist in diesem Zusammenhang, daß Schweden seit kurzem das Postmonopol vollständig aufgehoben hat; gleiches gilt für Finnland. Royal Mail genügt bereits eine Preisgrenze von 1 Pfund, der neuseeländischen Post eine Preisgrenze von 0,80 Nz $, um sich in ausreichendem Maße vor Wettbewerb schützen zu können. Und auch in Australien muß die Post mit einer Preisgrenze auskommen, die beim Vierfachen des Standardbriefentgelts liegt; die Gewichtsgrenze liegt bei 250 Gramm.[61]

Insgesamt ist also festzuhalten, daß die bisher diskutierten Vorschläge zur Einführung einer kombinierten Preis- und Gewichtsgrenze sowie der Marktöffnung im Bereich der Massensendungen und im grenzüberschreitenden Verkehr den bisherigen Kernbereich

[58] Siehe § 4 PTRegG sowie § 8 PostG.
[59] Vgl. Hahn, W.: Postreform im Lichte der EU-Liberalisierung. Sonderdruck aus ifo Schnelldienst Nr. 35 - 36, München, 1993, S. 33.
[60] Bei Massensendungen liegen ca. 90 % des Sendungsvolumens unterhalb der 250 g-Grenze.
[61] Angaben nach Informationen des Bundesamtes für Post und Telekommunikation.

der Postmonopole unangetastet lassen und demzufolge als unzureichend zu bezeichnen sind. Trotzdem stießen die Vorschläge auf heftigen Widerstand insbesondere der etablierten Unternehmen sowie der Arbeitnehmerorganisationen. Dieses Verhalten ist Ausdruck eines aus Sicht der Betroffenen völlig rationalen Strebens nach dem Erhalt der im Monopol erzielbaren Renten. Die dadurch erzeugten negativen gesamtwirtschaftlichen Wirkungen werden dabei in der Regel nicht ins Kalkül gezogen.

V.1.4. Marktöffnung für neue Dienstleistungen

Da sich die Monopolabgrenzungen zumeist nicht auf einzelne Dienste beziehen, sondern wie beispielsweise in Deutschland grundsätzlich jede Art der Beförderung von schriftlichen Mitteilungen dem Monopol zuordnen, stellt sich die Frage, ob damit auch jeder neuartige Dienst, der die Beförderung von schriftlichen Mitteilungen umfaßt, dem Monopolbereich zugeordnet werden kann oder muß.

Von der Kommission der Europäischen Gemeinschaften wurde im Grünbuch Post hierzu festgestellt, daß neue Dienste a priori dem nichtreservierten Bereich zuzuordnen sind, sofern sie sich "wesentlich von den bestehenden reservierten Standarddiensten unterscheiden."[62]

Als neu sind Dienste nicht nur dann zu bezeichnen, wenn es sich um neu entwickelte Dienstleistungen handelt, sondern bereits dann, wenn sie neu nur in dem Sinne sind, daß sie bisher vom etablierten Monopolisten nicht angeboten wurden.

Eine Klarstellung bezüglich der Einordnung neuer Dienstleistungen bringt hier insbesondere die jüngste Rechtssprechung des Europäischen Gerichtshofs in der Rechtssache C-320/91 (Corbeau). In dem Rechtsstreit hatte die belgische Post (Régie des postes), der in Belgien das ausschließliche Recht zusteht, "Postsendungen zu sammeln, zu befördern und zu verteilen"[63] das Tribunal correctionnel Lüttich angerufen, um zu verhindern, daß von einer privaten Unternehmung im Raum Lüttich eine Postdienstleistung erbracht wird, "die in der Abholung von Postsendungen beim Absender und in der Verteilung dieser Sendungen vor dem Mittag des folgenden Tages besteht, sofern sich die Empfänger innerhalb des betreffenden Gebietes befinden." Der Europäische Gerichtshof wurde vom Tribunal correctionnel Lüttich um Vorabentscheidung über die Auslegung der Artikel 86 und 90 EWG-Vertrag ersucht.[64] Vom EuGH wurde hierzu festgestellt: "Artikel 90

[62] Kommission der Europäischen Gemeinschaften: Grünbuch über die Entwicklung des Binnenmarktes für Postdienste. a.a.O., S. 259; siehe hierzu auch Kommission der Europäischen Gemeinschaften: Leitlinien für die Entwicklung der gemeinschaftlichen Postdienste. a.a.O., S. 10.

[63] Europäischer Gerichtshof: Rechtssache C-320/92 (Paul Corbeau). Urteil des Gerichtshofs vom 19.05.1993. "Wettbewerb - Postmonopol - Umfang" (vorl. Übersetzung). S. I-3.

[64] Die Wettbewerbsregeln des EWG-Vertrags sind grundsätzlich auch auf solche Unternehmen anzuwenden. denen die Mitgliedstaaten besondere oder ausschließliche Rechte (z. B. der Beförderungsvorbehalt der Deutschen Post AG) gewähren. Dies gilt allerdings nur. "soweit die Anwendung dieser Vorschriften nicht die Erfüllung der [den Unternehmen] übertragenen besonderen Aufgabe [z. B. Aufrechterhaltung einer flächendeckenden Grundversorgung mit Postdienstleistungen] rechtlich oder tatsächlich verhindert"; Art. 90 EWG-Vertrag.

EWG-Vertrag läßt es nicht zu, daß eine Regelung eines Mitgliedsstaats, die einer Organisation wie der Régie des postes das ausschließliche Recht überträgt, Postsendungen zu sammeln, zu befördern und zu verteilen, es einem in diesem Staat niedergelassenen Wirtschaftsteilnehmer unter Androhung strafrechtlicher Sanktionen untersagt, spezifische, von der Dienstleistung von allgemeinem Interesse trennbare Dienstleistungen anzubieten, die besonderen Bedürfnissen von Wirtschaftsteilnehmern entsprechen und bestimmte zusätzliche Leistungen verlangen, die der herkömmliche Postdienst nicht anbietet, sofern diese Dienstleistungen das wirtschaftliche Gleichgewicht der vom Inhaber des ausschließlichen Rechts übernommenen Dienstleistung von allgemeinem wirtschaftlichem Interesse nicht in Frage stellen."[65]

Implizit kommt im Urteil des Europäischen Gerichtshofs das Bedarfsmarktkonzept zur Anwendung, das Dienstleistungen verschiedenen Märkten zuordnet, wenn diese aus der Sicht eines verständigen Verbrauchers gegenseitig nicht mehr als Substitute füreinander fungieren können. Durch die EuGH-Entscheidung wurde klargestellt, daß Monopolabgrenzungen, die allein an den produktionstechnischen Gegebenheiten (Einsammeln, Zustellen, Weiterleiten) ansetzen, für eine adäquate und europarechtskonforme Definition von Monopolbereichen nicht hinreichend sind, da hierdurch unabhängig vom ursprünglichen postökonomischen Zweck der Monopolisierung ausschließliche Rechte für eine unbestimmte und unbegrenzte Anzahl von ökonomisch separierbaren Märkten auf einzelne Unternehmen übertragen werden.[66]

V.2. Lizenzierung als adäquates Instrument des Übergangs vom Monopol zum Wettbewerb

Die bisherigen Ausführungen haben gezeigt, daß wenig für die Aufrechterhaltung eines rechtlich geschützten Briefdienstes spricht und demzufolge Deregulierungsmaßnahmen angezeigt sind. Allerdings ist ein abrupter Übergang vom stark regulierten in einen völlig deregulierten Zustand weder ökonomisch sinnvoll noch politisch durchsetzbar. Statt dessen müssen Mechanismen zur Anwendung kommen, die die mit der Änderung des institutionellen Rahmens verbundenen Anpassungsprobleme minimieren.

Ein geeignetes Instrumentarium, das einen weitgehend reibungslosen Übergang gewährleistet, ist die oben bereits angesprochene Lizenzierung bzw. Konzessionierung von Wettbewerbern. Dabei erhalten die Wettbewerber befristet das Recht, innerhalb des bisherigen Monopolbereichs bzw. des reservierten Bereichs tätig zu werden.

Grundsätzlich sind verschiedene Lizenzierungsmodelle vorstellbar. So könnte etwa daran gedacht werden, dem etablierten Monopolisten für eine kurze Übergangszeit eine Alleinlizenz für einen Teil des bisherigen Monopolmarktes zu erteilen, um hieran an-

[65] Europäischer Gerichtshof: Rechtssache C-320/92 (Paul Corbeau). Urteil des Gerichtshofs vom 19.05.1993. "Wettbewerb- Postmonopol - Umfang" (vorl. Übersetzung). S. I-7.

[66] Vgl. hierzu auch Baggehufwudt, N. von: Dienstleistungsmonopole in der Telekommunikation unter EG-rechtlichen Aspekten, in: Archiv für Post und Telekommunikation, 2/93, S. 176. Von Baggehufwudt leitet mit der gleichen Begründung für Teile des Telekommunikationsbereichs einen "Zwang zur Monopolauflösung ab".

schließend den Markt für weitere Lizenznehmer zu öffnen. Alternativ hierzu könnte der Markt sofort sukzessive für Newcomer geöffnet werden. Zu denken wäre etwa an Dienste, die der etablierte Anbieter bisher nicht anbietet wie z.B. Postfachläden, Abholdienste, Dokumentenaustauschbörsen oder spezielle Branchendienste (Interbankenverkehr, Postverkehr zwischen Rechtsanwälten etc.). Dies gilt für diese Dienste aber nur in dem Umfang, in dem ihre Zuordnung zum Monopolbereich bzw. zum reservierten Bereich in Übereinstimmung mit dem europäischen Recht erfolgen kann. Ist letzteres nicht möglich, ist eine Marktöffnung nach EU-Recht zwingend vorgeschrieben.

Möglich wäre es weiterhin, die gegenwärtig monopolisierte Produktionskette (Einsammeln, Transportieren, Sortieren, Zustellen) für Lizenznehmer zu öffnen oder die Briefbeförderung innerhalb bestimmter Regionen im Rahmen von Lizenzierungsverfahren auszuschreiben, sofern letzteres aus ökonomischer Sicht - etwa mit steigenden Skalenerträgen - begründbar ist.

Da die Infrastrukturauflagen des etablierten Monopolisten nicht von heute auf morgen aufgehoben werden können, muß - auch aus Gründen des chancengleichen Wettbewerbs - sichergestellt werden, daß Lizenznehmer in irgendeiner Form zur Erfüllung dieser infrastrukturellen Verpflichtungen beitragen. Eine Möglichkeit besteht darin, den Lizenznehmern wie dem etablierten Unternehmen in der Lizenz bestimmte Infrastrukturaufgaben zu übertragen. Zu denken ist an bestimmte Flächendeckungsauflagen oder Auflagen bzgl. der Qualität der Dienstleistungen.

Eine weitere und aus ökonomischer Sicht bessere Möglichkeit besteht darin, von den Lizenznehmern einen Beitrag zur Finanzierung der Infrastrukturaufgaben zu fordern.[67] Derartige Infrastrukturabgaben müßten beispielsweise in einen Fonds eingezahlt werden, der ausschließlich zur Finanzierung entsprechender Infrastrukturaufgaben zu verwenden wäre. Letztere sollten von denjenigen Unternehmen erbracht werden, die hierfür mit dem geringsten Ressourceneinsatz auskommen. Gegenüber der heutigen Situation hätte dies den Vorteil, daß sich - bei Durchführung etwa von Ausschreibungsverfahren - der Subventionsbedarf minimieren ließe und nicht mehr wie heute alle anfallenden "Kosten" über Monopoltarife finanziert würden.

Durch die genannten Verfahren könnte erreicht werden, daß die angestrebte infrastrukturelle Grundversorgung auf effizientere Weise als bisher sichergestellt wird. Das von verschiedenen Seiten befürchtete Rosinenpicken könnte so verhindert bzw. über die Abgabe neutralisiert werden.

[67] In der ökonomischen Literatur wird dies schon seit längerem gefordert. Siehe hierzu insbesondere Blankart, Ch. B./ Knieps, G.: Grenzen der Deregulierung im Telekommunikationsbereich? Die Fragen des Netzwettbewerbs, in: H.St. Seidenfus (Hrsg.): Deregulierung - eine Herausforderung an die Wirtschafts- und Sozialpolitik in der Marktwirtschaft, Schriften des Vereins für Socialpolitik, N.F., Bd. 184, Berlin 1989, S. 149-172. Siehe hierzu auch den Beitrag von Blankart/ Knieps in diesem Sammelband.

Entsprechende Fondslösungen sind in der Planung oder werden ansatzweise bereits heute angewandt. Ein Beispiel hierfür ist der Telekommunikationsbereich in den Vereinigten Staaten von Amerika.[68]

V.3. Aufgaben der Regulierungspolitik

Die Marktöffnung wird zunächst den Regulierungsbedarf gegenüber der Monopolsituation nicht reduzieren, sondern im Gegenteil eher erhöhen[69], da zur weiterhin notwendigen Regulierung des marktmächtigen Unternehmens nun - übergangsweise - eine im Vergleich zur "einfachen" Monopolisierung komplizierte Lizenzierung bzw. Marktzutrittsregulierung hinzutritt.

Auch nach einer Liberalisierung ist für einen längeren Zeitraum mit einem faktischen Monopol bzw. mit einer überragenden Marktstellung der Deutschen Post AG zu rechnen. Demzufolge besteht auch für die Übergangszeit Regulierungsbedarf. Dieser konzentriert sich zum einen auf die Preis- und Qualitätsregulierung im Interesse der "Endverbraucher" und zum anderen auf die Herstellung eines funktionsfähigen Wettbewerbs. Der Konsumentenschutz auf der einen und der Wettbewerbsschutz auf der anderen Seite sind also die vorrangigen Ziele der Regulierungspolitik.

V.3.1. Preisregulierung im Interesse der Kunden

Lizenznehmer, die über ausschließliche oder besondere Rechte verfügen, sind im Interesse der Kunden einer Preisregulierung zu unterwerfen, dies gilt zumindest für den Fall, daß sie über eine marktbeherrschende bzw. eine marktstarke Position verfügen. Durch die Regulierung muß in diesem Fall versucht werden, die Spanne zwischen Monopol- und Wettbewerbspreisen nicht allzu groß werden zu lassen. Allerdings stellen sich einer effizienzorientierten Preisregulierung einige Probleme in den Weg. Besonders gravierend sind dabei die existierenden Informationsasymmetrien zwischen den Regulierungsbehörden und den regulierten Unternehmen.

Dies gilt zumindest für den Fall einer an den Kosten orientierten Preisregulierung. Hier entstehen auf seiten des Monopolisten bzw. des marktbeherrschenden Unternehmens Anreize für einen überhöhten Kostenausweis, um hierdurch die Genehmigung für

[68] Zur Frage der verfassungsrechtlichen Zulässigkeit eines Infrastrukturfonds vgl. insbesondere Gramlich, L.: Rechtliche Möglichkeiten der Finanzierung von Infrastrukturleistungen im Post- und Telekommunikationsbereich durch die Einrichtung eines Infrastrukturfonds. Gutachten im Auftrag des Bundesministeriums für Post und Telekommunikation. März 1995. Die Fondslösung wurde kürzlich auch vom Bundesrat sowie vom Bundesminister für Post und Telekommunikation als ein Instrument zur Gewährleistung einer infrastrukturellen Grundversorgung im Post- und Telekommunikationsbereich vorgeschlagen. Auch die Europäische Kommission hat mittlerweile Fondsmodelle als Ersatz bzw. Ergänzung zur Reservierung bestimmter Dienste in Betracht gezogen. Von den (Post-) Gewerkschaften wird gegenwärtig die Einführung eines Fonds zur Sicherung bzw. Finanzierung der Ausbildungsförderung vorgeschlagen.

[69] Dies wird von Liberalisierungsgegnern gerne als Argument gegen eine Marktöffnung vorgebracht.

entprechend hohe Tarife zu erhalten. Wird die sehr verbreitete Rentabilitätsregulierung angewendet, entsteht darüber hinaus das Problem eines ineffizienten Faktoreinsatzes (Averch-Johnson-Effekt).

Ein Preisregulierungsmodell, das die Informationsasymmetrie zumindest zeitweise überwindet, ist die sog. Price-Cap-Regulierung,[70] bei der die Entwicklung des durchschnittlichen Preisniveaus des betreffenden Unternehmens an die Entwicklung eines von ihm nicht beeinflußbaren Index geknüpft wird, die Preisstruktur jedoch weitgehend unreguliert bleibt. Das regulierte Unternehmen erhält also hinsichtlich der Setzung der Einzelpreise den größtmöglichen Freiheitsgrad. Dabei macht man sich die Tatsache zunutze, daß sich Monopolpreise und wohlfahrtsoptimale (Ramsey-) Preise eines Mehrproduktmonopols zwar der Höhe, nicht jedoch der Struktur nach unterscheiden. Die Price-Cap-Regulierung wurde von Littlechild für den Telekommunikationssektor entwickelt, sie kommt mittlerweile aber auch in der Regulierung von einigen ausländischen Postmärkten bzw. Postmonopolen zur Anwendung. Dabei wird bislang allerdings häufig übersehen, daß das Modell der Price-Cap-Regulierung gewinnmaximierende Manager voraussetzt, was durchaus nicht immer realistisch ist. Grundvoraussetzung dieser Form der Preisregulierung sind demzufolge entsprechende leistungsorientierte Verträge mit dem Management des Unternehmens, das auf die Gewinn- bzw. Vermögenswertmaximierung zu verpflichten ist. Daneben sollte sichergestellt sein, daß diskretionäre Eingriffe des Politikbereichs in die Preisregulierung weitgehend unterbleiben.

V.3.2. Qualitätsregulierung[71]

Ebenso bedeutsam wie die Preisregulierung ist die Kontrolle bzw. Regulierung der Leistungsqualität der marktbeherrschenden Unternehmen. Die Ziele der Qualitätsregulierung lassen sich im Optimalfall aus der Definition der politischen Vorgaben ableiten. Nur wenn die infrastrukturelle Grundversorgung mit postalischen Dienstleistungen hinreichend operational definiert ist, lassen sich möglicherweise existierende Soll-Ist-Abweichungen aufzeigen.[72]

Da sich die Qualität der Postdienstleistungen in der Regel nicht als eindimensionale Größe fassen läßt, sind die nachfragerelevanten Eigenschaften der betreffenden Leistungen zu identifizieren und - soweit quantifizierbar - mit entsprechenden Zielgrößen (Mindestziele, Mindeststandards) zu versehen. Auf diese Weise erhält man für die einzelnen Dienstleistungen die gewünschten Qualitätsprofile.

---

[70] Vgl. hierzu Neu, W./ Speckbacher, W./ Stumpf, U.: Preisregulierung im Monopolbereich des Postdienstes. Diskussionsbeiträge des Wissenschaftlichen Instituts für Kommunikationsdienste, Nr. 92, Bad Honnef 1992, S. 10 ff.

[71] Vgl. hierzu den Beitrag von Brigitte Bauer in diesem Sammelband und dies.: Ansätze zur Erfassung und Regulierung der Qualität im Monopolbereich der DBP POSTDIENST. Diskussionsbeiträge des Wissenschaftlichen Instituts für Kommunikationsdienste, Nr. 85, Bad Honnef 1992.

[72] Vgl. Tuchtfeldt, E.: Art. Wirtschaftspolitik, in: Handwörterbuch der Wirtschaftswissenschaften, Bd. 9, Stuttgart u.a. 1982, S. 182 f.

Zumindest die wesentlichen Eigenschaften sind danach einer laufenden und unabhängigen Messung zu unterwerfen.

Unabdingbar ist es, daß Soll-Ist-Abweichungen für die Unternehmen spürbare Folgen nach sich ziehen. Möglich ist beispielsweise die regelmäßige Veröffentlichung der Meßergebnisse durch den Regulierer, wodurch schlechte Leistungen des regulierten Unternehmens transparent werden und - soweit die Kunden über Substitutionsmöglichkeiten verfügen - sich negativ auf das Betriebsergebnis auswirken.

Schärfere Methoden der Qualitätsregulierung wären entsprechende finanzielle Sanktionen etwa in Form von Strafen oder der Einengung der Preissetzungsmöglichkeiten. Letzteres setzt die Verknüpfung der Preisregulierung mit der Qualitätsregulierung voraus. Notwendig erscheint hierzu die Bildung eines Qualitätsindexes, in dem die Einzelmerkmale der Dienstleistung bzw. die vom Unternehmen erbrachten Leistungsqualitäten aggregiert werden.

Bislang wurde in der Bundesrepublik seitens des zuständigen Postministeriums auf verschiedene Weise auf die Qualitäten der DBP POSTDIENST/ Post AG Einfluß genommen. Ein transparentes und operationales Zielsystem ist jedoch - wie auch von der Kommission der Europäischen Gemeinschaften gefordert - erst noch zu entwickeln. Hervorzuheben ist, daß das dem Postministerium nachgeordnete Bundesamt für Post und Telekommunikation seit kurzem die Brieflaufzeiten der DBP POSTDIENST bzw. der Deutschen Post AG einer flächendeckenden und permanenten Messung unterzieht. Damit verfügt die Regulierungsbehörde zumindest hinsichtlich eines wichtigen Qualitätsparameters über eine erste - vom Monopolanbieter völlig unabhängige Informationsquelle.[73]

Es erscheint sinnvoll und notwendig, diese Qualitätsbeobachtung bzw. -regulierung möglichst rasch auf weitere Qualitätsparameter wie Maximallaufzeiten, Verlustquoten, Öffnungszeiten von Geschäftsstellen und Schaltern etc. im Bereich des sog. Universaldienstes auszuweiten.[74]

V.3.3. Wettbewerbsschutz durch Regulierung

Neben dem Kundenschutz hat die Regulierung auch die Aufgabe, auf die Herstellung eines funktionsfähigen Wettbewerbs hinzuarbeiten. Letzterer setzt voraus, daß marktbeherrschende Unternehmen daran gehindert werden, Wettbewerber etwa durch eine interne Quersubventionierung vom Markt zu verdrängen oder durch andere Maßnahmen den Marktzutritt zu erschweren. Beispiele hierfür sind etwa überhöhte Werbeausgaben oder der Aufbau von strategischen Überkapazitäten.

---

[73] Vgl. hierzu das Amtsblatt des Bundesministeriums für Post und Telekommunikation vom 07.07.93.

[74] Die voraussichtlich Anfang 1996 in Kraft tretende Post-Kundenschutzverordnung wird ein vergleichsweise konkret definiertes Zielbündel enthalten.

V.3.3.1. Die Quersubventionierungsproblematik

Ein theoretisch wie praktisch nicht einfach zu lösendes Problem ist das der Verhinderung unzulässiger Quersubventionierungen. Im neuen Gesetz zur Regulierung der Telekommunikation und des Postwesens (PTRegG) findet sich in § 7 eine Nachfolgevorschrift für den bisherigen § 37 Abs. 4 PostVerfG. Darin wird festgestellt, daß auch ein Ausgleich "aus Monopoldiensten zugunsten von Wettbewerbsdiensten..." zulässig ist. Soweit allerdings "durch eine anhaltende spürbare Kostenunterdeckung im Wettbewerbsbereich... die Wettbewerbsmöglichkeiten anderer Unternehmen auf einem Markt ohne sachlich gerechtfertigten Grund beeinträchtigt werden," sind entsprechende Maßnahmen zu ergreifen.

Wettbewerbsbehindernde Quersubventionierungen sind demzufolge nach dem Gesetz unzulässig. Die Frage, die sich für die Regulierungsbehörde hieran anschließt, ist die einer adäquaten Definition des Begriffs Quersubvention bzw. des Terminus "anhaltend spürbare Kostenunterdeckung".

Eine Quersubventionierung liegt im Zwei-Produkt-Fall dann vor, wenn unter der Annahme der Gesamtkostendeckung die Erlöse des einen Gutes nicht ausreichen, um die durch das betreffende Gut verursachten Zusatzkosten zu decken. Eine Dienstleistung wird also dann quersubventioniert, wenn ihr Preis dauerhaft die durchschnittlichen Zusatzkosten (average incremental costs) unterschreitet. Anders ausgedrückt: "If the provision of any commodity (or group of commodities) by a mulitcommodity enterprise subject to a profit constraint leads to prices for the other commodities not higher than they would pay themselves, then the price structure is *subsidy-free*."[75]

Die Frage der Quersubventionierung muß strenggenommen für jedes Produkt und darüber hinaus für jede Kombination von Produkten (Produktgruppen) mit Hilfe des sogenannten Stand-alone-Kostentests bzw. alternativ mit Hilfe des Zusatzkostentests[76] geprüft werden, deren Anwendbarkeit in der Praxis jedoch dadurch erschwert wird, daß die entsprechenden Kosteninformationen nicht vorliegen bzw. vom regulierten Unternehmen nur widerwillig offengelegt werden. Teilweise müssen entsprechende Kostenrechnungssysteme wie die Deckungsbeitragsrechnung oder die Prozeßkostenrechnung erst implementiert werden.

V.3.3.2. Strategische Eintrittsverhinderung als Regulierungsproblem

Liegen alle Kostendaten offen, kann die Quersubventionierung von der Regulierungsbehörde unterbunden werden. Allerdings geht diese Form der Regulierung bereits von gegebenen Kapazitäten bzw. den daraus resultierenden Kostenfunktionen aus und prüft

[75] Faulhaber, G.: Cross-Subsidization: Pricing in Public Enterprises, in: American Economic Review, Vol. 65, 1975, S. 966.

[76] "...the stand-alone and incremental cost test are the same when one considers all possible combinations of services. That is, if one of the tests is passed by every service and every combination of services, so will the other": Zajac, E.: Fairness or Efficiency, Cambridge, Mass. 1978, S. 89.

auf dieser Basis lediglich für die einzelnen Dienste das Erlös-Zusatzkosten-Verhältnis, ohne zu fragen, aus welchem Grund die Kosten anfallen.

Werden vom etablierten Unternehmen etwa strategische Überkapazitäten aufgebaut, so verursacht dies im Bereich der betreffenden Dienstleistung Zusatzkosten, die - so die Forderung des incremental cost test - durch die produktspezifischen Erlöse gedeckt werden müssen.

Ist letzteres der Fall, sind die Testkriterien erfüllt und es bestünde demzufolge keine Notwendigkeit für regulatorische Eingriffe. Jedoch erscheint es mehr als zweifelhaft, ob sich mit Hilfe entsprechender Preis-Kostentests allein alle möglichen wettbewerbsverzerrenden Maßnahmen marktbeherrschender Anbieter aufdecken lassen.

Werden etwa vom etablierten Monopolisten Überkapazitäten aufgebaut, so kann damit die Wahrscheinlichkeit von Marktzutritten im Anschluß an Liberalisierungsmaßnahmen u.U. drastisch verringert werden[77]. Die Wahl einer sehr hohen Kapazität reduziert u.U. die variablen bzw. entscheidungsrelevanten Kosten des etablierten Unternehmens für Absatzmengen, die unter der Kapazitätsgrenze liegen, erheblich, so daß eine Asymmetrie zwischen dem etablierten Unternehmen und der potentiellen Konkurrenz bezüglich des erwarteten "Nacheintrittsspiels" geschaffen werden kann.[78] Die Erwartungen potentieller Wettbewerber können hierdurch derart verschlechtert werden, daß ein Zutritt unterbleibt. Die für den Aufbau der Überkapazitäten notwendigen Mittel können nach der Zutrittsverhinderung auf dem weiterhin monopolisierten Markt über entsprechend hohe Preise in den Folgeperioden finanziert werden.

Hieraus resultiert die Notwendigkeit, daß Regulierungsbehörden insbesondere im Vorfeld von Liberalisierungsmaßnahmen die Investitionspolitik der etablierten Unternehmen beobachten, um im Bedarfsfall den Aufbau strategischer Überkapazitäten zu verhindern oder, falls dies nicht möglich ist, auch die Preispolitik des betreffenden Unternehmens im "Wettbewerbsmarkt" mit in die Regulierung einzubeziehen.

VI. Ausblick: Die Ergebnisse der Postreform II aus ordnungspolitischer Sicht

Nachdem die Postreform des Jahres 1989 den Postsektor ordnungspolitisch weitgehend unberührt ließ, beschränkt sich auch die sog. Postreform II im großen und ganzen auf eine Organisationsreform. Während die Postreform I die Trennung von hoheitlichen und betrieblichen Aufgaben mit sich brachte, umfaßt die Postreform II bisher weitgehend nur solche Regelungen, die zwingend aus der Privatisierung der Postunternehmen folgen. Eine Ausnahme hiervon stellt allerdings der neu in die Verfassung aufgenommene

[77] Vgl. hierzu Dixit, A.: The role of investment in entry-deterrence, in: Economic Journal, Vol. 90, 1980, S. 96 ff. und Tirole, J.: The Theory of Industrial Organization, 4th Printing, Cambridge, Mass., 1990, S. 314 ff. sowie Knauth, P.: Ansatzpunkte und Hindernisse einer effizienzorientierten Regulierungspolitik im Güterverkehr, München 1993, zugl. Diss. Uni Würzburg 1992, S. 33 ff.

[78] Voraussetzung für die Wirksamkeit der Überkapazitäten ist, daß die anfallenden Investitionskosten in erheblichem Umfang sunk costs darstellen; vgl. hierzu auch Holler, M.J./ Illing, G.: Einführung in die Spieltheorie, Berlin u.a. 1991, S. 20.

Art. 87f dar, mit dem klargestellt wurde, daß die infrastrukturelle Grundversorgung im Post- und Telekommunikationsbereich durch den Bund zu gewährleisten ist und entsprechende Postdienstleistungen durch die Deutsche Post AG <u>und</u> durch andere private Anbieter erbracht werden.

Das neugeschaffene Gesetz über die Regulierung der Telekommunikation und des Postwesens (PTRegG) enthält in weiten Teilen Nachfolgeregelungen zu den entsprechenden Vorschriften im Postverfassungsgesetz. Neu ist die Bildung eines Regulierungsrates, der weitreichende Eingriffsmöglichkeiten und Entscheidungsrechte im Bereich der Regulierung hat und sich aus jeweils 16 Vertretern der Länder und des Deutschen Bundestages zusammensetzt. Nach § 13 PTRegG Abs. 2 beschließt der Regulierungsrat über Vorlagen des Bundesministers für Post und Telekommunikation zu Rechtsverordnungen über

- die Festlegung von Pflichtleistungen,

- die Festlegung von Rahmenverordnungen für die Inanspruchnahme von Dienstleistungen sowie über

- Entscheidungen und Regelungen in bezug auf Befreiungen vom Beförderungsvorbehalt.

Der Regulierungsrat beschließt darüber hinaus u.a. über Entscheidungen des Bundesministers für Post und Telekommunikation über die Genehmigung von Monopolentgelten.

Beschlüsse des Regulierungsrates müssen vom Bundesminister für Post und Telekommunikation nicht berücksichtigt werden, wenn sie nach dessen Auffassung dem Interesse der Politik der Bundesrepublik Deutschland zuwiderlaufen. Hält der Regulierungsrat in derartigen Fällen seinen Beschluß trotzdem aufrecht, liegt die endgültige Entscheidung bei der Bundesregierung (§ 14 Abs. 3 PTRegG).

Im Postgesetz wurden keine weitreichenden Veränderungen vorgenommen. Erwähnenswert ist allerdings die Ergänzung des bisherigen § 2 Abs. 4 Postgesetz, der bislang schon dem Bundesminister für Post und Telekommunikation die Möglichkeit gab, Ausnahmen vom Beförderungsvorbehalt zu genehmigen. Der neue § 2 Abs. 6 sieht nunmehr vor, daß der Bundesminister für Post und Telekommunikation durch Rechtsverordnung mit Beteiligung des Regulierungsrates u.a. Entscheidungen über die beabsichtigte Öffnung von Märkten für Postdienstleistungen sowie Regelungen zu Inhalt, Umfang und Verfahren von Befreiungen erlassen kann.

Die Befristung des Gesetzes über die Regulierung der Telekommunikation und des Postwesens, des Fernmeldeanlagengesetzes sowie des Postgesetzes auf den 31. 12.1997 "trägt der politischen Willensbildung bei der Europäischen Union ...sowie der jüngsten Rechtsprechung des Europäischen Gerichtshofs zu Zulässigkeit und Dauer ausschließlicher Rechte, die die Mitgliedstaaten ihren Post- und Telekommunikationsunternehmen gewähren, Rechnung. Sie entspricht dem Willen des Gesetzgebers, die im Zusammenhang mit der Öffnung der Märkte der Telekommunikation und des Postwesens erforderlichen Maßnahmen rechtzeitig vor dem 31. Dezember 1997 einzuleiten."[79]

Die anstehende gesetzliche Neuregelung bietet dabei insbesondere die Gelegenheit, das bereits heute verfassungsrechtlich höchst bedenkliche und ordnungspolitisch inakzeptable Postmonopol[80] möglichst rasch zu beseitigen und - soweit übergangsweise notwendig - durch einen marktkonformen Regulierungsrahmen zu ersetzen.

Literaturverzeichnis

Australia Post: Australian Postal Corporation - Submission to the Industry Commission Inquiry into Mail. Courier and Parcel Services. o.O.. 1992.

Baggehufwudt. N. von: Dienstleistungsmonopole in der Telekommunikation unter EG-rechtlichen Aspekten. in: Archiv für Post und Telekommunikation. 2/93. S. 174-179.

Bauer. B.: Ansätze zur Erfassung und Regulierung der Qualität im Monopolbereich der DBP POSTDIENST. Diskussionsbeiträge des Wissenschaftlichen Instituts für Kommunikationsdienste. Nr. 85. Bad Honnef 1992.

Baumol. W.: Some subtle pricing issues in railroad regulation. in: International Journal of Transport Economics. Vol. 10. 1983.

Blankart. Ch. B./ Knieps. G.: Netzökonomik. in: Jahrbuch für Neue Politische Ökonomie. 11. Band. Tübingen 1992. S. 73-87.

Blankart. Ch.B./ Knieps. G.: Grenzen der Deregulierung im Telekommunikationsbereich? Die Fragen des Netzwettbewerbs. in: H.St. Seidenfus (Hrsg.): Deregulierung - eine Herausforderung an die Wirtschafts- und Sozialpolitik in der Marktwirtschaft. Schriften des Vereins für Socialpolitik. N.F., Bd. 184. Berlin 1989, S. 149-172.

Braubach. U.: Deregulierung der Postdienste. Köln 1992.

Buchanan. J.: Rent Seeking and Profit Seeking. in: Buchanan. J./ Tollison. R. D./ Tullock. G.: Toward a Theory of the Rent-Seeking Society. College Station. 1980.

Bundesministerium für das Post- und Fernmeldewesen: Amtsblattverfügung Nr. 632/1989. in: BPM-Amtsblatt Nr. 69/1989. S. 1243.

Bundesminister für Post und Telekommunikation: Erläuterung zum Begriff der Grundversorgung in der politischen Zielvorgabe. Bonn. Dezember 1992.

Bundesministerium für Post und Telekommunikation: Amtsblattverfügung Nr. 6/1994. in: BMPT-Amtsblatt Nr. 1/1994. S. 56.

Bundesministerium für Post und Telekommunikation: Amtsblattverfügung Nr. 42/1994. in: BMPT-Amtsblatt Nr. 4/1994. S. 198.

Bundesministerium für Post und Telekommunikation: Amtsblattverfügung Nr. 53/1994 (Politische Zielvorgaben für die Unternehmen der Deutschen Bundespost). in: Sonderdruck aus dem BMPT-Amtsblatt. Nr. 5/1994.

Cohen. R. H./ Ferguson. W.W.:/ Xenakis. S.S.: A Cost Comparison of Serving Rural and Urban Areas in the United States. WIK- Diskussionsbeitrag Nr. 114. Bad Honnef 1993.

Deutsche Bundespost POSTDIENST (Hrsg.): Geschäftsbericht 1992. Bonn 1993.

Deutsche Post AG (Hrsg.): Geschäftsbericht 1994. Bonn 1995.

[79] Gesetzentwurf der Bundesregierung: Entwurf eines Gesetzes zur Neuordnung des Postwesens und der Telekommunikation (Postneuordnungsgesetz - PTNeuOG). Bundesrat-Drucksache 115/94. S. 108.

[80] „Wer für die Verfälschung des Marktes und für die Denaturierung des Wettbewerbs eintritt, gibt sei-nen ökonomischen und moralischen Standort preis und macht damit indirekt den Weg zu einer Revolutionierung der Gesellschaftsordnung frei.": Erhard. L.: Soziale Marktwirtschaft gestern und heute. in: Müller-Armack. A./ Schmidt. H.B.: Wirtschafts- und Finanzpolitik im Zeichen der Sozialen Marktwirtschaft. Festgabe für F. Etzel. Stuttgart 1967. S. 24.

Deutscher Bundestag: Unterrichtung durch die Bundesregierung: Postversorgung auf dem Lande, Konzept des Bundesministers für das Post- und Fernmeldewesen für die künftige Postversorgung auf dem Lande, Drucksache 9/408, 08.05.1981.

Dixit, A.: The role of investment in entry-deterrence, in: Economic Journal, Vol. 90, 1980, S. 95-106.

Erhard, L.: Soziale Marktwirtschaft gestern und heute, in: Müller-Armack, A./ Schmidt, H.B. (Hrsg.): Wirtschafts- und Finanzpolitik im Zeichen der Sozialen Marktwirtschaft, Festgabe für F. Etzel, Stuttgart 1967, S. 19-29.

Entwurf eines Gesetzes über das Postwesen, Bundestag-Drucksache V/3295 vom 26.09.1968.

Eucken, W.: Grundsätze der Wirtschaftspolitik, 6. Auflage, Tübingen 1990.

Europäischer Gerichtshof: Rechtssache C-320/92 (Paul Corbeau). Urteil des Gerichtshofs vom 19.05.1993, "Wettbewerb- Postmonopol - Umfang" (vorl. Übersetzung).

Eurostat: Kommunikationsdienste: Jährliche Statistiken 1980-1991, Brüssel 1993.

Faulhaber, G.: Cross-Subsidization: Pricing in Public Enterprises, in: American Economic Review, Vol. 65, 1975, S. 966-977.

Gesetz über das Postwesen (PostG) - (vom 28. Juli 1969, d. Verf.) - in der Fassung der Bekanntmachung vom 3. Juli 1989 (BGBl. I S. 1449).

Gesetz über die Unternehmensverfassung der Deutschen Bundespost (Postverfassungsgesetz - PostVerfG) vom 8. Juni 1989, BGBl. I S. 1026.

Gesetz zu den Verträgen vom 14. Dezember 1989 des Weltpostvereins vom 31. August 1992, in: Bundesgesetzblatt, Teil II, S. 749-908.

Gesetzentwurf der Bundesregierung: Entwurf eines Gesetzes zur Neuordnung des Postwesens und der Telekommunikation (Postneuordnungsgesetz - PTNeuOG), Bundesrat-Drucksache 115/94.

Gramlich, L.: Rechtliche Möglichkeiten der Finanzierung von Infrastrukturleistungen im Post- und Telekommunikationsbereich durch die Einrichtung eines Infrastrukturfonds. Gutachten im Auftrag des Bundesministeriums für Post und Telekommunikation, März 1995.

Hahn, W.: Postreform im Lichte der EU-Liberalisierung, Sonderdruck aus ifo Schnelldienst Nr. 35 - 36, München 1993.

Hennemann, G.: Kohl will Versandhäuser vom Postmonopol ausnehmen - "Gelbe Post" befürchtet 3.5 Milliarden Mark Verlust, in: Süddeutsche Zeitung, 50. Jahrgang, Nr. 15 vom 20.01.1994, S. 1.

Holler, M.J./ Illing, G.: Einführung in die Spieltheorie, Berlin u.a. 1991.

Katz, M. L./ Shapiro, C.: Network Externalities, Competition, and Compatibility, in: American Economic Review, Vol. 75, 1985, S. 424-440.

Knauth, P.: Ansatzpunkte und Hindernisse einer effizienzorientierten Regulierungspolitik im Güterverkehr, München 1993, zugl. Diss. Uni Würzburg 1992.

Knorr, A.: Monopol oder Wettbewerb bei den Postdiensten?: Eine ökonomische Analyse unter Berücksichtigung des Grünbuchs der EG-Kommission und der Reform des neuseeländischen Postwesens, Fuchsstadt 1993.

Kommission der Europäischen Gemeinschaften: Grünbuch über die Entwicklung des Binnenmarktes für Postdienste, KOM(91) 476 endg., Brüssel 1992.

Kommission der Europäischen Gemeinschaften: Leitlinien für die Entwicklung der gemeinschaftlichen Postdienste, (KOM (93) 247).

Neu, W./ Speckbacher, W./ Stumpf, U.: Preisregulierung im Monopolbereich des Postdienstes, Diskussionsbeiträge des Wissenschaftlichen Instituts für Kommunikationsdienste, Nr. 92, Bad Honnef 1992.

Ohnesorge, W.: Von den Vorrechten der Post, in: Postarchiv - Zeitschrift für das gesamte Post- und Fernmeldewesen, 69. Jg. 1941, S. 99-113.

O.V.: DVZ-Übersicht: Kurier-, Expreß- und Paketdienste, in: Deutsche Verkehrs-Zeitung, Nr. 139 v. 22.11.1994, S. 33-44.

O.V.: Hier geht die Post ab, in: LOGISTIK HEUTE, Sonderausgabe: Aktueller Überblick: Kurier-, Expreß- und Paketdienste, Oktober 1993, S. 9-30.

Panzar, J.C.: Is Postal Service a Natural Monopoly, in: Crew, M.A./ Kleindorfer, P.R.: Competition and Innovation in Postal Services, Boston u.a. 1991, S. 219-228.

Pieper, F.: Postdienste im Wettbewerb - Ökonomische Charakteristika und Struktur der Märkte, Diskussionsbeiträge des Wissenschaftlichen Instituts für Kommunikationsdienste, Nr. 99, Bad Honnef 1992.

POSTDIENST-Pflichtleistungsverordnung vom 12. 01.1994; BMPT-Amtsblatt 3/94, S. 126.

Price Waterhouse Corporate Finance Beratung GmbH: Internationaler Vergleich der Postinfrastruktur, Berlin 1993.

Schmahl, H.-J./ Wohlers, E.: Gebührenpolitik der DBP und Konjunktur- und Wachstumspolitik, in: Diederich, H./ Hamm, W./ Zohlnhöfer, W. (Hrsg.): Die Deutsche Bundespost im Spannungsfeld der Wirtschaftspolitik, Heidelberg 1987, S. 301-316.

Sherman, R.: Competition in Postal Service, in: Crew, M.A ./ Kleindorfer, P.R.: Competition and Innovation in Postal Services, Boston 1991.

Smith, A.: Der Wohlstand der Nationen, 6. Auflage, München 1993.

Stigler; G.: The Theory of Economic Regulation, in: Bell Journal of Economics, vol. 2, 1971, S. 3-21.

Stumpf, U./ Pieper, F.: The Development of the Single Market for Postal Services: Comments on the Green Paper, Diskussionsbeiträge des Wissenschaftlichen Instituts für Kommunikationsdienste, Nr. 98, Bad Honnef 1992.

Stumpf, U.: Remailing in the European Community: Economic Analysis of Alternative Regulatory Environments, Diskussionbeiträge des Wissenschaftlichen Instituts für Kommunikationsdienste, Nr. 89, Bad Honnef 1992.

Stumpf, U.: Terminal dues reform - Towards a domestic tariff based system - , Bad Honnef 1993.

Tirole, J.: The Theory of Industrial Organization, 4th Printing, Cambridge, Mass. 1990.

Treworgy, D. E./ Waddell, J.A.: Postal Service and Less Developed Countries, in: Crew, M. A./ Kleindorfer, P. R.: Competition and Innovation in Postal Services, Boston u.a. 1991, S. 253-270.

Tuchtfeldt, E.: Art. Wirtschaftspolitik, in: Handwörterbuch der Wirtschaftswissenschaften, Bd. 9, Stuttgart u.a. 1982, S. 178 - 206.

Zajac; E.: Fairness or Efficiency, Cambridge, Mass. 1978.

Der rechtlich-institutionelle Rahmen des Postmarktes in der Bundesrepublik Deutschland (Plagemann)

I. Probleme der rechtlichen Betrachtung des Postmarktes

II. Die wesentlichen Rechtsvorschriften des Postmarktes im Überblick
- II.1. Verfassung (Grundgesetz)
- II.2. Postverfassungsgesetz und Regulierungsgesetz (PTRegG)
- II.3. Gesetz über das Postwesen - Postgesetz
- II.4. Rechtsverordnungen
- II.4.1. Postdienstverordnung (PostV)
- II.4.2. POSTDIENST - Pflichtleistungsverordnung (PPflLV)
- II.4.3. POSTDIENST - Datenschutzverordnung (PD-DSV)

III. Marktzutritt im Postsektor - der Beförderungsvorbehalt der Deutschen Bundespost POSTDIENST bzw. der Deutschen Post AG
- III.1. Der Beförderungsvorbehalt im Postwesen gemäß § 2 Abs. 1 PostG
- III.2. Probleme der Abgrenzung von Monopol- und Wettbewerbsbereich im Postmarkt
- III.3. Die Sonderregelungen für Kurierdienstunternehmen
- III.4. Die Möglichkeit der Befreiung vom Beförderungsvorbehalt nach § 2 Abs. 4 PostG
- III.5. Der Beförderungsvorbehalt im Postwesen für den grenzüberschreitenden Verkehr
- III.6. Der Schutz des Beförderungsvorbehalts im Postwesen durch das Ordnungswidrigkeitenrecht

IV. Marktaufsicht im Postsektor - die Regulierungsbefugnisse des Bundesministeriums für Post und Telekommunikation
- IV.1. Überblick
- IV.2. Marktzutrittsbeschränkungen und Schutz des Beförderungsvorbehalts
- IV.3. Erlaß von Rechtsverordnungen
- IV.4. Festlegung von mittel- und langfristigen Unternehmenszielen
- IV.5. Genehmigungsrechte
- IV.6. Widerspruchsrechte
- IV.7. Festlegung von Maßnahmen zur Beseitigung von Wettbewerbsbeeinträchtigungen anderer Unternehmen
- IV.8. Preisregulierung
- IV.9. Qualitätsregulierung
- IV.10. Allgemeine ministerielle Rechtsaufsicht
- IV.11. Aufgaben des Bundesamtes für Post und Telekommunikation

V. Das Recht der Europäischen Union im Postmarkt
- V.1. Dienstleistungsfreiheit - Art. 59 ff. EG-Vertrag
- V.2. Wettbewerbsregeln - Art. 85 ff. EG-Vertrag
- V.3. Bestimmungen für öffentliche Unternehmen - Art. 90 Abs. 2 EG-Vertrag
- V.4. Sekundäres Gemeinschaftsrecht
- V.5. Das Grünbuch über die Entwicklung des Binnenmarktes für Postdienste

VI. Rechtspolitischer Ausblick

Der rechtlich-institutionelle Rahmen des Postmarktes in der Bundesrepublik Deutschland

Jürgen Plagemann*

I. Probleme der rechtlichen Betrachtung des Postmarktes

Das zentrale Problem bei der rechtlichen Betrachtung des Postmarktes ist die sachgerechte Eingrenzung des Begriffs "Postmarkt": Der ökonomische Begriff des "Postmarktes" umfaßt heute vor allem Dienstleistungen im Zusammenhang mit der Beförderung von Briefen, Postkarten, Zeitungen und Zeitschriften, adressierte und nichtadressierte Massensendungen (Direct Mail), Pakete und Päckchen, schnelle Transportdienstleistungen (z.B. Express- und Kurierdienste) sowie eine Vielzahl von unterschiedlichen Ausgestaltungen bei diesen einzelnen Dienstleistungen[1]. Insofern sind in diese Untersuchung die allgemeinen rechtlichen Rahmenbedingungen für die Erbringung der soeben genannten Postdienstleistungen einzubeziehen. Diese Eingrenzung des Themas berücksichtigt allerdings noch nicht hinreichend die Tatsache, daß Postdienstleistungen in Deutschland über Jahrzehnte nur von der Deutschen Bundespost angeboten wurden. Immerhin wurden unter "Post" gemeinhin nur die traditionellen Dienstleistungen der Deutschen Bundespost verstanden. Daher geht es in dieser Untersuchung über den rechtlich-institutionellen Rahmen des Postmarktes im wesentlichen um das Sonderrecht der Deutschen Bundespost bei den erwähnten Postdienstleistungen[2]. Letztlich werden auf diese Weise aber zugleich auch die rechtlichen Rahmenbedingungen für die Wettbewerber der Deutschen Bundespost (seit 01.01.1995: Deutsche Post AG) bei der Erbringung von Post- bzw. Transportdienstleistungen beschrieben.

Bei der rechtlichen Betrachtung des Postmarktes steht man damit vor einem strukturbedingten Dilemma, insbesondere im Hinblick auf die Marktabgrenzung bei Postdienstleistungen: Auf der einen Seite umfaßt das Thema zentral die Organisation "Deutsche Bundespost", für die andere, besondere Vorschriften gelten als für private Unternehmen, die ähnliche Dienstleistungen erbringen. Auf der anderen Seite sind sowohl aus Anbieter- als auch aus Nachfragersicht die Dienstleistungen privater Wettbewerber miteinzubeziehen. Beispielsweise gibt es bei der Zeitungsbeförderung heute den Postzeitungsdienst der Deutschen Post AG, aber ebenso das Pressegrosso und andere private Zustell- und Verteildienste. Bei der Paketbeförderung gibt es gleichfalls den Paketdienst der Deutschen Post AG, aber ebenso die Paketbeförderung der Deutschen Bahn AG, privater Paketdienste sowie zahlreicher Transport- und Speditionsunternehmen. Und ebenso

---

* Bundesministerium für Post und Telekommunikation. Der Beitrag gibt die persönliche Auffassung des Autors wieder.

[1] Als Beispiele hierfür seien genannt: Einschreiben, Eilboten, Telebrief, Blindensendung, Nachnahme, Anschriftenberichtigungskarte, Aufstellen von Briefkästen und deren Leerung etc.

[2] Auf die Postbankdienstleistungen wird in diesem Beitrag nicht eingegangen, da sie den Finanzdienstleistungen zuzurechnen sind. Ebenso wird nicht behandelt das Problem der Abgeltung von Schalterleistungen zwischen der Deutschen Bundespost POSTDIENST und der Deutschen Bundespost POSTBANK.

sind bei den Kurierdiensten heute die Deutsche Post AG sowie eine Vielzahl nationaler und internationaler privater Kurierdienste vertreten. Aus rechtlicher Sicht umfaßt daher eine enge Definition des Postmarktes allein die Rechtsstellung der Deutschen Post AG sowie die vorhandenen Marktzutrittsbeschränkungen im Monopolbereich des Briefdienstes. Bei einer weitgefaßten Definition des Postmarktes sind neben den soeben genannten rechtlichen Regelungen zusätzlich noch alle weiteren Vorschriften des allgemeinen Wirtschaftsrechts, insbesondere des Gütertransportmarktes einzubeziehen, da diese für die Wettbewerber die maßgeblichen Rahmenbedingungen darstellen.

Gleichwohl wird der rechtliche Rahmen des Postmarktes gegenwärtig noch weithin durch das Sonderrecht der Deutschen Post AG entsprechend der engen Definition des Postmarktes festgelegt. Bei der folgenden rechtlichen Untersuchung, die sich in der Gliederung im übrigen eng an der postrechtlichen Regelungsmaterie orientiert, ist daher vor allem auf folgende aus ökonomischer Sicht relevante Aspekte einzugehen: 1. Die Rechtsstellung der Deutschen Post AG; 2. die vorhandenen Marktzugangsbeschränkungen im Briefdienst; 3. die Regulierungsinstrumente des Bundesministers für Post und Telekommunikation; 4. der Wandel des Postmarktes im Hinblick auf Impulse aus der Europäischen Union.

Bei dieser Betrachtung sollen folglich die weiteren, den Post- oder Transportmarkt allgemein betreffenden rechtlichen Rahmenbedingungen unberücksichtigt bleiben, wie beispielsweise die Regulierung durch das Güterkraftverkehrsgesetz (z.B. § 4 Abs. 1 Nr. 1 GüKG), das Straßenverkehrsrecht (§ 35 Abs. 7 StVO, § 30 Abs. 3 StVO), das Gefahrgutgesetz (§ 1 Abs. 1 Nr. 2), das Luftverkehrsrecht (z.B. § 21 Abs. 4 LuftVG) oder etwa die verschiedenen Haftungsregeln für den Post- und Transportmarkt.

Daher soll an dieser Stelle erneut darauf hingewiesen werden, daß in diesen und weiteren Gesetzen gegenwärtig Regelungen enthalten sind, die die Sonderrolle der Deutschen Post AG mitprägen, und diese z.T. heute als Anbieter privilegieren (vgl. z.B. § 4 Abs. 1 GüKG, § 35 Abs. 7 StVO). Gleichwohl kann auf die Entstehung und Berechtigung dieser letztgenannten Sonderregelungen in dieser Untersuchung nicht in befriedigender Weise eingegangen werden, ohne den Rahmen dieses Beitrags zu überschreiten.

Der im folgenden diskutierte Rechtsrahmen beruht auf der Rechtslage nach der Postreform des Jahres 1989 (sog. Postreform I). Inzwischen wurde jedoch Mitte des Jahres 1994 vom Deutschen Bundestag das Gesetz zur Neuordnung des Postwesens und der Telekommunikation verabschiedet (sog. Postreform II)[3]. Dieses Gesetz trat zum 01.01.1995 in Kraft.[4] Es ermöglichte vor allem die organisationsrechtliche Umwandlung

[3] Der Postreform II ging eine Änderung des Grundgesetzes voraus, bei der Art. 73 Nr. 7 und 87 Abs. 1 Satz 1 GG geändert wurden und die Art. 87f und 143b neu eingefügt wurden, vgl. Gesetz zur Änderung des Grundgesetzes vom 30.08.1994, BGBl. I S. 2245; vgl. zur Postreform II Gesetz zur Neuordnung des Postwesens und der Telekommunikation (Postneuordnungsgesetz - PTNeuOG) vom 14.09.1994, BGBl. I S. 2325.

[4] Vgl. eingehend zum Postneuordnungsgesetz Gramlich, L.: Von der Postreform zur Postneuordnung. Zur erneuten Novellierung des Post- und Telekommunikationswesens, NJW 1994, S. 2785 (2788 ff.); Scherer, J.: Postreform II: Privatisierung ohne Liberalisierung, CR 1994, S. 418, (419 ff.); ohne Ver-

der Deutschen Bundespost POSTDIENST in eine Aktiengesellschaft - die Deutsche Post AG - zum 01.01.1995 (vgl. insbesondere auch Art. 143b Abs. 1 GG). Der mit der Postreform von 1989 geschaffene Regulierungsrahmen blieb nach diesem Gesetz dennoch vorerst weitgehend erhalten. Aus diesem Grund ist es erforderlich, in diesem Beitrag ausführlicher auf die Rechtslage, die bis zum 31.12.1994 gegolten hat, einzugehen. Denn die seit dem 01.01.1995 geltenden Regulierungsvorschriften sind überwiegend mit der früheren Rechtslage identisch bzw. sie gelten vorläufig weiter oder aber sie werden kontinuierlich aus den älteren Vorschriften fortentwickelt. Im übrigen wurde eine zeitliche Befristung der gesamten Regulierungsvorschriften bis zum 31.12.1997 vorgesehen, um der Entwicklung der politischen Willensbildung in der Europäischen Union Rechnung tragen zu können. Auf die aus der Postreform II folgenden wichtigsten Änderungen wird an späterer Stelle jeweils hingewiesen.

II. Die wesentlichen Rechtsvorschriften des Postmarktes im Überblick

II.1. Verfassung (Grundgesetz)

Das Grundgesetz (GG) enthält vor allem an zwei Stellen wichtige Aussagen, die den rechtlich-institutionellen Rahmen des Postmarktes näher bestimmen:

Erstens: Gemäß Art. 73 Nr. 7 GG hat der Bund die ausschließliche Gesetzgebungskompetenz über das Post- und Fernmeldewesen.

Zweitens: Gemäß Art. 87 Abs. 1 Satz 1 GG (alter Fassung) wurde die Deutsche Bundespost in bundeseigener Verwaltung mit eigenem Verwaltungsunterbau geführt. Diese Vorschrift ist durch das Gesetz zur Änderung des Grundgesetzes vom 30.08.1994 geändert worden.

Diese beiden Verfassungsbestimmungen haben heute noch erhebliche Auswirkungen auf den zu betrachtenden Wirtschaftssektor. So wird durch Art. 73 Nr. 7 GG eine besondere Gesetzgebungskompetenz des Bundes festgelegt, die das "Postwesen" u.a. einem besonderen rechtlichen Regime unterwirft. Der Bereich "Post- und Fernmeldewesen" umfaßt nach dem 1. Fernsehurteil des BVerfG[5] denselben Sachbereich wie der Begriff "Bundespost" in Art. 87 Abs. 1 Satz 1 GG. Dabei bezeichnet der Begriff "Postwesen" die herkömmlichen Dienstzweige der Post und der Begriff "Fernmeldewesen" die neuen nachrichtentechnischen Dienste[6]. Zum "Postwesen" gehören daher als herkömmliche Dienstzweige die Brief- und Postkartenbeförderung, aber auch weitere, nicht mit der Nachrichtenübermittlung zusammenhängende Dienste, die jedoch traditionell von der Bundespost angeboten werden, wie z.B. die Güterbeförderung im Paketdienst, aber auch der Postgiro- und Postsparkassendienst.

---

fasser: Postreform II. Gesetz zur Änderung des Grundgesetzes. Gesetz zur Neuordnung des Postwesens und der Telekommunikation. Text und Einführung. Heidelberg 1994, S. 5 ff.

[5] BVerfGE 12, 205 (229).

[6] BVerfGE 12, 205 (226).

Auch Art. 87 Abs. 1 Satz 1 GG bestimmte bisher maßgeblich den Postmarkt. So war allgemein anerkannt, daß die Vorschrift nicht nur einen organisationsrechtlichen, sondern auch einen aufgabenrechtlichen Gehalt besaß. In organisationsrechtlicher Sicht legte sie für die Deutsche Bundespost die Organisationsform der obligatorischen Bundeseigenverwaltung fest. Sie verlangte eine Organisation der Deutschen Bundespost als Teil der staatlichen Verwaltung und verhinderte damit bisher - wie aus der aktuellen Diskussion um die Postreform II bekannt - die formelle wie auch die materielle Privatisierung der Bundespost. In aufgabenrechtlicher Sicht berechtigte und verpflichtete sie den Bund zur Wahrnehmung der Aufgabe "Bundespost", desselben Sachbereichs wie das Post- und Fernmeldewesen. Kaum hinreichend geklärt war allerdings bei dieser verfassungsrechtlichen Aussage, wieweit die aufgabenrechtliche Verpflichtung des Bundes bzw. der Bundespost reichte.

Zu Beginn der Postreform II erfolgte eine Verfassungsänderung[7] des Art. 87 Abs. 1 Satz 1 GG. Der Begriff „Bundespost“ wurde an dieser Stelle gestrichen und der Regelungsgegenstand „Postwesen“ in den neu geschaffenen Art. 87f Abs. 1 und 2 GG aufgenommen und neu geregelt. Zusätzlich wurde gemäß dem neuen Art. 143b Abs. 1 GG bestimmt, daß das Sondervermögen Deutsche Bundespost nach Maßgabe eines Bundesgesetzes in Unternehmen privater Rechtsform umgewandelt wird. Gemäß Art. 143b Abs. 2 GG wurde schließlich die Möglichkeit geschaffen, die vor der Umwandlung bestehenden ausschließlichen Rechte des Bundes durch Bundesgesetz für eine Übergangszeit dem aus der Deutschen Bundespost POSTDIENST hervorgegangenen Unternehmen zu verleihen. Insofern ermöglichte die Postreform II durch Verfassungsänderungen an zwei Stellen die Umwandlung der öffentlichen Unternehmen Deutsche Bundespost POSTDIENST, Deutsche Bundespost POSTBANK und Deutsche Bundespost TELEKOM in Aktiengesellschaften.

Art. 87f Abs. 1 und 2 GG lauten heute wie folgt: „(1) Nach Maßgabe eines Bundesgesetzes, das der Zustimmung des Bundesrates bedarf, gewährleistet der Bund im Bereich des Postwesens und der Telekommunikation flächendeckend angemessene und ausreichende Dienstleistungen.

(2) Dienstleistungen im Sinne des Absatzes 1 werden als privatwirtschaftliche Tätigkeiten durch die aus dem Sondervermögen Deutsche Bundespost hervorgegangenen Unternehmen und durch andere private Anbieter erbracht. Hoheitsaufgaben im Bereich des Postwesens und der Telekommunikation werden in bundeseigener Verwaltung ausgeführt.“

Hervorzuheben ist an dieser neuen Verfassungsbestimmung zweierlei, nämlich erstens, daß der Bund im Bereich des Postwesens flächendeckend angemessene und ausreichende Dienstleistungen gewährleistet und zweitens, daß diese Dienstleistungen als privatwirtschaftliche Tätigkeiten durch die aus dem Sondervermögen der Deutschen Bundespost hervorgegangenen Unternehmen und durch andere private Anbieter erbracht werden[8]. In

[7] Gesetz zur Änderung des Grundgesetzes vom 30.08.1994, BGBl. I S. 2245.

[8] Vgl. eingehend Rottmann, M.: Zu den verfassungsrechtlichen Aspekten der Postreform II, Archiv PT 1994, S. 193 ff.

den Verfassungswortlaut wurde damit erstmals seit 1949 eine allgemeine Garantiepflicht des Bundes für die Versorgung („gewährleistet") aufgenommen [9] sowie die marktwirtschaftliche Funktion „Privater" Postunternehmen, d.h. die Aufgabenprivatisierung, festgeschrieben. Es ist davon auszugehen, daß diese neuen Verfassungsbestimmungen i.S. einer zunehmenden Öffnung des Postmarktes für privatwirtschaftlich handelnde Unternehmen eine richtungsweisende Wirkung entfalten werden.

II.2. Postverfassungsgesetz und Regulierungsgesetz (PTRegG)

Die Aufgaben des Post- und Fernmeldewesens wurden bis zur Postreform des Jahres 1989 - der sog. Postreform I - von der Deutschen Bundespost wahrgenommen. Die Bundespost wurde unmittelbar durch den Bundesminister für das Post- und Fernmeldewesen als ihrem obersten Organ geleitet. Ihre Rechtsstellung war maßgeblich im Gesetz über die Verwaltung der Deutschen Bundespost (PostVerwG)[10] niedergelegt. Aufgrund ihrer staatsrechtlichen Stellung, aber auch von ihrem Selbstverständnis war die Deutsche Bundespost eine Hoheitsverwaltung. Dementsprechend waren ihre Leistungsbeziehungen zum Kunden öffentlich-rechtlich durch Benutzungsverordnungen geprägt. Die Benutzungsverordnungen wurden wiederum gemäß § 14 PostVerwG vom Bundesminister für das Post- und Fernmeldewesen erlassen. Diese behördliche Ausgestaltung der Deutschen Bundespost, in der zudem die unternehmerischen und hoheitlichen Funktionen zusammengefaßt waren, wurde durch die Postreform des Jahres 1989 maßgeblich verändert.

Mit der Postreform des Jahres 1989 wurde hinsichtlich des Postmarktes vor allem eine erste organisationsrechtliche Neustrukturierung der Deutschen Bundespost vorgenommen, und zwar durch die Trennung der Hoheitsaufgaben, die vom Bundesminister für Post und Telekommunikation (BMPT) wahrzunehmen sind[11], von den Unternehmensaufgaben, die der Deutschen Bundespost übertragen wurden. Während es darüber hinaus im Bereich der Telekommunikation auch noch zu einem ordnungspolitischen Teil der Reform kam und die bisherigen Monopol- und Wettbewerbsbereiche neu abgegrenzt wurden, sollte das in § 2 des Gesetzes über das Postwesen (PostG)[12] niedergelegte Alleinbetriebsrecht der Deutschen Bundespost (Beförderungsvorbehalt) unverändert bleiben. Gleichwohl wurde bereits in diesem Zusammenhang angedeutet, daß aus wirtschaftlichen Gründen auch der Beförderungsvorbehalt des Postwesens zunehmend in Frage gestellt werde[13] und deshalb auch für den Postsektor verbesserte Organisationsbedingungen erforderlich seien.

---

[9] Vgl. Müller-Using, D.: Nochmals: Zu den verfassungsrechtlichen Aspekten der Postreform II, Archiv PT 1995, S. 46 f.

[10] Gesetz über die Verwaltung der Deutschen Bundespost vom 24.07.1953, BGBl. I S. 676 (mehrfach geändert).

[11] Das Bundesministerium für das Post- und Fernmeldewesen wurde mit Inkrafttreten des PostStruktG am 01.07.1989 umbenannt in Bundesministerium für Post und Telekommunikation, vgl. Amtsblatt des Bundesministers für das Post- und Fernmeldewesen 1989, S. 1255.

[12] Gesetz über das Postwesen vom 28.07.1969, BGBl. I S. 1006.

[13] Bundesminister für das Post- und Fernmeldewesen (Hrsg.): Reform des Post- und Fernmeldewesens in der Bundesrepublik Deutschland. Konzeption der Bundesregierung zur Neuordnung des Telekommunikationsmarktes, Heidelberg 1988, S. 12.

Die Postreform I wurde durch das Gesetz zur Neustrukturierung des Post- und Fernmeldewesens und der Deutschen Bundespost (Poststrukturgesetz - PostStruktG) vom 08.06.1989 verabschiedet[14], das damit das damalige PostVerwG ablöste[15]. Das PostStruktG war ein Artikelgesetz und enthielt das Gesetz über die Unternehmensverfassung der Deutschen Bundespost (Postverfassungsgesetz - PostVerfG) (Art. 1), verschiedene ordnungspolitisch unerhebliche Änderungen des Postgesetzes (Art. 2) sowie Änderungen des Gesetzes über Fernmeldeanlagen (Art. 3) sowie weitere Gesetzesänderungen (Art. 4 - 7). Das Gesetzespaket trat am 01.07.1989 in Kraft.

Durch das PostVerfG[16] wurden die unternehmerischen und betrieblichen Aufgaben der Deutschen Bundespost auf drei "öffentliche Unternehmen" aufgeteilt (Deutsche Bundespost POSTDIENST, Deutsche Bundespost TELEKOM und Deutsche Bundespost POSTBANK). Diese sollten jeweils unter politischer Aufsicht nach unternehmerischen Grundsätzen von Unternehmensorganen (Vorstand/Aufsichtsrat) geleitet werden. Die Unternehmen hatten darüber hinaus eine größere Flexibilität im personalen Bereich und im Bereich der Wirtschaftsführung erhalten. Dennoch blieben - wie die Gesetzesbegründung hervorhob - diese unternehmerischen Aufgaben als Staatsaufgaben erhalten.

Ein umfassender Infrastrukturauftrag war in § 4 Abs. 1 PostVerfG festgeschrieben. Danach hatten die Unternehmen der Deutschen Bundespost die Nachfrage von Bürgern, Wirtschaft und Verwaltung nach Leistungen der Post-, Postbank- und Fernmeldedienste zu decken. Die Dienste waren unter Berücksichtigung der Markterfordernisse entsprechend der wirtschaftlichen und technischen Entwicklung zu gestalten. Darüber hinaus waren Infrastrukturdienste (Monopolaufgaben und Pflichtleistungen) und die notwendige Infrastruktur im Sinne der öffentlichen Aufgabenstellung, insbesondere der Daseinsvorsorge, nach den Grundsätzen der Politik der Bundesrepublik Deutschland zu sichern und der Entwicklung anzupassen. Dabei waren die Grenzen der wirtschaftlichen Möglichkeiten der Unternehmen zu beachten.

Die hoheitlichen Aufgaben des Postwesens wurden im Zuge der Postreform I von der Deutschen Bundespost abgetrennt und wurden entsprechend der näheren Bestimmungen des PostVerfG und teilweise auch des PostG vom Bundesministerium für Post und Telekommunikation als Regulierungsbehörde wahrgenommen (vgl. dazu eingehend unten IV.).

[14] Gesetz zur Neustrukturierung des Post- und Fernmeldewesens und der Deutschen Bundespost (Poststrukturgesetz - PostStruktG) vom 08.06.1989, BGBl. I S. 1026. Das Gesetz über das Postwesen (PostG) in der seit dem 01.07.1989 geltenden Fassung ist neu bekannt gemacht worden am 03.07.1989, BGBl. I S. 1449 und das Gesetz über Fernmeldeanlagen (FAG) in der seit dem 01.07.1989 geltenden Fassung am 03.07.1989, BGBl. I S. 1455.

[15] Gemäß § 66 Nr. 1 Postverfassungsgesetz wurde das Postverwaltungsgesetz aufgehoben.

[16] Die Neuerungen durch das PostVerfG können hier nur andeutungsweise dargestellt werden. Vgl. hierzu eingehender z.B. die Materialien zur Entstehungsgeschichte des PostStruktG, Bundesminister für Post und Telekommunikation (Hrsg.): Reform des Post- und Fernmeldewesens, Gesetz zur Neustrukturierung des Post- und Fernmeldewesens und der Deutschen Bundespost, Text und Einführung, Heidelberg 1989, S. 7 ff.; ferner Berger, H.: Zwischen Postreform I und Postreform II, ZögU, 1993 (1), S. 80 ff.; Roßnagel, A./ Wedde, P.: Die Reform der Deutschen Bundespost im Licht des Demokratieprinzips, DVBl. 1988, S. 562 ff.

Das der Deutschen Bundespost gewidmete Sondervermögen wurde durch das PostVerfG in die drei Teilsondervermögen der drei öffentlichen Unternehmen untergliedert, blieb aber insgesamt ein einheitliches teilrechtsfähiges Sondervermögen des Bundes (§ 2 Abs. 1 PostVerfG). Insoweit stand auch das öffentliche Unternehmen Deutsche Bundespost POSTDIENST weiterhin gänzlich im Eigentum des Bundes. Nach außen hin besaß die Deutsche Bundespost POSTDIENST nur eine eingeschränkte Rechtsfähigkeit. So war sie beispielsweise nicht befugt, den Bundesminister für Post und Telekommunikation in seiner Eigenschaft bzw. Tätigkeit als Regulierungsinstanz zu verklagen (§ 5 PostVerfG).

Die drei öffentlichen Unternehmen unterstanden hinsichtlich bestimmter gesetzlich abschließend festgelegter Befugnisse einem Direktorium, das aus den Vorsitzenden der Vorstände der drei Unternehmen bestand (§ 7 Abs. 1 PostVerfG). Zu seinen Aufgaben zählte u.a., einen unter Umständen erforderlichen Finanzausgleich zwischen den Unternehmen in die jeweiligen Wirtschaftspläne aufzunehmen (§ 8 Nr. 4 PostVerfG).

Neben dem Direktorium der Unternehmen und dem BMPT als Regulierungsbehörde wurde auch noch gemäß § 32 ff. PostVerfG ein Infrastrukturrat eingerichtet. Dieser bestand gemäß § 32 PostVerfG aus Vertretern des Deutschen Bundestages und des Bundesrates und sollte die Einflußmöglichkeiten der Bundesländer im Hinblick auf die Infrastrukturaufgaben der Deutschen Bundespost stärken.

Wenngleich im Rahmen der Postreform des Jahres 1989 der Umfang des Monopolbereichs im Postwesen unverändert blieb, so wurde doch das neue ordnungspolitische Grundmodell der Telekommunikation mit seiner Unterscheidung von Monopoldienstleistungen, Pflichtleistungen und freien Leistungen auch in das Postwesen übernommen. Während die Monopoldienstleistungen der Deutschen Bundespost POSTDIENST bis heute vor allem im Bereich des Beförderungsvorbehalts anzutreffen sind, werden Pflichtleistungen dadurch gekennzeichnet, daß es sich um Dienstleistungen handelt, die die Deutsche Bundespost POSTDIENST im Wettbewerb erbringen muß. Diese Leistungen wurden in einer Rechtsverordnung gemäß § 25 Abs. 2 PostVerfG festgelegt, die von der Bundesregierung erlassen wurde. Sie werden im Wettbewerb mit den Leistungen privater Unternehmen angeboten, wobei für die privaten Anbieter keine Leistungspflicht besteht. Die freien Leistungen hingegen werden vollständig im Wettbewerb erbracht. Sie sind unreguliert und können sowohl von der Deutschen Bundespost POSTDIENST als auch von privaten Unternehmen angeboten werden.

Eine weitere Neuerung, in der die Neuordnung der postalischen Dienstleistungen gleichfalls der ordnungspolitischen Neustrukturierung des Telekommunikationsbereichs gefolgt war, ist die vollständige Umstellung der Rechtsbeziehungen zwischen der Deutschen Bundespost POSTDIENST und ihren Kunden. Vor dem Inkrafttreten der Postreform I waren die Rechtsbeziehungen öffentlich-rechtlich geregelt, z.B. in der Postordnung (PostO) oder Postzeitungsordnung, d.h. sie wurden durch Postbenutzungsverordnungen bestimmt, die der Bundesminister für das Post- und Fernmeldewesen als Rechtsverordnungen erließ bzw. abänderte. Durch das PostStruktG wurden die Rechtsbeziehungen zwischen der Deutschen Bundespost POSTDIENST und ihren Kunden zivilrechtlich geregelt[17] und entsprechen damit im wesentlichen denen von privaten Unternehmen und ihren Kunden. Die Umstellung der Benutzungsverordnungen auf privatrechtliche Rechtsbeziehungen erfolgte durch eine Vorgabe des Gesetzgebers spätestens zum 01.07.1991[18]. Zu diesem Zeitpunkt trat u.a. die frühere Postordnung außer Kraft. Damit bestimmten sich die Rechtsbeziehungen zwischen der Deutschen Bundespost POSTDIENST und ihren Kunden grundsätzlich nach den allgemeinen zivilrechtlichen Vorschriften, d.h. insbesondere nach dem Bürgerlichen Gesetzbuch (BGB) und dem Gesetz zur Regelung des Rechts der Allgemeinen Geschäftsbedingungen (AGBG). Allerdings wurden wichtige Bereiche der postalischen Dienstleistungen (so z.B. die Haftung) nicht allein einer Regelung durch das allgemein geltende Zivilrecht und die privatrechtlichen Allgemeinen Geschäftsbedingungen vorbehalten, sondern sie wurden durch weitere, öffentlich-rechtliche Bindungen überlagert, die trotz der zivilrechtlichen Handlungsform bestehen[19]. Dem allgemeinen Zivilrecht gingen bisher teilweise spezielle Normen vor, worunter insbesondere die Haftungsbestimmungen nach dem PostG zu nennen sind. Ferner sah das PostVerfG in § 30 Abs. 1 PostVerfG eine Verordnungsermächtigung für die Bundesregierung vor, Rahmenvorschriften für die Inanspruchnahme der Dienstleistungen der Deutschen Bundespost POSTDIENST zu erlassen. Dies ist durch Erlaß der Postdienstverordnung (PostV) am 24.06.1991[20] erfolgt. Auf den Regelungsinhalt der PostV soll weiter unten eingegangen werden (vgl. unten II.4.1.). In dem für die Deutsche Bundespost POSTDIENST darüber hinaus verbliebenen Rahmen konnte sie Allgemeine Geschäftsbedingungen verwenden. Zur Einbeziehung in den Vertrag reichte - entgegen der Regel des § 2 Abs. 1 AGBG - gemäß § 23 Abs. 2 Nr. 1a AGBG die amtliche Veröffentlichung und Bereithaltung zur Einsichtnahme in den Ämtern des Post- und Fernmeldewesens aus[21].

Die Postreform des Jahres 1994 (Postreform II) führte in erster Linie - ebenso wie schon 1989 - zu einer organisationsrechtlichen Neustrukturierung der Deutschen Bundespost, indem die drei öffentlichen Unternehmen nun in Aktiengesellschaften umgewandelt wurden. Der Gesetzgeber hat hierzu, nach der zuvor erfolgten Verfassungsänderung, das "Gesetz zur Neuordnung des Postwesens und der Telekommunikation" vom

---

[17] Vgl. Art. 2 Nr. 6 PostStruktG, den neuen § 7 PostG.

[18] Gemäß der Übergangsregelung in § 65 Abs. 1, 3 PostVerfG treten die nach § 14 PostVerwG erlassenen Rechtsverordnungen zwei Jahre nach dem Inkrafttreten dieses Gesetzes außer Kraft, soweit sie nicht vorher aufgehoben worden sind. Der Bundesminister für Post und Telekommunikation ist ermächtigt, diese Rechtsverordnungen vorher ganz oder teilweise durch Rechtsverordnungen aufzuheben (§ 65 Abs. 1 Satz 2 PostVerfG). Damit bleiben die bestehenden Rechtsbeziehungen zwischen der Deutschen Bundespost und ihren Kunden zunächst auch weiterhin öffentlich-rechtlich und wandeln sich erst mit der Aufhebung der entsprechenden verordnungsrechtlichen Regelung kraft Gesetzes unter Einbeziehung der Allgemeinen Geschäftsbedingungen der Unternehmen in privatrechtliche Rechtsbeziehungen um (§ 65 Abs. 3 Satz 2 PostVerfG). Die Art. 2 Nr. 6 und 26 sowie Art. 3 Nr. 7 PostStruktG (= § 9 FAG n.F.) treten daher erst nach Aufhebung bzw. Außerkraftsetzen der entsprechenden Rechtsverordnungen in Kraft (§ 65 Abs. 3 Satz 1 PostVerfG), vgl. weiter Statz, K.-P.: Die Beitreibung privatrechtlicher Entgeltforderungen der Deutschen Bundespost TELEKOM, DÖV, 1990, S. 241 (242 ff.); Aukes, H. A./ Berndt, W./ Tenzer, G.: Die neue Telekommunikationspolitik in der Bundesrepublik Deutschland - Grundsätze und Perspektiven, Jahrbuch der Deutschen Bundespost 1990, S. 7.

[19] Bothe, M./ Kilian, W.: Rechtsfragen grenzüberschreitender Datenflüsse, Köln 1992, S. 341 ff.

[20] BGBl. I S. 1372.

[21] Vgl. weiter Bothe, M./ Kilian, W.: Rechtsfragen grenzüberschreitender Datenflüsse, a.a.O., S. 343 f.

14.09.1994 erlassen (Postneuordnungsgesetz - PTNeuOG)[22], ein aus 15 Artikeln bestehendes Artikelgesetz. Das bisherige Postverfassungsgesetz (PostVerfG) wurde durch das "Gesetz über die Regulierung der Telekommunikation und des Postwesens - PTRegG" (= Artikel 7 des PTNeuOG) abgelöst. Dieses Gesetz enthält weitgehend gleichlautende regulierungsrechtliche Nachfolgebestimmungen zum PostVerfG, die dem veränderten organisationsrechtlichen Status der Nachfolgeunternehmen der Deutschen Bundespost Rechnung tragen. Dabei werden die Organisation und die Verfahren der Regulierung im einzelnen bestimmt. Ein Regulierungsrat ist als Nachfolgeorgan des vom PostVerfG vorgesehenen Infrastrukturrates vorgesehen. Er ist an wichtigen Regulierungsentscheidungen des Bundesministers für Post und Telekommunikation beteiligt. Das PTRegG ist bis zum Ablauf des 31.12.1997 befristet.

Zum Übergang vom PostVerfG auf das PTNeuOG enthält § 16 des Gesetzes zur Umwandlung der Unternehmen der Deutschen Bundespost in die Rechtsform der Aktiengesellschaft (Postumwandlungsgesetz - PostUmwG) (= Artikel 3 des PTNeuOG) eine wichtige Überleitungsvorschrift. Danach heißt es, soweit keine andere Regelung besteht oder getroffen wird, gehen die in Vorschriften enthaltenen Rechte und Pflichten, Befugnisse und Zuständigkeiten der Unternehmen der Deutschen Bundespost bis zum Erlaß einer anderslautenden Regelung auf das jeweilige Nachfolgeunternehmen über (§ 16 Abs. 1 Satz 1 PostUmwG). Insofern bleiben beispielsweise die unten (II.4.1.-II.4.3.) behandelten Rechtsverordnungen über den 31.12.1994 hinaus vorerst weiter bestehen.

II.3. Gesetz über das Postwesen - Postgesetz

Das Gesetz über das Postwesen vom 28.07.1969 (PostG)[23] enthält weitere wesentliche rechtliche Bestimmungen zum Postmarkt, wie z.B. zum Marktzutritt, zur Marktaufsicht, Herausgabe von Postwertzeichen und besondere Haftungsbestimmungen. In § 1 PostG wird der sachliche Geltungsbereich des PostG näher bestimmt. Danach gelten die Vorschriften dieses Gesetzes für bestimmte Dienstzweige des Postwesens, die die Deutsche Bundespost POSTDIENST und die Deutsche Bundespost POSTBANK anbieten, nämlich für den Brief-, Paket-, Postanweisungs- und Postauftragsdienst, Postzeitungsdienst, den Postgirodienst und den Postsparkassendienst[24].

In § 2 PostG wird der Monopolbereich des Postwesens näher geregelt. Diese Bestimmung zum Beförderungsvorbehalt der Deutschen Bundespost POSTDIENST bzw. der Deutschen Post AG ist heute eine der zentralen Vorschriften des PostG. Auf die nähere inhaltliche Ausgestaltung und weitere Differenzierungen dieser Bestimmung wird unter III. ausführlich eingegangen.

[22] BGBl. I S. 2325.

[23] BGBl. I S. 1006.

[24] Hierzu ist anzumerken, daß bestimmte Dienstleistungen, die die Deutsche Bundespost POSTDIENST aufgrund besonderer gesetzlicher Verpflichtungen für andere Verwaltungen zusätzlich bereitstellt, nicht in den Regelungsbereich des Postgesetzes fallen, wie z.B. Vertrieb von Wechselsteuer- und Versicherungsmarken, Auszahlung von Sozialrenten, Versorgungsrenten usw.

In § 3 PostG wird dem Bundesminister für Post und Telekommunikation das Recht übertragen, Postwertzeichen (Briefmarken) herauszugeben und für ungültig zu erklären. Als weitere Regelungen sind in §§ 5 und 6 PostG Bestimmungen zum Postgeheimnis bzw. Postbankgeheimnis (Postgiro- und Postsparkassengeheimnis) enthalten. § 7 PostG legte bis zum 31.12.1994 explizit fest, daß die durch die Inanspruchnahme der Einrichtungen des Postwesens entstehenden Rechtsbeziehungen privatrechtlicher Natur sind[25] - die Vorschrift ist seit dem 01.01.1995 im Rahmen des PTNeuOG aufgehoben. Des weiteren enthält § 8 PostG einen Kontrahierungszwang, der der Deutschen Bundespost POSTDIENST und der Deutschen Bundespost POSTBANK kraft Gesetzes auferlegt wird. Hiernach ist jedermann zur Inanspruchnahme der Einrichtungen des Postwesens berechtigt, wenn die für die einzelnen Dienste festgelegten Bedingungen erfüllt sind (§ 8 Abs. 1 PostG). Eine Ausnahme von dieser weitgefaßten Zulassungspflicht, d.h. der Verpflichtung der Deutschen Bundespost POSTDIENST, z.B. einen Beförderungsvertrag abzuschließen, sieht § 8 Abs. 2 PostG vor. Diese Bestimmung erlaubt es der Deutschen Bundespost POSTDIENST und der Deutschen Bundespost POSTBANK, die Inanspruchnahme ihrer Einrichtungen zu verweigern, wenn die verlangte Leistung mit den zur Verfügung stehenden Beförderungs- und Verkehrsmitteln nicht erbracht werden kann oder wenn dies aus Gründen des öffentlichen Interesses notwendig ist. Einschränkungen der Zulassungspflicht sind gleichwohl in der Praxis nur in sehr seltenen Ausnahmefällen möglich[26].

Detaillierte besondere Haftungsbestimmungen für die o.g. Dienstleistungen sind in §§ 11 - 22 PostG enthalten. Danach erfolgen abweichend vom allgemeinen Zivilrecht weitgehende Haftungsfreistellungen bzw. Haftungsbeschränkungen für Schäden, die dem einzelnen bei der Inanspruchnahme der Dienstleistungen der beiden öffentlichen Unternehmen Deutsche Bundespost POSTDIENST und Deutsche Bundespost POSTBANK

---

[25] Vgl. hierzu und insbesondere zur Frage nach dem Rechtsweg über die Zulassung zur Benutzung der Einrichtungen der Deutschen Bundespost POSTDIENST OLG Frankfurt am Main, Beschluß vom 26.04.1993 - 14 W 4/93-, DVBl. 1993, S. 1323 f.

[26] So wurde kürzlich in einem vorläufigen Rechtsschutzverfahren einer Partei um die Beförderung von Werbematerial mit - wie das Gericht feststellte - insgesamt fremdenfeindlicher Tendenz für einen Kommunalwahlkampf dem Zulassungsanspruch nach § 8 Abs. 1 PostG Vorrang eingeräumt vor der Weigerung der DBP POSTDIENST, die fragliche Werbezeitung jener Partei zu befördern (vgl. VGH Bad.-Württ., Beschluß vom 15.02.1993 - 10 S 329/93, DVBl. 1993, S. 1314 ff.). Die Deutsche Bundespost hatte sich bei ihrer Weigerung auch auf § 6 Abs. 1 PostV vom 24.06.1991 (BGBl. I S. 1372) berufen, wonach Briefsendungen, deren Inhalt, äußere Gestaltung oder Beförderung gegen strafrechtliche Bestimmungen verstoßen, von der Postbeförderung ausgeschlossen sind. Diese Vorschrift schränkte das Gericht in diesem Eilverfahren im Hinblick auf Art. 21 GG und Art. 5 Abs. 1 GG im Wege der verfassungskonformen Auslegung dahingehend ein, daß eine Beförderung nur dann ausgeschlossen sei, wenn der Verstoß gegen die allgemeinen Strafgesetze evident sei und nicht leicht wiege. Anders entschied dagegen das VG Frankfurt in einem ähnlichen Fall in seinem Beschluß vom 22.02.1993 - 9 G 300/93 (1), (NJW 1993, S. 2067 ff.). Wie das Gericht feststellte, darf die Deutsche Bundespost POSTDIENST Massendrucksachen einer Partei, die ihrem Inhalt nach zum Rassenhaß aufstacheln (§ 131 StGB) oder den Tatbestand der Volksverhetzung erfüllen (§ 130 StGB), nicht befördern und verteilen, weil sie selbst damit gegen geltendes Recht, nämlich das Internationale Übereinkommen vom 07.03.1966 zur Beseitigung jeder Form von Rassendiskriminierung, verstoßen würde. Die Verweigerung der Beförderung solcher Sendungen sei daher i.S. des § 8 Abs. 2 PostG auch im öffentlichen Interesse notwendig. Die genannten Straftatbestände sah das Gericht beim betreffenden Wahlinfo eindeutig und mit hinreichender Evidenz erfüllt.

entstehen. Schließlich enthält das Gesetz in § 25 PostG noch verschiedene Bußgeldbestimmungen bei Verstößen gegen einzelne Bestimmungen des Postgesetzes.

Die Postreform des Jahres 1994 (Postreform II) behält den bisherigen Regulierungsrahmen - mit Ausnahme der Bestimmung über den Beförderungsvorbehalt (§ 2 PostG), auf die unter III.1. - III.6. ausführlich eingegangen wird - weitgehend bei[27]. Darüber hinaus wurde in § 31 PostG eine Befristung des Gesetzes bis zum 31.12.1997 vorgesehen, um der Entwicklung der politischen Willensbildung in der Europäischen Union Rechnung tragen zu können. Da der Bund nach Inkrafttreten des PTNeuOG nicht mehr Inhaber von Betreiberrechten sein kann, ist nunmehr das Errichten und Betreiben von Einrichtungen zur entgeltlichen Beförderung von schriftlichen Mitteilungen und sonstigen Nachrichten von Person zu Person künftig dem Nachfolgeunternehmen der Deutschen Bundespost POSTDIENST ausschließlich vorbehalten (Beförderungsvorbehalt). Das Gesetz sieht aber vor, daß der Bundesminister für Post und Telekommunikation in diesem Bereich auch anderen natürlichen und juristischen Personen Befreiung vom Beförderungsvorbehalt erteilen kann. Bei Änderung an Inhalt und Umfang der ausschließlichen Rechte und bei Befreiungen vom Beförderungsvorbehalt bestehen im übrigen Beteiligungsrechte des Regulierungsrates.

II.4. Rechtsverordnungen

II.4.1. Postdienstverordnung (PostV)

Die Verordnungsermächtigung des § 30 Abs. 1 PostVerfG ermächtigte die Bundesregierung bis zum 31.12.1994, nach Anhörung der Unternehmen (der DBP) durch den Bundesminister für Post und Telekommunikation durch Rechtsverordnung Rahmenvorschriften für die Inanspruchnahme der Dienstleistungen des Unternehmens Deutsche Bundespost POSTDIENST zu erlassen. Sie konnte dabei insbesondere Regelungen über den Vertragsabschluß, den Gegenstand und die Beendigung der Verträge treffen und die Rechte und Pflichten der Vertragspartner sowie der sonstigen am Post- und Fernmeldeverkehr Beteiligten festlegen. Hierbei waren die Interessen der Beteiligten ausgewogen zu berücksichtigen. Die Rechtsverordnung wurde nach einer Beschlußfassung des Infrastrukturrates erlassen (§ 34 Abs. 3 Nr. 2 PostVerfG).

Eine derartige Rahmen-Rechtsverordnung hat die Bundesregierung für die Dienstleistungen der Deutschen Bundespost POSTDIENST durch die Postdienstverordnung (PostV) vom 24.06.1991[28] erlassen[29]. Diese Rechtsverordnung gilt heute gemäß § 16 PostUmwG über den 31.12.1994 hinaus bis auf weiteres fort. In das PTRegG wurde allerdings in § 9 eine gleichlautende Verordnungsermächtigung für eine „Verbraucherschutzverordnung" aufgenommen, so daß in absehbarer Zeit - voraussichtlich bis Ende

---

[27] Vgl. Änderung des Gesetzes über das Postwesen (Artikel 6 des PTNeuOG) vom 14.09.1994, BGBl. I S. 2325.

[28] BGBl. I S. 1372.

[29] Die Postdienstverordnung war im Zusammenhang mit dem Erlaß der Pflichtleistungsverordnung vom 12.01.1994 zu ändern; dies erfolgte durch die "Erste Verordnung zur Änderung der Postdienstverordnung" vom 12.01.1994 (BGBl. I S. 85).

1995 - mit dem Erlaß einer neuen Rechtsverordnung zu rechnen ist. Derzeit trifft die PostV folgende Regelungen: Die inhaltlichen Regelungen der PostV sind gemäß § 2 Satz 1 PostV auf Monopoldienstleistungen anwendbar. Diese werden definiert als "Dienstleistungen des Briefdienstes, die die Deutsche Bundespost POSTDIENST in Ausübung der ihr ausschließlich vorbehaltenen Rechte erbringt". Insoweit ergibt sich die Anwendbarkeit der PostV auf Monopoldienstleistungen aus dem Umfang der Rechte der Deutschen Bundespost POSTDIENST nach dem Beförderungsvorbehalt des § 2 PostG.

Bei Wettbewerbsdienstleistungen wird für die Anwendbarkeit der PostV noch weiter differenziert: Für die schon vor Inkrafttreten des PostStruktG am 01.07.1989 angebotenen Wettbewerbsdienstleistungen ordnet § 65 Abs. 2 PostVerfG die uneingeschränkte Weiterführung bis zum Erlaß von Pflichtleistungsverordnungen nach § 25 Abs. 2 PostVerfG und damit einhergehend eine Pflicht der Deutschen Bundespost POSTDIENST zum Vertragsabschluß mit den Kunden an. Auf diese Postdienstleistungen finden gemäß § 18 PostV die §§ 2 - 16 PostV sinngemäß Anwendung. Diese Veränderungssperre ist nach dem Erlaß der POSTDIENST-Pflichtleistungsverordnung zwar entfallen, gleichwohl gelten für die nunmehr festgelegten Pflichtleistungen die §§ 2 - 16 PostV (vgl. dazu unten II.4.2.). Für neue Wettbewerbsdienstleistungen (z.B. elektronischer Briefdienst), die die Deutsche Bundespost POSTDIENST erstmals seit dem 01.07.1989 anbietet, gelten dagegen gemäß § 17 PostV die Vorschriften der PostV insgesamt nicht.

Die PostV ist gemäß § 1 Abs. 1 PostV direkt auf die Verträge der Deutschen Bundespost POSTDIENST anwendbar. Anders, als die Bezeichnung "Rahmenvorschriften" in § 30 Abs. 1 PostVerfG nahelegt, stellt die Rechtsverordnung daher nicht lediglich eine Vorgabe für die Deutsche Bundespost POSTDIENST dar, in dessen Rahmen diese dann eine Ausgestaltung der Rechtsbeziehungen durch Allgemeine Geschäftsbeziehungen vornehmen könnte. Soweit deshalb ein Kontrahierungszwang besteht, kann von den Kunden in jedem Fall ein Vertragsabschluß zu den Regelungen der PostV verlangt werden.

Für den grenzüberschreitenden Postverkehr wird gemäß § 1 Abs. 2 PostV die PostV grundsätzlich für anwendbar erklärt, jedoch wird den "Gesetzen und Verordnungen, die zur Durchführung der Verträge des Weltpostvereins und seiner Vollzugsordnungen und den sonstigen für den Postverkehr bestehenden Verträge ergangen sind", Vorrang eingeräumt.

Hervorzuheben ist an der PostV, daß diese Bestimmungen auch gelten für das Verhältnis der Deutschen Bundespost POSTDIENST zu den "sonstigen am Postverkehr Beteiligten". Hierbei handelt es sich nicht um die unmittelbaren Vertragspartner der Deutschen Bundespost POSTDIENST, sondern um diejenigen Personen, die durch den Vertrag zwischen der Deutschen Bundespost POSTDIENST und ihren Kunden ebenfalls "betroffen" sind. Der Vertrag z.B. über die Beförderung eines Briefes zwischen der Deutschen Bundespost POSTDIENST und dem Absender begründet zwar nur Rechte und Pflichten für diese beiden Vertragspartner, gleichwohl ist auch der Empfänger dieser Postsendung durch den Vertrag betroffen. Insofern enthält die PostV auch bindende Regelungen, die das Rechtsverhältnis der Deutschen Bundespost POSTDIENST zu den Empfängern (= sonstige Beteiligte) betreffen, wie z.B. Auslieferung, Zustellung, Abholung, Rücksendung (§§ 8 ff. PostV).

Im folgenden soll auf einzelne Bestimmungen der PostV kurz eingegangen werden: § 3 PostV enthält eine Verpflichtung der Deutschen Bundespost POSTDIENST, ihre Monopoldienstleistungen bedarfsgerecht anzubieten, d.h. im Rahmen ihrer wirtschaftlichen Möglichkeiten entsprechend der allgemeinen Nachfrage am Markt und dem Stand der technischen Entwicklung den Bürgern, der Wirtschaft und der Verwaltung zur Verfügung zu stellen.

§ 4 PostV soll sicherstellen, daß die Deutsche Bundespost POSTDIENST Monopoldienstleistungen getrennt von Wettbewerbsdienstleistungen anbietet und tarifiert und zwar in dem Umfang, in dem sie sachlich gegeneinander abgegrenzt werden können. Dies gilt beispielsweise für den elektronischen Briefdienst, in dem sowohl Monopol- als auch Wettbewerbsdienstleistungen enthalten sind. Gemäß § 5 PostV gelten (klarstellend) die Vorschriften des Wettbewerbsrechts.

Die §§ 6 - 20 PostV enthalten weiter spezifische Regelungen, wie z.B. § 6 - Ausschluß von der Postbeförderung, § 7 - Einlieferung, § 8 - Auslieferung (u.a. auch Postvollmacht), § 9 - Zustellung, § 10 - Ausschluß von der Zustellung, § 11 - Abholung, § 12 - Rücksendung, § 13 - Leistungsentgelte , § 14 - Freimachung bzw. Freistempelung, § 15 - Erstattung von Leistungsentgelten, § 16 - Nachforschung, § 19 - Postzeitungsdienst, § 20 - Postaufträge, auf die hier nicht näher detailliert eingegangen werden soll.

II.4.2. POSTDIENST-Pflichtleistungsverordnung (PPflLV)

Außerhalb des durch den Beförderungsvorbehalt nach § 2 PostG bestimmten Monopolbereichs, d.h. ausschließlich im Wettbewerbsbereich, war die Bundesregierung nach § 25 Abs. 2 i.V. mit § 34 Abs. 3 Nr. 1 PostVerfG bis zum 31.12.1994 ermächtigt, unter Beteiligung des Infrastrukturrates beim BMPT und nach Anhörung der Deutschen Bundespost POSTDIENST einzelne Wettbewerbsdienstleistungen als Pflichtleistungen festzuschreiben. Die danach erlassene Rechtsverordnung gilt heute gemäß § 16 PostUmwG über den 31.12.1994 hinaus bis auf weiteres fort. In das PTRegG wurde allerdings in § 8 wieder eine gleichlautende Verordnungsermächtigung für eine „Pflichtleistungsverordnung" aufgenommen, so daß eine Nachfolgeregelung jederzeit möglich wäre. Nach § 25 Abs. 2 PostVerfG galten für die Bundesregierung seinerzeit folgende Vorgaben beim Erlaß der Verordnung: Sie kann diejenigen Infrastrukturdienstleistungen bestimmen, die die Deutsche Bundespost POSTDIENST im besonderen öffentlichen Interesse, vor allem aus Gründen der Daseinsvorsorge, erbringen muß (Pflichtleistungen). Dabei handelt es sich um solche Postdienstleistungen, für die ein Monopol der Deutschen Bundespost POSTDIENST mit einer daraus folgenden Betriebspflicht nicht besteht, die aber gleichwohl so wichtig sind, daß ihre Erbringung nicht allein dem Markt und den unternehmerischen Entscheidungen der Organe der Deutschen Bundespost POSTDIENST überlassen werden soll. Die Bundesregierung kann hierbei die wesentlichen Strukturen der Pflichtleistungen einschließlich die der Entgeltregelungen festlegen. Bei Festlegung dieser Pflichtleistungen sind die öffentliche Aufgabenstellung sowie die wirtschaftlichen Möglichkeiten der Deutschen Bundespost POSTDIENST zu berücksichtigen (§ 25 Abs. 3 PostVerfG). Durch die Festlegung als Pflichtleistung wird für den davon betroffenen Dienst die grundsätzliche Forderung des § 37 Abs. 2 PostVerfG, wonach "die Unternehmen für die einzelnen Dienste in der Regel jeweils die vollen Kosten und einen angemessenen Gewinn erwirtschaften sollen", nicht berührt.

Darüber hinaus hat der Infrastrukturrat für die Festlegung von Pflichtleistungen im Sinne des § 25 Abs. 2 PostVerfG weitere, präzisierende Grundsätze in den Jahren 1991 und 1992 beschlossen. Danach sollen beispielsweise Anordnungen, die die Infrastruktur als solche betreffen, nicht aber eine konkretisierende Dienstleistung (z.B. Dichte des Amtsstellennetzes), nur mittels politischer Zielvorgaben (§ 25 Abs. 1 PostVerfG), nicht aber mittels einer Pflichtleistungsverordnung getroffen werden.

Ferner darf eine Festlegung als Pflichtleistung nur erfolgen, wenn eine auf einer internationalen Übereinkunft oder auf EG-Recht beruhende Verpflichtung dies gebietet, oder wenn sich abzeichnet, daß der Markt eine Dienstleistung gar nicht oder nur in ungenügender Qualität oder nur zu überhöhten Preisen anbietet.

Für die Höhe der Leistungsentgelte ist vom Grundsatz der Tarifeinheit im Raum auszugehen. Abweichungen von diesem Grundsatz bedürfen einer besonderen Begründung im Zusammenhang mit dem Erlaß einer Pflichtleistungsverordnung. Schließlich wird herausgehoben, daß der baldige Erlaß einer Pflichtleistungsverordnung auch geboten erscheint, um die Sperrwirkung des § 65 Abs. 2 PostVerfG für die Deutsche Bundespost POSTDIENST zu beenden, und um eine klare Trennung von Pflichtleistungen und nicht regulierten Wettbewerbsdienstleistungen zu erreichen.

Unter Berücksichtigung dieser verschiedenen Vorgaben hat die Bundesregierung zu Beginn des Jahres 1994 die "Verordnung zur Regelung der Pflichtleistungen der Deutschen Bundespost POSTDIENST - POSTDIENST-Pflichtleistungsverordnung" (PPflLV) vom 12.01.1994[30] erlassen, die am 01.02.1994 in Kraft getreten ist.

Die nur aus drei Paragraphen bestehende Verordnung[31] erklärt gemäß § 1 PPflLV für die Deutsche Bundespost POSTDIENST das Befördern von Kleingütern als eine im besonderen öffentlichen Interesse liegende Infrastrukturdienstleistung. Die Deutsche Bundespost POSTDIENST hat danach die Beförderung von Kleingütern (Paketen) in der Fläche zu einheitlichen Leistungsentgelten nach dem Grundsatz der Tarifeinheit im Raum anzubieten. Zusätzlich gelten die §§ 2 - 16 PostV entsprechend.

§ 2 Abs. 1 PPflLV definiert die Pflichtleistung "Befördern von Kleingütern". Danach hat die Deutsche Bundespost POSTDIENST zu gewährleisten, daß "Kleingüter" bis zu einem Gewicht[32] von 20 kg und bis zu den Höchstmaßen von 120 cm in der Länge,

---

[30] BGBl. I S. 86. Daneben wurde für die Deutschen Bundespost POSTBANK am 12.01.1994 die Verordnung zur Regelung der Pflichtleistungen der Deutschen Bundespost POSTBANK (POSTBANK-Pflichtleistungsverordnung - PBPflLV) erlassen (BGBl. I S. 87). Diese Verordnung enthält in § 1 lediglich die Aussage, daß Pflichtleistungen für die Deutsche Bundespost POSTBANK nicht bestimmt werden.

[31] § 3 PPflLV enthält die Bestimmung zum Inkrafttreten.

[32] Die Deutsche Bundespost POSTDIENST grenzt den Paketmarkt in ihren AGB formal durch die Gewichtsgrenze von 31.5 kg ab.

60 cm in der Breite und 60 cm in der Höhe dem allgemeinen Bedarf entsprechend flächendeckend angenommen, weitergeleitet und zugestellt werden.

Ausgenommen sind hiervon gemäß § 2 Abs. 2 PPflLV solche Kleingüter, die

1. wegen ihres Inhalts einer besonderen betrieblichen Behandlung bedürfen oder
2. von bzw. nach Orten außerhalb Deutschlands befördert werden oder
3. bei denen aufgrund bestimmter Vorleistungen des Kunden oder von Mindesteinlieferungsmengen besondere Entgeltregelungen gelten.

Insgesamt sind daher von den Bestimmungen zur Pflichtleistung solche Kleingüter ausgenommen, die wegen ihrer Abmessungen in der Regel im Postbetrieb besonders behandelt werden müssen, deren Einlieferungs- oder Bestimmungsort im Ausland liegt (internationaler Bereich), deren Inhalt besonders behandelt werden muß (z.B. lebende Tiere, Flüssigkeiten, zerbrechliche Gegenstände) sowie Kleingüter, für deren Beförderung mit bestimmten Kunden Sonderregelungen getroffen werden, wie z.B. für Selbstbucher (Freimachung durch Großeinlieferer) oder Nachfrager mit Kooperationsverträgen.

Dieses letztgenannte Sendungsvolumen ist dem gewerblichen Kundenkreis zuzurechnen, bei dem u.a. bestimmte Vorleistungen des Kunden oder Mindesteinlieferungsmengen auftreten können. Sinn der Herausnahme[33] dieses dem gewerblichen Kundenkreis zuzuordnenden Marktbereichs aus der Beförderungsverpflichtung durch die Deutsche Bundespost POSTDIENST bzw. der Deutschen Post AG ist es, nur den Bereich zu regulieren, in dem ein voll funktionsfähiger Wettbewerb noch nicht vorhanden ist. In dem hier von der Regulierung ausgenommenen Bereich besteht aber gerade wirksamer Wettbewerb, so daß sich eine Verpflichtung zur Beförderung erübrigt. Eine Auferlegung auch dieses Marktbereiches zur Pflichtleistung würde der Deutschen Bundespost POSTDIENST bzw. der Deutschen Post AG im Wettbewerb erhebliche Nachteile erbringen, da sie kurzfristig nicht auf Marktveränderungen im Kleingutdienst, insbesondere bei den Entgelten, reagieren könnte.

II.4.3. POSTDIENST-Datenschutzverordnung (PD-DSV)

Aufgrund der Ermächtigungsgrundlage des § 30 Abs. 2 PostVerfG hat die Bundesregierung unter Beteiligung des Infrastrukturrates beim BMPT gemäß § 34 Abs. 3 Nr. 3 PostVerfG und nach Anhörung der Deutschen Bundespost POSTDIENST die Verordnung über den Datenschutz bei Dienstleistungen der Deutschen Bundespost POSTDIENST (POSTDIENST-Datenschutzverordnung - PD-DSV) vom 24.06.1991[34] erlassen. Sie enthält über das Bundesdatenschutzgesetz (BDSG) hinaus besondere Datenschutznormen, die (nur) für die Deutsche Bundespost POSTDIENST gelten. Diese

[33] So die Begründung zur POSTDIENST-Pflichtleistungsverordnung.

[34] BGBl. I S. 1385. Daneben wurde für die Deutsche Bundespost POSTBANK am 24.06.1991 die Verordnung über den Datenschutz bei Dienstleistungen der Deutschen Bundespost POSTBANK (POSTBANK-Datenschutzverordnung - PB-DSV) erlassen (BGBl. I S. 1387).

Rechtsverordnung erlaubt unter Beachtung des Grundsatzes der Verhältnismäßigkeit und der Zweckbindung eine Erhebung, Verarbeitung und Nutzung von personenbezogenen Daten der am Postverkehr Beteiligten (Bestands- und Verkehrsdaten) im wesentlichen nur in folgendem Umfang (§§ 2 und 3 PD-DSV):

- Bestandsdaten, wie Name, Anschrift, Geburtsdatum, Beruf, Branchenzugehörigkeit, Kontobezeichnung, Kontonummern, Art der in Anspruch genommenen Dienstleistungen

- Verkehrsdaten, insbesondere Häufigkeit und Umfang der in Anspruch genommenen Dienstleistungen.

Ferner gelten folgende Löschungsfristen und Widerspruchsmöglichkeiten des Kunden:

- Bestands- und Verkehrsdaten dürfen nach Beendigung des Vertragsverhältnisses für Zwecke der Werbung und Marktforschung der Deutschen Bundespost POSTDIENST sowie zur bedarfsgerechten Gestaltung ihrer Postdienstleistungen weiter verwendet werden, falls der Kunde nicht widerspricht; sie sind aber spätestens mit Ablauf des zweiten Kalenderjahres nach Beendigung des Vertragsverhältnisses zu löschen;

- Bestandsdaten, die weiterhin zu den oben genannten Zwecken benötigt werden, können längstens bis zum Ablauf des fünften Kalenderjahres weiter verwendet werden, sofern der ehemalige Kunde hierüber informiert wurde und nicht widerspricht.

Daneben dürfen personenbezogene Daten nur erhoben, verarbeitet und genutzt werden, soweit dies zur Gewährleistung einer ordnungsgemäßen Ermittlung, Abrechnung und Auswertung von Leistungsentgelten und zum Nachweis der Richtigkeit derselben erforderlich ist (Entgeltdaten). Es dürfen nur die zum Zwecke der Entgeltabrechnung erheblichen Umstände, wie Vorschußzahlungen, Ratenzahlung, Mahnung und Leistungsverweigerung gespeichert werden (§ 3 Abs. 3 PD-DSV).

Gemäß § 4 PD-DSV darf die Deutsche Bundespost POSTDIENST einem Dritten auf dessen Verlangen zum Zwecke des Postverkehrs Auskunft darüber erteilen, ob die angegebene Anschrift eines am Postverkehr Beteiligten richtig ist. Für den Fall, daß der Empfänger unter der angegebenen Anschrift nicht erreichbar ist, darf die richtige Anschrift dem Absender nur dann mitgeteilt werden, wenn der Empfänger bei Stellung eines Nachsendeantrages nach Hinweis auf sein Widerspruchsrecht nicht schriftlich widersprochen hat. Darüber hinaus darf die richtige Anschrift zu Zwecken des Postverkehrs nur mitgeteilt werden, wenn der Betroffene nicht widerspricht und er auf sein Widerspruchsrecht vor der Mitteilung der Anschrift hingewiesen wurde.

Die Anschrift des Postfachinhabers darf gemäß § 5 PD-DSV einem Dritten für Zwekke des Postverkehrs nur mitgeteilt werden, wenn der Auskunftsbegehrende ein berechtigtes Interesse, das im Zusammenhang mit dem postalischen Dienstleistungsangebot stehen muß, an dieser Kenntnis im jeweiligen Einzelfall glaubhaft macht (z.B. beim Postzustellungsauftrag). Der Postfachinhaber hat jedoch die Möglichkeit, einer Mitteilung generell zu widersprechen, worauf er bereits bei Vertragsabschluß oder bei bestehenden Verträgen anläßlich der Einführung von Allgemeinen Geschäftsbedingungen durch ein gesondertes Schreiben hingewiesen werden muß.

Eine Erhebung und Speicherung von Ausweisdaten (§ 6 Abs. 2 PD-DSV) ist nur zu Beweiszwecken zulässig, zum Beleg für die vorgenommene Prüfung der Identität von Postbankkunden und von am Postverkehr beteiligten Empfängern sowie über die ordnungsgemäße Ausführung von Postbankdienstleistungen.

Diese Rechtsverordnung gilt heute gemäß § 16 PostUmwG über den 31.12.1994 hinaus bis auf weiteres fort. In das PTRegG wurde allerdings in § 10 eine aus datenschutzrechtlichen Gründen erheblich erweiterte Verordnungsermächtigung aufgenommen, so daß in absehbarer Zeit mit dem Erlaß einer neuen Rechtsverordnung zu rechnen ist.

III. Marktzutritt im Postsektor - der Beförderungsvorbehalt der Deutschen Bundespost POSTDIENST bzw. der Deutschen Post AG

III.1. Der Beförderungsvorbehalt im Postwesen gemäß § 2 Abs. 1 PostG

Grundsätzlich ist hervorzuheben, daß der Marktzutritt zum Postmarkt in Deutschland weitgehend liberalisiert und unreguliert ist, mit Ausnahme desjenigen Dienstleistungsbereiches, für den der Deutschen Bundespost POSTDIENST bzw. der Deutschen Post AG durch § 2 PostG ein Beförderungsvorbehalt eingeräumt ist. Dies bedeutet insbesondere, daß der Marktzutritt z.B. für Paketbeförderungsunternehmen, Kurierdienstunternehmen, Zeitungszustellunternehmen oder Transportunternehmen für Kleingut nicht von einer vorherigen Lizenzierung, Genehmigung, Zulassung oder Konzession einer staatlichen Behörde (z.B. des BMPT) abhängig ist. Auch erfolgt - anders als etwa im Telekommunikationsbereich[35] - keine Registrierung der Anbieter von Postdienstleistungen durch den Bundesminister für Post und Telekommunikation.

Wie schon an früherer Stelle (II.3.) angesprochen, ist der Regulierungsrahmen nach der Postreform des Jahres 1994 (Postreform II) - mit Ausnahme der Bestimmungen über den Beförderungsvorbehalt (§ 2 PostG) - weitgehend beibehalten worden. Im Rahmen der Postreform II wurden die Bestimmungen des § 2 PostG z.T. näher differenziert und zusätzliche Regulierungsmöglichkeiten vorgesehen. Da diese neuen Instrumente (z.T. Rechtsverordnungen) bis Mitte 1995 noch nicht verabschiedet sind und hierzu noch rechtspolitische Diskussionen bevorstehen, soll zur besseren Verständlichkeit zunächst die bis zum 31.12.1994 geltende Rechtslage nach § 2 PostG erörtert werden. Anschließend wird auf die neuen Regulierungsmöglichkeiten hinsichtlich des Marktzutritts nach Inkrafttreten der Postreform II am 01.01.1995 hingewiesen (vgl. unten III.2. - III.4.).

[35] Vgl. § 1a Abs. 1 FAG, wonach Betreiber von Fernmeldeanlagen, die Telekommunikationsdienstleistungen für andere erbringen, die Aufnahme des Betriebs sowie Änderungen und Aufgabe derselben innerhalb eines Monats beim Bundesminister für Post und Telekommunikation anzeigen müssen. Der BMPT veröffentlicht diese Anzeigen halbjährlich in seinem Amtsblatt.

Der in § 2 PostG festgelegte Beförderungsvorbehalt bestimmt ein sog. Verwaltungsmonopol der Deutschen Bundespost POSTDIENST, wonach dieser ausschließlich das Errichten und Betreiben von Einrichtungen zur entgeltlichen Beförderung von Sendungen mit schriftlichen Mitteilungen oder mit sonstigen Nachrichten von Person zu Person vorbehalten ist. Dabei stellen Postkarten und Briefsendungen jeder Art, die schriftliche Mitteilungen bzw. sonstige Nachrichten enthalten, sowohl als Einzel- als auch als Massensendungen, Sendungen i.S. des § 2 Abs. 1 PostG dar, deren Beförderung ausschließlich der Deutschen Bundespost POSTDIENST vorbehalten ist. Die gesamte Vorschrift des § 2 PostG hat bis zum 31.12.1994 folgenden Wortlaut gehabt:

"(1) Das Errichten und Betreiben von Einrichtungen zur entgeltlichen Beförderung von Sendungen mit schriftlichen Mitteilungen oder mit sonstigen Nachrichten von Person zu Person ist der Deutschen Bundespost POSTDIENST ausschließlich vorbehalten.

(2) Als Beförderung im Sinne des Absatzes 1 ist jede Tätigkeit anzusehen, die dem Einsammeln, Weiterleiten oder Ausliefern der Sendungen an den Empfänger dient.

(3) Als Nachrichten im Sinne des Absatzes 1 sind nicht anzusehen

1. Nachrichten, die einer anderen Sendung beigefügt sind und ausschließlich deren Inhalt betreffen,

2. wiederkehrend erscheinende Druckschriften.

(4) Der Bundesminister für Post und Telekommunikation oder die von ihm ermächtigten Behörden sind befugt, im Einzelfalle Befreiung vom Beförderungsvorbehalt zu erteilen. Die Befreiung kann mit Bedingungen und Auflagen, insbesondere der Verpflichtung zur Entrichtung einer angemessenen einmaligen oder wiederkehrenden Ausfallgebühr verbunden werden."

Durch das PTNeuOG ist § 2 PostG hinsichtlich der Definition des Beförderungsvorbehalts wie folgt geändert worden: Nach den Wörtern „Beförderung von" wurden die Wörter „Sendungen mit" gestrichen und nach dem Wort „oder" wurde das Wort „mit" gestrichen. Insofern hat der Gesetzgeber von der Ermächtigung des Art. 143b Abs. 2 Satz 1 GG Gebrauch gemacht, wonach die vor der Umwandlung bestehenden ausschließlichen Rechte des Bundes durch Bundesgesetz für eine Übergangszeit dem aus der Deutschen Bundespost POSTDIENST hervorgegangenen Unternehmen verliehen werden können. Darüber hinaus erfolgte im PostG eine ordnungspolitisch bedeutsame Änderung hinsichtlich der Absätze 4 (alt), 5, 6 und 7 (neu). Sie wird an späterer Stelle (III.4.) angesprochen.

Die Vorschrift über den Beförderungsvorbehalt ist im Jahre 1969 neu in das zum 01.01.1970 in Kraft getretene Postgesetz aufgenommen worden und löste zu diesem Zeitpunkt die ältere Vorschrift des Postgesetzes von 1871 über den sog. Postzwang[36] ab. Diese Regelung verbot seinerzeit Bürgern wie Unternehmen, sich anderer als der postalischen Einrichtungen für die Beförderung von verschlossenen Briefen und Zeitungen zu bedienen[37]. Da durch den Postzwang seinerzeit jedem einzelnen Bürger ein bestimmtes Tun verboten wurde und der heute geltende Beförderungsvorbehalt das Recht des einzelnen auf eine eigene, individuelle Postbeförderung unberührt läßt und sich als Verbotsvorschrift (nur) an diejenigen Unternehmen richtet, die konkurrenzähnliche Einrichtungen errichten und betreiben wollen, wird in der Gesetzesbegründung zum PostG zutreffend darauf hingewiesen, daß das neue PostG den gesetzlichen Schutz der Bundespost vor freiem Wettbewerb auf das notwendige Maß zurückgeführt[38] und die bisherigen unübersichtlich gewordenen Bestimmungen durch eine einfachere Regelung ersetzt hat[39].

Der Beförderungsvorbehalt soll es der Deutschen Bundespost POSTDIENST ermöglichen, ihrer umfassenden Betriebspflicht und Zulassungspflicht zugunsten der Verkehrsbedürfnisse der Allgemeinheit nachzukommen[40]. Sie hat bundesweit ihre Einrichtungen zu unterhalten und den Kunden ihre Leistungen anzubieten, ohne Rücksicht darauf, ob die Ausgaben im Einzelfalle durch entsprechende Einnahmen gedeckt sind[41]. Daher hat der Gesetzgeber in § 2 Abs. 1 PostG eine generelle Bestimmung vorgesehen, die

---

[36] Vgl. hierzu das Gesetz über das Postwesen des Deutschen Reiches vom 28.10.1871, Reichsgesetzblatt S. 347, dort §§ 1 und 1a sowie zusätzlich das durch Artikel 3 des Gesetzes betreffend einige Änderungen von Bestimmungen über das Postwesen vom 20.12.1899, Reichsgesetzblatt S. 715, erlassene Verbot, Anstalten zur gewerbsmäßigen Einsammlung, Beförderung oder Verteilung von unverschlossenen Briefsendungen bestimmter Art zu betreiben.

[37] Vgl. Müssig, P.: Zur Rechtsnatur des postrechtlichen Beförderungsvorbehaltes gemäß § 2 PostG, ArchivPF 1990, S. 23 ff. mit weiteren Nachweisen.

[38] In jüngster Zeit ist deutlich geworden, daß § 2 Abs. 1 PostG eine bloße verwaltungsrechtliche Verbotsnorm darstellt und daneben weder im PostG noch in anderen Normen eine Ermächtigungsgrundlage für die Deutsche Bundespost POSTDIENST enthalten ist zum Erlaß einer Untersagungsverfügung, d.h. eines Verwaltungsakts, gegen Unternehmen, die durch ihre Dienstleistungen gegen das Beförderungsmonopol der Deutschen Bundespost verstoßen (OVG NW, Urteil vom 26.02.1993 - 13 A 175/92 -, nicht rechtskräftig, DVBl. 1993, S. 1321 ff.). Die Deutsche Bundespost POSTDIENST hatte einem Dienstleistungsunternehmen für den Transport von internationalen Dokumenten und Drucksachen mit Hinweis auf den Beförderungsvorbehalt u.a. untersagt, Sendungen mit schriftlichen Mitteilungen oder mit sonstigen Nachrichten von Person zu Person, insbesondere Briefe und Drucksachen, gegen Entgelt im Inland einzusammeln und weiterzuleiten. Das OVG sah für diese Untersagungsverfügung die gesetzliche Ermächtigungsgrundlage als nicht gegeben und verwies die Deutsche Bundespost auf den Schutz des Beförderungsvorbehalts durch das Ordnungswidrigkeitenrecht (§ 25 Abs. 1 Nr. 1 und Abs. 4 PostG), d.h. die Verhängung eines Bußgeldes durch die dafür zuständige Behörde. Daneben wies das Gericht auch noch auf die Möglichkeit des zivilrechtlichen Rechtsschutzes der DBP POSTDIENST hin durch Klage auf Unterlassung der aus ihrer Sicht illegalen Betätigung eines Konkurrenten (DVBl. 1993, S. 1321 (1323)). Hierdurch könne sie im Erfolgsfalle einen Tenor gleichen Inhalts erlangen wie bei dem umstrittenen Verwaltungsakt. Vgl. weiter zum Schutz des Beförderungsvorbehalts durch das Ordnungswidrigkeitenrecht unten III.6.

[39] Deutscher Bundestag, Drs. V/3295, S. 9, 11.

[40] Vgl. insoweit die Gesetzesbegründung zu § 2 PostG, Deutscher Bundestag, Drs. V/3295, S. 10. Die Betriebs- und Zulassungspflicht der Deutschen Bundespost POSTDIENST ist näher diskutiert bei Plagemann, J.: Ansätze zu einer Konkretisierung der gemeinwirtschaftlichen Auflagen der Deutschen Bundespost, ZögU 1988, S. 389 ff., 1989, S. 155 ff.

[41] Deutscher Bundestag, Drs. V/3295, S. 10.

den freien Wettbewerb auf diesem Gebiet beschränkt und die Deutsche Bundespost POSTDIENST durch einen entsprechend ausgestalteten Vorbehalt vor der Konkurrenz postähnlicher Unternehmen schützt[42].

Gleichwohl wird in der aktuellen Diskussion die Notwendigkeit dieses umfassenden Beförderungsvorbehalts teilweise in Frage gestellt. Bevor auf diese aktuellere Entwicklung näher eingegangen wird, sollen im folgenden der Regelungsinhalt des § 2 PostG eingehender untersucht und die Betätigungsmöglichkeiten privater Unternehmen aufgezeigt werden. Hierbei ist es erforderlich, den Bereich, der als Monopolbereich der Deutschen Bundespost POSTDIENST vorbehalten ist, zu identifizieren und vom Wettbewerbsbereich, in dem ein unregulierter Marktzutritt für private Unternehmen möglich ist, näher abzugrenzen.

III.2. Probleme der Abgrenzung von Monopol- und Wettbewerbsbereich im Postmarkt

§ 2 Abs. 1 PostG, der den Beförderungsvorbehalt definiert und der Deutschen Bundespost POSTDIENST zuweist, besteht aus einer Kombination verschiedener Tatbestandsmerkmale, die im folgenden jeweils einer gesonderten Betrachtung insbesondere im Hinblick auf die gesetzliche Begründung zu unterziehen sind, um den Monopol- vom Wettbewerbsbereich präziser abzugrenzen[43].

Unter „Sendungen mit schriftlichen Mitteilungen" (ab 01.01.1995 nur noch: „schriftlichen Mitteilungen") i.S. von § 2 Abs. 1 PostG sind sowohl handschriftliche als auch gedruckte Mitteilungen zu verstehen[44]. Die Art der Versendung ist dabei ohne Bedeutung. Daher ist nicht entscheidend, ob die Form eines offenen oder verschlossenen Briefes, einer Drucksache, eines Päckchens oder Paketes gewählt wird. Zu den "sonstigen Nachrichten" zählen an einen stofflichen Träger gebundene Mitteilungen, die nicht aus Schriftzeichen bestehen, mithin also auch auf Schallplatte oder Tonband aufgenommene mündliche Erklärungen[45]. Der Begriff der "Mitteilungen von Person zu Person" setzt einen persönlichen Charakter der Sendung zwischen zwei Personen (natürliche, juristische, Vereine, Firmen, Behörden etc.), also mindestens eine persönliche Anschrift voraus[46]. Gedruckte Werbezettel ohne Anschrift oder Wurfsendungen ohne Anschrift, ferner Bücher, Zeitungsartikel, alte Urkunden ohne zusätzliche Nachricht fallen daher nicht unter den Beförderungsvorbehalt nach § 2 Abs. 1 PostG.

---

[42] Deutscher Bundestag, Drs. V/3295, S. 11.

[43] Vgl. zum folgenden aus der postrechtlichen Literatur insbesondere Müssig, P.: Zur Rechtsnatur des postrechtlichen Beförderungsvorbehaltes gemäß § 2 PostG, ArchivPF 1990, S. 24 ff.; Altmannsperger, H. J.: Gesetz über das Postwesen, Kommentar, Heidelberg 1988, § 2 Rn. 36; Ohnheiser, F.: Postrecht, 4. Aufl., Heidelberg 1984, § 2 Rn. 5 ff.

[44] Deutscher Bundestag, Drs. V/3295, S. 11.

[45] So die Gesetzesbegründung Deutscher Bundestag, Drs. V/3295, S. 11. Altmannsperger nennt darüber hinaus auch noch Lochkarten und Magnetplatten; Altmannsperger, H. J.: Gesetz über das Postwesen, Kommentar, a.a.O., § 2 Rn. 37.

[46] Altmannsperger, H. J.: Gesetz über das Postwesen, Kommentar, a.a.O., § 2 Rn. 40 f.; Ohnheiser, F.: Postrecht, a.a.O., § 2 Rn. 17.

Der Beförderungsvorbehalt des § 2 Abs. 1 PostG untersagt lediglich das Errichten und Betreiben von Einrichtungen zur "entgeltlichen" Beförderung. Daher fällt die organisierte Beförderung dieser Sendungen nicht unter den Beförderungsvorbehalt, wenn hierfür kein Entgelt entrichtet wird[47], z.B. bei einer Beförderung aus Gefälligkeit.

§ 2 Abs. 2 PostG stellt klar, daß unter "Beförderung" i.S. des Absatzes 1 jede Tätigkeit zu verstehen ist, die der Übermittlung dieser Sendungen aus der Hand des Absenders in die Verfügungsgewalt des Empfängers dient. Der Begriff der "Beförderung" beschränkt sich somit nicht nur auf die räumliche Weiterleitung der Sendungen, sondern umfaßt auch deren Einsammlung und Auslieferung, wobei die Voraussetzungen des Absatzes 1 schon dann erfüllt sind, wenn sich die Einrichtung nur mit einer der aufgezählten Leistungen befaßt[48]. Daher unterliegen Dienstleistungen wie z.B. Abholung der Post von Schließfächern und Überbringen an den Empfänger dem Beförderungsvorbehalt[49].

Die einer Warensendung üblicherweise beigefügten Begleitpapiere (z.B. Rechnungen, Preislisten, Gebrauchsanweisungen) sowie Angaben über den Verwendungszweck auf Bankaufträgen stellen an sich Mitteilungen von Person zu Person im Sinne des Absatzes 1 dar. Um zu vermeiden, daß hierdurch die Beförderung von Warensendungen durch Frachtführer oder die Durchführung des Giroverkehrs der Kreditinstitute beeinträchtigt werden, hat der Gesetzgeber in § 2 Abs. 3 Nr. 1 PostG eine Einschränkung des Beförderungsvorbehalts aufgenommen für solche "Nachrichten, die einer anderen Sendung beigefügt sind und ausschließlich deren Inhalt betreffen". Eine weitere Ausnahme vom Beförderungsvorbehalt enthält § 2 Abs. 3 Nr. 2 PostG für "wiederkehrend erscheinende Druckschriften". Hierunter werden die periodisch erscheinenden Presseerzeugnisse (Zeitungen und Zeitschriften) einschließlich Mitteilungsblätter aller Art verstanden[50], die folglich gleichfalls nicht dem Beförderungsvorbehalt unterliegen.

Wie aufgezeigt, ergibt sich der Bereich, in dem Marktzutritt im Postmarkt für private Unternehmen untersagt ist, aus einer Vielzahl einzelner Tatbestandsmerkmale, die jeweils einzeln[51] erfüllt sein müssen (Einrichtung, Beförderung, Entgeltlichkeit, Errichten und Betreiben, Sendungen mit schriftlichen Mitteilungen, sonstige Nachrichten, von Person zu Person) bzw. in Verbindung mit explizit festgelegten Ausnahmen (für Begleitpapiere, Zeitungen, Zeitschriften). Insofern bedarf es jeweils einer genauen Betrachtung des Einzelfalles, d.h. der vom jeweiligen Unternehmen beabsichtigten Postdienstleistung, um Aussagen über die Zulässigkeit oder Unzulässigkeit der jeweiligen Postdienstleistung zu treffen.

Darüber hinaus ist m.E. bei einer pragmatischen Betrachtung über den Marktzutritt folgendes hervorzuheben:

---

[47] Deutscher Bundestag. Drs. V/3295. S. 11.
[48] Vgl. ebenda. S. 11.
[49] Siehe hierzu auch weiter unten.
[50] Vgl. ebenda, S. 11.
[51] Sie können z.T. aber auch auseinanderfallen. Beispielsweise müssen Errichtender und Betreiber der Einrichtung nicht identisch sein. vgl. ausführlich Müssig, P.: Zur Rechtsnatur des postrechtlichen Beförderungsvorbehaltes gemäß § 2 PostG. ArchivPF 1990. S. 25 f. mit zahlreichen weiteren Nachweisen.

Der Beförderungsvorbehalt knüpft ausschließlich an inhaltliche Merkmale der Sendung an ("schriftliche Mitteilung"/"sonstige Nachricht"), nicht jedoch an denkbare äußere Merkmale (z.B. verschlossen/unverschlossen, Gewicht, Preis, Format). Ebenso hat der Gesetzgeber eine Abgrenzung zwischen dem Monopol- und dem Wettbewerbsbereich geschaffen, die ohne eine bloße Umschreibung von Dienstzweigen oder Sendungsarten (z.B. "Briefe") auskommen muß. So ist es beispielsweise nicht möglich, den Monopolbereich mit dem "Briefdienst", wie er in den Allgemeinen Geschäftsbedingungen bzw. Leistungsbeschreibungen der Deutschen Bundespost POSTDIENST definiert ist, (z.B. Mindest- und Höchstmaße, Gewichtsobergrenze von 1000 Gramm), gleichzusetzen. Die Abgrenzungsform des PostG hat damit heute sicherlich den Vorzug der Rechtssicherheit, da der Monopolbereich bzw. der Marktzutritt nicht von den unternehmerisch getroffenen Produktbeschreibungen der Deutschen Bundespost POSTDIENST abhängig ist. Anderenfalls könnte beispielsweise die Deutsche Bundespost POSTDIENST durch Neu- oder Umbenennungen von einzelnen Versendungsarten den Marktzutritt von Wettbewerbern verhindern und damit entscheiden, inwieweit sie sich dem Wettbewerb aussetzen will. Dies wäre zweifellos mit einer marktwirtschaftlich orientierten Wirtschaftsordnung nicht vereinbar.

Da der Gesetzgeber hingegen abstrakte, inhaltliche Merkmale gewählt hat, um den Monopolbereich zu definieren, ergibt sich im Umkehrschluß, daß äußerliche Briefsendungen, die nicht "schriftliche Mitteilungen" oder "sonstige Nachrichten von Person zu Person" enthalten (z.B. als Warensendung), nicht dem Beförderungsvorbehalt des § 2 Abs. 1 PostG unterliegen. Der Marktzutritt ist daher - vereinfacht ausgedrückt - für die Beförderung von "Briefsendungen" nicht generell gesetzlich beschränkt, d.h. sie dürfen je nach Inhalt durch konkurrierende Unternehmen befördert werden. De facto kann diese Abgrenzung durchaus eine wirtschaftliche Bedeutung haben. Da der Inhalt der Briefsendungen in der Regel für Außenstehende nicht erkennbar ist, folgt hieraus auch, daß einzelne Verstöße gegen den Beförderungsvorbehalt mitunter nur schwer zu erkennen sind.

Die weitere Auslegung des Beförderungsvorbehalts ergibt u.a. auch, daß "schriftliche Mitteilungen" nicht gebündelt von privaten Unternehmen, z.B. in Paketen, befördert werden dürfen. Daher ist u.a. das Betreiben von Rezeptabholdiensten von Apotheken für rechtlich unzulässig erklärt worden[52].

Ein weiteres Beispiel für die Schwierigkeit, die Monopolrechte der Deutschen Bundespost POSTDIENST bzw. zulässigen Marktzutritt zu identifizieren, ist die sog. "Eigenbeförderung". Die Eigenbeförderung beinhaltet die Zustellung eigener Sendungen in einer Ortschaft durch eigens dafür abgestellte Arbeitskräfte, die z.T. bereits als regulär Bedienstete eine entsprechende Vergütung beziehen, z.T. aber auch eine besondere Vergütung ("Sohlengeld") erhalten. Sie wird vornehmlich praktiziert von kommunalen Unternehmen oder Verwaltungen, z.B. für Lohnsteuerkarten oder Wahlbenachrichtigungen, und erfolgt sowohl während als auch außerhalb der Dienstzeiten. Von ihrem Sendungsinhalt her können in der Eigenbeförderung auch Sendungen enthalten sein, die unter den Tatbestand des § 2 Abs. 1 PostG fallen und nicht zugleich Ausnahmen nach § 2

[52] OLG Karlsruhe, Beschluß vom 27.07.1978, ArchivPF 1979, S. 90 ff.; BayOLG, Beschluß vom 04.07.1983; Altmannsperger, H. J.: Postrecht Entscheidungen, Heidelberg 1991, 2.02.1 Nr. 6.

Abs. 3 PostG darstellen ("Nachrichten, die einer anderen Sendung beigefügt sind und ausschließlich deren Inhalt betreffen" oder "wiederkehrend erscheinende Druckschriften"). Die Eigenbeförderung wird heute jedoch - nach einer längeren gerichtlichen Klärungsphase - von der Rechtsprechung für zulässig erachtet[53], weil es sich bei den dafür geschaffenen Organisationseinheiten nicht um die "Errichtung einer Einrichtung" zur "entgeltlichen" Beförderung von Sendungen handelt und insoweit eine finale Verknüpfung zwischen Einrichtung und entgeltlicher Beförderung fehlt[54]. Insoweit sind hierbei einzelne Tatbestandsmerkmale der Verbotsvorschrift nicht erfüllt.

Problematisch sind ferner diejenigen Fälle, in denen der Deutschen Bundespost POSTDIENST durch die private Beförderungstätigkeit keine Einnahmen entgehen. Denkbar sind u.a. die Abholung der Postsendungen vom Absender mit anschließender Einlieferung beim nächstgelegenen Postamt durch private Unternehmen oder die Abholung beim Eingangspostamt (z.B. Leeren von Postfächern) mit sofortiger Zustellung beim Empfänger. Da in diesen Fällen der eigentliche Transport durch die Deutsche Bundespost POSTDIENST erfolgt, die das entsprechende Leistungsentgelt erhält, ist zumindest der wirtschaftliche Zweck des Beförderungsvorbehalts nicht beeinträchtigt. Weitere wirtschaftlich denkbare Varianten sind schließlich der Betrieb von privaten Postfachanlagen in Kombination mit Zustelleistungen oder sogar die vollständige Beförderung von Sendungen, die einzeln ordnungsgemäß freigemacht wurden, durch private Unternehmen[55]. Diese Tätigkeiten unterliegen rechtlich zweifellos dem Beförderungsvorbehalt nach § 2 Abs. 1 PostG. Da der Deutschen Bundespost POSTDIENST trotz der privaten Tätigkeit keine Einnahmen entgehen, hält konsequenterweise Altmannsperger ein Vorgehen der Deutschen Bundespost POSTDIENST gegen die Errichtung und den Betrieb von Einrichtungen zur entgeltlichen Einsammlung von ordnungsgemäß freigemachten Briefen verschiedener Absender und die Einlieferung der einzelnen Sendungen (also keine verbotenen Sammelsendungen) beim nächsten Postamt für "mit Sinn und Zweck des Beförderungsvorbehalts als einer Gebührenschutzvorschrift nicht vereinbar"[56]. Aus diesen Erwägungen sind daher derartige private Tätigkeiten als zulässig anzusehen.

Durch das PTNeuOG ist § 2 PostG seit dem 01.01.1995 um einen Absatz 4 ergänzt worden (- der bisherige Abs. 4 ist jetzt in Absatz 5 übergegangen). Der neue § 2 Abs. 4 PostG lautet wie folgt:

„(4) Der Bundesminister für Post und Telekommunikation kann Änderungen an Inhalt und Umfang der Rechte nach Absatz 1 mit Beteiligung des Regulierungsrates gemäß

[53] BVerwGE 67, 110 ff.; vgl. aber auch OLG Hamm, Beschluß vom 27.02.1979, Altmannsperger, H. J.: Postrecht Entscheidungen, Heidelberg 1991, 2.02.1 Nr. 4 (S. 16), OLG Frankfurt am Main, Beschluß vom 30.01.1976, NJW 1976, S. 1276 - danach unterfallen die Boten § 2 Abs. 1 PostG, wenn sie selbst eine Beförderungseinrichtung errichten und betreiben.

[54] Vgl. hierzu BVerwGE 67, 110 (111), ferner Müssig, P.: Zur Rechtsnatur des postrechtlichen Beförderungsvorbehaltes gemäß § 2 PostG, ArchivPF 1990, S. 25.

[55] In Italien ist z.B. die Beförderung von Briefen durch private Unternehmen zulässig, wenn der Brief mit einer Marke der PTT Italia zu deren Tarifen frankiert wurde, d.h. die Postgebühren an die PTT gezahlt wurden.

[56] Altmannsperger, H. J.: Gesetz über das Postwesen, Kommentar, § 2 Rn. 22.

§ 13 Abs. 3 Nr. 3 des Gesetzes über die Regulierung der Telekommunikation und des Postwesens bestimmen."

Hiermit ist im Rahmen der Postreform II eine Regelung getroffen worden, die erstmalig gesetzlich eine flexible Auslegung des Beförderungsvorbehaltes ermöglicht. Es bleibt abzuwarten, ob und inwieweit aufgrund dieser Regulierungsmöglichkeit die bisherigen Grenzziehungen künftig verschoben und daraus weitere Betätigungsmöglichkeiten für private Unternehmen im Postmarkt entstehen werden.

Als Zwischenergebnis ist daher bereits an dieser Stelle festzuhalten, daß die Entscheidung eines Unternehmens, das postalische Dienstleistungen anbieten will, sehr genaue Rechtskenntnisse über den Bereich des zulässigen Marktzutritts voraussetzt. Darüber hinaus sind beim Marktzutritt auch noch die bereits bestehenden Sonderregelungen für Kurierdienste, die Möglichkeit der Befreiung vom Beförderungsvorbehalt gemäß § 2 Abs. 4 PostG (alt) sowie die Regelungen für den grenzüberschreitenden Postverkehr zu berücksichtigen.

III.3. Die Sonderregelungen für Kurierdienstunternehmen

Bereits im Jahre 1989 wurde der Bereich des umfassenden Beförderungsvorbehalts nach § 2 PostG durch Einführung einer Mindestpreisgrenze geöffnet und Marktzutritt für private Kurierdienstunternehmen ermöglicht. In der Amtsblattverfügung Vfg. 632/1989 Nr. 2 vom 29.06.1989[57] hat der damalige Bundesminister für das Post- und Fernmeldewesen im Zusammenhang mit der Überführung des seinerzeitigen Betriebsversuchs "Postkurierdienst" in eine bundesweite Regeldienstleistung und die gleichzeitige Normierung in der damaligen Postordnung (PostO)[58] darauf hingewiesen, daß der Postkurierdienst künftig im Wettbewerb mit den in zahlreichen Städten bereits etablierten privaten Kurierdiensten stehe. Dieser Wettbewerb gelte künftig auch für die Übermittlung von Sendungen mit Nachrichtencharakter, für die der Deutschen Bundespost gemäß § 2 des Gesetzes über das Postwesen ein Beförderungsvorbehalt zustehe.

Der Bundesminister für das Post- und Fernmeldewesen hat weiter in diesem Zusammenhang darauf hingewiesen, daß die Deutsche Bundespost von ihrem Vorbehaltsrecht, das sich auf die einrichtungsmäßig und gegen Entgelt betriebene Beförderung von Sendungen mit schriftlichen Mitteilungen oder sonstigen Nachrichten von Person zu Person bezieht, keinen Gebrauch machen wird, wenn die privaten Kurierdienste eine Mindestpreisgrenze beachten, die pro Sendung beim Zehnfachen der Gebühr für einen gewöhnlichen Brief, d.h. bei einem Betrag von 10,- DM liegt[59]. Da diese Mindestpreisgrenze von 10,- DM - die im übrigen auch nach der jüngsten Tariferhöhung gegolten hat - Mehr-

[57] Amtsblatt des Bundesministers für das Post- und Fernmeldewesen Nr. 69 vom 29.06.1989. S. 1243.

[58] § 33a PostO i.d.F. des Artikels 1 Nr. 3 der Verordnung zur Änderung postbenutzungsrechtlicher Vorschriften vom 23.06.1989, BGBl. I S. 1158.

[59] Die Vfg. 632/1989 wurde materiell durch die Vfg. 6/1994 vom 12.01.1994 ersetzt, mit der den privaten Kurierdiensten in gleichem Umfang eine Allgemeingenehmigung (Befreiung) gemäß § 2 Abs. 4 PostG erteilt wurde, vgl. dazu unten III.4.

wertsteuer von z.Zt. 15 % einschloß, lag für den vorsteuerabzugsberechtigten Gewerbetreibenden letztendlich die Preisgrenze bei einem Beförderungspreis von 8,70 DM.

Die Verfügung des Bundesministers für das Post- und Fernmeldewesen beinhaltete objektiv einen Verzicht[60] der damaligen Deutschen Bundespost auf die Wahrnehmung ihrer ausschließlichen Rechte nach dem Beförderungsvorbehalt gegenüber den Kurierdiensten. Aus volkswirtschaftlicher Sicht ermöglichte dieser Verzicht die Bereitstellung von preisgünstigen, nachfrageorientierten Kurierdienstleistungen, die die Deutsche Bundespost zumindest zum damaligen Zeitpunkt nicht anbieten konnte. Regulierungspolitisch bedeutete diese Entscheidung eine beschränkte Marktöffnung im Monopolbereich, die den Bedürfnissen einer modernen Volkswirtschaft nach schnellen und zuverlässigen Transportdienstleistungen entsprach.

Darüber hinaus bleibt anzumerken, daß diese Marktöffnung in Verbindung mit einer Mindestpreisgrenze nur für national operierende Kurierdienste galt, d.h. für den innerstaatlichen Verkehr. Diese Marktöffnung war im Bereich der internationalen Kurierdienste bereits einige Jahre zuvor erfolgt. Auch für internationale Kuriersendungen hatte die Deutsche Bundespost lange auf ihrem Beförderungsvorbehalt bestanden[61]. Im Jahre 1985 führten Verhandlungen zwischen dem Bundesverband Internationaler Kurierdienste und dem Bundesministerium für das Post- und Fernmeldewesen zu dem Ergebnis, daß die Deutsche Bundespost ihren Monopolanspruch aus dem Beförderungsvorbehalt nicht auf den grenzüberschreitenden Verkehr bezieht, wenn die internationalen Kurierdienste im grenzüberschreitenden Verkehr die Beförderung durch Kuriere vornehmen, die die einzeln nachgewiesenen Sendungen auf dem Weg vom Absender zum Empfänger ständig begleiten und nötigenfalls über eine eigene Dispositionsbefugnis hinsichtlich Beförderungsweg und Beförderungsmittel verfügen[62]. Der Monopolanspruch wurde aber ausdrücklich nicht für die standardisierte posttypische Massenbeförderung aufgegeben.

Diese Einschränkung hat aber den großen wirtschaftlichen Erfolg der internationalen Express- und Kurierdienste nicht verhindert. Dieser ist vor allem mit einer veränderten Nachfrage nach schnellen und zuverlässigen Beförderungsleistungen zu erklären. Das durch die Postverwaltungen beförderte internationale Sendungsaufkommen wurde nur mit unzureichender Qualität, d.h. langen Laufzeiten und z.T. nicht mit ausreichender Zuverlässigkeit befördert. Demgegenüber betreiben internationale Kurierdienstunternehmen seit längerem u.a. Sendungsverfolgungssysteme, die eine jederzeitige Verfolgung der Sendung ermöglichen und darüber hinaus die Laufzeit beschleunigen.

[60] Eine Befreiung i.S. des § 2 Abs. 4 PostG war damit allerdings nicht verbunden.

[61] Vgl. Kaufer, E.: Bundespost und Internationale Kurierdienste: Zur Anatomie eines Marktes und eines Monopolanspruchs. WuW 1985, S. 375 ff.

[62] Kritisch zu dieser Übereinkunft der DBP bzw. des Bundesministers für das Post- und Fernmeldewesen mit dem Bundesverband Internationaler Kurierdienste Eidenmüller, A.: Postähnliche Einrichtungen privater Unternehmen. Über die Zulässigkeit internationaler Kurierdienste. Der Verwaltungswirt 1985 (5), S. 9 ff.

III.4. Die Möglichkeit der Befreiung vom Beförderungsvorbehalt nach § 2 Abs. 4 PostG

Das PostG hält die Möglichkeit einer behördlichen Ausnahmeregelung vom Beförderungsvorbehalt des § 2 Abs. 1 PostG bereit. Zunächst werden Inhalt und Praxis des in der bisherigen Fassung bis zum 31.12.1994 geltenden § 2 Abs. 4 PostG behandelt; am Ende dieses Abschnitts (III.4.) wird auf die erfolgten Rechtsänderungen im Rahmen der Postreform II hingewiesen: Gemäß § 2 Abs. 4 PostG (alt) waren der Bundesminister für Post und Telekommunikation oder die von ihm ermächtigten Behörden[63] befugt, im Einzelfalle eine Befreiung vom Beförderungsvorbehalt zu erteilen. Diese Befreiung konnte mit Bedingungen und Auflagen, insbesondere der Verpflichtung zur Entrichtung einer angemessenen einmaligen oder wiederkehrenden Ausfallgebühr verbunden werden (§ 2 Abs. 4 Satz 2 PostG). Entsprechend der Gesetzesbegründung eröffnete § 2 Abs. 4 PostG in den Fällen, in denen das Verbot des Absatzes 1 zu unerwünschten und unbilligen Ergebnissen führen müßte, die Möglichkeit, Befreiung vom Beförderungsvorbehalt zu erteilen[64]. Zweck dieser Bestimmung sollte es sein, Rationalisierungsmaßnahmen durch Einsatz technischer Anlagen, die als Einrichtungen im Sinne des Absatzes 1 angesehen werden könnten, nicht an dem Verbot des Absatzes 1 scheitern zu lassen[65]. Dem Grundgedanken des Beförderungsvorbehalts entsprechend, kamen für Ausnahmegenehmigungen nur solche Einrichtungen in Frage, die nicht der Allgemeinheit, sondern lediglich einem geschlossenen Kreis von Personen zugänglich waren[66].

Diese Ausnahmeregelung wurde im Schrifttum bisher eng ausgelegt und nur für besondere Ausnahmefälle, wie etwa Rohrpostanlagen in größeren Bürogebäuden für denkbar angesehen[67]. In diesem Zusammenhang wurde regelmäßig auf die Gesetzesbegründung verwiesen, wonach die Befreiung vom Beförderungsvorbehalt nur für solche Einrichtungen erteilt werden könne, die einem geschlossenen Benutzerkreis zur Verfügung stehen[68]. Ferner wurde die Auffassung vertreten, daß § 2 PostG den Wettbewerb auf einem Teilbereich des Beförderungswesens einschränkt, damit die Deutsche Bundespost ihrer umfassenden Betriebspflicht nachkommen kann. Infolgedessen sei es ausgeschlossen, daß postähnlichen Unternehmen, wie z.B. Speditionen, eine Befreiung erteilt werde[69].

Aufgrund der bisherigen restriktiven Auslegung des Beförderungsvorbehalts war seit Inkrafttreten des neuen Postgesetzes zum 01.01.1970 bis Ende 1993 keine einzige Befreiung nach § 2 Abs. 4 PostG erteilt worden.

---

[63] Der Bundesminister für Post und Telekommunikation hat bisher eine derartige Ermächtigung an andere Behörden nicht erteilt.

[64] Deutscher Bundestag, Drs. V/3295, S. 11.

[65] Vgl. ebenda, S. 12.

[66] Vgl. ebenda, S. 12.

[67] Altmannsperger, H.J.: Gesetz über das Postwesen, Kommentar, § 2 Rn. 49.

[68] Eidenmüller, A.: Post- und Fernmeldewesen, Kommentar, Frankfurt a.M., Stand Sept. 1986, PostVerwG, § 2 Anm. 7.

[69] Altmannsperger, H. J.: Gesetz über das Postwesen, Kommentar, § 2 Rn. 49; Eidenmüller, A.: Post- und Fernmeldewesen, Kommentar, Frankfurt a.M., Stand Sept. 1986, PostVerwG, § 2 Anm. 7.

Zu Beginn des Jahres 1994 erteilte der Bundesminister für Post und Telekommunikation mit der Amtsblattverfügung Vfg. 6/1994[70] gemäß § 2 Abs. 4 PostG eine Befreiung als Allgemeingenehmigung für das Errichten und Betreiben von Einrichtungen zur entgeltlichen Beförderung von schriftlichen Mitteilungen oder sonstigen Nachrichten von Person zu Person, wenn für die Beförderung eine Mindestpreisgrenze beachtet wird, die pro Sendung beim Zehnfachen des Entgelts für einen gewöhnlichen Brief, d.h. zur Zeit bei einem Betrag von DM 10,- einschließlich Mehrwertsteuer liegt.

Materiell entspricht diese Allgemeingenehmigung gemäß § 2 Abs. 4 PostG dem in der Verfügung 632/1989 erklärten Verzicht der damaligen Deutschen Bundespost auf Wahrnehmung ihrer ausschließlichen Rechte nach dem Beförderungsvorbehalt gegenüber den Kurierdiensten. Der Regelungsinhalt der Vfg. 632/1989 war jedoch an die nach dem Inkrafttreten der Gesetzesänderungen im Rahmen der Postreform des Jahres 1989 veränderte Aufgabentrennung (hoheitliche/regulatorische Aufgaben bzw. betrieblich/ unternehmerische Aufgaben) anzupassen[71]. Daneben war die Erteilung der Allgemeingenehmigung im Hinblick auf die Umsetzung von EG-Recht erforderlich. So erforderte insbesondere die jüngste Rechtsprechung des EuGH zu Art. 90 Abs. 2 EG-Vertrag in einem postrechtlichen Verfahren eine Marktöffnung für den Bereich der Kurierdienste[72].

Darüber hinaus wurden im Jahre 1993 beim BMPT mehrere Anträge aus der privaten Wirtschaft für Ausnahmegenehmigungen (Lizenzen) gemäß § 2 Abs. 4 PostG für den Bereich Massendrucksachen/Direct Mail gestellt. Zur Prüfung dieser Anträge und der damit verbundenen grundsätzlichen Problematik hat der BMPT im Juni 1993 eine Kommission eingesetzt, die kurzfristig die Möglichkeit einer solchen Marktöffnung untersucht hat. Nach eingehenden Diskussionen und Beratungen in den Jahren 1993 und 1994 wurde im Herbst 1994 von der Bundesregierung beschlossen, den Markt für Infopost (Massensendungen) zunächst oberhalb einer Gewichtsgrenze von 250 g für private Beförderer zu öffnen. Ab dem 01.01.1996 soll diese Gewichtsgrenze sodann auf 100 g reduziert werden.

Der BMPT hat Ende 1994 sog. Eckpunkte für die Lizenzierung der Beförderung von Massensendungen sowie eine Musterlizenz veröffentlicht[73]. Auf weitere Einzelheiten dieser Eckpunkte und der Mustserlizenz kann an dieser Stelle ebensowenig eingegangen werden, wie auf die vorangegangene rechtliche Kontroverse, ob die Öffnung des Beförderungsvorbehalts geboten bzw. erforderlich ist[74]. Nach Veröffentlichung der o.g. Eck-

[70] Amtsblatt des Bundesministeriums für Post und Telekommunikation, Nr. 1 vom 12.01.1994, S. 55 f.

[71] So die Begründung in der Vfg. 5/1994, Amtsblatt des Bundesministeriums für Post und Telekommunikation Nr. 1 vom 12.01.1994, S. 55 f.

[72] Vgl. hierzu ausführlich die Begründung in der o.g. Vfg. 5/1994 und unten V.3.

[73] Amtsblatt des Bundesministeriums für Post und Telekommunikation, Nr. 24 vom 07.12.1994, S. 964 ff.

[74] Vgl. hierzu eingehend die folgenden Beiträge, die u.a. die unterschiedlichen Standpunkte dieser rechtlichen Kontroverse widerspiegeln: Ossenbühl, F.: Zur rechtlichen Zulässigkeit der Beförderung der sog. Infopost durch private Unternehmer, Archiv PT 1993, S. 341 ff.; Basedow, J.: Europarechtliche Grenzen des Postmonopols - Zur Öffnung des Marktes für Massensendungen, EuZW 1994, S. 359 ff.; Everling, U.: Der Beförderungsvorbehalt der Post und das Gemeinschaftsrecht, EuR 1994, S. 386 ff.

punkte sind bis 31.03.1995 bereits 50 Lizenzen für die Beförderung von Massensendungen in der Bundesrepublik Deutschland erteilt worden[75].

Abschließend ist an dieser Stelle kurz auf die Novellierung des § 2 Abs. 5 bis 7 PostG seit dem 01.01.1995 einzugehen: Der jetzige Abs. 5 enthält materiell die frühere Befreiungsmöglichkeit des Absatzes 4. Der jetzige Abs. 6 enthält die Verordnungsermächtigung für den BMPT, der mit Beteiligung des Regulierungsrates für die Ausübung der Befugnisse nach Abs. 5 eine Rechtsverordnung erläßt betreffend

1. Entscheidungen über die beabsichtigte Öffnung von Märkten für Postdienstleistungen,

2. Regelungen zum Inhalt, Umfang und Verfahren der Befreiung.

In § 2 Abs. 7 PostG ist schließlich eine Ermächtigung zum Erlaß einer Gebührenverordnung für Befreiungen enthalten.

Es ist festzuhalten, daß § 2 PostG durch die Aufnahme dieser beiden Verordnungsermächtigungen einen wesentlich differenzierteren rechtlichen Gehalt erfahren hat. Da die beiden genannten Verordnungen bis Mitte 1995 noch nicht erlassen worden sind, bleibt die weitere Ausgestaltung jedoch noch abzuwarten.

III.5. Der Beförderungsvorbehalt im Postwesen für den grenzüberschreitenden Verkehr

In § 27 PostG sind weitere, klarstellende Regelungen enthalten, die für den grenzüberschreitenden Postverkehr gelten[76]. Danach gelten die Vorschriften des PostG - darunter auch der Beförderungsvorbehalt des § 2 PostG - für den Postverkehr mit Gebieten außerhalb des Geltungsbereichs des Grundgesetzes. Eine Einschränkung besteht jedoch insoweit, als sich aus den für diesen Verkehr bestehenden zwischenstaatlichen Verträgen und Abkommen und aus den zu ihrer Durchführung ergangenen Gesetzen und Verordnungen nicht etwas Abweichendes ergibt. Der Regelungsinhalt dieser Vorschrift ist im Rahmen des PTNeuOG weitgehend beibehalten worden.

In der Gesetzesbegründung zu dieser Vorschrift ist darauf hingewiesen, daß die zwischenstaatlichen Verträge und Abkommen, die gemäß Art. 59 GG in das innerstaatliche Recht übernommen werden, keine abschließende Kodifikation des zwischenstaatlichen Postverkehrs darstellen. So fehlen darin z.B. Bestimmungen über die Ein- und Auslieferung der für das Ausland bestimmten bzw. aus dem Ausland kommenden Sendungen und

[75] Amtsblatt des Bundesministeriums für Post und Telekommunikation, Nr. 8 vom 12.04.1995, S. 543 f.

[76] § 27 PostG lautete bis zum 31.12.1994 wie folgt: "Die Vorschriften dieses Gesetzes und der auf Grund des § 30 des Postverfassungsgesetzes vom 8. Juni 1989 (BGBl. I S. 1026) erlassenen Rechtsverordnungen sowie die von der Deutschen Bundespost POSTDIENST und der Deutschen Bundespost POSTBANK veröffentlichten Geschäftsbedingungen und Leistungsentgelte gelten auch für den Postverkehr mit Gebieten außerhalb des Geltungsbereichs des Grundgesetzes. Dies gilt nicht, soweit die für diesen Verkehr bestehenden Verträge und Abkommen und die zu ihrer Durchführung ergangenen Gesetze und Verordnungen eine andere Regelung treffen."

ebenso auch Vorschriften zur Regelung solcher Rechtsfragen, denen - wie etwa der Verpflichtung zur Wahrung des Postgeheimnisses oder der Festlegung etwaiger Beförderungsvorbehalte - vornehmlich eine innerstaatliche Bedeutung zukommt[77].

Demzufolge enthält die Satzung des Weltpostvereins eine Generalklausel für diese materiell-rechtliche Lücke bereit. Hierin ist festgelegt, daß "die Bestimmungen der Verträge des Vereins die Rechtsvorschriften des Mitgliedslandes insoweit unberührt lassen, als diese Verträge nicht ausdrücklich eine andere Regelung treffen" (Artikel 24 der Satzung des Weltpostvereins). Diese Generalklausel setzt daher implizit bestehende innerstaatliche Regelungen der einzelnen Vereinsländer voraus, die sich bereits nach nationalem Recht sowohl auf den rein postalischen Binnenverkehr als auch auf den grenzüberschreitenden Postverkehr erstrecken.

Eine entsprechende klarstellende Regelung[78] für den grenzüberschreitenden Postverkehr aus und nach Deutschland ist heute in § 27 PostG enthalten. Materiell-rechtlich bestimmt diese Regelung ausdrücklich, daß der nach § 2 PostG bestehende Beförderungsvorbehalt auch für den Postverkehr mit Gebieten außerhalb des Geltungsbereichs des Grundgesetzes gilt.

Schon an früherer Stelle (III.3.) wurde auf die Ausnahmeregelung hingewiesen, wonach der damalige Bundesminister für das Post- und Fernmeldewesen im Jahre 1985 festgelegt hatte, daß die Deutsche Bundespost ihren Monopolanspruch nicht auf den grenzüberschreitenden Verkehr bezieht, wenn die Sendungen durch Kuriere befördert werden.

Diese Regelung wurde ebenfalls Anfang 1994 durch eine gleichlautende Allgemeingenehmigung gemäß § 2 Abs. 4 PostG (Befreiung) des Bundesministeriums für Post und Telekommunikation ersetzt (Vfg. 42/1994)[79]. Sie bezieht sich auf den grenzüberschreitenden Verkehr, wenn die Beförderung durch Kuriere vorgenommen wird, die die einzeln nachgewiesenen Sendungen auf dem Weg vom Absender zum Empfänger ständig begleiten und nötigenfalls über eigene Dispositionsbefugnis hinsichtlich Beförderungsweg und Beförderungsmittel verfügen.

Es soll an dieser Stelle auch darauf hingewiesen werden, daß im Zusammenhang mit dem grenzüberschreitenden Postverkehr seit einigen Jahren die Zulässigkeit des sog. "Remailings" diskutiert wird. Die sog. "Remailer" sind international tätige Transportfirmen, die bisher vor allem im Gütertransport oder beim Erbringen von Kurierdienstleistungen tätig waren. Sie versuchen zunehmend, freie Transportkapazitäten durch die Beförderung von Massensendungen (Auslandsbriefe, Massendrucksachen) auszulasten. Auf die ökonomischen Hintergründe[80] und die rechtlich geführten Auseinandersetzungen zu diesem Thema kann hier nicht hinreichend eingegangen werden. Da das Remailing-

[77] Deutscher Bundestag. Drs. V/3295. S. 10.

[78] Vgl. ebenda. S. 27.

[79] Amtsblatt des Bundesministeriums für Post und Telekommunikation Nr. 4 vom 23.02.1994. S. 198.

[80] Vgl. Stumpf, U.: Remailing in the European Community: Economic Analysis of Alternative Regulatory Environments. Diskussionsbeiträge des Wissenschaftlichen Instituts für Kommunikationsdienste. Nr. 89. Bad Honnef 1992.

Problem nationalrechtliche (§ 2 PostG), gemeinschaftsrechtliche (Art. 85 und 86 i.V. mit Art. 90 EG-Vertrag) und völkerrechtliche (Art. 25 Weltpostvertrag) Problemstellungen aufweist, soll hierzu auf weiterführende Literatur verwiesen werden[81].

III.6. Der Schutz des Beförderungsvorbehalts im Postwesen durch das Ordnungswidrigkeitenrecht

Der rechtliche Schutz des Beförderungsvorbehalts ergibt sich aus § 25 Abs. 1 Nr. 1 PostG. Der Regelungsinhalt dieser Vorschrift ist im Rahmen des PTNeuOG beibehalten worden. Danach handelt ordnungswidrig, wer eine Einrichtung der in § 2 Abs. 1 PostG bezeichneten Art errichtet oder betreibt, ohne daß eine Befreiung vom Beförderungsvorbehalt erteilt ist. Die Ordnungswidrigkeit kann gemäß § 25 Abs. 2 PostG mit einer Geldbuße von bis zu 10000,- DM geahndet werden, das der Höhe nach den vom Täter aus der verbotenen Betätigung erzielten wirtschaftlichen Vorteil überwiegen soll (§ 17 Abs. 4 Satz 1 OWiG). In schwerwiegenden Fällen kann dieses Höchstmaß auch gemäß § 25 Abs. 2 PostG in Verbindung mit § 17 Abs. 4 Satz 2 OWiG überschritten werden[82]. Daneben kann ein Verstoß gegen den Beförderungsvorbehalt des § 2 PostG unter bestimmten Voraussetzungen einen Verstoß gegen den lauteren Wettbewerb, § 1 des Gesetzes gegen den unlauteren Wettbewerb, darstellen. Das wettbewerbsrechtliche Verfahren ist jedoch von dem Ordnungswidrigkeitenverfahren nach § 25 Abs. 1 Nr. 1 PostG unabhängig[83].

Die Zuständigkeit für die Verfolgung und Ahndung von Ordnungswidrigkeiten im Postbereich liegt gemäß § 25 Abs. 4 i.V. mit § 36 Abs. 1 Nr. 1 OWiG beim Bundesminister für Post und Telekommunikation, der allerdings gemäß § 25 Abs. 4 Satz 2 PostG i.V. mit § 36 Abs. 3 OWiG seine Zuständigkeit durch Rechtsverordnung, die nicht der Zustimmung des Bundesrates bedarf, auf eine andere Behörde oder sonstige Stelle übertragen kann. Eine solche Übertragung ist durch die "Verordnung zur Änderung der Verordnung über die Zuständigkeit für die Verfolgung und Ahndung von Ordnungswidrigkeiten nach § 25 des Gesetzes über das Postwesen" vom 23.12.1992[84] erfolgt. Danach wurde diese Zuständigkeit vom Bundesminister für Post und Telekommunikation übertragen an das Bundesamt für Post und Telekommunikation (BAPT), Mainz, eine dem Ministerium nachgeordnete Bundesoberbehörde.

Neben diesem Schutz durch das Ordnungswidrigkeitenrecht besitzt die Deutsche Bundespost POSTDIENST bzw. die Deutsche Post AG - wie von der Rechtsprechung jüngst

[81] Vgl. etwa Plagemann, J.: Die Deutsche Bundespost im Licht des Europäischen Gemeinschaftsrechts, in: Peter, J./Rhein, K.-U. (Hrsg.): Wirtschaft und Recht, 29. Tagung der wissenschaftlichen Mitarbeiter der Fachrichtung "Öffentliches Recht" 1989, Osnabrück 1989, S. 213 (239).

[82] Vgl. Müssig, P.: Zur Rechtsnatur des postrechtlichen Beförderungsvorbehaltes gemäß § 2 PostG, ArchivPF 1990, S. 23 (27).

[83] Vgl. insbesondere die auf § 1 UWG gestützte wettbewerbsrechtliche Unterlassungsklage der Deutschen Bundespost POSTDIENST gegen die Firma DHL Worldwide Express, die erstinstanzlich zugunsten der DBP POSTDIENST entschieden wurde (LG Köln, Urteil vom 19.01.1993 (31 O 323/92) - nicht rechtskräftig).

[84] BGBl. I S. 2494.

entschieden[85] - keine eigenständige Ermächtigungsgrundlage zum Erlaß einer Untersagungsverfügung, d.h. eines Verwaltungsaktes, gegen Unternehmen, die durch ihre Dienstleistungen gegen das Beförderungsmonopol der Deutschen Bundespost POSTDIENST bzw. der Deutschen Post AG verstoßen. Die Rechtsprechung verweist die Deutsche Bundespost POSTDIENST bzw. die Deutsche Post AG insoweit auf die Möglichkeit, Verstöße gegen den Beförderungsvorbehalt repressiv durch Verhängung eines Bußgeldes zu ahnden. Die Ausschöpfung dieser Möglichkeit stelle nach Ansicht des Gerichts ein wirksames Mittel zur Unterbindung der von der Bundespost beanstandeten Aktivitäten dar[86].

Die Formulierungen des Gerichts an dieser Stelle lassen darauf schließen, daß das OVG die Deutsche Bundespost POSTDIENST als zuständig für die Verfolgung und Ahndung von derartigen Verstößen erachtet hat. Diese Gleichsetzung entspricht jedoch - wie unter II.2. ausgeführt - nicht mehr der Aufgabentrennung nach dem PostStruktG in die hoheitliche Bundesverwaltung (Bundesministerium für Post und Telekommunikation bzw. BAPT) und für die unternehmerischen, betrieblichen Aufgaben das öffentliche Unternehmen Deutsche Bundespost POSTDIENST, ein Teilsondervermögen des Bundes. Infolgedessen ist die Deutsche Bundespost POSTDIENST nach dem PostStruktG gerade nicht mehr zur verwaltungsrechtlichen Verfolgung von Rechtsverstößen ihrer Mitwettbewerber befugt. Dies gilt auch für die heutige Deutsche Post AG nach Inkrafttreten der Postreform II. Diese hoheitliche Aufgabe liegt vielmehr beim BMPT bzw. wurde durch Rechtsverordnung an das BAPT weiterübertragen. Ebenso fehl geht das Gericht in der Bemerkung, daß ein im Zusammenhang mit § 25 Abs. 1 und 2 PostG verhängtes Bußgeld "zur Postkasse vereinnahmt wird"[87]. Eine derartige zusätzliche Finanzierung des Posthaushaltes aus Bußgeldern gegen Konkurrenten würde nach der Postreform des Jahres 1989 allgemein rechtsstaatlichen Grundsätzen widersprechen. Demzufolge fließen diese Bußgelder im Zusammenhang mit Verstößen gegen den Beförderungsvorbehalt heute[88] gemäß § 90 Abs. 2 Satz 1 OWiG in die Bundeskasse.

IV. Marktaufsicht im Postsektor - die Regulierungsbefugnisse des Bundesministeriums für Post und Telekommunikation

IV.1. Überblick

Seit der Neustrukturierung des Post- und Telekommunikationsmarktes durch die Postreform des Jahres 1989 werden die politisch-hoheitlichen Aufgaben vom Bundesministerium für Post und Telekommunikation (BMPT) wahrgenommen. Der Bundesminister für Post und Telekommunikation ist dem Parlament im Rahmen seiner Einwirkungsmöglichkeiten politisch verantwortlich für den Postmarkt. In diesem Zusammenhang fungierte er bisher in einer Doppelrolle:

[85] OVG NW. Urteil vom 26.02.1993 - 13 A 175/92 -. DVBl. 1993. S. 1321 ff. Das Urteil ist nicht rechtskräftig. Vgl. hierzu auch oben III. 1.

[86] OVG NW. Urteil vom 26.02.1993 - 13 A 175/92 -. DVBl. 1993. S. 1321 (1323).

[87] OVG NW. Urteil vom 26.02.1993 - 13 A 175/92 -. DVBl. 1993. S. 1321 (1323).

[88] Die frühere, noch in § 25 Abs. 5 PostG in der Fassung vom 28.07.1969 enthaltene Vereinnahmung der Bußgelder zur Postkasse sieht das Postgesetz in der Fassung vom 01.07.1989 nicht mehr vor.

1. als Regulierungsbehörde für den Postmarkt in Deutschland und regelte insbesondere den Umfang der ausschließlichen Rechte der Deutschen Bundespost POSTDIENST,

2. im Namen der Bundesrepublik Deutschland als Eigentümer der öffentlichen Unternehmen Deutsche Bundespost POSTDIENST, Deutsche Bundespost POSTBANK und Deutsche Bundespost TELEKOM und nahm die entsprechenden Kontroll- und Mitwirkungsrechte gegenüber den Unternehmen der Deutschen Bundespost wahr.

Grundsätzlich waren bei dieser Doppelfunktion des BMPT als Eigentümer und Regulierer Interessenkonflikte denkbar. Die Versagung einer Tariferhöhung im Rahmen der Preisregulierung hätte beispielsweise in der Regel zu Umsatz- und Gewinneinbußen bei der Deutschen Bundespost POSTDIENST geführt. Derartige Konfliktlagen waren jedoch im Rahmen der bisherigen Postverfassung vorgezeichnet. Wenngleich nach dem PTNeuOG die Gründung der Deutschen Post AG erfolgt ist, so ist die Doppelrolle der Regulierungsbehörde nicht absolut beseitigt. Allerdings dürften sich mögliche Interessenkonflikte strukturell bedingt deutlich vermindern.

Der BMPT verfügte nach dem PostVerfG aber auch heute noch nach dem PTRegG über eine Reihe von gesetzlich vorgegebenen, spezifischen Regulierungsinstrumenten gegenüber dem öffentlichen Unternehmen Deutsche Bundespost POSTDIENST bzw. der Deutschen Post AG als dem dominanten Anbieter im Postmarkt. Vergleichbare Regulierungsbefugnisse des BMPT gegenüber privaten Wettbewerbern der Bundespost bestehen weder nach dem Postgesetz noch nach dem Postverfassungsgesetz/ PTRegG. Die Marktaufsicht im Postmarkt erfolgt daher vor allem gegenüber dem öffentlichen Unternehmen Deutsche Bundespost POSTDIENST/ Deutsche Post AG. Insbesondere die im folgenden dargestellten Regulierungsinstrumente können im Rahmen der Marktaufsicht durch den BMPT formuliert und fortentwickelt werden.

IV.2. Marktzutrittsbeschränkungen und Schutz des Beförderungsvorbehalts

Bereits unter III.1.-III.6. wurden ausführlich die derzeit bestehenden Marktzutrittsbeschränkungen nach § 2 PostG für die entgeltliche Beförderung von schriftlichen Mitteilungen oder sonstigen Nachrichten von Person zu Person behandelt, für die der Deutschen Bundespost POSTDIENST/ Deutsche Post AG gesetzlich ein Monopol eingeräumt wurde. Dagegen bestehen im Frachtbereich, d.h. für die Beförderung von Paketen und Päckchen (Kleingut bis 31,5 kg), keine Marktzutrittsbeschränkungen. Eine administrative Marktöffnung im Rahmen von § 2 Abs. 1 PostG ist durch den BMPT ferner für Kurierdienstunternehmen erfolgt, sofern diese für die Beförderung einen Mindestpreis von 10,- DM pro Sendung beachten oder die Beförderung grenzüberschreitend erfolgt (vgl. oben III.3.). Die Folge der Marktzutrittsbeschränkungen ist allerdings der Schutz des Beförderungsvorbehalts durch eine entsprechende Ahndung von Verstößen - eine Aufgabe, die dem BMPT u.a. im Rahmen der Marktaufsicht obliegt (vgl. dazu oben III.6.).

IV.3. Erlaß von Rechtsverordnungen

Das PostVerfG ermächtigte die Bundesregierung zum Erlaß von drei verschiedenen Rechtsverordnungen, nämlich gemäß

- § 30 Abs. 1 PostVerfG zum Erlaß von Rahmenvorschriften für die Inanspruchnahme von Dienstleistungen der Deutschen Bundespost POSTDIENST zum Schutz der Kunden;

- § 30 Abs. 2 PostVerfG zum Erlaß von Vorschriften zum Datenschutz und

- § 25 Abs. 2 PostVerfG zur Bestimmung von Pflichtleistungen.

Die danach erlassenen Rechtsverordnungen gelten heute zunächst fort. Das PTRegG enthält vergleichbare Ermächtigungsgrundlagen in § 8 (Pflichtleistungen), § 9 (Verbraucherschutzverordnung), § 10 (Datenschutzverordnung).

Diese Rechtsverordnungen nach dem PostVerfG bzw. PTRegG werden zwar von der Bundesregierung, d.h. vom Bundeskabinett erlassen, der BMPT hat jedoch im Verordnungsgebungsverfahren die Federführung unter den Ressorts und entwickelt daher maßgeblich die Regulierung des Postmarktes. Ferner führt der BMPT beim Erlaß dieser Verordnungen die Anhörungen der Deutschen Bundespost POSTDIENST/ Deutsche Post AG durch und beteiligt den Infrastrukturrat/ Regulierungsrat.

IV.4. Festlegung von mittel- und langfristigen Unternehmenszielen

Das PostVerfG ermächtigte nach § 25 Abs. 1 PostVerfG den BMPT, die für die Entwicklung des Post- und Fernmeldewesens notwendigen und die zur Wahrung der Grundsätze der Politik der Bundesrepublik Deutschland bedeutsamen mittel- und langfristigen Ziele für die Deutsche Bundespost POSTDIENST festzulegen. Derartige politische Zielvorgaben sind für das öffentliche Unternehmen Deutsche Bundespost POSTDIENST bis Ende 1993 nicht erlassen worden.[89] Das PTRegG sieht eine vergleichbare Ermächtigung des BMPT gegenüber der Deutschen Post AG nicht mehr vor.

IV.5. Genehmigungsrechte

Die in § 28 Abs. 1 PostVerfG enthaltenen Genehmigungsrechte ermöglichten es dem BMPT bisher, in bestimmte betriebswirtschaftliche Entscheidungen der Deutschen Bundespost POSTDIENST einzugreifen. Nach dieser Bestimmung mußten Aufsichtsratsbeschlüsse der Deutschen Bundespost POSTDIENST nach § 23 Abs. 3 PostVerfG, wie z.B. die Feststellung des Wirtschaftsplans, die Festlegung des Jahresabschlusses, die

[89] Die "Politischen Zielvorgaben für die Deutsche Bundespost POSTDIENST" wurden als Verwaltungsvorschrift am 18.02.1994 erlassen, vgl. Amtsblatt des Bundesministeriums für Post und Telekommunikation Nr. 5, vom 09.03.1994, S. 239 f.

Entlastung des Vorstands, die Festlegung der Leistungsentgelte im Monopolbereich "Briefdienst" oder die Gründung von Tochtergesellschaften vom BMPT genehmigt werden. Der BMPT konnte entsprechend § 28 Abs. 1 Satz 2 PostVerfG die Genehmigung versagen, wenn ein Beschluß des Aufsichtsrats im Interesse der Bundesrepublik Deutschland nicht verantwortet werden konnte oder bei einem Beschluß des Aufsichtsrats die Bestimmungen dieses Gesetzes und der allgemeinen Rechtsvorschriften nicht beachtet wurden. Vergleichbare Genehmigungsrechte des BMPT bestehen nach dem PTRegG heute nur noch für Leistungsentgelte und entgeltrelevante Bestandteile der Allgemeinen Geschäftsbedingungen im Monopolbereich des Postwesens (§ 4 PTRegG). Diese Rechtsänderungen beruhen materiell auf der erfolgten Umwandlung der Deutschen Bundespost in Aktiengesellschaften.

IV.6. Widerspruchsrechte

In § 28 Abs. 2 PostVerfG war dem BMPT ein Widerspruchsrecht eingeräumt worden gegenüber Vorlagen des Vorstands über für die wirtschaftliche Entwicklung des Unternehmens wesentliche Leistungsentgelte für Pflichtleistungen. Dieses Widerspruchsrecht konnte nach entsprechender Beteiligung des Infrastrukturrates (§§ 34 und 35 PostVerfG) innerhalb von drei Monaten nach Eingang der Vorlage ausgeübt werden. Der BMPT hatte dabei das Benehmen mit dem Bundesminister für Wirtschaft herzustellen.

Da für den Postmarkt erst Anfang des Jahres 1994 Pflichtleistungen für die Deutsche Bundespost POSTDIENST festgelegt worden sind, ist das Widerspruchsrecht bisher noch nicht ausgeübt worden. Ein vergleichbares Widerspruchsrecht des BMPT ist heute in § 4 Abs. 3 PTRegG enthalten.

IV. 7. Festlegung von Maßnahmen zur Beseitigung von Wettbewerbsbeeinträchtigungen anderer Unternehmen

Soweit Beeinträchtigungen von Wettbewerbern der Deutschen Bundespost POSTDIENST durch eine anhaltende Kostenunterdeckung in Wettbewerbsbereichen der Deutschen Bundespost POSTDIENST ohne sachlich gerechtfertigten Grund festgestellt werden sollten, so war der BMPT gemäß § 37 Abs. 4 PostVerfG befugt, im Benehmen mit dem Bundesminister für Wirtschaft die erforderlichen Maßnahmen zur Beseitigung dieser Wettbewerbsbeeinträchtigungen zu treffen[90]. Eine vergleichbare Bestimmung ist heute in § 7 PTRegG enthalten.

IV.8. Preisregulierung

Auf die Preisregulierung ist bereits im Zusammenhang mit den Genehmigungsrechten des BMPT nach § 28 Abs. 1 i.V. mit § 23 Abs. 3 Nr. 4 PostVerfG hingewiesen worden.

---

[90] Vgl. kritisch zu der Regulierungsbefugnis nach § 37 Abs. 4 PostVerfG Bothe, M./ Kilian, W.: Rechtsfragen grenzüberschreitender Datenflüsse. S. 337 ff.

Danach unterlagen Beschlüsse des Aufsichtsrates über "die Leistungsentgelte im Briefdienst" (§ 23 Abs. 3 Nr. 4 PostVerfG) der Genehmigung durch den Bundesminister für Post und Telekommunikation (§ 28 Abs. 1 PostVerfG) bzw. im Falle der beabsichtigten Versagung der Genehmigung, der vorherigen Beschlußfassung durch den Infrastrukturrat (§ 34 Abs. 2 Nr. 1, § 35 PostVerfG).

Genehmigungspflichtig waren nach den genannten Bestimmungen "die Leistungsentgelte im Briefdienst" der Deutschen Bundespost POSTDIENST. Diese Regelung für den Postbereich unterschied sich von der Rechtslage im Telekommunikationsbereich dadurch, daß in § 23 Abs. 3 PostVerfG nicht auf "die Monopoldienstleistungen im Postbereich", sondern auf den "Briefdienst" Bezug genommen wurde. Hierdurch entstand eine gewisse Rechtsunsicherheit, da eine nähere Definition, welche Leistungen unter "Briefdienst" zu verstehen sind, im PostVerfG fehlte. Daher bedurfte es zur Antwort auf die Frage, welche konkreten Dienstleistungen im Postmarkt von der Preisregulierung bzw. vom Tarifgenehmigungsrecht des BMPT erfaßt waren, zunächst der Interpretation des in § 23 Abs. 3 PostVerfG erwähnten Begriffs "Briefdienst". Die praktische Bedeutung dieses Problems wurde bei der Zuordnung bestimmter Postdienstleistungen zum preisregulierten oder unregulierten Bereich deutlich, die über den Standardbrief hinausgingen, wie z.B. Infopost (Massendrucksachen), Warensendungen, Einschreibeentgelte, Päckchen etc.

Im Rahmen der Postreform II ist diese Abweichung insofern bereinigt worden, als das Genehmigungsrecht des BMPT in § 4 PTRegG nunmehr einheitlich auf die „Leistungsentgelte im Monopolbereich der Telekommunikation und des Postwesens" abstellt.

IV.9. Qualitätsregulierung

Bei Dienstleistungen, die durch den Wettbewerb beeinflußt werden, stellt sich die jeweilige Qualität aufgrund der bekannten Marktgesetze ein. Für den Monopolbereich der Deutschen Bundespost POSTDIENST/ Deutsche Post AG besteht daher grundsätzlich ein staatlicher Handlungsbedarf im Hinblick auf die Sicherstellung einer Dienstleistungsqualität, die den Wünschen der Kunden entspricht. Der BMPT als Regulierungsbehörde muß hierbei - ähnlich wie bei der Festlegung der Leistungsentgelte im Briefdienst (Monopolbereich) - eine Substitutionsfunktion für den Wettbewerb übernehmen.

Andererseits sind Qualität und Preis einer Dienstleistung eng voneinander abhängig. Im Zusammenhang mit der Regulierung der Monopoltarife erhält die Qualitätsregulierung eine besondere Bedeutung, da das öffentliche Unternehmen Deutsche Bundespost POSTDIENST/ Deutsche Post AG versuchen könnte, die Tarifregulierung im Monopolbereich durch eine Veränderung bei der Dienstleistungsqualität zu umgehen. Beispielsweise könnte theoretisch aus Anbietersicht eine versagte Genehmigung einer Tariferhöhung im Briefdienst durch eine Verschlechterung der Laufzeitqualität kompensiert werden.

Aus diesen Gründen bedarf es - parallel zur Regulierung der Monopoltarife - auch einer entsprechenden Qualitätsregulierung seitens der Regulierungsbehörde. Als eine Form der Qualitätsregulierung wurde in einem ersten Schritt vom BMPT in den vergangenen zwei Jahren ein Laufzeitmeßsystem entwickelt und eingeführt[91]. Hierdurch soll die Diskussion um die Leistungsfähigkeit der Deutschen Bundespost POSTDIENST/ Deutsche Post AG auf eine wissenschaftlich abgesicherte und damit objektive Grundlage gestellt werden.

IV.10. Allgemeine ministerielle Rechtsaufsicht

§ 27 PostVerfG enthielt die Befugnis des BMPT, die Rechtsaufsicht über die Organe der Deutschen Bundespost POSTDIENST durchzuführen. Die Rechtsaufsicht richtete sich auf die Bestimmungen des PostVerfG und die allgemeinen Rechtsvorschriften. Diese allgemeine, subsidiäre Kontrollbefugnis war auf die Kontrolle der Rechtmäßigkeit der Organe beschränkt, sie berechtigte jedoch nicht zur Beurteilung der Zweckmäßigkeit von Maßnahmen[92]. Darüber hinaus wurde § 27 PostVerfG auch als Ermächtigung des BMPT zu präventiven Weisungen angesehen[93], wozu beispielhaft auf die Festlegung von Grundsätzen zur unternehmensinternen Verrechnung hingewiesen werden soll[94].

Nach der erfolgten Privatisierung der Deutschen Bundespost im Rahmen des PTNeuOG steht dem BMPT die Rechtsaufsicht über die Deutsche Post AG nicht mehr zu. In § 3 PTRegG wurde jedoch eine komplementäre Rechtsvorschrift eingeführt, wonach der BMPT das Verhalten von Personen gemäß den Vorschriften des PTRegG und des PostG, soweit diesen ausschließliche Rechte gemäß § 2 Abs. 1 PostG zustehen, überwacht.

IV.11. Aufgaben des Bundesamtes für Post und Telekommunikation

Das Bundesamt für Post und Telekommunikation (BAPT) wurde am 01.06.1990 als eine dem Bundesministerium für Post und Telekommunikation nachgeordnete Bundesoberbehörde mit Sitz in Mainz eingerichtet[95]. Das BAPT nimmt vorwiegend hoheitliche Aufgaben im Bereich des Postmarktes wahr. Im Postsektor ist das BAPT insbesondere mit folgenden Aufgaben aus dem Bereich der Marktaufsicht unterstützend für das Bundesministerium für Post und Telekommunikation tätig:

---

[91] Vgl. Amtsblatt des Bundesministeriums für Post und Telekommunikation, Nr. 15 vom 21.07.1993, S. 347; ohne Verfasser: Postministerium läßt Brieflaufzeiten messen, Post Politische Information, Oktober '92, S. 6.

[92] Fangmann, H./ Scheurle, W. / Schwemmle, M. / Wehner, E.: Handbuch für Post und Telekommunikation, Poststrukturgesetz, Basiskommentar, Köln 1990, § 27 Rn. 6, 10.

[93] Ossenbühl, F.: Die Übertragung der Befugnis zur Ausübung der fernmelderechtlichen Ausschließlichkeitsrechte, ArchivPF 1991, S. 141 (156).

[94] Vgl. die Vfg. des BMPT 33/1991 "Grundsätze zur Schaffung chancengleicher Wettbewerbsbedingungen bei der Verrechnung unternehmensinterner und zwischenunternehmerischer Leistungen der drei DBP-Unternehmen", Amtsblatt des Bundesministers für Post und Telekommunikation, Nr. 13 vom 21.02.1991, S. 435.

[95] Amtsblatt des Bundesministers für Post und Telekommunikation, Nr. 49 vom 31.05.1990, S. 814.

- Beobachtung der Märkte für Post- und Postbankdienstleistungen hinsichtlich der Dienstleistungsangebote und der Regulierungspolitik im In- und Ausland;
- Zuständigkeit für die Verfolgung und Ahndung von Ordnungswidrigkeiten im Postbereich gemäß § 25 PostG;
- Entwicklung eines Laufzeitmeßsystems im Briefdienst.

V. Das Recht der Europäischen Union im Postmarkt

V.1. Dienstleistungsfreiheit - Art. 59 ff. EG-Vertrag

Die Rechtsvorschriften zur Dienstleistungsfreiheit des EG-Vertrages (Art. 59 ff.) verpflichten die Mitgliedstaaten unmittelbar zur Gleichbehandlung aller Angehörigen der Europäischen Union (EU). Sie verfolgen eine doppelte Zielrichtung: Zum einen gewährleisten sie die Dienstleistungsfreiheit von Ausländern im Inland, zum anderen bieten sie Inländern die Möglichkeit, im Ausland tätig zu werden (Prinzip der Inländerbehandlung). Die Dienstleistungsfreiheit erstreckt sich allein auf einen gleichberechtigten Zugang von Ausländern und Inländern zu den Erwerbstätigkeiten. Darüber hinaus werden von Art. 59 ff. EG-Vertrag diejenigen Dienstleistungen nicht erfaßt, die allein im Inland, d.h. nicht grenzüberschreitend, erbracht werden.

Nach herrschender Auffassung sind nationale Dienstleistungsmonopole mit den Vorschriften zur Dienstleistungsfreiheit vereinbar. Sowohl in der Rechtsprechung als auch im Schrifttum wird die Zulässigkeit nationaler Dienstleistungsmonopole anerkannt. Daher führen die Bestimmungen zur Dienstleistungsfreiheit nicht automatisch zur Unvereinbarkeit des deutschen Beförderungsvorbehalts gemäß § 2 Abs. 1 PostG bzw. des § 2 Abs. 1 i.V. mit § 27 PostG für die grenzüberschreitende Postbeförderung mit EG-Recht. Hierbei handelt es sich um Dienstleistungen, von denen Inländer wie Ausländer gleichermaßen ausgeschlossen werden können.

V.2. Wettbewerbsregeln - Art. 85 ff. EG-Vertrag

Unter den Wettbewerbsregeln des EG-Vertrages sind die Art. 85 (Verbot wettbewerbsbehindernder Vereinbarungen und abgestimmter Verhaltensweisen) und Art. 86 EG-Vertrag (Mißbrauch einer marktbeherrschenden Stellung) besonders hervorzuheben. Da gemäß Art. 90 Abs. 1 EG-Vertrag auch öffentliche Unternehmen mit einer gesetzlichen Monopolstellung den Vertragsbestimmungen unterliegen, finden die Wettbewerbsregeln auch auf die Deutsche Bundespost POSTDIENST Anwendung. Die EG-Kommission kann bei Verstößen gegebenenfalls gegen das betreffende öffentliche Unternehmen vorgehen - wenn der Verstoß unternehmerisches Verhalten betrifft - oder gegen den Mitgliedstaat - wenn der Verstoß auf gesetzlichen Vorgaben bzw. hoheitlichen Entscheidungen der Regulierungsbehörde beruht. Aus wettbewerbspolitischer Sicht wirkt die EG-Kommission damit quasi als Aufsichtsbehörde bei der Durchsetzung des EG-Vertrages.

V.3. Bestimmungen für öffentliche Unternehmen - Art. 90 Abs. 2 EG-Vertrag

Auf die Vorschrift des Art. 90 Abs. 1 EG-Vertrag, der die Mitgliedstaaten in bezug auf öffentliche Unternehmen, denen sie besondere oder ausschließliche Rechte gewähren, den Wettbewerbsregeln des Vertrages unterstellt, wurde bereits hingewiesen.

Daneben besteht mit Art. 90 Abs. 2 EG-Vertrag eine weitere, wesentliche Bestimmung im Hinblick auf öffentliche Unternehmen. Die Bestimmung lautet wie folgt: "Für Unternehmen, die mit Dienstleistungen von allgemeinem wirtschaftlichen Interesse betraut sind oder den Charakter eines Finanzmonopols haben, gelten die Vorschriften dieses Vertrags, insbesondere die Wettbewerbsregeln, soweit die Anwendung dieser Vorschriften nicht die Erfüllung der ihnen übertragenen besonderen Aufgabe rechtlich oder tatsächlich verhindert. Die Entwicklung des Handelsverkehrs darf nicht in einem Ausmaß beeinträchtigt werden, das dem Interesse der Gemeinschaft zuwiderläuft."

Durch die Anwendung der Wettbewerbsvorschriften des EG-Vertrages darf folglich die Erfüllung der dem öffentlichen Unternehmen "übertragenen besonderen Aufgaben" rechtlich oder tatsächlich nicht verhindert werden. Art. 90 Abs. 2 EG-Vertrag ist im Hinblick auf die Monopolisierung von Postdienstleistungen bzw. den Postmarkt in einem jüngeren Urteil des EuGH in der Rechtssache "Paul Corbeau" ausgelegt worden[96]. Die Argumentation des Gerichts soll hier ausführlicher behandelt werden. In dem genannten Streitfall war der Kaufmann Paul Corbeau, Lüttich, wegen eines Verstoßes gegen die belgischen Rechtsvorschriften über das Postmonopol angeklagt worden. Er erbrachte im Stadtgebiet von Lüttich und der näheren Umgebung Postdienstleistungen, indem er die Sendungen bei den Absendern einsammelte und verbindlich bis 12 Uhr des nächsten Tages zustellte. Die Sendungen für außerhalb dieses Gebiets wohnende Empfänger sammelte er ein und versandte sie anschließend auf dem Postwege. Die belgische Postverwaltung verklagte ihn wegen eines Verstoßes gegen die belgischen Vorschriften über das Postmonopol, wonach der Régie des Postes, einer juristischen Person des öffentlichen Rechts, das ausschließliche Recht verliehen ist, im gesamten Königreich Belgien alle Postsendungen zu sammeln, zu befördern und zu verteilen und bei einem Verstoß gegen dieses ausschließliche Recht strafrechtliche Sanktionen vorgesehen sind.

In dem Vorabentscheidungsverfahren hat der EuGH durch Auslegung der Art. 86 i.V. mit Art. 90 Abs. 1 und 2 EG-Vertrag u.a. entschieden, daß erstens die Mitgliedstaaten gemäß den Rechtsvorschriften des EG-Vertrages private Anbieter von speziellen Postdienstleistungen nur dann ausschließen dürfen, wenn durch ihren Marktzutritt die finanzielle Stabilität der normalen Postversorgung gefährdet würde, und daß zweitens die gewährten besonderen Rechte nicht umfangreicher sein dürfen, als dies im Interesse der besonderen Aufgabenstellung unbedingt erforderlich ist (Grundsatz der Verhältnismäßigkeit)[97].

[96] EuGH, Urteil vom 19.05.1993, (Rechtssache C-320/92: Paul Corbeau), EuZW 1993, S. 422 f.

[97] Vgl. EuGH, Urteil vom 19.05.1993, (Rechtssache C-320/92: Paul Corbeau), EuZW 1993, S. 422 f., 14. und 19. Erwägungsgrund.

In seinem Tenor stellte der EuGH fest: "Art. 90 EWGV läßt es nicht zu, daß eine Regelung eines Mitgliedstaats, die einer Organisation wie der Régie des Postes das ausschließliche Recht überträgt, Postsendungen zu sammeln, zu befördern und zu verteilen, es einem in diesem Staat niedergelassenen Wirtschaftsteilnehmer unter Androhung strafrechtlicher Sanktionen untersagt, spezifische, von der Dienstleistung von allgemeinem Interesse trennbare Leistungen anzubieten, die besonderen Bedürfnissen von Wirtschaftsteilnehmern entsprechen und bestimmte zusätzliche Leistungen verlangen, die der herkömmliche Postdienst nicht anbietet, sofern diese Dienstleistungen das wirtschaftliche Gleichgewicht der vom Inhaber des ausschließlichen Rechts übernommenen Dienstleistung von allgemeinem wirtschaftlichem Interesse nicht in Frage stellen. Es ist Sache des vorlegenden Gerichts zu prüfen, ob die Dienstleistungen, um die es in dem bei ihm anhängigen Rechtsstreit geht, diese Kriterien erfüllen."[98]

Im Ergebnis ist daher das vorliegende Urteil für die künftige Postpolitik so zu verstehen, daß das auf ein Monopol gestützte Dienstleistungsverbot eines Mitgliedstaates dann gegen das Gemeinschaftsrecht verstößt, wenn das Verbot sich unter Androhung von Sanktionen auf bestimmte Dienstleistungen erstreckt, die von den im allgemeinen wirtschaftlichen Interesse erbrachten Dienstleistungen abtrennbar sind und die besonderen Bedürfnissen entsprechen, weil sie z.B. vom herkömmlichen Monopoldienst nicht angeboten werden, und dadurch das wirtschaftliche Gleichgewicht des Monopolinhabers für die Erbringung der besonderen Aufgabe nicht in Frage gestellt wird. Es ist davon auszugehen, daß diese differenzierenden Erwägungen die folgenden Diskussionen um den Umfang ausschließlicher Rechte im Postmarkt bestimmen werden.

V.4. Sekundäres Gemeinschaftsrecht

Neben den Rechtsvorschriften des EG-Vertrages ist sekundäres Gemeinschaftsrecht, wie etwa Richtlinien oder Verordnungen, für den Postmarkt bis Mitte 1995 weder vom Rat noch von der Kommission der Europäischen Gemeinschaften erlassen worden.

V.5. Das Grünbuch über die Entwicklung des Binnenmarktes für Postdienste

Seit etwa 1989 befaßt sich die EG-Kommission mit der Entwicklung einer einheitlichen europäischen Postpolitik. Zur weiteren Politikgestaltung veröffentlichte die EG-Kommission im Juni 1992 ihre Vorschläge als "Grünbuch über die Entwicklung des Binnenmarktes für Postdienste"[99]. Es enthält eine Beschreibung des Postsektors, eine Zusammenfassung der Probleme und Herausforderungen, Lösungsmöglichkeiten und verschiedene Vorschläge für die zukünftige europaweite Postpolitik sowie den dafür benötigten ordnungspolitischen Rahmen. Die Vorschläge der EG-Kommission betreffen im einzelnen:

[98] EuGH. Urteil vom 19.05.1993. (Rechtssache C-320/92: Paul Corbeau). EuZW 1993. S. 422. Leitsatz.

[99] Grünbuch über die Entwicklung des Binnenmarktes für Postdienste. Mitteilung der Kommission KOM (91) 476 endg. vom 11. Juni 1992.

- Entwicklung der Definition der reservierten Dienste und des Universaldienstes,
- Festlegung des Universaldienstes,
- Gewährleistung der Vereinbarkeit anderer Verpflichtungen der Mitgliedstaaten mit den Rechten und der Politik der Gemeinschaft,
- Trennung von Aufsichts- und Betriebsfunktion,
- gleiche Zugangsbedingungen zum Universaldienst,
- Ausrichtung der Universaldienstgebühren an den Durchschnittskosten,
- Orientierung der Endvergütungen an den Zustellkosten,
- Festlegung von Qualitätsnormen für den Universaldienst und Überwachung ihrer Einhaltung.

Die Bundesregierung hat die Politikvorschläge der EG-Kommission für den Postmarkt aufgegriffen und im März 1993 dazu Stellung bezogen[100]. Die Bundesregierung sieht im EG-Grünbuch einen geeigneten Beitrag zur Schaffung eines europaweiten Postraumes. Dieser wird im europäischen Binnenmarkt den freien Austausch von Sendungen zu angemessenen Beförderungsqualitäten und zu allgemein tragbaren Preisen für die Bürger und die Wirtschaft Europas fördern.

Da die Einführung von Universaldiensten zur Erfüllung von Infrastrukturaufgaben mit entsprechenden finanziellen Verpflichtungen verbunden ist, hält die Bundesregierung auf absehbare Zeit einen reservierten Bereich mit ausschließlichen Rechten für notwendig. Der Umfang dieser ausschließlichen Rechte zur Erfüllung von Aufgaben von allgemeinem wirtschaftlichen Interesse im Sinne des Art. 90 Abs. 2 EG-Vertrag soll nach dem Verhältnismäßigkeitsprinzip eingegrenzt werden.

Es bleibt abzuwarten, inwieweit die baldige Festlegung des reservierten Bereichs und des Universaldienstes durch die Organe der EU zu einer Liberalisierung des deutschen Postmarktes führen wird und eine Umgestaltung des deutschen Beförderungsvorbehalts sowie der Regulierungsformen der heutigen Deutschen Post AG im Hinblick auf EG-rechtliche Vorgaben erforderlich macht.

VI. Rechtspolitischer Ausblick

Eine zusammenfassende Würdigung des bis hierhin diskutierten komplexen rechtlich-institutionellen Rahmens des Postmarktes ist kaum möglich. Immerhin ist deutlich geworden, inwieweit sich die Regulierungsbefugnisse des Bundesministeriums für Post und Telekommunikation auf die einschneidende Frage nach der Regulierung des Marktzutritts im Postsektor (Beförderungsvorbehalt) und vor allem auf die Regulierung des dominanten Anbieters Deutsche Bundespost POSTDIENST/ Deutsche Post AG richten.

Für die weitere ordnungspolitische Diskussion über die rechtliche Seite des Postmarktes ist zu erwarten, daß sie sich überwiegend auf drei - freilich eng zusammenhängende -

[100] Stellungnahme der Bundesregierung zum Grünbuch der Kommission der Europäischen Gemeinschaften über die Entwicklung des Binnenmarktes für Postdienste, in: Amtsblatt des Bundesministeriums für Post und Telekommunikation Nr. 14 vom 07.07.1993, S. 307 ff.

Themenkreise richten wird und diese zum Ansatz für eventuell weitere Marktöffnungen werden:

1. Die Verfassungsinterpretation des Art. 87f Abs. 1 und 2 GG wird eine entscheidende Rolle spielen im Hinblick auf die Gewährleistungsaufgabe des Bundes sowie auf die Miteinbeziehung aller Unternehmen des Postmarktes in den Verfassungsauftrag des Bundes;

2. Ob und in welchem Umfang wird der BMPT von der Ermächtigung des § 2 Abs. 4 PostG (neu) Gebrauch machen, Änderungen an Inhalt und Umfang der Rechte des Beförderungsvorbehalts mit Beteiligung des Regulierungsrates zu bestimmen?;

3. Ob und in welchem Umfang wird der BMPT durch eine Rechtsverordnung gemäß § 2 Abs. 6 PostG (neu) mit Beteiligung des Regulierungsrates für die Befreiung nach § 2 Abs. 5 PostG (neu) 1. Entscheidungen über die beabsichtigte Öffnung von Märkten für Postdienstleistungen und 2. Regelungen zu Inhalt, Umfang und Verfahren der Befreiung erlassen, und wie wird der zu erlassende Gebührenrahmen gemäß § 2 Abs. 7 PostG (neu) aussehen?

Literaturverzeichnis

Altmannsperger, H. J.: Gesetz über das Postwesen. Kommentar. Heidelberg 1988.

Altmannsperger, H. J.: Postrecht Entscheidungen. Heidelberg 1991.

Aukes, H. A./ Berndt, W./ Tenzer, G.: Die neue Telekommunikationspolitik in der Bundesrepublik Deutschland - Grundsätze und Perspektiven. Jahrbuch der Deutschen Bundespost 1990, S. 68 ff.

Basedow, J.: Europarechtliche Grenzen des Postmonopols - Zur Öffnung des Marktes für Massensendungen. EuZW 1994, S. 359 ff.

Berger, H.: Zwischen Postreform I und Postreform II. ZögU, 1993 (1), S. 80 ff.

Bothe, M./ Kilian, W.: Rechtsfragen grenzüberschreitender Datenflüsse. Köln 1992.

Bundesminister für das Post- und Fernmeldewesen (Hrsg.): Reform des Post- und Fernmeldewesens in der Bundesrepublik Deutschland. Konzeption der Bundesregierung zur Neuordnung des Telekommunikationsmarktes. Heidelberg 1988.

Bundesminister für Post und Telekommunikation (Hrsg.): Reform des Post- und Fernmeldewesens. Gesetz zur Neustrukturierung des Post- und Fernmeldewesens und der Deutschen Bundespost. Text und Einführung. Heidelberg 1989, S. 7 ff.

Eidenmüller, A.: Post- und Fernmeldewesen. Kommentar. Frankfurt a.M., Stand: Sept. 1986.

Eidenmüller, A.: Postähnliche Einrichtungen privater Unternehmen. Über die Zulässigkeit internationaler Kurierdienste, in: Der Verwaltungswirt 1985 (5), S. 7 ff.

Everling, U.: Der Beförderungsvorbehalt der Post und das Gemeinschaftsrecht. EuR 1994, S. 386 ff.

Fangmann, H./ Scheurle, W./ Schwemmle, M./ Wehner, E.: Handbuch für Post und Telekommunikation. Poststrukturgesetz. Basiskommentar. Köln 1990.

Kaufer, E.: Bundespost und Internationale Kurierdienste: Zur Anatomie eines Marktes und eines Monopolanspruchs. WuW 1985, S. 373 ff.

Müller-Using, D.: Nochmals: Zu den verfassungsrechtlichen Aspekten der Postreform II. Archiv PT 1995, S. 46 f.

Müssig, P.: Zur Rechtsnatur des postrechtlichen Beförderungsvorbehaltes gemäß § 2 PostG. ArchivPF 1990, S. 23 ff.

ohne Verfasser: Postreform II. Gesetz zur Änderung des Grundgesetzes. Gesetz zur Neuordnung des Postwesens und der Telekommunikation . Text und Einführung. Heidelberg 1994.

ohne Verfasser: Postministerium läßt Brieflaufzeiten messen. Post Politische Information, Oktober '92, S. 6.

Ohnheiser, F.: Postrecht, 4. Aufl., Heidelberg 1984.
Ossenbühl, F.: Die Übertragung der Befugnis zur Ausübung der fernmelderechtlichen Ausschließlichkeitsrechte, ArchivPF 1991, S. 141 ff.
Ossenbühl, F.: Zur rechtlichen Zulässigkeit der Beförderung der sog. Infopost durch private Unternehmer, Archiv PT 1993, S. 341 ff.
Plagemann, J.: Ansätze zu einer Konkretisierung der gemeinwirtschaftlichen Auflagen der Deutschen Bundespost, ZögU 1988, S. 383 ff., 1989, S. 155 ff.
Plagemann, J.: Die Deutsche Bundespost im Licht des Europäischen Gemeinschaftsrechts, in: Peter , J./ Rhein, K.-U. (Hrsg.): Wirtschaft und Recht, 29. Tagung der wissenschaftlichen Mitarbeiter der Fachrichtung "Öffentliches Recht" 1989, Osnabrück 1989, S. 213 ff.
Roßnagel, A./ Wedde, P.: Die Reform der Deutschen Bundespost im Licht des Demokratieprinzips, DVBl. 1988, S. 562 ff.
Rottmann, M.: Zu den verfassungsrechtlichen Aspekten der Postreform II, Archiv PT 1994, S. 193 ff.
Statz, K.-P.: Die Beitreibung privatrechtlicher Entgeltforderungen der Deutschen Bundespost TELEKOM, DÖV 1990, S. 241 ff.
Stumpf, U.: Remailing in the European Community: Economic Analysis of Alternative Regulatory Environments, Diskussionsbeiträge des Wissenschaftlichen Instituts für Kommunikationsdienste, Nr. 89, Bad Honnef 1992.

Teil 2: Marktergebnisse auf regulierten und unregulierten Postmärkten

Marktversagen im unregulierten Postmarkt? (Braubach)

I. Einleitung
II. Die Theorie des natürlichen Monopols
II.1. Die Subadditivität der Kostenfunktion
II.2. Die Stabilität des natürlichen Monopols
II.3. Die Theorie der Contestable Markets
III. Wettbewerbspolitische Schlußfolgerungen
III.1. Regulierung des Postmarktes wegen eines natürlichen Monopols?
III.1.1. Zur Kostenstruktur im Briefdienst
III.1.2. Die Frage des Marktzutritts im Briefdienst
III.2. Regulierung des Postmarktes zum Zweck der internen Subventionierung?
IV. Schlußbetrachtungen

Marktversagen im unregulierten Postmarkt?*

Ulla Braubach**

I. Einleitung

Das Postwesen ist traditionell in fast allen Ländern der Welt ein regulierter Bereich. Die nationalen Postverwaltungen bzw. -unternehmen verfügen in ihren Einzugsgebieten über das Monopol der Briefbeförderung und sind bei ihren übrigen Dienstleistungsangeboten ebenfalls staatlichen Regulierungsvorschriften unterworfen. Auf dem Teilmarkt der Briefdienstleistungen ist der direkte Wettbewerb mit dem staatlichen Anbieter fast vollständig unterbunden; in den übrigen Marktsegmenten des Postmarktes ist der Wettbewerb zwischen dem nationalen und den anderen Anbietern durch die Regulierungseingriffe des Staates verzerrt.

Diese Regulierung der Postdienste ist in der Marktwirtschaft bereits ein hinreichender Grund für eine ordnungspolitische Untersuchung auf diesem Gebiet; die Marktform des Monopols und staatliche Markteingriffe unterliegen in einem marktwirtschaftlichen Ordnungssystem grundsätzlich einem permanenten Rechtfertigungszwang. Einen wesentlichen Anstoß zur Auseinandersetzung mit der Regulierung im Postwesen gibt auch der EU-Binnenmarkt und der von ihm ausgehende Druck zur Liberalisierung und Harmonisierung des internationalen europäischen Wettbewerbs und der Wettbewerbsbedingungen. Durch den Schutz der nationalen Postverwaltungen wird der Wettbewerb auf dem internationalen und den nationalen Postmärkten verzerrt. Gerade die internationalen Verkehre und der europäische Gesamtmarkt für den Informations- und Güteraustausch bergen ein enormes Wachstumspotential, das durch die gegenwärtige Marktstruktur im Postwesen behindert wird.

Es stellt sich mithin die Frage, ob die Monopolregulierung des Postwesens grundsätzlich gerechtfertigt ist, oder ob alternative, marktnähere Lösungen besser geeignet sind, ein optimales Marktergebnis hervorzubringen.

Der vorliegende Beitrag befaßt sich mit dem ersten Teil der Fragestellung, es wird untersucht, ob Marktversagen auf dem Postmarkt vorliegt und eine Einschränkung des Wettbewerbs durch Regulierung erforderlich ist. Es gilt zu überprüfen, inwieweit die ökonomisch begründeten Regulierungsargumente für das Postwesen zutreffend oder haltbar sind und ob ggf. zusätzliche, politisch motivierte Regulierungsziele der Regulierung des Postmarktes in ihrer jetzigen Form bedürfen.

* Dieser Beitrag gibt aktualisierte Teilergebnisse einer Untersuchung über die Postdienste wieder. vgl. Braubach. U.: Deregulierung der Postdienste. Köln 1992.

** Mannesmann Eurokom GmbH. Düsseldorf. Der Beitrag gibt die persönliche Auffassung der Autorin wieder.

II. Die Theorie des natürlichen Monopols

Die Regulierung beruft sich auf die neoklassische Theorie des Marktversagens. Der Markt führt danach im Falle eines natürlichen Monopols, bei ruinöser Konkurrenz und sofern externe Effekte gegeben sind, nicht zum optimalen Ergebnis im Sinne allokativer Effizienz. Ebenso wie bei den anderen öffentlichen Versorgungs-, Transport- und Kommunikationsunternehmen im Bereich der Elektrizitätswirtschaft, der Eisenbahn und der Telekommunikation geht es auch im Postsektor im wesentlichen um die Frage, ob ein natürliches Monopol vorliegt.[1] Aussagen zur Marktstruktur im Postwesen ist daher eine Untersuchung voranzustellen, die in allgemeiner und theoretischer Form die Voraussetzungen für das Vorliegen eines natürlichen Monopols und einen daraus eventuell ableitbaren Regulierungsbedarf überprüft[2].

II.1. Die Subadditivität der Kostenfunktion

Ein natürliches Monopol liegt vor, wenn die Versorgung der gesamten Marktnachfrage - bei gegebener Technologie - am kostengünstigsten durch einen einzigen Anbieter erfolgt. Ein Angebot von zwei oder mehr Unternehmen würde zu insgesamt höheren Kosten und damit zu Ressourcenvergeudung und einer Reduzierung der gesellschaftlichen Wohlfahrt führen. Die entsprechende Kostenfunktion eines natürlichen Monopolisten ist subadditiv für den betrachteten Output; d. h. eine andere Aufteilung der Gesamtkosten bedeutet unweigerlich eine Erhöhung derselben. Ein solcher Kostenverlauf kann durch das Vorliegen von Größenvorteilen (economies of scale) und/oder Verbundvorteilen (economies of scope) begründet sein.

Abbildung 1: Das traditionelle natürliche Monopol[3]

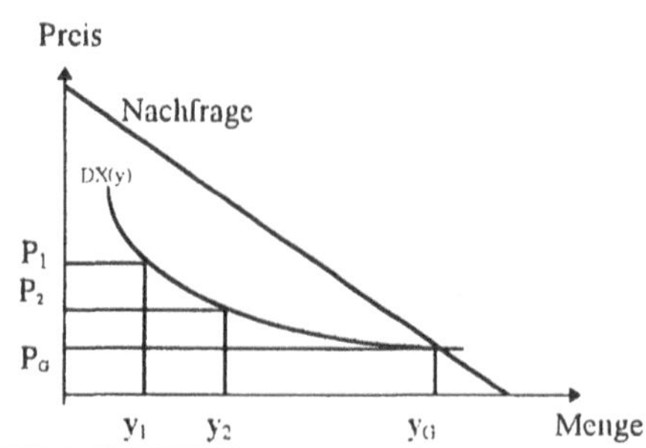

[1] Vgl. z. B. Herrmann, E.: Die Deutsche Bundespost. Baden-Baden 1986, S. 184.

[2] Die Erläuterung der Hauptargumente wird mit einigen Hinweisen auf die zahlreiche zu diesem Thema vorliegende Literatur versehen. Einen historischen Überblick über die Theorie des natürlichen Monopols gibt Sharkey, W.: The Theory of Natural Monopoly. Cambridge, Mass. 1982, S. 13 ff.

[3] Braeutigam, R.R.: Optimal Policies for Natural Monopolies, in: Schmalensee, R./ Willig, R.D. (Hrsg.): Handbook of Industrial Organization, Vol. 2, Amsterdam 1989, S. 1293, Figure 23.1.

Im Falle eines Einproduktunternehmens sind Größenvorteile in Form ständig sinkender Durchschnittskosten über die gesamte, zur Versorgung des Marktes notwendige Menge hinweg eine hinreichende aber keine notwendige Bedingung für die Subadditivität der Kostenfunktion bzw. die Existenz eines natürlichen Monopols. In Abbildung 1 weist die Durchschnittskostenfunktion DX(y) einen derartigen Verlauf auf.

Eine weitere, ebenfalls hinreichende Bedingung für Subadditivität ist bei fallenden Grenzkosten, also einem konkaven Verlauf der Kostenfunktion erfüllt. Ein natürliches Monopol kann jedoch nicht mit einem derartigen Kostenverlauf gleichgesetzt werden; vielmehr ist Subadditivität durchaus mit ständig steigenden Grenzkosten und auch mit teilweise, bei einigen Output-Niveaus steigenden Durchschnittskosten vereinbar. In Abbildung 2 ist ein Anstieg der Durchschnittskostenkurve DX(y) ab dem Outputniveau y^1 gegeben.

Abbildung 2: Subadditivität ohne globale Größenvorteile[4]

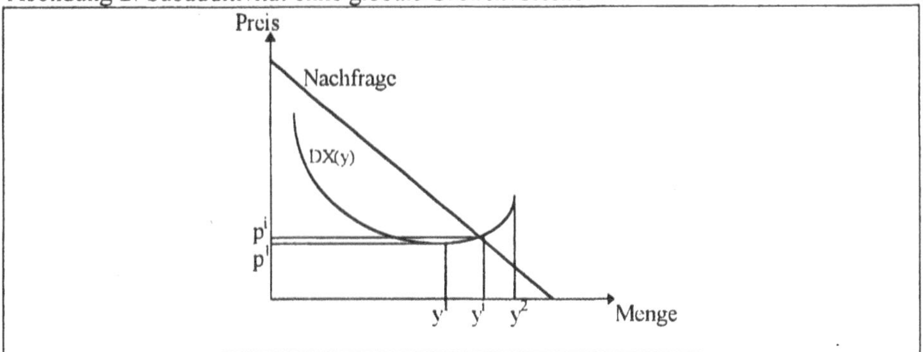

Notwendige Bedingung für die Subadditivität der Kostenfunktion ist, daß bei jedem Output-Niveau die Durchschnittskosten ganzzahliger Vielfacher des Outputs geringer als die Durchschnittskosten des betrachteten Outputs sind. Formal bedeutet dies, daß die Ungleichung

$$C(kq) < kC(q) \quad \text{mit } k = 1,2,\dots..$$

erfüllt sein muß, wobei C die Kostenfunktion und q den Output bezeichnet[5].

Im weitaus realistischeren und auch für die Post zutreffenden Fall eines Mehrproduktunternehmens sind ständig sinkende Durchschnittskosten infolge von Größenvorteilen

[4] Ebenda. S. 1295. Figure 23.2.

[5] Sharkey. W.: The Theory of Natural Monopoly. a.a.O.. S. 60. Für eine ausführliche Darstellung der Subadditivität der Kosten sowohl im Einprodukt- als auch im Mehrproduktfall vgl. darüber hinaus Sharkey, W.: The Theory of Natural Monopoly. a.a.O., Kapitel 4 und Baumol, W.J./ Panzar, J.C./ Willig, R.D.: Contestable Markets and the Theory of Industry Structure, New York 1982, S. 17 und Kapitel 7.

nicht hinreichend für den Nachweis eines natürlichen Monopols[6], sie sind jedoch wie im Einproduktfall auch keine notwendige Bedingung[7]. Wesentlich für die Kostenstruktur eines Mehrproduktunternehmens sind Verbundvorteile, d.h. Kostenvorteile der gemeinsamen Produktion verschiedener Güter oder Dienstleistungen in einem Unternehmen[8].

Subadditivität im Mehrproduktfall ist an economies of scope als notwendige Bedingung geknüpft, ansonsten könnte das Unternehmen ohne eine Erhöhung der Gesamtkosten in mehrere, auf die Produktion jeweils eines Gutes spezialisierte Unternehmen aufgespalten werden. Das Vorliegen von Verbundvorteilen ist jedoch sowohl alleine als auch bei gleichzeitig vorliegenden Größenvorteilen keine hinreichende Bedingung für Subadditivität [9]. Es gibt im Mehrproduktfall keine klare, eindeutige Charakterisierung der Subadditivität durch andere Kostenkonzepte. Es lassen sich nur hinreichende, aber nicht notwendige Bedingungskonstellationen für diesen Fall finden.

Allein für die statische, partialanalytische Effizienzbetrachtung auf dem relevanten Markt, d.h. bei gegebener Technologie und gegebener Nachfrage, kann eine empirische Überprüfung der Subadditivität einer Kostenfunktion Hinweise über die Existenz eines natürlichen Monopols geben[10]. Bereits für diese Aufgabenstellung liegt jedoch kein allgemein anerkannter und verläßlicher Test vor[11], so daß die empirische Falsifizierbarkeit bzw. der empirische Nachweis eines natürlichen Monopols besonders im Mehrproduktfall als nahezu undurchführbar angesehen werden muß.

---

[6] Vgl. z.B. Panzar, J. C./ Willig, R. D.: Economics of Scale in Multi-Output Production, in: Quarterly Journal of Economics, Vol. 91, 1977, S. 483 Fn 6; Sharkey, W.: The Theory of Natural Monopoly, a.a.O., S. 63 ff., Windisch, R.: Privatisierung natürlicher Monopole: Theoretische Grundlage und Kriterien, in: Windisch, R. (Hrsg.): Privatisierung natürlicher Monopole im Bereich von Bahn, Post und Telekommunikation, Tübingen 1987, S. 47 f.

[7] Vgl. Baumol, W.J.: On the Proper Cost Tests for Natural Monopoly in a Multiproduct Industry, in: American Economic Review, Vol. 67, 1977, S. 813 f.

[8] Vorteile der Verbundproduktion entstehen im Zusammenhang mit der gemeinsamen optimalen Nutzung von Inputfaktoren bzw. Kapazitäten durch die Produkte. Beispiele für Verbundvorteile sind unter anderem im Schalterbereich der Post, bei der Bahn in der Beförderung von Fracht und Passagieren und in der Elektrizitätswirtschaft bei Spitzen- und Schwachlast zu sehen. Zum Konzept der Verbundvorteile vgl. Panzar, J.C./ Willig, R.D.: Economics of Scope, in: American Economic Review, Papers and Proceedings, Vol. 71, 1981, S. 268-272.

[9] Vgl. Baumol, W. J./ Panzar, J. C./ Willig, R. D.: Contestable Markets and the Theory of Industry Structure, a.a.O., S. 173 f. Die Autoren zeigen einige Kostenfunktionen bzw. Komplementaritätsanforderungen auf, die hinreichende, jedoch nicht notwendige Voraussetzungen der Subadditivität sind. Intuitiv leicht zugänglich ist beispielsweise der - auch für die Beständigkeit eines natürlichen Monopols entscheidende - Fall sinkender durchschnittlicher Zusatzkosten für jedes einzelne Produkt bis zum Output y bei gleichzeitig vorliegenden Verbundvorteilen in y, der Subadditivität beinhaltet, vgl. ebenda, S. 176 f.

[10] Auflistungen empirischer Arbeiten auf diesem Gebiet finden sich bei Krakowski, M.: Theoretische Grundlagen der Regulierung, in: Krakowski, M. (Hrsg.): Regulierung in der Bundesrepublik Deutschland, Hamburg 1988, S. 39 und bei Kruse, J.: Ökonomie der Monopolregulierung, Göttingen 1985, S. 33.

[11] Vgl. auch Windisch, R.: Privatisierung natürlicher Monopole: Theoretische Grundlage und Kriterien, a.a.O., S. 52 f.; Kruse, J.: Ökonomie der Monopolregulierung, a.a.O., S. 24; Krakowski, M.: Theoretische Grundlagen der Regulierung, a.a.O., S. 33 f.

Neben den Schwierigkeiten der sachlichen, räumlichen und zeitlichen Abgrenzung des Marktes sowie der Kenntnis der vollständigen Kostenfunktion vom Ursprung bis zum betrachteten Output ergeben sich die größten Probleme bezüglich des Einflusses von Nachfrageänderungen und technologischem Wandel auf die Kostenstruktur[12]. Veränderungen der Nachfrage oder des technischen Fortschritts können - infolge der Outputmengenvariation oder durch direkte Veränderung einzelner Kostenelemente - die Kostenstruktur insgesamt derart verändern, daß in der Vergangenheit bestandene natürliche Monopole vollständig oder in Teilsegmenten, wie etwa einzelnen Produktionsstufen, aufgehoben bzw. dem Wettbewerb zugänglich gemacht werden. Nur eine derartige dynamische Betrachtung, die darüber hinaus auch für den Mehrproduktfall angestellt werden müßte, wäre von praktischer Relevanz. Die für die Regulierungsinstanz oder Wettbewerbspolitik entscheidende Frage nach der Existenz eines natürlichen Monopols im betrachteten Fall kann daher nie mit Sicherheit beantwortet werden.

Die mangelnde Überprüfbarkeit des Kostenverlaufs bedeutet an dieser Stelle jedoch noch keinen ergebnislosen Abbruch der theoretischen Überlegungen zum natürlichen Monopol. In der traditionellen Betrachtungsweise des natürlichen Monopols stellt die Subadditivität der Kosten bereits eine ausreichende Rechtfertigung für staatliche Regulierung dar[13]. Aus der Kostenstruktur bzw. der daraus folgenden Marktstruktur des Angebotsmonopols wurde auf monopolistisches Verhalten, insbesondere Monopolpreisbildung geschlossen. Eine Preis- oder Mengenregulierung erschien also notwendig, um ein solches Marktergebnis zu verhindern bzw. um die statischen Wohlfahrtsgewinne des natürlichen Monopols zu realisieren.

Demsetz hat als einer der ersten diese Argumentationskette als nicht schlüssig und den Zusammenhang zwischen Konzentration und monopolistischem Preis- oder Mengenverhalten als nicht zwingend kritisiert. Er zeigt, daß das Vorliegen eines natürlichen Monopols keinen vollständigen Wettbewerbsausschluß bedeutet, sondern vielmehr mit potentieller Konkurrenz in Form eines Ausschreibungswettbewerbs oder Konkurrenz um den Markt statt im Markt vereinbar ist[14]. Monopolistisches Verhalten wird also auch in diesem Fall durch Wettbewerbsdruck verhindert. Die Theorie des natürlichen Monopols muß mithin über die Überlegungen zur Subadditivität hinaus erweitert werden.

---

[12] Vgl. Baumol, W.J.: On the Proper Cost Tests for Natural Monopoly in a Multiproduct Industry, a.a.O., S. 815 f. Bei dynamischer Betrachtung müssen zusätzlich die Kosten bei darüberliegenden Outputmengen ermittelt werden. Nur bei einem permanenten natürlichen Monopol stellt sich dieses Problem nicht. Die Subadditivität der Kostenfunktion gilt dann für jedes Nachfrageniveau, man spricht in diesem Zusammenhang von globaler Subadditivität im Gegensatz zu temporärer Subadditivität, die lediglich temporäre natürliche Monopole begründet, vgl. Krakowski, M.: Theoretische Grundlagen der Regulierung, a.a.O., S. 30.

[13] Ursprünglich wurde irrtümlicherweise ein natürliches Monopol mit abnehmenden Grenz- oder gar Durchschnittskosten (wie etwa in Abb. 1) gleichgesetzt.

[14] Vgl. Demsetz, H.: Why regulate Utilities?, in: Journal of Law and Economics, Vol. 11, 1968, S. 55-65.

Unterstellt man nun die Subadditivität der Kostenfunktion bezüglich des Outputs, so folgt daraus noch keine Notwendigkeit zum staatlichen Schutz und zur staatlichen Regulierung dieses Monopols. Eine regulierungsfreie, marktkonforme Realisierung der Kostenvorteile eines natürlichen Monopols ist allerdings nur unter zwei Bedingungen möglich. Erstens muß das natürliche Monopol in dem Sinne beständig oder stabil sein, daß es einen marktzutrittsresistenten, subventionsfreien Preis oder Preisvektor gibt und zweitens dürfen keine Marktzutrittsbarrieren durch Irreversibilitäten gegeben sein, d.h. der Markt muß angreifbar sein. Dies bedeutet selbstverständlich auch, daß keine institutionellen Marktzutrittsschranken bestehen dürfen.

Im Umkehrschluß impliziert dies, daß es bei Beständigkeit des natürlichen Monopols auf einem zutrittsfreien Markt (Contestable Market) nur dann zu Markteintritten von Konkurrenzanbietern kommt, wenn der Monopolist entweder einen nicht beständigen Preis setzt - sei es aufgrund eigener preispolitischer Fehlentscheidungen oder infolge von Regulierungsvorschriften -, oder wenn ein potentieller Konkurrent über einen technologischen Vorsprung verfügt.

Die Preissetzung und die ihr zugrundeliegende Kostenzurechnung ist im natürlichen Monopol von entscheidender Bedeutung. Weniger im Einproduktfall, insbesondere jedoch bei Verbundproduktion und im natürlichen Monopol stellt die Zurechnung der Kosten auf die Produkte oder Leistungen eines Unternehmens und ihre Anlastung in den Preisen ein Problem dar. Werden die Kosten eines Gutes nicht über den Preis abgedeckt, so spricht man von interner Subventionierung oder Quersubvention, sofern die fehlende Kostendeckung von anderen Produkten oder Leistungen des Unternehmens übernommen wird[15]; direkte Subventionierung bezeichnet dagegen die Mittelzuführung durch den Staat. Hinsichtlich der Definition interner Subventionierung bzw. der relevanten Kosten bestehen allerdings verschiedene Möglichkeiten[16].

Die simpelste, mittlerweile jedoch in der preistheoretischen Literatur als unzutreffend befundene Definition besagt, daß Quersubvention vorliegt, sofern der Preis eines Produktes nicht die gesamten, ihm auf Basis einer Vollkostenkalkulation zugerechneten Kosten abdeckt[17]. Derartige Kostendeckungsgrade beruhen auf Durchschnittskosten, die sich aus einer Gemeinkostenaufschlüsselung und -zurechnung ergeben, sie verfälschen jedoch das Ausmaß der internen Subventionierung und überzeichnen es in der Regel.

---

[15] Die allokativen und wohlfahrtsökonomischen Nachteile der internen Subventionierung werden unter Punkt III.2. aufgezeigt.

[16] Zu den verschiedenen Definitionen interner Subventionierung vgl. z.B. Richards, P.: Pricing Regulation of Letter Services - The Impact on Prices, Profits and Efficiency (= Vortrag beim Wissenschaftlichen Institut für Kommunikationsdienste vom 7. Dezember 1989), o.O. 1989, Slide 23 und Windisch, R.: Privatisierung natürlicher Monopole: Theoretische Grundlage und Kriterien, a.a.O., S. 81 ff.

[17] Kritische Auseinandersetzungen mit dieser Position finden sich unter anderem bei Knieps, G.: Zur Problematik der internen Subventionierung in öffentlichen Unternehmen, in: Finanzarchiv, N.F., Bd. 45, Heft 2, 1987, S. 268-283; Fuss, M.A.: Cost Allocation: How can the Costs of Postal Services Be Determined ?, in: Sherman, R. (Hrsg.): Perspectives on Postal Service Issues, Washington, D.C. 1980, S. 30-46; Owen, B.M./ Willig, R.D.: Economics and Postal Pricing Policy, in: Fleishman, J.L. (Hrsg.): The Future of the Postal Service, New York 1983, S. 227-245; Schmidtchen, D., Gebührenpolitik der Deutschen Bundespost und Ordnungspolitik, in: Diederich, H./ Hamm, W./ Zohlnhöfer, W. (Hrsg.): Die Deutsche Bundespost im Spannungsfeld der Wirtschaftspolitik, Heidelberg 1987, S. 256.

Diese Kostenzuteilung, die bis zum heutigen Tage bei der Deutschen Post AG[18] Anwendung findet, teilt die gesamten Kosten nach dem angenommenen Verursachungskriterium der Nutzungsintensität zu, um eine Basis für die Preisfestsetzung zu erhalten. Beim Vorliegen von Verbund- und Größenvorteilen kann eine Vollkostenzuteilung jedoch nicht gelingen[19].

Auf Faulhaber geht die Auffassung zurück, daß ein Produktpreis oder Preisvektor subventionsfrei ist, wenn mit ihm die Zusatzkosten des Produktes oder der Produktgruppe einschließlich der spezifischen, zusätzlichen Gemeinkosten abgedeckt werden[20]; alternativ kann auch von vermeidbaren Kosten gesprochen werden. Das Vorliegen interner Subventionierung kann demzufolge mit sog. Zusatzkostentests (incremental cost test) ermittelt werden.

Eine Erweiterung dieses Subventionsbegriffs stellt die Auffassung dar, daß Quersubventionierung vorliegt, wenn von einem Produktpreis mehr als die Kosten einer gesonderten, von der übrigen Produktion unabhängigen Bereitstellung dieses Produktes getragen werden. Diese Auffassung von Quersubventionierung ist besonders bei der Verbundproduktion von Bedeutung. Eine nach diesem Kriterium subventionsfreie Preissetzung garantiert, daß kein einzelnes Produkt oder eine Produktgruppe einen Anreiz hat, aus der Verbundproduktion auszuscheren, wenn maximal die Kosten einer alleinigen Bereitstellung (stand alone cost) bzw. der günstigsten Alternative getragen werden[21].

Die Ansätze eines "incremental cost test" und eines "stand alone cost test" sollten mithin bei der Kostenzurechnung und Preisbildung von Mehrprodukt- und Verbundunternehmen Berücksichtigung finden. Eine möglichst genaue Kenntnis der Kostenstruktur ist also zum einen notwendig, um die Frage zu klären, ob ein natürliches Monopol vorliegt; darüber hinaus ist sie auch für die Preisbildung des Verbundunternehmens oder natürlichen Monopols von Bedeutung.

Eine Preisfindung ist jedoch nicht bei jeder Kostenstruktur auf der alleinigen Basis von Kostenkriterien möglich, in einigen Fällen sind zusätzlich Werturteile erforderlich. So führt etwa die Preisbildung nach dem Grenzkostenkriterium bei Größenvorteilen nicht zu einer Gesamtkostendeckung; ebenso bewirken Verbundvorteile, daß eine Kostenzurechnung nach dem Zusatzkostenkriterium nicht zu einer Zuteilung aller Kosten führt. Es

---

[18] Der nationale Monopolanbieter im Bereich Postdienste wurde zum 1.1.1995 infolge der zweiten Postreform in eine Aktiengesellschaft umgewandelt, die unter dem Namen Deutsche Post AG firmiert. Die Vorgängerorganisation, die Deutsche Bundespost POSTDIENST (DBP POSTDIENST), war das 1989 aus der ersten Postreform hervorgegangene Teilsondervermögen der Deutschen Bundespost für den Bereich gelbe Post.

[19] Owen und Willig sprechen daher auch von der Suche nach dem "mystischen Gral richtiger Kostenallokation". Owen, B.M./ Willig, R.D.: Economics and Postal Pricing Policy, a.a.O., S. 233.

[20] Vgl. Faulhaber, G.R.: Cross-Subsidization: Pricing in Public Enterprises, in: American Economic Review, Vol. 65, 1975, S. 966-977.

[21] Die Tatsache, daß ein solcher subventionsfreier Preisvektor bei bestimmten Kostenverläufen nicht existiert, kennzeichnet die Problematik des unbeständigen natürlichen Monopols, auf die im folgenden eingegangen wird, vgl. dazu Faulhaber, G.R.: Cross-Subsidization: Pricing in Public Enterprises, a.a.O.

bleiben nicht zurechenbare Gemeinkosten übrig, deren Zuteilung auf die Produkte und Anlastung in den Preisen eines Werturteils bedürfen.

Das Kriterium der Nutzungsintensität gemeinsamer Anlagen entspricht in diesem Zusammenhang nicht der tatsächlichen Verursachung der Kosten. Es ist daher ein nur scheinbar objektiv meßbares Zuteilungskriterium für Kosten, die eben nicht mehr ohne von der Kostenstruktur unabhängige Kriterien aufgeteilt werden können; insofern ist auch die Nutzungsintensität dann ein implizites Werturteil. Ein weiteres, explizites Werturteil ist z.B. die Ramsey-Preisregel mit der Orientierung an den Preiselastizitäten der Nachfrage[22].

II.2. Die Stabilität des natürlichen Monopols

Ein natürliches Monopol ist stabil bzw. beständig (sustainable) und marktzutrittsresistent, wenn es eine Preis-Mengenkombination gibt, bei der die gesamte Marktnachfrage bedient und die Gesamtkosten gedeckt werden, jedoch kein Anreiz für den Marktzutritt weiterer Anbieter besteht. Im Einproduktfall ist dies beispielsweise dann gegeben, wenn die Durchschnittskosten einen fallenden oder einen teils fallenden, teils konstanten Verlauf aufweisen. Sofern sie jedoch partiell ansteigen, ist das natürliche Monopol trotz Subadditivität nicht beständig, es gibt keinen Preis, bei dem die Voraussetzungen der Markträumung und Gesamtkostendeckung erfüllt wären, der aber dennoch keinen Marktzutritt von Konkurrenzanbietern hervorrufen würde[23].

Im Mehrproduktfall ist ein natürliches Monopol nur dann stabil, wenn es mindestens einen beständigen Preisvektor gibt. Daß dies trotz Subadditivität nicht immer gegeben ist, zeigte Faulhaber am Beispiel eines Wasserversorgungsbetriebes[24]: Die gemeinsame Versorgung wäre die insgesamt kostengünstigste, es gibt jedoch keinen Preisvektor, bei dem die Gesamtkosten gedeckt und gleichzeitig die niedrigstmöglichen Versorgungspreise für jeden einzelnen Nachfrager oder jede Nachfragergruppe realisiert sind; das natürliche Monopol ist also nicht gegen Marktzutritt resistent. Der Kostenverlauf - bedingt durch die technologischen Gegebenheiten - ermöglicht keinen subventionsfreien Preisvektor[25], so daß es für einzelne Nachfrager immer lohnend ist, aus der gemeinsamen Versorgung auszuscheren bzw. es für Newcomer möglich ist, einen Teil der

---

[22] Vgl. Ramsey, F.: A Contribution to the Theory of Taxation, in: The Economic Journal, 1927, Heft 3, S. 47-61.

[23] In Abbildung 2 ist ein derartiger Fall dargestellt. Ein Teil der Nachfrage, bis zum Outputniveau y^1, kann zu einem geringeren Preis (p^1) als die gesamte Marktnachfrage in y^1 versorgt werden. Es besteht mithin ein Anreiz zu selektivem Marktzutritt.

[24] Vgl. Faulhaber, G.R.: Cross-Subsidization: Pricing in Public Enterprises, a.a.O., hier S. 974: Die Wasserversorgung einer einzelnen Ortschaft verursacht Kosten von $ 300, die Versorgung zweier Ortschaften kostet insgesamt $ 400 und drei Ortschaften können zu Gesamtkosten von $ 650 versorgt werden. Es gibt kein stabiles Gleichgewicht, da die Bedingung $r_1+r_2+r_3 \leq 600$ nicht erfüllt ist: für eine Zweierkoalition besteht immer ein Anreiz zum Ausscheren aus der gemeinsamen, insgesamt kostengünstigsten Versorgung.

[25] Subventionsfrei ist hier so definiert, daß jeder Nachfrager oder jede Nachfragergruppe die durch ihre Nachfrage bedingten Zusatzkosten trägt. In der kooperativen Spieltheorie liegt ein solcher Preis im Kern des Spiels.

Marktnachfrage kostendeckend und zu geringeren Preisen als der natürliche Monopolist zu versorgen. Dieses Verhalten der Konkurrenzanbieter, welches auch als Rosinenpicken (cream-skimming) bezeichnet wird, führt zu insgesamt höheren Kosten und ist daher als ineffizient abzulehnen[26].

Die Theorie der Beständigkeit natürlicher Monopole (Theory of Sustainable Natural Monopoly) zeigt also die theoretische Möglichkeit eines nicht existierenden beständigen oder subventionsfreien Preisvektors und damit die Möglichkeit eines instabilen natürlichen Monopols auf. Es wird bei diesen Überlegungen vorwiegend der Fall linearer Preis- oder Tarifstrukturen betrachtet, obwohl es sich dabei zwar um die in der Realität meist zu beobachtende Preispolitik der Monopolunternehmen, nicht jedoch um eine notwendigerweise effiziente oder wohlfahrtsoptimale Preisbildung handelt. Aber auch bei nichtlinearen oder mehrteiligen Tarifen besteht die Möglichkeit nicht beständiger Preisvektoren[27].

Bevor aus der Instabilität eines natürlichen Monopols ein tatsächlicher Regulierungsbedarf abgeleitet werden kann, sind allerdings noch folgende Aspekte zu bedenken: Zum einen ist die Konstellation einer subadditiven Kostenfunktion ohne beständigen Preisvektor unwahrscheinlich und wohl eher die Ausnahme als die Regel und von daher empirisch von geringer Relevanz[28]. Zum zweiten sind neben der Marktzutrittsregulierung noch andere, marktnähere Lösungsansätze denkbar. Der Abschluß langfristiger Verträge zwischen dem Monopolisten und den Abnehmern oder Formen der vertikalen Integration sind Alternativen, die unter Umständen zu gesamtwirtschaftlich besseren Ergebnissen führen[29].

Schließlich ist auch zu beachten, daß in der Realität das vollständige Fehlen von irreversiblen Marktzutrittskosten kaum gegeben ist. Für den etablierten Anbieter ist daher eine andere Kostenfunktion als für die potentiellen Konkurrenten relevant, wodurch ihm ein Preisspielraum erwächst, der ihn vor Markteintritten schützt. Der natürliche Monopolist verzichtet in diesem Fall auf die vollständige Abdeckung seiner Marktzutrittskosten

[26] Die Ablehnung des Rosinenpicker-Verhaltens als ineffizienten Marktzutritt an dieser Stelle bedeutet jedoch keineswegs, daß grundsätzlich das Eindringen zusätzlicher Anbieter in lukrative Teilmärkte bestehender Monopole abzulehnen wäre. Anders als in dem hier diskutierten, theoretischen Fall eines nicht beständigen natürlichen Monopols handelt es sich bei derartigen Markteintrittsversuchen meist darum, daß bestimmte Nachfragegruppen zu niedrigeren als den vom Monopolisten geforderten Preisen bedient werden könnten, weil etwa aus sozialpolitischen Gründen eine interne Subventionierung zulasten der relativ kostengünstig zu versorgenden Teilmärkte erfolgt. In diesem Fall weist Rosinenpicken auf eine ineffiziente Preispolitik des Monopolisten hin und nicht auf eine besondere Kostenfunktion. Für die Konsumenten ist Rosinenpicken in einem stabilen natürlichen Monopol ein Hinweis auf die falsche Preisstruktur des Monopolanbieters, die wiederum verzerrte Produktions- und Konsumstrukturen hervorruft. Zu dem nicht grundsätzlich ineffizienten Fall des Rosinenpickens vgl. beispielsweise Müller, J./ Vogelsang, I.: Staatliche Regulierung, Baden-Baden 1979, S. 82 ff.

[27] Mit Hilfe spieltheoretischer Modelle läßt sich zeigen, daß es auch ohne die Annahme linearer Tarifstrukturen im natürlichen Monopol nicht notwendigerweise ein stabiles Gleichgewicht geben muß, vgl. dazu Sharkey, W.: The Theory of Natural Monopoly, a.a.O., Kapitel 5.3 und 6.

[28] Vgl. auch Baumol, W.J./ Panzar, J.C./ Willig, R.D.: Contestable Markets and the Theory of Industry Structure, a.a.O., S. 223; Weizsäcker, C.C. von: Staatliche Regulierung - positive und normative Theorie, in: Schweizerische Zeitschrift für Volkswirtschaft und Statistik, 118. Jg., 1982, S. 328.

[29] Vgl. Sharkey, W., The Theory of Natural Monopoly, a.a.O., S. 149 f.

über den am Markt geforderten Preis, die Gefahr weiterer Marktzutritte veranlaßt ihn zu wettbewerblichem Verhalten. Irreversibilitäten bzw. das Fehlen vollständiger Marktzutrittsfreiheit (contestability) vermindert also die Unbeständigkeit (unsustainability) oder Instabilität eines natürlichen Monopols; sind die Irreversibilitäten jedoch zu hoch, so stellen sie selber ein wettbewerbs- und regulierungspolitisches Problem dar, auf das anschließend eingegangen wird[30].

Kruse hält das Argument der Instabilität natürlicher Monopole für ordnungspolitisch irrelevant, da entweder Irreversibilitäten vorliegen und als Marktzutrittsbarriere wirken oder aber ein Marktzutritt von Neuanbietern auch keinen Nachteil bedeutet, da er kostenlos jederzeit reversibel wäre[31]. Dabei wird jedoch übersehen, daß die preisgünstigere Versorgung eines Teilmarktes durch einen Newcomer zu gesamtwirtschaftlich höheren Kosten führt und dieses Rosinenpicken eben unvermeidlich, durch keine Preisstruktur zu verhindern ist, sondern u.U. nur durch Beschränkung des Marktzutritts. Auch Waterson verweist darauf, daß die meisten Autoren das Argument der Instabilität als "theoretisches Kuriosum" ansehen[32]. Seiner Ansicht, es verdiene jedoch zur Klärung der Fragestellung des natürlichen Monopols weiterer Aufmerksamkeit und verstärkter Konzentration auf empirische Untersuchungen der praktischen Relevanz, ist nur zuzustimmen.

Als Ergebnis der theoretischen Überlegungen bleibt festzustellen, daß bei einem nicht marktzutrittsresistenten, instabilen natürlichen Monopol im Fall völlig freien Marktzutritts kein optimales Marktergebnis im Sinne einer kostenminimalen Bereitstellung der von den Nachfragern gewünschten Güter erzielt werden kann. Es bedarf einer Beschränkung des Marktzutritts, um optimale Ergebnisse zu ermöglichen.

II.3. Die Theorie der Contestable Markets

Die zweite Bedingung für eine Realisierung der gesamtwirtschaftlichen Kostenvorteile eines natürlichen Monopols im Wettbewerb ist das Fehlen von Irreversibilitäten (sunk costs). Dies sind fixe Kosten, die jedoch auch durch das Einstellen der Produktion oder den Marktaustritt nicht zurückzuholen, also "versunken" sind. Das Ausmaß der sunk

---

30 Vgl. Baumol, W.J./ Panzar, J.C./ Willig, R.D.: Contestable Markets and the Theory of Industry Structure, a.a.O., S. 221. Der Zusammenhang zwischen sustainability und contestability, der Beständigkeit und der Angreifbarkeit eines natürlichen Monopols wird bei der Erläuterung des letztgenannten Konzeptes noch deutlicher werden. Bei den Überlegungen zur Stabilität eines natürlichen Monopols liegt die implizite Annahme eines völlig freien und kostenlosen Marktein- und -austritts (perfect contestability) zugrunde. Sofern ein natürliches Monopol unter diesen Bedingungen stabil ist, so ist es dies auch bei nicht völlig freiem Marktzutritt und unter den verschiedenen Verhaltensannahmen bezüglich des Markteintritts, umgekehrt trifft dies jedoch nicht zu, vgl. dazu auch Waterson, M.: Regulation of the Firm and Natural Monopoly, Oxford 1988, S. 30 f. Zu den verschiedenen restriktiven Verhaltensannahmen vgl. Knieps, G./ Vogelsang, I.: The sustainability concept under alternative behavioral assumptions, in: The Bell Journal of Economics, Vol. 13, 1982, S. 234-241.

31 Vgl. Kruse, J.: Ordnungstheoretische Grundlagen der Deregulierung, in: Seidenfus, H.St. (Hrsg.): Deregulierung - eine Herausforderung an die Wirtschafts- und Sozialpolitik in der Marktwirtschaft (= Schriften des Vereins für Socialpolitik, N.F., Bd. 184), Berlin 1989, S. 29.

32 Waterson, M.: Recent Developments in the Theory of Natural Monopoly, in: Journal of Economic Surveys, 1987, Vol. 1, S. 72.

costs ergibt sich aus der Differenz der ex ante Opportunitätskosten einer Investition und dem ex post, nach Beendigung der ökonomischen Aktivität zu erzielenden Marktwert des Projektes[33].

Irreversible Kosten sind in der entscheidungsrelevanten Kostenfunktion des etablierten Anbieters nicht mehr enthalten und beeinflussen daher seine Preis- und Mengenentscheidungen nicht. Der etablierte Anbieter weist aufgrund dessen gegenüber Newcomern, die die irreversiblen Kosten bei der Marktzutrittsentscheidung in ihrer Kostenfunktion berücksichtigen müssen, einen Wettbewerbsvorteil auf.

Die Irreversibilitäten stellen insofern einen Anreiz für den etablierten Anbieter dar, im Markt zu bleiben und wirken als Marktaustrittsbarriere. Ein Anreiz zum Marktaustritt besteht erst dann, wenn die auf dem Markt zu erzielende Rendite unter die durchschnittlich auf anderen Märkten erzielbare Rendite fällt; in der Regel liegt die Profitrate auf Märkten mit relativ hohen Irreversibilitäten jedoch oberhalb der marktüblichen Profitrate, d.h. es werden Preise oberhalb der Grenzkosten (ausschließlich der irreversiblen Kosten) erzielt. Der Wettbewerbsdruck wird den etablierten Anbieter erst dann zum Marktaustritt veranlassen, wenn der erzielbare Preis nicht mehr seine variablen Durchschnittskosten deckt[34]. Auf eine Deckung der totalen Durchschnittskosten, einschließlich der versunkenen Kosten wird er im Zweifel im Gegensatz zu neu auf den Markt tretenden Anbietern verzichten. In dem Maße wie die versunkenen Kosten für den vorhandenen Anbieter als Marktaustrittsbarriere wirken, sind sie für die noch nicht am Markt befindlichen, potentiellen Anbieter eine Markteintrittsbarriere. Der Marktzutritt unterbleibt, wenn eine Gesamtkostendeckung, einschließlich der anfänglichen, versunkenen Investitionskosten nicht zu erwarten ist.

Die Bedeutung der Marktein- und -austrittsbarrieren sowie der potentiellen Konkurrenz für effiziente Marktlösungen ist Gegenstand der Theorie der Contestable Markets[35]. Ausgehend von Überlegungen zur potentiellen Konkurrenz bei Bain und Demsetz sowie den Erkenntnissen der sustainability-Literatur, entwickelten vor allem Baumol, Panzar und Willig diesen neueren wettbewerbstheoretischen Ansatz[36]. Er führt zu einer Erweite-

[33] Vgl. Sharkey, W.: The Theory of Natural Monopoly, a.a.O., S. 37, 156.

[34] Vgl. Waterson, M.: Recent Developments in the Theory of Natural Monopoly, in: Journal of Economic Surveys, 1987, Vol. 1, S. 70.

[35] Die Bezeichnung geht auf Baumol und die Mitbegründer dieser Theorie zurück, vgl. Baumol, W.J./ Panzar, J.C./ Willig, R.D.: Contestable Markets and the Theory of Industry Structure, a.a.O. Shepherd bemängelt in seiner grundsätzlichen Kritik an diesem Ansatz auch die Ungenauigkeit des Begriffs "Contestability". Er schlägt statt dessen die Bezeichnung "ultra-free entry" zumindest für die von Baumol als "perfectly contestable markets" bezeichneten Situationen vor, vgl. Shepherd, W.G.: "Contestability" vs. Competition, in: American Economic Review, Vol. 74, 1984, S. 272 f. In der deutschsprachigen Literatur findet sich meist die Bezeichnung "bestreitbare Märkte" (z.B. Krakowski, M.: Theoretische Grundlagen der Regulierung, a.a.O.; Kruse, J.: Ordnungstheoretische Grundlagen der Deregulierung, in: Seidenfus, H.St. (Hrsg.): Deregulierung - eine Herausforderung an die Wirtschafts- und Sozialpolitik in der Marktwirtschaft (= Schriften des Vereins für Socialpolitik, N.F., Bd. 184), Berlin 1989.

[36] Vgl. Baumol, W.J.: Contestable Markets: An Uprising in the Theory of Industry Structure, in: American Economic Review, Vol. 72, 1982, S. 1-15 und Baumol, W.J./ Panzar, J.C./ Willig, R.D.: Contestable Markets and the Theory of Industry Structure, a.a.O., sowie die von den Autoren in der Einleitung als Ausgangspunkt und Grundlage genannten Aufsätze unter anderem zu sustainability: Dem-

rung und Verdeutlichung der Theorie des natürlichen Monopols sowie zu neuen wettbewerbspolitischen Schlußfolgerungen.

Ein angreifbarer Markt zeichnet sich durch das Fehlen jedweder Marktzutrittsbarrieren aus. Der Markteintritt ist frei und der Marktaustritt ist kostenlos[37]. Die potentiellen Konkurrenzanbieter üben in diesem Fall den gleichen Wettbewerbsdruck auf den etablierten Anbieter aus wie tatsächlich am Markt befindliche Konkurrenten. Die Möglichkeit eines Hit-and-Run Entry bewirkt, daß auch ein Monopolist keine, über die normale Profitrate hinausgehenden Gewinne durch Monopolpreisbildung realisiert, sondern sich vielmehr wettbewerbskonform verhält.

Das Marktergebnis auf einem derartigen, perfekt angreifbaren Markt[38] stellt ein Gleichgewicht dar, bei dem die Kriterien eines statischen Wohlfahrtsmaximums erfüllt und die effiziente, kostenminimale Industrie- oder Marktstruktur endogen, durch die technologischen und die Nachfragegegebenheiten realisiert ist. Im Mehrproduktfall kommt als weitere Wohlfahrtsimplikation noch das Fehlen interner Subventionierung hinzu[39]. Ein angreifbarer Markt bedarf daher weder einer Marktzugangsregulierung zur Beeinflussung der Marktform, noch einer Preis- oder Mengenregulierung als Garant eines bestimmten Marktergebnisses, beide Anforderungen werden vom Wettbewerb erfüllt.

Als eine der Grundaussagen der Theorie der angreifbaren Märkte ergibt sich mithin, daß staatliche Regulierung auch im Fall natürlicher Monopole durch freien Marktzutritt, also einen angreifbaren Markt ersetzt werden kann. Die Herstellung oder Unterstützung solcher Markt- oder Wettbewerbsbedingungen wäre dann die adäquate wettbewerbspolitische Empfehlung und Handlungsweise. Nur bei hohen versunkenen Kosten ist ein freier Marktzutritt nicht erreichbar, ist der Markt nicht angreifbar und regulierende Eingriffe sind notwendig, um monopolistisches Verhalten zu vermeiden und effiziente Marktergebnisse zu ermöglichen.

Die Theorie der Contestable Markets ist insofern eine Erweiterung der Theorie des natürlichen Monopols, als sie verdeutlicht, daß zu dem Merkmal der Größenvorteile bzw. Subadditivität der Kostenfunktion noch irreversibile Kosten hinzukommen müssen, um über beschränkten Marktzutritt Marktmacht zu ermöglichen und damit Regulierung zu legitimieren.

Neben den versunkenen Kosten gibt es auch institutionelle Marktzugangsvoraussetzungen, die ebenso, gewissermaßen als eine Form der Regulierung, weitere Regulierung notwendig erscheinen lassen. Der Abbau dieser künstlichen, staatlichen Marktzugangsregulierung ist also auch im Fall eines natürlichen Monopols geboten.

---

setz, H.: Why regulate Utilities?, a.a.O.; Bain, J.S.: Barriers to New Competition, Cambridge, Mass., 1956.

[37] Vgl. Baumol, W.J.: Contestable Markets: An Uprising in the Theory of Industry Structure, a.a.O., S. 3.

[38] Baumol spricht hier von einem "perfectly contestable market", siehe ebenda, S. 2.

[39] Bei einem instabilen natürlichen Monopol kann ein angreifbarer Markt allerdings nicht im Gleichgewicht sein, vgl. dazu Kapitel II.2.und Vickers, J./ Yarrow, G.: Privatization: An Economic Analysis, Cambridge, Mass. 1988, S. 56 ff.

Bezüglich des Vorhandenseins von Irreversibilitäten gilt es außerdem zu bedenken, daß diese nicht nur natürlich oder marktbedingt, sondern auch Aktionsparameter strategischen Verhaltens der etablierten Anbieter sind. Ein Anbieter kann durch strategisches Verhalten den Markteintritt von Konkurrenzanbietern verhindern und diese abschrecken, wenn es ihm gelingt, glaubhafte Drohungen hinsichtlich seines Verhaltens nach Marktzutritt aufzustellen[40]. Strategische Investitionen, die für den etablierten Anbieter zu versunkenen Kosten werden, vermögen diese Glaubhaftigkeit herbeizuführen oder zu erhöhen. Beispielsweise lassen gezielte Überkapazitäten und starke Produktdifferenzierung eine aggressive Preispolitik und interne Subventionierung als glaubwürdige Verhaltensannahmen in einem Marktspiel nach Marktzutritt erscheinen.

Als Marktzutrittsabschreckung können auch die versunkenen Kosten, die infolge vertikaler Integration entstehen, aufgefaßt werden. So führt etwa bei der Post und bei der Bahn der Verbund von Netz und Betrieb dazu, daß für den gesamten Bereich Marktzutrittsschranken bestehen, obwohl potentieller Wettbewerb bei der Leistungserstellung bzw. im Betrieb durchaus möglich wäre angesichts des Nichtvorhandenseins von Irreversibilitäten. Versunkene Kosten wirken dann um so eher als Marktzutrittsschranke und ein Markt ist um so weniger angreifbar, je glaubwürdiger sie die Drohungen des etablierten Anbieters machen[41]. Aber auch in diesem Fall gilt, daß ein derartiges Verhalten, ob monopolistisch oder strategisch, am ehesten durch den Wettbewerbsdruck - unter Umständen verstärkt durch gezielte wettbewerbspolitische Maßnahmen - diszipliniert wird.

Das Vorliegen von Irreversibilitäten ist darüber hinaus von technischen Bedingungen abhängig und infolgedessen dem technologischen Wandel unterworfen. Der Grad der Angreifbarkeit eines Marktes und damit die Möglichkeit einer Wettbewerbslösung muß bei dynamischer Betrachtung immer wieder aufs Neue überprüft werden. Parallel zur potentiellen Konkurrenz oder auch bei deren Fehlen übt außerdem die Substitutionskonkurrenz einen Druck in Richtung effizienten, wettbewerblichen Verhaltens aus.

III. Wettbewerbspolitische Schlußfolgerungen

III.1. Regulierung des Postmarktes wegen eines natürlichen Monopols ?

Wie gezeigt werden konnte, liefert die Theorie des natürlichen Monopols nur in wenigen Spezialfällen Argumente für die staatliche Regulierung. Das Vorliegen dieser Fälle ist für den betrachteten Ausnahmebereich, und zwar jeweils für die einzelnen Produktionsstufen oder Teilmärkte zu überprüfen. Aufgrund der mit der Ermittlung der globalen Kostenfunktion verbundenen Schwierigkeiten ist allerdings anzunehmen, daß die Frage nach dem natürlichen Monopol im konkreten Fall durch empirische ökonomische Untersuchungen nie befriedigend gelöst werden kann.

---

[40] Vgl. ebenda. S. 61 ff.

[41] Den Beitrag der nicht-kooperativen Spieltheorie zur Frage des Marktein- und -austritts behandelt Sharkey, W.: The Theory of Natural Monopoly. a.a.O.. S. 157 und Kapitel 8 .

Weiterführend und ebenfalls notwendig ist ein Vergleich der beobachteten und vermeintlich ineffizienten Marktlösungen mit den realistischerweise zu erwartenden und teilweise ebenfalls beobachtbaren Ergebnissen staatlicher Regulierung. Der Nachweis eines Marktversagens infolge eines natürlichen Monopols sowie die Möglichkeit, durch dessen Aufhebung einen Wohlfahrtszuwachs zu erzielen, ist noch keine hinreichende Bedingung für staatliche Regulierungseingriffe. Erst wenn Regulierung sich als die überlegene Alternative erweist, ist ihr Einsatz ökonomisch gerechtfertigt. Es gilt mithin, Marktversagen und Staatsversagen gegeneinander abzuwägen[42].

Neben den reinen Formen vollständiger Wettbewerbsfreiheit und umfassender Preis- und Marktzutrittsregulierung gibt es noch zahlreiche weitere Alternativen mit zum Teil unterschiedlicher staatlicher Eingriffsintensität. Die relevante Fragestellung ist mithin die nach der optimalen Organisationsform eines Marktes bzw. der optimalen Regulierungsstrategie[43].

Auch die auf R.H. Coase basierenden Erkenntnisse der Transaktionskostenökonomie können in diesem Zusammenhang herangezogen werden. Regulierung ist danach ökonomisch sinnvoll und gerechtfertigt, wenn sie Transaktionskosten nicht nur senkt, sondern dies auch in einem höheren Maße als andere Handlungsalternativen vermag[44]. In einer vergleichenden institutionellen Analyse wäre dann auch hinsichtlich der Transaktionskosten zu prüfen, welche institutionelle Lösung - etwa traditionelle staatliche Regulierung oder marktnähere, privatwirtschaftliche Lösungen - die Transaktionskosten am stärksten reduziert[45]. Die effiziente Lösung ist die Bereitstellung zu den geringsten volkswirtschaftlichen Kosten, einschließlich Produktions- und Transaktionskosten.

III.1.1. Zur Kostenstruktur im Briefdienst

Für einen empirischen Nachweis, ob der Briefdienst die Eigenschaften eines natürlichen Monopols aufweist, d.h. ob die Kostenfunktion subadditiv ist, muß die globale Kostenfunktion für die Erstellung von Briefdienstleistungen im relevanten Bereich der Nachfrage bekannt sein. Es ist vor allem nicht ausreichend, die Kostenfunktion nur für die Umgebung des aktuellen Outputniveaus zu kennen. Die Ermittlung globaler Kostenfunktionen erweist sich jedoch als äußerst schwierig[46].

---

[42] Zu Staatsversagen vgl. etwa: Hirshleifer, J./ DeHaven, J.C./ Milliman, J.W.: Water Supply: Economics, Technology and Policy, Chicago 1960; Posner, R.A.: Natural Monopoly and It's Regulation, in: Stanford Law Review, Vol. 21, 1969, S. 548-643; Posner, R.A.: A Statistical Study for Antitrust Enforcement, in: Journal of Law and Economics, Vol. 13, 1970, S. 365-419.

[43] Siehe hierzu die Beiträge in Teil 3 des vorliegenden Bandes.

[44] Vgl. Coase, R.: The Problem of Social Cost, in: Journal of Law and Economics, Vol. 3, 1960, S. 15 ff. sowie Weizsäcker, C.C. v.: Deregulierung und Privatisierung als Ziele und Instrumente der Ordnungspolitik, in: Vogel, O. (Hrsg.): Deregulierung und Privatisierung, Köln 1988, S. 15; Kaufer, E.: Theorie der öffentlichen Regulierung, München 1980, S. 155.

[45] Vgl. Ehrmann, T.: Transaktionskostenökonomie, Märkte und Institutionen - Überlegungen und Anwendungsbeispiele, in: Zeitschrift für Wirtschaftspolitik, 38. Jg., 1989, Heft 2, S. 39 ff.

[46] Vgl. Knieps, G.: Dienstleistungspolitik der Deutschen Bundespost und Ordnungspolitik, in: Diederich, H./ Hamm, W./ Zohlnhöfer, W. (Hrsg.): Die Deutsche Bundespost im Spannungsfeld der Wirtschaftspolitik, Heidelberg 1987, S. 134.

Empirische Untersuchungen zu Kostenfunktionen im Post- bzw. Briefdienst beschränken sich in der Regel darauf, für einen eingeschränkten Outputbereich das Ausmaß der Größenvorteile zu ermitteln; weitaus seltener wird auch die Bedeutung von Verbundvorteilen empirisch untersucht[47]. Der Nachweis eines natürlichen Monopols kann mit derartigen Untersuchungen - zumal für den Fall eines Mehrproduktunternehmens - nicht zweifelsfrei erbracht werden. Darüber hinaus wäre es sinnvoll, das Ausmaß der Größenvorteile nicht nur für den gesamten Briefdienst, sondern auch für die einzelnen Teilleistungen zu untersuchen. Sofern ein einzelner Dienstleistungsbereich die Charakteristiken eines natürlichen Monopols aufweist, besagt dies nicht, daß der gesamte Briefdienst ebenfalls ein natürliches Monopol ist.

Ein relativ sicherer Weg, das Vorliegen eines natürlichen Monopols zu ermitteln, ist es, Marktzutritt zu ermöglichen und das (natürliche) Monopol dem Wettbewerbstest zu unterwerfen. Unter den Voraussetzungen geringer Irreversibilitäten und der Beständigkeit bzw. Stabilität des natürlichen Monopols wird sich das natürliche Monopol als einzel- und gesamtwirtschaftlich effiziente Lösung auf dem Markt durchsetzen. Das eventuelle Vorliegen irreversibler Kosten sowie die Möglichkeit subventionsfreier Preissetzung im Briefdienst sind daher vor einem Markt- oder Wettbewerbstest zu überprüfen. Für eine Auseinandersetzung mit dem Briefmonopol ist mithin in erster Linie eine Untersuchung der Kostencharakteristika im Briefdienst notwendig.

Es besteht weitgehende Einigkeit darüber, daß im Briefdienst strukturelle Größenvorteile auftreten[48]. Dies gilt - aufgrund der Dichtevorteile[49] - insbesondere für die Zustellung, aber auch für die Teilleistungen des Einsammelns, des Transportes und einiger Managementgemeinkosten wurden Größenvorteile ermittelt[50]. Bei zunehmendem Einsatz

[47] Zu den Ergebnissen von Kostenuntersuchungen für die Post in den USA vgl. z.B. Sherman, R.: The regulation of monopoly, Cambridge 1989, S. 265 ff.; Gupta, S.N./ Gupta, J.N.D.: Economies of Scale and Economics of Scope in the US Postal Service, in: Engineering Costs and Production Economics, Vol. 8, 1985, S. 269-280; Haldi, J.: Postal Monopoly. An Assessment of the Private Express Statutes, Washington D.C. 1974. Zu Ergebnissen für das britische Postwesen vgl. z.B. Dobbs, J./ Richards, P.: Assessing the Welfare Effects of Entry into Letter Delivery, in: Crew, M. A./ Kleindorfer, P. R.: Competition and Innovation in Postal Services, Boston 1991, S. 78 ff.

[48] So z.B. Dobbs, J./ Richards, P.: Assessing the Welfare Effects of Entry into Letter Delivery, a.a.O; Estrin, S./ de Meza, D.: Delivering Letters: Should it be decriminalized?, in: Crew, M. A./ Kleindorfer, P. R.: Competition and Innovation in Postal Services, Boston 1991; Gupta, S.N./ Gupta, J.N.D.: Economics of Scale and Economics of Scope in the US Postal Service, a.a.O.; Blankart, Ch.B.: Privatisierung im Postwesen: Möglichkeiten und Grenzen, in: Windisch, R. (Hrsg.): Privatisierung natürlicher Monopole im Bereich von Bahn, Post und Telekommunikation, Tübingen 1987, S. 205-244; Panzar, J.C.: Is Postal Services a Natural Monopoly?, in: Crew, M.A./ Kleindorfer, P.R. (Hrsg.): Competition and Innovation in Postal Services, Boston 1991, S. 219-228; Haldi, J.: Postal Monopoly. An Assessment of the Private Express Statutes, a.a.O.

[49] Derartige Dichtevorteile in der Verteilung sind auch aus anderen Bereichen, beispielsweise der Elektrizitätswirtschaft oder der Müllabfuhr, bekannt, vgl. dazu z.B. Kruse, J.: Ökonomie der Monopolregulierung, a.a.O., S. 33ff. Die Versorgung eines Gebietes durch mehr als einen Anbieter führt in diesen Fällen zu Doppelinvestitionen bzw. einer Vergeudung von Ressourcen.

[50] Bei der Untersuchung des britischen Post Office von 1986 wurden, allerdings unter sehr restriktiven Annahmen, Größenvorteile beim Einsammeln, im Transport, in der Zustellung und bei einigen Managementgemeinkosten ermittelt, vgl. Dobbs, J./ Richards, P.: Assessing the Welfare Effects of Entry into Letter Delivery, a.a.O., S. 78 ff.

von elektronisch gesteuerten Briefverteilanlagen können in Zukunft auch bei den Sortiervorgängen Größenvorteile erzielt werden.

Entscheidend ist, ob diese Größenvorteile auch beim gegenwärtigen Outputniveau und bei zukünftigen Outputsteigerungen realisiert werden, oder ob sie bereits ausgeschöpft sind. Für die Deutsche Post AG bzw. die DBP POSTDIENST liegen keine Berechnungen der Größenvorteile vor; die Übertragbarkeit von Berechnungen für ausländische Postverwaltungen vorausgesetzt, kann jedoch beim heutigen Sendungsvolumen nicht mehr von einem nennenswerten Ausmaß an Größenvorteilen ausgegangen werden[51]. Die Größenvorteile in der Zustellung sind ebenfalls nicht global, sondern nur lokal, innerhalb eines räumlich abgegrenzten Zustellgebietes realisierbar. Die plausible Vermutung eines natürlichen Monopols im Bereich der Zustellung[52] bezieht sich daher auch nur auf lokale oder regionale natürliche Monopole.

Die Deutsche Post AG weist als Mehrproduktunternehmen möglicherweise auch Verbundvorteile auf. Das Angebot verschiedener Briefsendungsarten, die sich vor allem hinsichtlich des Qualitätsmerkmals Beförderungsgeschwindigkeit unterscheiden, ermöglicht eine gleichmäßigere Kapazitätsauslastung als dies bei jeweils gesondertem Angebot möglich wäre. Diese Verbundvorteile treten vorwiegend bei den Sortiervorgängen auf, über ihr Ausmaß liegen allerdings keine Angaben vor[53].

Bei den anderen Teilleistungen - Einsammeln, Transport und Zustellung - treten Kostenvorteile durch die gemeinsame Bearbeitung verschiedener Sendungsarten meist in Form von Größenvorteilen und weniger als Verbundvorteile auf. Dies gilt ebenfalls für den Verbund des Brief-, Fracht- und Pressepostdienstes innerhalb der Deutschen Post AG. Die einzelnen Teilleistungen werden für die verschiedenen Geschäftsbereiche überwiegend getrennt erbracht; der weitestgehende Verbund besteht noch in der gemeinsamen Schalter- oder Gebäudenutzung durch Brief- und Frachtdienst sowie in der gemeinsamen Zustellung beim Brief- und Pressepostdienst. Eventuell zu realisierende Kostenvorteile erstrecken sich jedoch auch in diesen Fällen nur auf Größenvorteile, eine gleichmäßigere Kapazitätsauslastung wird nicht erreicht.

---

[51] Die Postverwaltung Großbritanniens operiert mittlerweile im Bereich steigender Grenzkosten, vgl. Richards, P.: Pricing Regulation of Letter Services - The Impact on Prices, Profits and Efficiency, a.a.O., Slide 12. Für die Postverwaltung der USA wurden für den Zeitraum von 1975-1980 sogar Größennachteile ermittelt, vgl. Gupta, S.N./ Gupta, J.N.D.: Economics of Scale and Economies of Scope in the US Postal Service, a.a.O., S. 272 f. Auch andere Studien über die Post der USA kamen zu dem Ergebnis, daß - im Gegensatz zu Verlautbarungen des United States Post Office - allenfalls geringe Größenvorteile vorliegen; einen Überblick über die Ergebnisse der Studien gibt Sherman, R.: The regulation of monopoly, a.a.O., S. 265. Eine Zunahme der Größenvorteile kann allenfalls durch eine erhöhte Kapitalintensität, wie beispielsweise den verstärkten Einsatz elektronisch gesteuerter Verteilanlagen, erreicht werden.

[52] So auch Panzar, J.C.: Is Postal Services a Natural Monopoly, a.a.O. und Haldi, J.: Postal Monopoly, An Assessment of the Private Express Statutes, a.a.O., S. 43.

[53] Für die über den Zeitraum von 1961-1980 betrachtete Produktionstechnologie der US-amerikanischen Post wurden Verbundvorteile nachgewiesen, eine Ermittlung des quantitativen Ausmaßes fand jedoch nicht statt, vgl. Gupta, S.N./ Gupta, J.N.D.: Economics of Scale and Economies of Scope in the US Postal Service, a.a.O.

Es ist nicht von ausschließlicher Bedeutung, ob die aufgeführten Größen- und Verbundvorteile ein natürliches Monopol im Bereich der Briefdienstleistungen konstituieren; entscheidend ist vielmehr, ob die Voraussetzungen für die Wirksamkeit potentieller Konkurrenz gegeben sind und ob ein eventuell bestehendes natürliches Monopol ineffizienten Marktzutritt abwehren kann.

III.1.2. Die Frage des Marktzutritts im Briefdienst

Bei freiem Marktzutritt, d.h. wenn weder institutionelle Marktzutrittsbarrieren noch hohe irreversible Kosten den Marktzutritt potentieller Anbieter beschränken, wird auch der natürliche Monopolist zu kosteneffizientem Verhalten veranlaßt. Auf einem derartigen, angreifbaren Markt (Contestable Market) rufen ineffiziente Produktion und/oder überhöhte Preise einen Marktzutritt von Konkurrenzanbietern und dadurch Marktanteilsverluste oder gar den Marktaustritt des Monopolisten hervor.

Im Bereich der Brief- und Postdienstleistungen kann nicht von entscheidenden Irreversibilitäten ausgegangen werden[54]. Besonders auf lokaler Ebene, im Bereich der Zustellung, aber auch bei den übrigen Teilleistungen, sind die Markteintrittskosten und mithin die finanziellen Konsequenzen eines später rückgängig gemachten Markteintritts als relativ gering einzuschätzen. Auf dieser Ebene ist die Angreifbarkeit des Marktes - in Abwesenheit institutioneller Marktzutrittsbeschränkungen - daher recht hoch.

Auf der nationalen oder gar internationalen Ebene fallen dagegen wesentlich höhere Kosten für den Marktzutritt an. Die Errichtung eines nationalen bzw. internationalen Netzes verursacht beträchtliche Kosten für Gebäude, Logistik, Know-how und Marketingmaßnahmen, so daß das Risiko des Markteintritts hier bereits höher einzuschätzen ist. Auch auf dieser Ebene liegen jedoch keine hohen Irreversibilitäten vor. Bei den Markteintritts- oder Errichtungskosten (set-up costs) handelt es sich überwiegend um Fixkosten, die durch Veräußerung zum Großteil wieder zu erlangen sind[55].

Die auf nationaler und internationaler Ebene anfallenden Marktzutrittskosten stellen mithin keine Marktzutrittsbarrieren dar, so daß auch hier von der Angreifbarkeit des Marktes ausgegangen werden kann. Anbieter, die, wie die Kurier-, Expreß- und Paketdienste bereits über nationale und internationale Netze verfügen, üben bei Aufhebung der Marktzutrittsbeschränkung im Bereich der Briefdienstleistungen vermutlich erhebliche potentielle Konkurrenz aus. Angesichts der weitgehend verwandten Produktionstechnologien im Brief- und Paketverkehr ist die Existenz dieser privaten Anbieter auf dem Paketmarkt im übrigen ein Hinweis darauf, daß das Hinzutreten neuer Anbieter nicht durch Irreversibilitäten verhindert wird.

---

[54] Diese Einschätzung findet sich unter anderem auch bei Panzar, J.C.: Is Postal Services a Natural Monopoly, a.a.O., S. 224; Dobbs, J./ Richards, P.: Assessing the Welfare Effects of Entry into Letter Delivery, a.a.O., S. 65, 80; Willig, R.D.: What Can Markets Control?, in: Sherman, R. (Hrsg.): Perspectives on Postal Service Issues, Washington, D.C. 1980, S. 156; Haldi, J.: Postal Monopoly. An Assessment of the Private Express Statutes, a.a.O., S. 44.

[55] Vgl. auch Dobbs, J./ Richards, P.: Assessing the Welfare Effects of Entry into Letter Delivery, a.a.O., S. 65.

Eine weitere Voraussetzung dafür, daß die Zulassung von Wettbewerb auf dem Markt für Briefdienstleistungen nicht zu suboptimalen Marktergebnissen führt, ist die Beständigkeit oder Stabilität des eventuell bestehenden natürlichen Monopols. Der natürliche Monopolist muß in der Lage sein, ineffizienten Marktzutritt zu verhindern. In der Regel kann dies durch eine an der Kostenstruktur orientierte Preisbildung erreicht werden; es gibt hingegen Fälle, in denen ein subventionsfreier, marktzutrittsresistenter Preisvektor nicht existiert und sich das natürliche Monopol als effiziente Lösung im Wettbewerb nicht durchsetzt[56].

Die derzeit gültige Tarifstruktur im Briefdienst zeichnet sich durch einen relativ geringen Differenzierungsgrad aus. Insbesondere die Kosten der Zustelleistungen finden keine entsprechende Berücksichtigung in den Tarifen. Die Zustellkosten sind jedoch zum einen aufgrund ihres hohen Anteils an den Gesamtkosten der Briefdienstleistungen von Bedeutung[57], zum anderen weisen sie starke Schwankungen in Abhängigkeit von der Zustelladresse auf[58]. Schließlich führt auch die Tatsache, daß im Bereich der Zustellung die höchsten Größenvorteile erzielt werden[59], dazu, daß ihre Berücksichtigung in den Preisen entscheidend für eine subventionsfreie Preisstruktur ist.

Gegenwärtig werden vom etablierten Monopolisten nicht alle Möglichkeiten der Preisdifferenzierung zur Abwehr ineffizienten Marktzutritts ausgeschöpft, so daß eine Freigabe des Marktzutritts auch zu ineffizientem Rosinenpicken bzw. Marktzutritt führen kann. Ein wirksamer Schutz vor ineffizientem Marktzutritt kann unter Umständen schon dadurch erreicht werden, daß es dem bisherigen Monopolunternehmen gestattet wird, bei selektivem Marktzutritt von der gegenwärtigen Einheitstarifstruktur abzuweichen. Die Notwendigkeit dazu wird dann in der Realität selten gegeben sein, da ineffizientes Rosinenpicken aufgrund der Reaktionsmöglichkeiten der Post unterbliebe[60].

Auch angesichts einer eventuell verbleibenden theoretischen Möglichkeit eines instabilen natürlichen Monopols im Briefdienst stellt sich die Frage, ob die Kosten- und Effizienzvorteile, d.h. das Ausmaß der Größen- und Verbundvorteile, die Kostennachteile und Effizientverluste eines vor Wettbewerb geschützten Monopols überwiegen. Fehlender Wettbewerbsdruck führt zu X-Ineffizienz und mangelnder Innovationsbereitschaft des Monopolisten, so daß ein durch Marktzutrittsbeschränkung geschütztes natürliches Monopol die Wohlfahrt nicht zwangsläufig maximiert.

Ob die Effizienzvorteile zusätzlichen Wettbewerbs zur Kompensation der entgangenen gesamtwirtschaftlichen Kostenvorteile eines natürlichen Monopols ausreichen, ist

---

[56] Vgl. Faulhaber, G.R.: Cross-Subsidization: Pricing in Public Enterprises, a.a.O.

[57] Owen, Willig verweisen auf einen 40 prozentigen Gesamtkostenanteil, vgl. Owen, B.M./ Willig, R.D.: Economics and Postal Pricing Policy, a.a.O., S. 233. Diese Einschätzung wird auch von den privaten Anbietern geteilt. So hat beispielsweise UPS in den USA 1992 einen Aufpreis von 5.- $ für die Zustellung an Privathaushalte eingeführt.

[58] Vgl. z.B. Estrin, S./ de Meza, D.: Delivering Letters: Should it be decriminalized?, a.a.O., S. 102; Albon, R.: Postal Rate-Making Procedures and Outcomes in Various Countries, in: Crew, M. A./ Kleindorfer, P. R. (Hrsg.): Competition and Innovation in Postal Services, Boston 1991, S. 241.

[59] Vgl. Estrin, S./ de Meza, D.: Delivering Letters: Should it be decriminalized?, a.a.O., S. 102.

[60] Vgl. ebenda, S. 105.

abhängig von der Art des neu hinzukommenden Angebotes. Kompensationsmöglichkeiten bzw. Nettowohlfahrtsgewinne sind um so wahrscheinlicher und größer, je stärker die neuen Angebote sich von den bisherigen Dienstleistungen der Deutschen Post AG unterscheiden und je mehr somit zusätzlicher Nutzen für die Konsumenten entsteht. Auch das Ausmaß der im Wettbewerb erzwungenen Kosteneffizienz der Deutschen Post AG steht in positivem Zusammenhang mit den Effizienzgewinnen zunehmenden Wettbewerbs. Beträchtliche Größen- und Verbundvorteile seitens des bisherigen Monopolisten sowie ein Angebot enger Substitute durch die Konkurrenzanbieter reduzieren hingegen die potentiellen Wohlfahrtsgewinne einer Wettbewerbseinführung.

Sofern die Effizienzgewinne durch direkten Wettbewerb als gering eingeschätzt werden und die Kostenvorteile des natürlichen Monopols aufgrund von Instabilitäten nur durch Marktzutrittsbeschränkungen realisiert werden können, so kann durch Ausschreibungskonkurrenz die Kosteneffizienz des Alleinanbieters gesichert werden. Ohne eine solche Wettbewerbslösung besteht hingegen die Gefahr, daß die Effizienzvorteile eines natürlichen Monopols durch X-Ineffizienz des Monopolisten aufgezehrt werden.

III.2. Regulierung des Postmarktes zum Zweck der internen Subventionierung?

Ein natürliches Monopol bedarf dann eines Schutzes vor Marktzutritt, wenn eine interne Subventionierung bestimmter Dienste oder Nachfrager politisch erwünscht ist und gleichzeitig die Größen- und/oder Verbundvorteile eines natürlichen Monopols realisiert werden sollen[61]. Ebenso wie im Fall eines instabilen natürlichen Monopols liegt dann kein marktzutrittsresistenter, subventionsfreier Preisvektor vor und Konkurrenzanbieter würden "Rosinenpicken" d.h. einen Teil der Nachfrager zu geringeren Preisen aber nicht notwendigerweise kostengünstiger versorgen. In diesem Fall scheint Regulierung also notwendig und eine Wettbewerbsbeschränkung - wenn nicht ökonomisch, so doch politisch - gerechtfertigt zu sein.

Mit der gemeinwirtschaftlichen Auflage einer Tarifstruktur nach dem Grundsatz der Tarifeinheit - worunter insbesondere Tarifeinheit im Raum verstanden wird - wird von der Post eine interne Subventionierung der geförderten durch andere Nachfrager verfolgt[62]. Für den Markt der Postdienstleistungen bedeutet dies jedoch, daß sowohl das Leistungsangebot des Monopolisten als auch die gesamte Marktversorgung, einschließlich des privaten Angebotes nicht kostenminimal erfolgt. Die mit Regulierung verbundene Wettbewerbseinschränkung kann in ihren Auswirkungen nicht auf bestimmte Marktsegmente beschränkt werden, es ergeben sich vielmehr Wettbewerbsverzerrungen und Effizienzverluste auf allen Teilmärkten.

Die dauerhafte Subventionierung eines Dienstes hat außer der unmittelbaren Verschlechterung des Betriebsergebnisses auch gesamtwirtschaftlich negative Auswir-

---

[61] Vgl. Faulhaber, G. R.: Cross-Subsidization: Pricing in Public Enterprises, a.a.O., S. 972.

[62] Der Deutschen Post AG und ihren Vorgängerorganisationen ist durch das Eigenwirtschaftlichkeitspostulat eine Verlustausweisung und eine Finanzmittelzuführung aus dem Staatshaushalt, die letztlich eine Subventionierung durch den Steuerzahler bedeuten würde, versagt.

kungen, die durch die Verzerrung der Preise und falsche Signalwirkungen für die Nachfrager hervorgerufen werden. Die produzierte Menge entspricht nicht dem tatsächlichen Bedarf. Von den subventionierten Dienstleistungen werden mehr erstellt, als es dem Verhältnis zu den Kosten und den Präferenzen der Nachfrager bei unverzerrten Preissignalen entspricht, so daß es zu einer Verschwendung volkswirtschaftlicher Ressourcen kommt. Außerdem wird die Entwicklung und Ausdehnung von substitutiven Diensten behindert, obwohl diese den Markt u.U. zu insgesamt niedrigeren Kosten versorgen könnten.

Ein weiterer Effekt suboptimaler Preise ist die mit ihnen verbundene Entstehung von Interessengruppen. Die Nachfrager subventionierter Güter und Leistungen haben einen Anreiz, sich im politischen Prozeß nicht nur für die Beibehaltung der Preisstruktur, sondern auch gegen technologische und institutionelle Veränderungen des Status Quo auf dem betrachteten Markt einzusetzen. Die Effizienzgewinne von Veränderungen der Marktstruktur erscheinen - zumal in der interpersonalen Verteilung - ungewiß, der Verlust der subventionierten Preise dagegen sicher.

Unabhängig von ihren allokationsverzerrenden Auswirkungen ist die interne Subventionierung wohlfahrtstheoretisch abzulehnen. Mit direkten bzw. ungebundenen Transferzahlungen über das allgemeine Steuersystem wird nicht direkt in den Marktmechanismus eingegriffen, so daß die Lenkungsfunktion des Preissystems erhalten bleibt. Den Nachfragern wird die Finanzierung der Dienstleistungen ermöglicht, jedoch entsprechend ihrer eigenen Präferenzen; das so erzielte Nutzenniveau ist höher als bei indirekten bzw. gebundenen Transfers[63].

Die wohlfahrtstheoretische Überlegenheit direkter Transferleistungen gilt für den Fall, daß diese ebenso hoch wie die indirekten Transfers sind; häufig ist der Umfang der ungebundenen Transferzahlungen jedoch geringer als die alternativ über interne Subventionierung bereitgestellten Mittel[64]. In diesen Fällen führt die interne Subventionierung, sofern grundsätzlich der Nutzen des indirekten Transfers für die Bezieher nicht sehr von dem des ungebundenen abweicht, insgesamt zu besseren Ergebnissen für die Begünstigten[65].

[63] Außer beim Vorliegen von Externalitäten haben ungebundene Transfers (transfers in cash) aus der Sicht der Empfänger einen Effizienzvorteil gegenüber gebundenen Transfers (transfers in kind). vgl. Browning. E.K.: The Externality Argument for In-Kind Transfers: Some Critical Remarks. in: Kyklos. Vol. 28. 1975. S. 526-544; Mackscheidt. K.: Transfers II. in: WiSu. 12. Jg.. 1983. S. 87-91.

[64] Die Gründe sind darin zu sehen. daß der Nutzen der Transferzahlungen für die Geldgeber höher ist. sofern die Transfers entsprechend ihrer Präferenzen verausgabt werden bzw. ein Verhalten seitens der Empfänger hervorrufen. welches die Geldgeber als wünschenswert erachten. Weiterhin wird die Tendenz höherer gebundener Transferleistungen dadurch verstärkt. daß sie politisch leichter durchzusetzen sind. die gleichzeitige Verfolgung anderer politischer Ziele - z.B. konjunktur- oder strukturpolitische - ermöglichen sowie den Zielen der Verwaltung entgegen kommen; vgl. Pommerehne, W.W.: Gebundene vs. freie Geldtransfers: Eine Fallstudie. in: Weizsäcker. C.C. von (Hrsg.): Staat und Wirtschaft (= Schriften des Vereins für Socialpolitik. N.F.. Bd. 102). Berlin 1979. S. 149 ff.

[65] Diese Sichtweise resultiert aus einer Kombination des normativen und des positiven Ansatzes in der Verteilungstheorie. vgl. ebenda. S. 164.

Die Bindung der Transferzahlungen an die Erfüllung bestimmter Verwendungs- oder Verhaltensauflagen bedeutet eine Ausrichtung an den Präferenzen der Geldgeber und widerspricht in der Regel dem Prinzip der Konsumentensouveränität[66]. Insofern sind die subventionierten Güter und Dienstleistungen als meritorische Güter, die im politischen Prozeß definiert werden, anzusehen; ihre Beurteilung ist zwar unter Effizienzgesichtspunkten möglich, letztlich entzieht sie sich jedoch ökonomischen Kriterien.

In allgemeiner Form läßt sich gegen die Gestaltung der Posttarife unter verteilungspolitischen Gesichtspunkten einwenden, daß es auch bei zahlreichen anderen Gütern, wie z.B. Lebensmitteln, Immobilien oder der Gewerbesteuer regionale Preisunterschiede gibt. Es entspricht einer seltsamen Auffassung wirtschaftlicher Zusammenhänge, daß bestimmte Kostenverläufe als sozial ungerecht empfunden werden; unterschiedliche regionale Knappheitsverhältnisse, Dichtevorteile oder Größendegression führen dazu, daß die Güterversorgung zu regional unterschiedlichen Preisen erfolgt. Der Aspekt der Verteilungsgerechtigkeit ist daher nicht auf der Ebene der Kosten und Preise, sondern auf der Ebene der Einkommensverteilung relevant.

Darüber hinaus ist es fraglich, ob die gewünschten Verteilungswirkungen mit dem Instrument der Posttarife überhaupt zu erzielen sind. Empirische Untersuchungen der Kosten- und Nutzenstrukturen der verschiedenen Postdienstleistungen verdeutlichen, daß die Subventionierung des traditionellen Postwesens durch den Telefondienst, infolge des geringen Anteils der privaten Haushalte an der Nachfrage nach den traditionellen Postdiensten und ihres relativ hohen Anteils an der Telefonnachfrage, de facto eine Subventionierung des gewerblich öffentlichen Sektors durch die privaten Haushalte bedeutet[67]. Innerhalb des Briefdienstes werden die tarifbegünstigten Sendungen (z.B. Massendrucksachen, Büchersendungen) ebenfalls überwiegend von den gewerblichen Versendern genutzt[68]; sofern diese Sendungsarten nicht zu kostendeckenden Preisen angeboten werden, finanzieren auch private Kunden diese Subventionen.

Ein weiterer Aspekt, der die Wirksamkeit der verteilungspolitischen Maßnahmen u.U. beeinträchtigt, ergibt sich durch das Ausmaß der Überwälzung verzerrter Postgebühren

---

[66] Bei positiven externen Effekten können gebundene Transfers jedoch wohlfahrtsoptimal sein, vgl. ebenda, S. 149 ff.

[67] 1982 wurden 18% der Posteinnahmen von den privaten Haushalten und 82% vom gewerblich öffentlichen Sektor entrichtet, bei den Telefoneinnahmen beliefen sich die Anteile auf jeweils 50%, vgl. Hahn, W./ Ratzenberger, R.: Verteilungswirkungen interner Subventionierung der Deutschen Bundespost, in: ifo-Schnelldienst, 37. Jg., 1984, Nr. 19, S. 17, Tabelle 4. Die privaten Haushalte sind also weniger an der Entstehung des Defizits der gelben Post beteiligt, als sie zu seiner Deckung bzw. zum Überschuß der grauen Post beitragen. Diese Daten haben sich in den letzten Jahren nicht wesentlich verändert; eine getrennte Aufschlüsselung der Post- und Fernmeldeeinnahmen ist in der neueren Untersuchung des Ifo Institutes jedoch nicht enthalten, vgl. Arnold, H.: Post- und Fernmeldegebühren in ausgewählten Wirtschaftsbereichen (= Ifo-Studien zur Verkehrswirtschaft, Nr. 23), München 1990, S. 306 ff. 1990 stammten 80% des Sendungsaufkommens im Brief- und Frachtdienst von gewerblichen und 20% von privaten Kunden, vgl. Zumwinkel, K.: Markt und Kunde im Brennpunkt - Herausforderungen der Zukunft für die Deutsche Bundespost POSTDIENST, in: Deutsche Bundespost POSTDIENST, Generaldirektion (Hrsg.): Post Forum, Dokumentation, Bd. 1: POSTDIENST, Kongreß- und Workshopbeiträge, Köln, 14. Mai bis 16. Mai 1990, Bonn o.J., S. 14.

[68] Der Anteil der privaten Sendungen am gesamten Briefdienst beträgt ca. 19%. Massendrucksachen werden hingegen zu weniger als 1% von privaten Kunden versandt.

von den Unternehmen auf die Verbraucher. Die Inzidenz allokativ verzerrter Preise ist in diesem Fall und auch allgemein jedoch kaum zu ermitteln[69].

Für eine Beurteilung der Effektivität verteilungspolitischer Maßnahmen ist neben den tatsächlichen Verteilungswirkungen auch der Einfluß entscheidend, den derartige preispolitische Maßnahmen auf das verfügbare Einkommen oder die Lebenshaltungskosten der geförderten Personen haben. Bedingt durch die in den letzten Jahren deutlich gestiegene Bedeutung des Telefons und gleichbedeutend mit der zunehmenden Substitution der Briefkommunikation der privaten Haushalte ist der Anteil der Ausgaben für die traditionellen Postdienste an den gesamten Lebenshaltungskosten mit knapp zwei Promille mittlerweile recht gering[70]. Von einem Privathaushalt werden pro Jahr durchschnittlich knapp 36 Briefe, d.h. etwa 3 Briefe im Monat versandt[71]. Es stellt sich also die Frage, ob angesichts dieser Ausgabenstruktur eine Umverteilung mittels Posttarifen überhaupt noch eine politische Rechtfertigung hat. Die Signalwirkung, die eine Tariferhöhung der gelben Post in der Öffentlichkeit hat, überschätzt jedenfalls die Bedeutung der Posttarife sowohl für die Sozial- und Verteilungspolitik als auch für die Inflationspolitik[72].

Angesichts des relativ geringen Sendungsaufkommens von privaten Kunden stellt sich auch die Frage, ob der Briefdienst bzw. die schriftliche Form der Kommunikation tatsächlich ein gesellschaftliches Grundbedürfnis darstellt. Das Telefon auch in Verbindung mit dem Telefax scheint weitaus eher den heutigen kommunikativen Bedürfnissen zu entsprechen und weist darüber hinaus geringere variable Kosten auf. Ein für alle Bevölkerungsgruppen und Landesteile einheitliches Briefentgelt hat daher auch durch die technische Entwicklung an Relevanz verloren.

Verteilungspolitische Ziele, die im Zusammenhang mit dem Postwesen auftreten, bedingen nicht die Inkaufnahme allokativer Verzerrungen und Ineffizienzen; diese Ziele sind vielmehr simultan zu verfolgen. Allgemeiner formuliert schließen sich Effizienz- und Verteilungsziele langfristig nicht gegenseitig aus[73]. Wettbewerb ist nur dann möglich und mit effizienten Ergebnissen verbunden, wenn durch die Definition von Eigentumsrechten an den Gütern ein Anreizsystem geschaffen ist. Ein effizientes Marktergebnis bedeutet dann ein maximal mögliches und sozial erwünschtes Güterangebot. Dieses Ergebnis

---

[69] Vgl. auch Neumann, K.-H.: Gebührenpolitik im Telekommunikationsbereich. Baden-Baden 1984. S. 140 ff.; Joskow, P.L./ Rose, N.L.: The Effects of Economic Regulation. in: Schmalensee, R./ Willig, R. D. (Hrsg.): Handbook of Industrial Organization. Vol. 2. Amsterdam 1989. S. 1487.

[70] Vgl. Statistisches Bundesamt (Hrsg.): Statistisches Jahrbuch 1994 für die Bundesrepublik Deutschland. Wiesbaden 1994. S. 660 f.

[71] Die Werte beziehen sich auf das Jahr 1991. Die Berechnung basiert auf einer Anzahl von 35,3 Mio. Privathaushalten im gesamten Bundesgebiet sowie auf Angaben der Generaldirektion der DBP POSTDIENST über den Anteil der von Privatkunden versandten Briefe (18,9%), Pakete (15%) und Päckchen (16%), vgl. Statistisches Bundesamt (Hrsg.): Statistisches Jahrbuch 1991 für das vereinigte Deutschland. Stuttgart 1991. S. 70.

[72] Vgl. dazu auch Wohlfahrt, R.: Die Gebührenpolitik der Deutschen Bundespost im Spannungsfeld öffentlicher und betriebswirtschaftlicher Ziele. in: Archiv für das Post- und Fernmeldewesen. 33. Jg., 1981. S. 276.

[73] Vgl. Weizsäcker, C.C. von: Was leistet die Property Rights Theorie für aktuelle wirtschaftspolitische Fragen?. in: Neumann, M. (Hrsg.): Ansprüche, Eigentums- und Verfügungsrechte (= Schriften des Vereins für Socialpolitik, N.F., Bd. 140). Berlin 1984. S. 123 ff.

kommt nicht zustande, wenn dem Güterkonsum oder der Umverteilung keine Beschränkung, die ja letztlich zur Erzielung eines höheren Konsumlevels führt, auferlegt wird[74]. Die Verfolgung des Effizienzziels ist mithin auch unter Verteilungsgesichtspunkten optimal, da sie einen maximalen Verteilungsspielraum schafft.

Für die Postpolitik bedeutet dies, daß Allokations- und Verteilungsfragen gleichermaßen und parallel in der Unternehmenspolitik berücksichtigt werden müssen. Eine effiziente Unternehmensführung sollte im Interesse der Unternehmenseigner und der Allgemeinheit, die ja in diesem Fall identisch sind, angestrebt werden. Sofern darüber hinaus verteilungspolitische Ziele von dem Unternehmen zu erfüllen sind, so ist dies mit den geringstmöglichen Effizienzeinbußen zu verwirklichen.

Die Tarifeinheit im Raum und die damit einhergehende interne Subventionierung ist also allokations- und verteilungspolitisch fragwürdig und mit den aufgezeigten erheblichen Nachteilen verbunden. Aber selbst wenn aus politischen Erwägungen daran bzw. an bestimmten Postdienstleistungen zu nicht kostendeckenden Preisen festgehalten wird, so ist damit keine Rechtfertigung für den Fortbestand institutioneller Marktzutrittsschranken im Postsektor gegeben.

Es ist unwahrscheinlich, daß eine Aufhebung der Verpflichtung zur Tarifeinheit eine vollständige Abkehr von übersichtlichen, einheitlichen Tarifen zur Folge hätte. Im Massengeschäft des Brief- und Paketverkehrs sind transparente und einfache Tarifstrukturen sowohl zur Orientierung für die Kunden als auch zur Minimierung der mit einem Tarifsystem verbundenen Transaktionskosten für den Anbieter erforderlich. Gesonderte Preisvereinbarungen und Rabatte für Großkunden wären allerdings aufgrund der Kostenunterschiede im Vergleich zu Einzelsendungen zu erwarten, zum Teil sind sie jedoch bereits bisher tarifpolitische Praxis des Monopolanbieters gewesen.

Auch in erwerbswirtschaftlich geführten Unternehmen ist es keineswegs die Regel, daß jedes Produkt einen positiven Deckungsbeitrag erwirtschaftet. Sofern Verbundvorteile bestehen, entspricht es durchaus kaufmännischem, gewinnmaximierendem Handeln, wenn Anschluß- oder Nebenleistungen nur mit den kurzfristigen Zusatzkosten belastet werden oder im Fall profitabler Hauptleistungen sogar einen negativen Deckungsbeitrag aufweisen[75]. Ebenso sind sog. Sozialtarife nicht unvereinbar mit den Zielen gewinnorientierter Unternehmen. Zur optimalen Kapazitätsauslastung bei Unteilbarkeiten sind Preisdifferenzierungen ohnehin unverzichtbar, so daß Preisreduktionen für bestimmte Nachfragergruppen in Kombination mit zeitlicher und gegebenenfalls auch qualitativer Produktdifferenzierung durchaus denkbar sind.

---

[74] Zu dem Konzept eines Drei-Ebenen-Wettbewerbs auf der Konsum-, Produktions- und Innovationsebene vgl. Weizsäcker, C.C. von: Barriers to Entry, Berlin u.a. 1980, S. 5ff. und Weizsäcker, C.C. von: Rechte und Verhältnisse in der modernen Volkswirtschaftslehre, in: Kyklos, Vol. 34, 1981, S. 348 ff. Die Ebene der Innovation ist für den hier betrachteten Zusammenhang nicht unmittelbar relevant.

[75] Vgl. Wissenschaftlicher Beirat beim Bundesminister für Verkehr - Gruppe Verkehrswissenschaft, Gemeinwirtschaftlichkeit und Deutsche Bundesbahn, in: Zeitschrift für Verkehrswissenschaft, 59. Jg., 1988, S. 89 f.

In diesen Fällen der Preisdifferenzierung liegt, sofern jede Leistung oder jeder Leistungsverbund gerade die Zusatzkosten trägt, keine interne Subventionierung vor, so daß folglich auch keine Marktzutrittsbeschränkung zur Vermeidung ineffizienten Rosinenpickens notwendig ist. Die erwünschten Ergebnisse werden im Wettbewerb erzielt und die gemeinwirtschaftlichen Tarifauflagen müssen einem Monopolunternehmen überhaupt nur wegen seines Alleinbetriebsrechts, also der Ausschaltung des Wettbewerbs, gemacht werden[76]. Zumindest in diesen Fällen ist die Regulierungsbegründung der Notwendigkeit interner Subventionierung nicht nur nicht haltbar, sondern geradezu ad absurdum geführt; mit anderen Worten sind politisch motivierte, gemeinwirtschaftliche Auflagen dann nicht als Ursache für die Regulierung, sondern vielmehr als deren Folgen anzusehen.

IV. Schlußbetrachtungen

Die vorangegangenen Ausführungen haben verdeutlicht, daß der bisherigen Regulierung der Deutschen Post AG und ihren Vorgängerorganisationen vielfach ungerechtfertigte Begründungen und unzutreffende Annahmen zugrundeliegen. Die These eines allgemeinen Marktversagens im unregulierten Postmarkt ist daher nicht haltbar.

Es wurde gezeigt, daß im Briefdienst aller Voraussicht nach kein instabiles permanentes natürliches Monopol vorliegt. Es ist allenfalls ein lokales natürliches Monopol und dies nicht auf allen Produktionsstufen, sondern nur im Bereich der Zustellung zu vermuten. Neben den theoretischen Erwägungen sind auch die von privaten Unternehmen ohne gesetzlichen Monopolschutz angebotenen Paket-, Express-, Kurier- und Lieferdienste ein deutlicher Beweis.

Mit fortschreitenden theoretischen Erkenntnissen in der Regulierungsökonomie verstummt das Argument des natürlichen Monopols zusehends als Regulierungsrechtfertigung und damit als Begründung für unterbleibende Liberalisierung. Das zentrale Argument zur Regulierung der gelben Post ist mittlerweile in der ihr zugewiesenen Verantwortung für die Versorgung bestimmter Nachfragergruppen mit Briefdienstleistungen zu Unterkostenpreisen zu sehen. In der Tatsache, daß nicht alle Nachfrager - unabhängig von der Art und Menge der von ihnen nachgefragten Briefdienste - die Leistungen zu identischen Preisen erhalten, sehen die Politik und einige gesellschaftliche Gruppen ein Marktversagen - in Unkenntnis oder zumindest abweichend von der eigentlichen Definition des Begriffs. Eine Monopolisierung des Postmarktes zum Zweck der internen Subventionierung ist jedoch ineffizient, ineffektiv und überflüssig.

Aus gesamtwirtschaftlicher Sicht ist es daher geboten, das staatlich garantierte Monopol im Briefdienst zumindest zu lockern und zu einer marktnäheren Regulierung überzugehen. Eine derartige Regulierung bietet nach wie vor die Möglichkeit, bestimmte gesellschaftliche bzw. politische Ziele im Rahmen der Postpolitik zu verfolgen. Eine direkte Subventionierung bestimmter Preise bzw. Nachfrager ist ebenso denkbar wie Infrastrukturauflagen für den dominanten Anbieter oder alle Anbieter.

[76] Vgl. ebenda, S. 90.

Bei der Umsetzung derartiger Anforderungen der Politik oder einzelner, vor allem regionalpolitischer Interessen wie einheitliche Preise (ungeachtet der Siedlungsdichte), die der Markt ohne regulierende Eingriffe nicht hervorbringt, gibt es jedoch zu marktwirtschaftlich orientierten, institutionellen Regelungen wie in Teil 3 dieses Bandes aufgezeigt, keine effiziente Alternative. Staatliche Eingriffe und Monopolrechte in der heutigen Form sind für die Erreichung der o.g. Ziele nicht erforderlich und gesamtwirtschaftlich sowie für die Entwicklung des Postmarktes schädlich.

Literaturverzeichnis

Albon. R.: Postal Rate-Making Procedures and Outcomes in Various Countries. in: Crew. M.A./ Kleindorfer. P.R. (Hrsg.) : Competition and Innovation in Postal Services. Boston 1991 S. 233- 249.

Arnold. H.: Post- und Fernmeldegebühren in ausgewählten Wirtschaftsbereichen (= Ifo-Studien zur Verkehrswirtschaft. Nr. 23). München 1990.

Bain. J.S.: Barriers to New Competition. Cambridge. Mass., 1956.

Baumol. W.J.: On the Proper Cost Tests for Natural Monopoly in a Multiproduct Industry. in: American Economic Review. Vol. 67. 1977. S. 809-822.

Baumol. W.J.: Contestable Markets: An Uprising in the Theory of Industry Structure, in: American Economic Review, Vol. 72. 1982, S. 1-15.

Baumol, W.J./ Panzar, J.C./ Willig. R.D.: Contestable Markets and the Theory of Industry Structure. New York 1982.

Blankart. Ch.B.: Privatisierung im Postwesen: Möglichkeiten und Grenzen. in: Windisch. R. (Hrsg.): Privatisierung natürlicher Monopole im Bereich von Bahn. Post und Telekommunikation. Tübingen 1987. S. 205-244.

Braeutigam. R.R.: Optimal Policies for Natural Monopolies. in: Schmalensee. R./ Willig. R.D. (Hrsg.): Handbook of Industrial Organization. Vol. 2. Amsterdam 1989. S. 1289-1436.

Braubach. U.: Deregulierung der Postdienste. Köln 1992.

Browning. E.K.: The Externality Argument for In-Kind Transfers: Some Critical Remarks. in: Kyklos. Vol. 28. 1975, S. 526-544.

Coase. R.: The Problem of Social Cost. in: Journal of Law and Economics. Vol. 3, 1960. S. 1-44.

Demsetz. H.: Why regulate Utilities?. in: Journal of Law and Economics. Vol. 11. 1968. S. 55-65.

Dobbs. J./ Richards. P.: Assessing the Welfare Effects of Entry into Letter Delivery. in: Crew. M.A./ Kleindorfer. P.R.: Competition and Innovation in Postal Services. Boston 1991. S. 61-87.

Ehrmann. T.: Transaktionskostenökonomie. Märkte und Institutionen - Überlegungen und Anwendungsbeispiele. in: Zeitschrift für Wirtschaftspolitik. 38. Jg.. 1989. Heft 2. S. 23-43.

Estrin. S./ de Meza. D.: Delivering Letters: Should it be decriminalized?. in: Crew. M.A./ Kleindorfer. P.R.: Competition and Innovation in Postal Services. Boston 1991.

Faulhaber. G.R.: Cross-Subsidization: Pricing in Public Enterprises. in: American Economic Review. Vol. 65. 1975. S. 966-977.

Fuss. M.A.: Cost Allocation: How can the Costs of Postal Services Be Determined ?. in: Sherman. R. (Hrsg.): Perspectives on Postal Service Issues. Washington. D.C. 1980. S. 30-46.

Gupta, S.N./ Gupta. J.N.D.: Economies of Scale and Economies of Scope in the US Postal Service. in: Engineering Costs and Production Economics. Vol. 8. 1985, S. 269-280.

Hahn. W./ Ratzenberger. R.: Verteilungswirkungen interner Subventionierung der Deutschen Bundespost., in: ifo-Schnelldienst. 37. Jg., 1984. Nr. 19. S. 13-25.

Haldi. J.: Postal Monopoly. An Assessment of the Private Express Statutes. Washington D.C. 1974.

Herrmann. E.: Die Deutsche Bundespost. Baden-Baden 1986.

Hirshleifer. J./ DeHaven. J.C./ Milliman. J.W.: Water Supply: Economics. Technology and Policy. Chicago 1960.

Joskow, P.L./ Rose. N.L.: The Effects of Economic Regulation. in: Schmalensee. R./ Willig. R. D. (Hrsg.): Handbook of Industrial Organization. Vol. 2. Amsterdam 1989, S. 1449-1506.

Kaufer. E.: Theorie der öffentlichen Regulierung. München 1980.

Knieps. G.: Dienstleistungspolitik der Deutschen Bundespost und Ordnungspolitik, in: Diederich. H./ Hamm. W./ Zohlnhöfer. W. (Hrsg.): Die Deutsche Bundespost im Spannungsfeld der Wirtschaftspolitik. Heidelberg 1987. S. 129-175.

Knieps. G.: Zur Problematik der internen Subventionierung in öffentlichen Unternehmen. in: Finanzarchiv. N.F.. Bd. 45. Heft 2. 1987. S. 268-283.

Krakowski. M.: Theoretische Grundlagen der Regulierung. in: Krakowski. M. (Hrsg.): Regulierung in der Bundesrepublik Deutschland. Hamburg 1988.

Kruse. J.: Ökonomie der Monopolregulierung. Göttingen 1985.

Kruse. J.: Ordnungstheoretische Grundlagen der Deregulierung. in: Seidenfus. H.St. (Hrsg.): Deregulierung - eine Herausforderung an die Wirtschafts- und Sozialpolitik in der Marktwirtschaft (= Schriften des Vereins für Socialpolitik. N.F.. Bd. 184). Berlin 1989.

Mackscheidt. K.: Transfers II. in: WiSu. 12. Jg.. 1983. S. 87-91.

Müller. J./ Vogelsang. I.: Staatliche Regulierung. Baden-Baden 1979.

Neumann. K.-H.: Gebührenpolitik im Telekommunikationsbereich. Baden-Baden 1984.

Owen. B.M./ Willig. R.D.: Economics and Postal Pricing Policy. in: Fleishman. J. L. (Hrsg.): The Future of the Postal Service. New York 1983. S. 227-245.

Panzar. J.C.: Is Postal Services a Natural Monopoly?. in: Crew. M.A./ Kleindorfer. P.R. (Hrsg.): Competition and Innovation in Postal Services. Boston 1991. S. 219-228.

Panzar. J.C./ Willig. R.D.: Economies of Scale in Multi-Output Production. in: Quarterly Journal of Economics. Vol. 91. 1977. S. 481-493.

Panzar. J.C./ Willig. R.D.: Economies of Scope. in: American Economic Review. Papers and Proceedings. Vol. 71. 1981. S. 268-272.

Pommerehne. W.W.: Gebundene vs. freie Geldtransfers: Eine Fallstudie. in: Weizsäcker. C.C. von (Hrsg.): Staat und Wirtschaft (= Schriften des Vereins für Socialpolitik. N.F.. Bd. 102). Berlin 1979. S. 147-164.

Posner. R.A.: A Statistical Study for Antitrust Enforcement. in: Journal of Law and Economics. Vol. 13. 1970. S. 365-419.

Posner. R.A.: Natural Monopoly and It's Regulation. in: Stanford Law Review. Vol. 21. 1969, S. 548-643.

Ramsey. F.: A Contribution to the Theory of Taxation. in: The Economic Journal. 1927. Heft 3. S. 47-61.

Richards. P.: Pricing Regulation of Letter Services - The Impact on Prices. Profits and Efficiency (= Vortrag beim Wissenschaftlichen Institut für Kommunikationsdienste vom 7. Dezember 1989). o.O. 1989.

Schmidtchen. D.: Gebührenpolitik der Deutschen Bundespost und Ordnungspolitik. in: Diederich. H./ Hamm. W./ Zohlnhöfer. W. (Hrsg.): Die Deutsche Bundespost im Spannungsfeld der Wirtschaftspolitik. Heidelberg 1987. S. 221-281.

Sharkey. W.: The Theory of Natural Monopoly. Cambridge. Mass. 1982.

Shepherd. W.G.: "Contestability" vs. Competition. in: American Economic Review. Vol. 74. 1984, S. 572-587.

Sherman. R.: The regulation of monopoly. Cambridge 1989.

Statistisches Bundesamt (Hrsg.): Statistisches Jahrbuch 1991 für das vereinigte Deutschland. Stuttgart 1991.

Statistisches Bundesamt (Hrsg.): Statistisches Jahrbuch 1994 für die Bundesrepublik Deutschland. Wiesbaden 1994.

Vickers. J./ Yarrow. G.: Privatization: An Economic Analysis. Cambridge. Mass. 1988.

Waterson. M.: Recent Developments in the Theory of Natural Monopoly. in: Journal of Economic Surveys, 1987. Vol. 1. S. 59-80.

Weizsäcker. C.C. von: Barriers to Entry. Berlin u.a. 1980.

Weizsäcker. C.C. von: Rechte und Verhältnisse in der modernen Volkswirtschaftslehre. in: Kyklos. Vol. 34. 1981. S. 345-376.

Weizsäcker. C.C. von: Was leistet die Property Rights Theorie für aktuelle wirtschaftspolitische Fragen?, in: Neumann. M. (Hrsg.): Ansprüche. Eigentums- und Verfügungsrechte (= Schriften des Vereins für Socialpolitik. N.F.. Bd. 140). Berlin 1984. S. 123-152.

Weizsäcker, C.C. von.: Deregulierung und Privatisierung als Ziele und Instrumente der Ordnungspolitik, in: Vogel, O. (Hrsg.): Deregulierung und Privatisierung. Köln 1988. S. 11-20.

Willig, R.D.: What Can Markets Control?. in: Sherman, R. (Hrsg.): Perspectives on Postal Service Issues. Washington, D. C. 1980, S. 137-159.

Windisch, R.: Privatisierung natürlicher Monopole: Theoretische Grundlage und Kriterien, in: Windisch, R. (Hrsg.): Privatisierung natürlicher Monopole im Bereich von Bahn, Post und Telekommunikation. Tübingen 1987.

Wissenschaftlicher Beirat beim Bundesminister für Verkehr - Gruppe Verkehrswissenschaft: Gemeinwirtschaftlichkeit und Deutsche Bundesbahn, in: Zeitschrift für Verkehrswissenschaft, 59. Jg., 1988, S. 81-97.

Wohlfahrt, R.: Die Gebührenpolitik der Deutschen Bundespost im Spannungsfeld öffentlicher und betriebswirtschaftlicher Ziele, in: Archiv für das Post- und Fernmeldewesen, 33. Jg., 1981, S. 272-277.

Zumwinkel, K.: Markt und Kunde im Brennpunkt - Herausforderungen der Zukunft für die Deutsche Bundespost POSTDIENST, in: Deutsche Bundespost POSTDIENST, Generaldirektion (Hrsg.): Post Forum, Dokumentation, Bd. 1: POSTDIENST, Kongreß- und Workshopbeiträge, Köln, 14. Mai bis 16. Mai 1990, Bonn o.J., S. 14-21.

Produktions- und Angebotsstrukturen im Postsektor (Hofmann)

I. Produktionsstrukturen
   I.1. Die postalischen Produktionsstufen
   I.2. Für und Wider einer vertikalen Integration der Produktion
   I.2.1. Technologische Verbundvorteile im Postsektor
   I.2.2. Entbündelung der Produktion und Transaktionskosten

II. Angebotsstrukturen
   II.1. Strukturierung postalischer Dienstleistungsmärkte
   II.2. Die Märkte für Briefbeförderungen
   II.3. Die Märkte für die Beförderung von Kleingut
   II.4. Zeitungs- und Zeitschriftendistribution

Produktions- und Angebotsstrukturen im Postsektor

Heinrich Hofmann*

I. Produktionsstrukturen

I.1. Die postalischen Produktionsstufen

Postalische Dienste stellen eine besondere Form der Beförderungsdienstleistungen dar, die sich von anderen Serviceleistungen darin unterscheiden, daß das beauftragte Unternehmen gewissermaßen zwei "Kunden" hat - einen (auftraggebenden) Versender eines Briefes oder einer Ware und einen Empfänger, für den die Sendung bestimmt ist. Zwar ist lediglich der für die Leistung zahlende Versender in einem engeren Sinne als Kunde "der Post" oder eines privaten Dienstleisters anzusehen, doch auch der Empfänger betrachtet sich subjektiv als Kunde, der bei schlechter Leistungserfüllung (z. B. lange Laufzeit, Beschädigung) alles Recht zur Beschwerde hat, obwohl er nicht der zahlende Auftraggeber ist. Diese Wahrnehmung ist, zumindest im Falle staatlicher Postdienste, in aller Regel nicht unberechtigt, da postalische Dienstleistungen gewissermaßen eine Infrastruktur darstellen, die ein Teil des täglichen Lebens ist und von jedermann mehr oder weniger intensiv in Anspruch genommen wird, und zwar sowohl als Empfänger, als auch, zu anderen Gelegenheiten, als (zahlender) Versender.

Die Existenz sowohl eines versendenden, als auch eines empfangenden Kunden weist bereits auf den Charakter der Produktionsstrukturen im Postsektor hin: Die Produktion der Dienstleistung beschränkt sich nicht auf *einen* Ort, sondern findet zumindest in zwei Umgebungen statt: dem Ort der Versendung und dem Ort des Empfangs des beförderten Briefes oder Gutes. Zwischen den Produktionsaktivitäten am Versendungsort einerseits und am Empfangsort andererseits muß notwendigerweise noch eine Strecken-Transportleistung liegen. Damit wird deutlich, daß die Produktion postalischer Dienste nicht uno actu erfolgt, sondern in einer Abfolge von Aktivitäten, die durchaus den Charakter vertikaler Produktionsstufen besitzt.

Folgende vertikale Produktionsstufen können, unter Auslassung von Zwischenstufen oder (nationalen) Besonderheiten generell unterschieden werden:

Einsammeln der Sendungsstücke von Briefkästen und nicht-zentralen Ämtern/ Einlieferungsstellen.

Ausgangssortierung in einem dafür vorgesehenen Ausgangsamt/Sortierzentrum.

Transport zwischen Ausgangsamt/Sortierzentrum in A und Eingangsamt/Sortierzentrum in C, eventuell mit Zwischenumschlag/Sortierung in B.

---

* Bundesamt für Post und Telekommunikation, Mainz. Der Beitrag gibt die persönliche Auffassung des Verfassers wieder.

Eingangssortierung, je nach Tiefe der Ausgangssortierung entweder (i) zweistufig: nach Ortschaften/Bezirken und sodann nach Postfach oder Straße/Hausnummer; oder (ii) einstufig: nur nach Postfach sowie Straße/Hausnummer.

Zustellung zum Empfänger.

Diese im Prinzip fünfstufige Produktionsabfolge ist für jenen überwiegenden Teil des Postsektors typisch, innerhalb dessen standardisierte, täglich wiederkehrende Massenvorgänge (Briefe, Päckchen/Pakete) bearbeitet und befördert werden. Es gibt indes auch postalische Dienstleistungen, die dieser Produktionsstruktur nicht unterliegen; dabei handelt es sich um die Beförderung von Mitteilungen oder Kleingut mit einem relativ hohen Individualitätsgrad, wie z.B. Kuriersendungen. Dieser letztere, vom Volumen her wenig ins Gewicht fallende Ausschnitt aus dem Postsektor, wird in der sich anschließenden Diskussion der Produktionsstrukturen unberücksichtigt bleiben.

Postalische Dienstleistungen werden innerhalb bestimmter Angebots- und Marktsegmente erbracht, die wiederum unterschiedlichen regulierungspolitischen Grundbedingungen unterworfen sind. So besteht in nahezu allen Staaten der Erde (Ausnahmen: Finnland und Schweden) für das Marktsegment des Briefdienstes ein mehr oder minder weit geschnittener Beförderungsvorbehalt für den staatlichen Postdienst. In der Bundesrepublik bezieht sich der Ausschließlichkeitsbereich der Deutschen Post AG nach geltendem Recht auf adressierte schriftliche Mitteilungen aller Formate und Gewichtsklassen sowie auf alle Arten von Briefpost, seien es nun volltarifierte Briefe oder Massensendungen ("Infopost") zu reduzierten Tarifen[1].

Ein rechtlich abgesicherter Wettbewerbsschutz besteht dagegen nicht im Marktsegment der Beförderung von Kleingut (Päckchen und Pakete bis zu einer definierten Umfangs-/Gewichtsobergrenze). Hier ist die Deutsche Post AG, wie die staatlichen Postverwaltungen bzw. -unternehmen in den meisten anderen Staaten auch, dem Wettbewerb durch leistungsfähige private Anbieter ausgesetzt. Gleichwohl besteht für die Deutsche Post AG - im Gegensatz zu ihren Konkurrenten - teilweise die Verpflichtung, diese Leistung jedermann zu sozialstaatlich vertretbaren Preisen nach dem Grundsatz der Tarifeinheit im Raum anzubieten ("Pflichtleistung"). Für ein weiteres Marktsegment, die Distribution von Zeitungen und Zeitschriften, existiert ebenfalls kein rechtlicher Wettbewerbsschutz. Diese Leistung wird jedoch von der Deutschen Post AG (noch) zu weit kostenunterdeckenden Preisen erbracht, eine Subventionierung, die politisch gewollt ist und mit der Sicherstellung der Presse- und Meinungsvielfalt begründet wird, so daß hier preisliche Marktzutritts- und Wettbewerbsbarrieren vorliegen (vgl. Abschnitt II.4.).

Die Existenz von monopolistischen Marktsegmenten einerseits und von Wettbewerbsmärkten andererseits bleibt nicht ohne Auswirkungen auf die Diskussion der Produktionsstrukturen im Postsektor. In diesem Zusammenhang ist es wichtig, sich vor Augen zu führen, daß die Einräumung eines Wettbewerbsschutzes theoretisch mit dem Vorliegen eines *natürlichen Monopols* einerseits sowie der dem Unternehmen notwendig

---

[1] Zu Einschränkungen des Beförderungsvorbehalts vgl. II.2., die Fußnoten 11 f. sowie den Beitrag von Jürgen Plagemann in diesem Sammelband.

einzuräumenden Möglichkeit *interner Subventionierungen* andererseits begründet wird. Da sich jedoch mit dem Argument des natürlichen Monopols ein auch *rechtlich abgesicherter* Wettbewerbsschutz nicht aufrechterhalten läßt[2], konzentrieren sich die postökonomischen Begründungen für das Monopol auf die Notwendigkeit interner Subventionierungen: Aufgrund der universellen Leistungsverpflichtung staatlicher Postunternehmen (Flächendeckung bei Zugang und Zustellung, Kontrahierungszwang, sozialstaatlich vertretbare *Einheitspreise im Raum*) können bestimmte Leistungen (z.B. der Briefdienst von und nach strukturschwachen, wenig besiedelten ländlichen Regionen) nicht kostendeckend erbracht werden. Diese Defizite müssen durch gewinnbringende Beförderungen, z.B. innerhalb und zwischen Ballungsräumen, kompensiert werden. Bestünde der Wettbewerbsschutz nicht, so würden die dann in den Markt eintretenden Anbieter sich die Rosinen der Bedienung hochrentabler Strecken picken und der Deutschen Post AG profitable Nachfrage zur internen Subventionierung kostenunterdeckender Leistungen entziehen.

Im Zusammenhang mit der internen Subventionierung defizitärer Leistungen stellt sich indes das kaum lösbare Problem, daß das mit Monopolrechten ausgestattete Unternehmen versuchen wird, aus den Monopoleinnahmen auch andere, über die "legitimen" regionalen Ausgleiche innerhalb des Briefdienstes hinausgehende Leistungen querzusubventionieren (z.B. Massensendungen, Frachtdienst, Zeitungsdienst). Für außenstehende Mitkonkurrenten, Regulierungs- oder Wettbewerbskontrollinstanzen ist es so gut wie unmöglich, den gesicherten Nachweis einer wettbewerbsverzerrenden Quersubventionierung bestimmter Leistungen zu führen. Interne Subventionierungen, die über den engen, postökonomisch gerechtfertigten Zweck hinausgehen, ziehen den Nachteil gesamtwirtschaftlicher Wohlfahrtsverluste nach sich: Sie führen zu Wettbewerbsverzerrungen und zu einer Fehlallokation von Ressourcen, da Gruppen von Postbenutzern Nachfrage- und Investitionsentscheidungen treffen, die die realen Knappheitsrelationen nicht reflektieren.

Der mit der Notwendigkeit interner Subventionierungen postökonomisch begründete Wettbewerbsschutz ist in der Bundesrepublik Deutschland im Beförderungvorbehalt des § 2 des Gesetzes über das Postwesen (Postgesetz - PostgG) rechtlich niedergelegt. Danach ist das "Errichten und Betreiben von Einrichtungen zur entgeltlichen Beförderung von schriftlichen Mitteilungen oder sonstigen Nachrichten von Person zu Person dem Nachfolgeunternehmen der Deutschen Bundespost POSTDIENST bis zum Auslaufen des Beförderungsvorbehalts ausschließlich vorbehalten." Als "Beförderung" ist dabei "jede Tätigkeit anzusehen, die dem Einsammeln, Weiterleiten oder Ausliefern der Sendungen an den Empfänger dient." Somit begeht nach dem Wortlaut des gesetzlichen Beförderungsvorbehaltes eine mit einer Geldbuße von bis zu DM 10 000,-- sanktionierte Ordnungswidrigkeit nicht nur, wer einen parallelen Biefdienst über alle Produktionsstufen hinweg betreibt; auch ein Anbieter, der sich nur auf einer der Produktionsstufen bewegt, also nur einsammelt, nur transportiert oder nur zustellt, verstieße gegen den Beförderungsvorbehalt des Postgesetzes.[3]

---

[2] Zur Problematik natürlicher Monopole im Postsektor vgl. Braubach, U.: Deregulierung der Postdienste, Köln 1992, S. 169 ff.

[3] Vgl. hierzu aber den Beitrag von Plagemann (S. 71) in diesem Sammelband.

Aus der Gesetzeslage ergibt sich mithin bereits eine gewisse Disposition dafür, daß sich der staatliche, mit einem Wettbewerbsschutz versehene Anbieter eine vertikal integrierte Produktionsweise zu eigen macht, indem er die fünfstufige Kette der Leistungserstellung in einer Hand behält. Dies ist allerdings - auch unter den gegebenen Bedingungen - nicht zwingend. Eine "Injektion" von Wettbewerb könnte auch innerhalb der monopolistischen Strukturen vom Postunternehmen selbst vorgenommen werden, indem es Teile einzelner Leistungsstufen, z.B. den Transport auf bestimmten Strecken, an Subunternehmer vergäbe, von denen der mit dem im Wettbewerb günstigsten Gebot zum Zuge käme. Denn abstrakt betrachtet ist die vertikale Integration Ergebnis einer auf jeder Produktionsstufe zu treffenden Entscheidung, die in der neueren Terminologie als "make or buy-decision" bezeichnet wird und die offensichtlich stets zugunsten des "make" ausging. Wären indes die Kosten des Kaufs, einschließlich seiner Transaktionskosten (für Ausschreibungen, Verträge, ständige Kontakte, Qualitätsüberwachung usw.), niedriger als die Kosten der Eigenherstellung, so wäre es durchaus rational sich für das "buy" bzw. das "outsourcing" zu entscheiden. Voraussetzung einer solchen Entscheidungsfindung ist selbstverständlich eine hoch entwickelte Kostenrechnung, die die Produktion zu "entbündeln" in der Lage ist und Informationen über Gesamt-, Stück- und Grenzkosten auf jeder einzelnen Produktionsstufe zur Verfügung stellt. Zumindest in der Bundesrepublik scheint der Übergang von einer staatlichen Post*verwaltung* zu einem Post*unternehmen* historisch noch zu kurz, um über derart ausgereifte Kostenrechnungssysteme verfügen zu können.

Die aus langer Tradition gewachsene schiere Größe der Deutschen Post AG und der ihr nach wie vor eingeräumte Wettbewerbsschutz - dem allerdings unrentable universelle Leistungsverpflichtungen gegenüberstehen - machen das Unternehmen zum dominanten Einzelanbieter auf den drei großen postalischen Teilsegmenten Briefdienst, Frachtdienst und Zeitungsdistribution. Wenn nun ein solcher Anbieter eine vertikal integrierte Produktionsstruktur aufweist, d.h. die einzelnen Glieder der Leistungskette in eigener Hand behält, so stellt sich die Frage, ob sich damit auch die *effizienteste* Organisation der Leistungserstellung etabliert hat, eine Produktionsstruktur, die auch im Wettbewerb zustandekäme. Mit dieser Frage werden sich die folgenden Ausführungen auseinandersetzen.

I.2. Für und Wider einer vertikalen Integration der Produktion

Zur Einschätzung der Frage, ob eine vertikal integrierte Produktion die effizienteste Struktur darstellt, ist im Postsektor vor allem zu klären, (i) ob eine solche Produktionsform *technologische Verbundvorteile* aufweist und (ii) ob die Kosten einer vertikal integrierten Leistungserstellung geringer sind, als die Gesamtkosten "entbündelter" Produktion, unter Beteiligung mehrerer Unternehmen, einschließlich der anfallenden *Transaktionskosten*.

I.2.1. Technologische Verbundvorteile im Postsektor ?

Gute Argumente *für* die Integration (zweier) aufeinanderfolgender Produktionsstufen sind immer dann gegeben, wenn das zur Diskussion stehende Unternehmen langlebige, transaktions- bzw. marktirreversible Investitionen vorzunehmen hatte. Solche Kostenirreversibilitäten fallen beispielsweise in der Elektrizitätsversorgung, bei den Eisenbahnen oder in der Telekommunikation an, wo "hochspezialisierte" und unwiederbringliche (Netz-) Investitionen für einen hohen Anteil dieser "versunkenen Kosten" (sunk costs) sorgen. Integration führt unter diesen Bedingungen noch am ehesten aus dem Dilemma heraus, das sich bei Trennung der Produktion (zwei oder mehr Unternehmen) über die Stufen hinweg ergibt: An sich wünschenswert (und der Integration gleichwertig) wären bei einer solchen Konstellation langfristige vertragliche Bindungen zwischen den beteiligten Unternehmen, um für den Bereitsteller des Grundnetzes das Vertrauen in die Amortisierung seiner marktirreversiblen Investition herzustellen. Da langfristige Verträge aber nicht alle in der Zukunft möglichen neuen Sachverhalte und Eventualitäten vorhersehen und abdecken können, wird es bei den unvermeidlich sich einstellenden Vertragslücken zu Konflikten zwischen den Vertragspartnern und damit zu opportunistischem Verhalten und Kosteneineffizienz kommen. Vertikale Integration kann hier einen Ausweg bereitstellen.[4]

Die Grundkonstellation eines hohen Anteils von Marktirreversibilitäten, die aus theoretischer Sicht in bestimmten Bereichen für eine vertikale Integration der Produktion spricht, ist jedoch im Postsektor nicht gegeben: Das "Netz" des Postdienstes sind die öffentlichen Straßen, die Schienenwege der Eisenbahn und Luftverkehrsverbindungen, Infrastruktureinrichtungen, die privaten und gewerblichen Nutzern und Nutzergruppen gleichermaßen offenstehen. Soweit die Beförderung auf diesem Netz mit eigenen Fahrzeugen erfolgt, sind die damit verbundenen Investitionskosten durch die jederzeit gegebene Möglichkeit der Weiterveräußerung abgesichert. Die Investitionskosten für Netzknotenpunkte in Form von Postämtern oder Sortier-/Umschlagzentren sind ebenfalls nicht irreversibel, da die Gebäude auch für andere Verwendungen verkauft oder vermietet werden können. Eine begrenzte Irreversibilität ergibt sich lediglich durch den Einsatz von elektronischen Sortieranlagen, die jedoch nur einen relativ kleinen Anteil am Investitionsbudget repräsentieren dürften. Sie stellen zwar ein bewegliches Gut dar, so daß sie z.B. bei einem regional begrenzten Marktaustritt an anderer Stelle wieder eingesetzt werden können, im Falle einer signifikanten Unterauslastung oder eines globalen Marktaustritts - letzteres ist eine gänzlich unrealistische Annahme - wären sie aber kaum weiterzuveräußern. Allerdings darf nicht verkannt werden, daß das öffentliche Dienstrecht, dem die Unternehmen der Deutschen Bundespost unterlagen, die Wirkung von Irreversibilitäten im Personalbereich entfaltete, wodurch auf absehbare Zeit auch die unternehmerische Flexibilität der Deutschen Post AG beeinträchtigt wird. Faktische oder potentielle Wettbewerber der Deutschen Post AG weisen diese Art von Irreversibilitäten nicht auf.

---

[4] So jedenfalls die Argumentation Williamsons; vgl. Williamson, O.E.: The Vertical Integration of Production: Market Failure Considerations, in: American Economic Review, vol. 61, 1971, S. 114 ff.

Aufgrund des äußerst geringen Anteils von "sunk costs" im Postsektor können technologische Verbundvorteile, für deren Validität Marktirreversibilitäten ausschlaggebend sind, nicht zur Begründung einer vertikalen Integration als effizientere Produktionsstruktur herangezogen werden. Aus dieser Sicht spräche vieles für die "Entbündelung" der Produktion.

I.2.2. Entbündelung der Produktion und Transaktionskosten

Weniger eindeutig liegen die Dinge, wenn es darum geht zu überprüfen, ob die bei vertikaler Integration sich ergebenden Gesamtkosten geringer sind, als die Gesamtkosten einer desintegrierten Produktion, einschließlich der Transaktionskosten.

Zunächst einmal ist es, zur Annäherung an diese Frage erforderlich, sich die einzelnen Produktionsstufen als eigenständige Märkte oder Marktsegmente vorzustellen, auf denen neben dem etablierten Anbieter (Deutsche Post AG) andere private Leistungsanbieter um die Kundennachfrage konkurrieren. Dabei stellt es ein durchaus denkbares Ergebnis dar, daß ein (kleinerer) Teil des Brief-Beförderungsvolumens seinen Weg vom Versender zum Empfänger nimmt *ohne Beteiligung des etablierten Postdienstes* auf irgendeiner der zu absolvierenden Stufen. Dies könnte sich etwa in Form der sogenannten "Document Exchanges" ausgestalten, die bereits heute in Großbritannien mit Erfolg operieren, ohne den etablierten Postdienst "Royal Mail", der zudem über einen deutlich enger geschnittenen reservierten Bereich verfügt, daran zu hindern, seit Jahren positive Betriebsergebnisse zu erzielen.[5] In der Bundesrepublik stehen die derzeitigen postrechtlichen Konstellationen und deren bisherige Auslegung der Einführung einer solchen innovativen Variante eines Briefdienstes entgegen.

Der Regelfall einer Briefbeförderung unter Wettbewerbsbedingungen auf den einzelnen Produktionsstufen ist sich allerdings so vorzustellen, daß *der etablierte Anbieter auf einer oder mehreren Stufen der Dienstleistungskette beteiligt sein wird,* am häufigsten vermutlich bei der Endzustellung, da dort die Größenvorteile eines staatlichen Postdienstes am ausgeprägtesten sind[6]. Am Knotenpunkt des Überganges von einer Stufe auf die andere stellt sich dann eine Reihe von Problemen, u.a. die *Frage des Abschlags (Discounts)*, den der vorgelagerte Dienstleister für seine, dem staatlichen Postdienst kosteneinsparende Leistung erhält. Das Problem der Rabattierung für erbrachte vorgelagerte Leistungen steht zwar im Zentrum der Diskussion um die Einführung der Vorteile des Wettbewerbs auf den Stufen der postalischen Leistungskette, gleichzeitig stellt sich damit aber auch die Frage, wie sich die Beziehungen zwischen Kunden und Post bzw. privaten

---

[5] Document Exchanges, die es auch in Australien, Belgien, Frankreich, Hongkong und Neuseeland gibt, sind geschlossene Nutzersysteme, über die sich die Teilnehmer gegenseitig Briefe und Päckchen zusenden können. Die Ein- und Auslieferung erfolgt über zentrale Postfächer: Post an einen anderen Teilnehmer in B wird zu der Postfachanlage in A aufgeliefert und dabei die von anderen Teilnehmern eingegangene Post abgeholt. Der Brief wird zusammen mit der anderen nach B gerichteten Post zur zentralen Postfachanlage in B transportiert, dort auf die Teilnehmerpostfächer verteilt und vom Adressaten abgeholt, der dabei seinerseits seine Post an andere Teilnehmer aufgibt.

[6] Vgl. hierzu auch Braubach, U.: Deregulierung der Postdienste, a.a.O., Kapitel 4 und die dort angegebene Literatur.

Wettbewerbern gestalten sollen, ohne in Unübersichtlichkeit und Inpraktikabilität zu verfallen. Mehrere Ausprägungsformen sind denkbar:

Ein Teil der Konsumenten, z.B. die privaten Postkunden, werden ihre Briefpost nach wie vor vom Briefeinwurf bis zur Zustellung ausschließlich durch den etablierten Postbetreiber (Deutsche Post AG) befördern lassen. Ein anderer Teil von Briefversendern, vor allem gewerbliche, werden private Dienstleister einschalten, die z.B. die Tagespost im Unternehmen abholen (Stufe des Einsammelns) und die nachgelagerten Bearbeitungsstufen entweder (i) an den staatlichen Postdienst übergeben oder (ii) durch kooperierende andere private Dienstleister durchführen lassen oder (iii) selbst übernehmen. Wie soll jedoch bei der möglichen Vielfalt marktmäßiger Beziehungen zwischen Kunden und den verschiedenen Dienstleistern das Beförderungsentgelt entrichtet werden, ohne ein Übermaß an Transaktionskosten hervorzurufen?

Ausgangspunkt dürfte stets das volle Entgelt des etablierten Postdienstes sein, das der Kunde entrichtet. Einnahmequelle der privaten Dienstleister sind Rabattzahlungen des etablierten Postdienstes für erbrachte Vorleistungen. Was hat jedoch der Kunde von dieser Entbündelung der postalischen Produktion? Zunächst kann eine deutliche Steigerung der Kosteneffizienz bei der Produktion postalischer Dienstleistungen im Wettbewerb erwartet werden, so daß Tariferhöhungen seltener vorgenommen werden können oder sogar Preissenkungen erfolgen müssen. Eine denkbare Variante wäre auch, daß kosteneffizient wirtschaftende Dienstleister ihrerseits den Kunden Rabatte auf volltarifierte Briefe einräumen, um sie zu gewinnen und zu halten. Vorstellbar ist auch eine Ablieferung (Abholung) der Post an (durch) den privaten Anbieter ohne jede Freimachung durch den Kunden (Kostenersparnis). Der Wettbewerber nimmt die Freimachung vor, absolviert die von ihm bedienten Bearbeitungsstufen und refinanziert sich aus den Rabattierungen des Postdienstes sowie der Weitergabe seiner Bearbeitungsgebühren und der Frankierungskosten an den Kunden.

An dieser Stelle sei eingeworfen, daß es in vielen Städten mit einer hohen Dichte gewerblicher Betriebe denkbar ist, daß flexible und alerte Kleinunternehmen das Einsammeln (und die Auflieferung) der Tagespost der Unternehmen in einem bestimmten Bezirk gewinnbringend übernehmen können, *ohne* für diese Vorleistung eine Rabattierung durch die Deutsche Post AG zu erhalten. Grundlage für diese Erwartung ist die Tatsache, daß versendende Unternehmen neben den Freimachungskosten auch noch Transaktionskosten für die Einspeisung ihrer Post in das Postsystem zu tragen haben (etwa durch tägliche Entsendung eines Mitarbeiters auf das Postamt). Das einsammelnde Unternehmen bräuchte für seine Dienstleistung nur einen Preis zu erheben, der etwas unterhalb der Transaktionskosten der versendenden Unternehmen liegt. Da diese Form des Einsammelns nicht dem postökonomischen Zweck des Beförderungsvorbehaltes zuwiderläuft und allen Beteiligten, einschließlich des Postdienstes, Vorteile bzw. keine Nachteile erwachsen, spricht nichts gegen die ausdrückliche Herausnahme dieser Art von postalischer Dienstleistung aus dem Beförderungsvorbehalt[7].

---

[7] So jedenfalls Altmannsperger. H. J.: Gesetz über das Postwesen. Kommentar. Heidelberg 1989. § 2 PostG. Erg.L. 22/23. Diese Sichtweise befindet sich darüber hinaus auch in Einklang mit der jüngsten Rechtsprechung des Europäischen Gerichtshofs bzw. Artikel 90 EWG-Vertrag.

Von entscheidender Bedeutung für die Einführung von Wettbewerb auf den einzelnen postalischen Produktionsstufen ist die Höhe der durch den etablierten Postdienst für die erbrachten Vorleistungen gewährten Rabattierungen, die für alle Wettbewerber, einschließlich der internen Verrechnungspreise des Postdienstes selbst, gleich zu sein haben ("non discriminatory pricing"). Für die Höhe dieser "Access Prices" gibt es theoretische Herleitungen[8], die jedoch aufgrund der gegebenen Kostenstruktur des Postdienstes konkret bestimmt werden müssen. Es versteht sich von selbst, daß die "Entbündelung" von Tarifen und Kosten hohe Anforderungen an das Kostenrechnungssystem stellt und eine falsche, d.h. zu hohe oder zu niedrige Rabattierung, äußerst schädliche Folgen haben kann - entweder für den etablierten Postdienst oder für die Entfaltung des Wettbewerbs.

Eine zentrale Rolle bei der Diskussion des Postdienstes als ein natürliches Monopol spielen die Größen- und Verbundvorteile, die der etablierte Postdienst auf den verschiedenen Produktionsstufen mehr oder minder ausgeprägt aufzuweisen hat. Diese "economies of scale and scope" könnten auch als Argument gegen das Aufbrechen der vertikalen Integration zugunsten des Wettbewerbs vorgebracht werden. Dabei ist zunächst grundsätzlich festzuhalten, daß mit Größen- und Verbundvorteilen, die ein *natürliches Monopol* konstituieren, ein *rechtlich* abgesichertes Monopol nicht begründet werden kann, da ein kosteneffizient wirtschaftendes natürliches Monopol in der Lage ist, ineffizienten Marktzutritt abzuwehren. Über das Ausmaß von Größen- und Verbundvorteilen der Deutschen Post AG liegen keine empirischen Untersuchungen vor. Ergebnisse aus anderen Ländern legen indes die Vermutung nahe, daß wesentliche *Größen*vorteile *bei den gegebenen Beförderungsvolumina* nicht mehr vorliegen[9]. Das Argument von *Verbund*vorteilen bei der Produktion durch das Mehrproduktunternehmen Post AG, soweit es in Anspruch genommen werden kann, trifft in mindestens gleichem Umfang auch für potentielle private Konkurrenten auf den einzelnen Stufen der postalischen Leistungserstellung zu. Sie würden beispielsweise realisiert durch private Verteilorganisationen von Tageszeitungen, die auch Post zustellen, oder etwa von Spediteuren oder Luftverkehrsgesellschaften, die u.a. auch Post transportieren und andere Beispiele mehr. "The cost of the present system is almost certainly higher than delivery cost under a system in which competition allowed the formation of multiproduct firms, hence the ability of customers and firms alike to reap the benefits of economies of scope"[10].

Die Alternative zum "present system" der vertikal integrierten Produktion - eine "entbündelte" Produktion mit Wettbewerb auf den einzelnen Leistungsstufen - mag, was die *reinen Erstellungskosten* angeht, kosteneffizienter sein. Entscheidend ist jedoch die Frage, ob die Produktionskosten unter Wettbewerbsbedingungen *zuzüglich* der durch die Komplizierung der Marktbeziehungen entstehenden *Transaktionskosten* immer noch günstiger liegen, als die Kosten einer vertikal integrierten Produktion unter Monopolbedingungen. Diese Frage kann derzeit nicht eindeutig beantwortet werden. Die dem recht-

[8] Vgl. z.B. Panzar, J. C.: Competition, Efficiency and the Vertical Structure of Postal Services, in: Crew, M. A./ Kleindorfer, P. R.: Regulation and the Nature of Postal and Delivery Services, Boston/ Dordrecht/ London 1993, S. 96-102 sowie den Beitrag von Pieper und Stumpf in diesem Sammelband.

[9] Vgl. Braubach, U.: Deregulierung der Postdienste, a.a.O., S. 24 f.

[10] Culp, C. L. /Geddes, R. R.: Pricing and Market Structure with Entry into the U.S. Postal Services Industry, Draft, WIK-Workshop on Postal and Delivery Economics, Daun, Juni 1993.

lich abgesicherten Monopol innewohnende geringe Kostendisziplin und Innovationsbereitschaft sowie - auf der anderen Seite - die enormen Reserven an Kosteneffizienz durch Verbundproduktion unter Wettbewerbsbedingungen, scheinen dafür zu sprechen, daß auch die Berücksichtigung der Transaktionskosten die beim Wettbewerb erzielte Kostenersparnis nicht überkompensiert. Es dürfte sich lohnen, diese Frage einem begrenzten und kontrollierten Markttest zu unterziehen.

II. Angebotsstrukturen

II.1. Strukturierung postalischer Dienstleistungsmärkte[11]

Es liegt nahe (und wurde auch schon angedeutet), daß die grundlegenden rechtlichen Gegebenheiten nicht nur bestimmte Produktionsstrukturen vorzeichnen, sondern auch wesentlichen Einfluß auf die Markt- bzw. Angebotsstrukturen im Postsektor haben. So konnte sich beispielsweise Wettbewerb und Innovation, und damit die Herausbildung neuer Angebote bzw. Produkte im reservierten Marktsegment der Beförderung von schriftlichen Mitteilungen nicht oder nur sehr begrenzt entfalten.

Wenn es darum geht, einen heterogenen Interessensgegenstand zu strukturieren, d.h. in relativ homogene Teilbereiche zu gliedern, muß stets festgelegt werden, *nach* welchen *Kriterien* die Strukturierung erfolgen soll. Mit dem Hinweis auf das reservierte Segment des Briefdienstes wurde bereits das naheliegendste Gliederungskriterium angesprochen, die Marktstrukturierung *nach der Art des beförderten Gegenstandes*. So, wie sich die Dinge historisch entwickelt haben und wie es auch der internationale Überblick bestätigt, bringt dieses Kriterium drei Angebotssegmente hervor, die als postalische Beförderungsdienstleistungen eingestuft werden können: (i) Die Beförderung schriftlicher Kommunikation (d.h. von Briefen), (ii) die Beförderung von Kleingut (Päckchen, Pakete) bis zu einer bestimmten Gewichtsobergrenze und (iii) die Distribution von Zeitungen und Zeitschriften.

Ein anderes denkbares Gliederungskriterium stellt die Unterscheidung in *Monopol- und Wettbewerbsmärkte* dar, eine Differenzierung, die im Falle der Postmärkte weitgehend mit der Beförderung schriftlicher Mitteilungen einerseits (Monopol) und mit Kleingutbeförderungen sowie Zeitungsdistribution andererseits (Wettbewerb) in Übereinstimmung gebracht werden kann. Was es zu Monopol- und Wettbewerbsaspekten anzumerken gibt, kann daher durchaus in die Diskussion der nach der Art des Beförderungsgegenstandes gegliederten Marktsegmente eingefügt werden.

Ein weiteres Strukturierungskriterium für die postalischen Dienstleistungsmärkte stellt die *Beförderungsdauer (Geschwindigkeit)* dar, in der Brief, Paket oder Zeitschrift vom Versender zu ihrem Adressaten gelangt. Dabei haben sich eine Reihe von Untersegmenten herausgebildet, die zwar mit branchen- bzw. marktspezifischen Bezeichnungen verse-

[11] Vgl. hierzu auch Pieper, F.: Postdienste im Wettbewerb - Ökonomische Charakteristika und Struktur der Märkte. Wissenschaftliches Institut für Kommunikationsdienste (WIK), Diskussionsbeiträge, Nr. 99, Bad Honnef, Nov. 1992.

hen sind - z.B. "Expreß", "Same Day", "Overnight", u.a.m. - für den an klaren Abgrenzungen interessierten Beobachter der Märkte aber kaum sauber unterscheidbar sind. Diese, mit Geschwindigkeit und anderen Qualitätsmerkmalen versehenen Beförderungsleistungen, können in der Regel mit bestimmten *Typen von Anbietern* - ein weiteres mögliches Strukturierungskriterium - in Verbindung gebracht werden. Auch auf die Anbietertypen wird, im Zusammenhang mit der Schnelligkeit der Beförderungsleistung, einzugehen sein.

Somit bilden die Kriterien "Art des beförderten Gegenstandes" und "Geschwindigkeit der Beförderung" gewissermaßen ein Koordinatensystem, in das sich die Behandlung aller Aspekte und möglichen Gliederungskriterien der Angebotsstrukturierung der Postmärkte - zumindest der Brief- und Kleingutmärkte - einbetten läßt (vgl. Abbildung 1).

Abbildung 1: Strukturierung postalischer Dienstleistungsmärkte

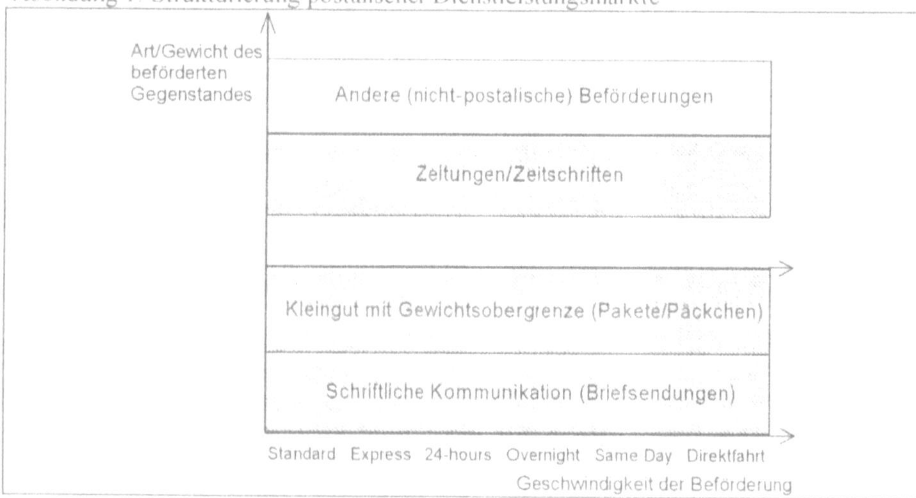

II.2. Die Märkte für Briefbeförderungen

Die entgeltliche Beförderung von Briefen, d.h. von "schriftlichen Mitteilungen von Person zu Person" unterliegt in der Bundesrepublik, wie in den meisten anderen Staaten der Welt, einem gesetzlich abgesicherten Wettbewerbsschutz. Dennoch haben sich in einigen Randbereichen des Beförderungsvorbehaltes private Anbieter etabliert, die ihre Produkte im Wettbewerb untereinander und mit der Deutschen Post AG anbieten:

Im grenzüberschreitenden Briefverkehr ist die Beförderung von schriftlichen Mitteilungen dann vom Beförderungsvorbehalt befreit, wenn private Kuriere die Sendung ständig begleiten und über eigene Dispositionsbefugnis hinsichtlich Beförderungsweg und -mittel verfügen[12].

Eine Befreiung vom Beförderungsvorbehalt gemäß § 2 Abs. 4 PostG wurde vom Bundesminister für Post und Telekommunikation darüber hinaus auch für "das Errichten und Betreiben von Einrichtungen zur entgeltlichen Beförderung von schriftlichen Mitteilungen oder sonstigen Nachrichten von Person zu Person" erteilt, "sofern für die Beförderung eine Mindestpreisgrenze beachtet wird, die beim Zehnfachen des Entgelts für einen gewöhnlichen Brief liegt" (10,- DM einschließlich Mehrwertsteuer)[13].

De jure im Spannungsfeld zwischen EG-Recht und den Rechtsvorschriften des Weltpostvereines umstritten, de facto innerhalb der Europäischen Gemeinschaften jedoch liberalisiert, sind grenzüberschreitende Remailing-Aktivitäten privater Anbieter für die Beförderung der Auslandspost großer Geschäftskunden.

Eine Relativierung der aus dem Beförderungsvorbehalt erwachsenden monopolistischen Verhaltensspielräume ergibt sich auch durch die Substitutionskonkurrenz zur brieflichen Kommunikation: Das Telefon, das Telefax und - soweit es sich um briefliche Werbesendungen handelt - durch andere Werbeträger.

Nach wie vor vom Postmonopol ausgenommen bleiben unadressierte Werbesendungen (Postwurfsendungen) und Büchersendungen.

1992 beförderte die DBP Postdienst im Inland insgesamt 14,3 Mrd. Briefsendungen, das sind 39,7 Mio. Briefe pro Tag[14], ein Gesamtvolumen, das nach Art, Gewicht, Format, Intention sowie nach einer Reihe postinterner Klassifikationen (Brief, Postkarte, Drucksache, Einschreiben, Wertangabe usw.) sehr heterogen ist.

Diese Gesamtheit, zuzüglich der quantitativ vergleichsweise wenig ins Gewicht fallenden Briefbeförderungen privater Anbieter in den oben erwähnten Marktnischen, kann in zwei Typen von Briefsendungen unterteilt werden: Schriftliche Kommunikation und Massensendungen. Diese Unterscheidung ist rein pragmatisch. Massensendungen sind zwar *auch* schriftliche Kommunikation, sie heben sich aber in bezug auf (i) das Geschäftsfeld und seine Dynamik, (ii) die Leistungserwartungen an die Deutsche Post AG sowie (iii) die Intention der Versender deutlich von anderen Briefen bzw. schriftlicher Kommunikation ab. Hinzu kommt, daß beide Typen von Briefsendungen sich hinsichtlich der Festigkeit ihrer Verankerung im Monopolbereich unterscheiden. Massensendungen sind, im Anschluß an die vom EG-Grünbuch Postwesen ausgelöste postökonomische Diskussion, auch in der Bundesrepublik zum Kandidaten für die Entlassung aus dem reservierten Bereich geworden[15]. Im übrigen wurde mit dem "Neuen Briefkonzept" der

[12] Vgl. Bundesminister für Post und Telekommunikation: Amtsblatt. Vfg. Nr. 41 und 42. Jahrgang 1994.

[13] Bundesminister für Post und Telekommunikation: Amtsblatt. Vfg. Nr. 5 und 6. Jahrgang 1994.

[14] Vgl. Deutsche Bundespost POSTDIENST: Statistisches Jahrbuch 1992. Bonn 1993.

[15] Vgl. hierzu z.B. Hennemann, G.: Kohl will Versandhäuser vom Postmonopol ausnehmen - "Gelbe Post" befürchtet 3,5 Milliarden Mark Verlust. in: Süddeutsche Zeitung vom 20.01.1994. S. 1. Zum

DBP Postdienst die "Massendrucksache" alten Typs abgeschafft und die Zugangsbedingung für ihre Nachfolgerin, die "Infopost", so zugeschnitten, daß dieses Marktsegment mit per Post zugestellten, adressierten Werbesendungen (Direktwerbung) gleichgesetzt werden kann.

Ein weiteres Unterscheidungsmerkmal zwischen Massensendungen und sonstiger schriftlicher Kommunikation ist das Tarifierungsniveau. Die dem Kernbereich des Monopols zuzurechnende schriftliche Kommunikation kann mit *volltarifierter Briefpost* gleichgesetzt werden, während für Massensendungen deutliche *Preisabschläge* gewährt werden. Diese Differenzierung schlägt sich auch in den Leistungserwartungen der Postkunden, insbesondere in bezug auf die Laufzeit, gegenüber der Deutschen Post AG nieder: Während "die Meßlatte" der Postkunden für volltarifierte inländische Briefsendungen bei einer Beförderungsdauer von einem Tag nach Einlieferung der Sendung liegt (E+1 - "end-to-end" gemessen), spielt die Beförderungsgeschwindigkeit bei Massensendungen eine eher untergeordnete Rolle. Wichtiger als die Laufzeit ist den kommerziellen Versendern eher ein hoher Grad an Verläßlichkeit in bezug darauf, daß das Mailing innerhalb einer zugesagten Zeitspanne seine Adressaten erreicht, um entsprechende Dispositionen treffen zu können. Was die Laufzeiten volltarifierter Briefpost anbelangt, so ermittelte das Bundesamt für Post und Telekommunikation für die Teilmenge mit Briefmarken freigemachter Standardbriefe (bis 20g) eine E+1-Quote für Deutschland insgesamt von 79,7 %. Dieser Wert bezieht sich auf die Zeitspanne Juli bis November 1993[16].

Auch die Marktdynamik der beiden Teilsegmente der Märkte für Briefbeförderungen weist, wie aus Tabelle 1 ersichtlich, deutliche Unterschiede auf.

Tabelle 1: Briefbeförderungen der DBP POSTDIENST: Umsatzerlöse und Mengen *

Umsatzerlöse/ Beförderungsmengen	1990	1991	1992	1990	1991	1992
	(Mio DM - Mio Stück)			Veränderungen (%)		
Umsatzerlöse						
Schriftl. Kommunikation	--	12580	12708	--	--	1.0
Massensendungen	--	2252	2727	--	--	21.1
Insgesamt	13402	14832	15435	--	10.7	4.1
Beförderungsmengen						
Schriftl. Kommunikation	7733	7876	8135	0.6	1.8	3.2
Massensendungen	4667	5468	6180	5.0	17.2	13.0
Insgesamt	12400	13344	14315	1.6	7.6	7.3

* Die Zahlen beziehen sich auf das Verkehrsgebiet West (VGW-Alte Bundesländer).
Quellen: Deutsche Bundespost POSTDIENST. Statistische Jahrbücher 1991 und 1992. Bonn 1992 und 1993 sowie Geschäftsberichte 1990. 1991 und 1992.

Während die volltarifierte schriftliche Kommunikation mit eher bescheidenen Raten wächst, steigen Umsatz und Beförderungsmengen der gebührenermäßigten Massensendungen mit zweistelligen Zuwachsraten an. Der Gesamterlös von rd. 15,4 Mrd. DM im

01.01.1995 wurde der Markt für die Beförderung von Massensendungen oberhalb einer Gewichtsgrenze von 250 g für den Wettbewerb geöffnet.

[16] Vgl. Bundesministerium für Post und Telekommunikation: Amtsblatt. Nr. 2. Jahrgang 1994. Bonn. 26.1.1994. S. 115.

Briefdienst 1992 (VGW) bedeutet, daß etwas mehr als drei Viertel der Umsatzerlöse der DBP POSTDIENST im reservierten Bereich realisiert wurden[17].

Umsätze und Beförderungsmengen der *privaten Anbieter* von Briefbeförderungen können nicht nachgewiesen werden. Entsprechende amtliche Statistiken, die ihre Informationsgewinnung auf eine gesetzliche Auskunftspflicht der befragten Unternehmen stützen würden, existieren bislang nicht, und die Marktforschung sieht sich einer äußerst geringen Neigung der privaten Anbieter gegenüber, an Erhebungen teilzunehmen und Informationen weiterzugeben. Doch auch eine hoch entwickelte Auskunftsbereitschaft privater Anbieter postalischer Dienstleistungen würde es nur gestatten, ihren Beitrag zum Volumen der Postmärkte insgesamt und nicht getrennt nach den Märkten für Brief-, Kleingut- und Zeitungsbeförderungen zu ermitteln. Dies liegt daran, daß private Unternehmen keine Spartentrennung kennen und lediglich *Beförderungsvorgänge* erfassen, ohne dabei in Schriftstücke (Briefe) und Kleingut (ggf. auch Zeitungen) zu unterscheiden. Der Schwerpunkt des privaten Dienstleistungsangebots liegt indes mit Sicherheit, schon aufgrund der begrenzten rechtlichen Möglichkeiten von Briefbeförderungen in größerem Umfang, im Marktsegment der Kleingutbeförderung. Auf sie wird deshalb erst im folgenden Abschnitt ausführlicher eingegangen.

II.3. Die Märkte für die Beförderung von Kleingut

Unter Kleingutbeförderung ist der Transport von Gegenständen zu verstehen, die von einer Verpackung umhüllt sind und eine bestimmte Größen- und Gewichtsobergrenze nicht überschreiten. Im Gegensatz zur Beförderung von Kommunikation auf körperlichen Trägern, zu denen neben Papier auch Tonkassetten oder Disketten zählen, fällt der Transport von Gegenständen (die treffende englische Bezeichnung ist "goods bearing postal items") nicht unter den Beförderungsvorbehalt des § 2 des Postgesetzes.

Die Definition einer Gewichtsobergrenze ist erforderlich, um Güterbeförderungen mit postalischem Charakter von anderen Frachtmärkten abgrenzen zu können. Auch wenn einer solchen Grenzziehung bestimmte Leitlinien zugrundeliegen - z.B. die Postulate "Eignung für automatische Sortierung" und "Trag- bzw. Bewegbarkeit durch eine (1) Person" - wird eine gewisse Willkürlichkeit der Abgrenzung unvermeidbar sein. In der Marktpraxis hat sich eine durch das zulässige Maximalgewicht der großen Paketdienste vorgegebene Grenzlinie von 31,5 kg etabliert. Aber auch ein Gewicht von 50 kg - ergänzt um bestimmte Formatvorschriften - wäre im Prinzip noch als Trennungslinie zur Abgrenzung der postalischen von den anderen Frachtmärkten akzeptabel.

Die Märkte für Kleingutbeförderungen hatten über Jahre hinweg überdurchschnittlich hohe Zuwachsraten zu verzeichnen. Dies führte zum Markteintritt zahlreicher Unternehmen unterschiedlicher Größenordnungen und zu einer außergewöhnlich hohen Wettbewerbsintensität. Die Entwicklungsdynamik der Transportmärkte für Kleingut geht auf eine Reihe von Faktoren zurück, die mit

[17] Vgl. Deutsche Bundespost POSTDIENST: Geschäftsbericht 1992. Bonn 1993. S. 59.

Güterstruktureffekten einer sich weiter differenzierenden und entwickelnden Volkswirtschaft;

wachsendem, auch die Logistik erfassendem Rationalisierungsdruck (Abbau von Lagerhaltungskosten, häufigere Bestellungen in kleineren Losgrößen, just-in-time);

rascher wechselnden Nachfragerpräferenzen und kürzeren Produktlebenszyklen;

steigender Nachfrage nach internationalen Transportleistungen aufgrund zunehmender internationaler Handelsverflechtungen

umrissen werden können[18]. Diese Entwicklungen trafen in der Bundesrepublik auf eine gut ausgebaute Infrastruktur sowie auf den Markteintritt nationaler und internationaler Unternehmen, die den wachsenden Bedarf und seine Charakteristika erkannt und ihr Angebot entsprechend zugeschnitten haben. Vorläufige Verlierer sind die großen staatlichen Anbieter Deutsche Post AG und Deutsche Bahn AG, die nicht flexibel genug reagieren konnten, doch bemüht sind, verlorene Marktanteile zurückzugewinnen. So ist die Entwicklung des "Neuen Frachtkonzeptes" der Post AG als Antwort auf die Herausforderung durch die privaten Konkurrenten und die Marktanteilsverluste zu werten.

Die Kleingutbeförderung ist im übrigen mit Erlaß der Pflichtleistungsverordnung vom 12. Januar 1994 die einzige Leistung geblieben, die die DBP POSTDIENST bzw. die Deutsche Post AG außerhalb des Monopolbereiches, d.h. als Wettbewerbsleistung, "als eine im besonderen öffentlichen Interesse liegende Infrastrukturdienstleistung zu erbringen (hat)"[19]. Diese Beförderungspflicht gilt für Kleingüter bis zu einem Gewicht von 20 kg und einem maximalen Umfang von 120 cm x 60 cm x 60 cm und ist "in der Fläche zu einheitlichen Leistungsentgelten nach dem Grundsatz der Tarifeinheit im Raum"[20] zu erfüllen.

Ein wesentlicher Parameter für den Wettbewerb auf den Märkten für Kleingutbeförderungen ist die Schnelligkeit und Zuverlässigkeit (in bezug auf die zugesagte Beförderungsdauer), mit der das Gut vom Versender zum Empfänger transportiert wird. Zwar rangieren Aspekte wie Beschädigungs- und Verlustfreiheit der Sendung in der Kundenbewertung mindestens gleich hoch, wenn nicht höher; da die Anbieter aber hinsichtlich dieser Kriterien keine signifikanten Leistungsunterschiede aufweisen, findet der Wettbewerb, vom Preis abgesehen, vor allem "auf der Zeitachse" statt. Das Kriterium Beförderungszeit ist auch mit bestimmten Typen von Anbietern verbunden, so daß die Betrachtung des Geschwindigkeitsaspektes mit einer Beschreibung der Anbietertypen und ihrer charakteristischen Produkte auf diesen Transportmärkten verbunden werden kann.

---

[18] Vgl. Pieper, F.: Postdienste im Wettbewerb - Ökonomische Charakteristika und Struktur der Märkte, a.a.O., S. 2 ff.

[19] Verordnung zur Regelung der Pflichtleistungen der Deutschen Bundespost POSTDIENST (POSTDIENST-Pflichtleistungsverordnung-PPflLV), Bundesgesetzblatt, Jahrgang 1994, Teil I, Bonn, 12. Januar 1994.

[20] Ebenda.

Zunächst kann die Kleingutbeförderung einer Zweiteilung in ein Standard- und ein Eilsegment unterzogen werden. Das *Standardsegment* zeichnet sich durch eine am Massenumschlag orientierte Produktionstechnik mit standardisierter Laufzeit aus und ist, was die Anbietertypen angeht, durch den etablierten staatlichen Anbieter Deutsche Post AG sowie durch eine Reihe nationaler und internationaler "reiner" Paketdienste geprägt, wie z.B. DPD, UPS oder German Parcel. Die privaten Anbieter haben seit ihrem Markteintritt die Qualitätsstandards in diesem Marktsegment grundlegend verändert. Unter den Leistungsparametern wie Haus-zu-Haus-Service, mehrere Zustellversuche, DV-gestützte Paketverfolgungssysteme, zuverlässige und schnelle Laufzeiten, Geld-zurück-Garantie einzelner Anbieter bei Laufzeitenüberschreitung, hat der Faktor Zeit die deutlichsten Änderungen erfahren: Galt in der "Gründerzeit" der privaten Paketdienste in den frühen siebziger Jahren eine Inlands-Beförderungszeit von 72 Stunden durchaus als akzeptabel, so bildet derzeit die 24-Stunden-Marke für Inlandsbeförderungen die definitive Orientierungsgröße. Die privaten Paketdienste haben eine Optimierung des Massenumschlags durch den Aufbau von "Naben und Speichen"-Systemen (englisch: hub and spoke) erreicht, bei denen alle Sendungen zu einem zentralen Umschlagknoten transportiert, dort umgeschlagen und dann verteilt werden.

Mit dem "Neuen Frachtkonzept" versucht die Deutsche Post AG den Leistungsvorsprung ihrer privaten Konkurrenten einzuholen und verlorene Marktanteile zurückzugewinnen. Dabei dürfte es stets ein Handicap bleiben, daß das Unternehmen aus rechtlichen, historischen und strukturellen Gründen dem angestammten Terrain des traditionellen Paketmarktes verhaftet bleiben und wenig Impetus und auch Möglichkeiten besitzen wird, aktiv in neue Bereiche vorzudringen und sich bietende Marktchancen auszunutzen. Die privaten Paketdienste sind in dieser Hinsicht wesentlich flexibler und aggressiver. So sind sie durchaus in der Lage, ihr standardisiertes Angebotsspektrum zu erweitern (z.B. Öffnung für Gefahrguttransporte) oder einzelnen Kunden komplette Logistiklösungen anzubieten.

Die Tatsache, daß die privaten Paketdienste um Ausweitung ihres Angebotsspektrums bemüht sind und mit ihren schnellen Beförderungszeiten an das Eilsegment heranreichen, zeigt bereits die Problematik einer klaren Abgrenzung der verschiedenen Segmente der Märkte für Kleingutbeförderungen auf. Insbesondere im *Eilsegment* (wird) "eine saubere Abgrenzung immer schwieriger"[21]. Grundsätzlich kann zwischen Kurierdiensten und Expreßfrachtdiensten unterschieden werden, wobei im relativ heterogenen *Kuriersegment* weitere Abgrenzungen zu ziehen sind. Eine große Vielzahl von zumeist kleineren (Familien-) Betrieben - häufig wird eine Zahl von über 40 000 genannt - macht sich die *Freistellungsverordnung* vom Güterkraftverkehrsgesetz zunutze, nach der Transporte bis 3,5 t Nutzlast oder 6 t Gesamtgewicht einschließlich Anhänger von der Gültigkeit dieses Gesetzes ausgenommen sind. Dabei ist häufig weniger die Freistellung von kleinen LKW rechtliche Grundlage der Geschäftstätigkeit, als vielmehr die Tatsache, daß *PKW* ebenfalls ausgenommen sind. Da PKW nach dem Straßenverkehrsrecht ein zulässiges Gesamtgewicht von maximal 2,8 t haben dürfen, besteht, je nach Bauart des Fahrzeugs, die Möglichkeit, bis zu 1,3 t zuzuladen. Hinzu kommen Anhänger, die das zulässige Ge-

[21] Schneider, St./ Wittke, K.: Eine saubere Abgrenzung immer schwieriger, in: Deutsche Verkehrs-Zeitung, Nr. 143 v. 2.12.1993.

samtgewicht des Zugfahrzeuges nicht überschreiten dürfen; d.h. im Rahmen des freigestellten Güterverkehrs können durchaus respektable Sendungsumfänge befördert werden.

Das unternehmerisch konstitutive Basisangebot der auf der Grundlage der Freistellungsverordnung operierenden Kurierdienste ist Unmittelbarkeit, d.h. der schnelle und direkte Transport von Dokumenten und Gütern ohne zeitintensiven Sammeltransport und regionale Umschlagsbasen. Nachfrager dieser Art von Kurierdienstleistungen sind das Produzierende Gewerbe, wo sie ein wichtiges Bindeglied bei just-in-time Produktionen darstellen; aber auch der Marketingbereich, Druckereien, Reisebüros, Banken und Versicherungen sowie freie Berufe wie Makler, Planungsbüros, Architekten, Anwälte und Steuerberater gewinnen als Nachfrager zunehmend an Bedeutung. Wirtschaftliche Grundlage ist das Kalkül, daß die Auftragsvergabe an ein selbständiges Kurierunternehmen für Betriebe mit kleinem Lieferverkehr oder häufig eiligem Transport von Dokumenten längerfristig kostengünstiger ist, als die Unterhaltung eines eigenen Fuhrparks mit festangestellten Fahrern.

Die Branche unterscheidet drei Arten von Kurieren: Der *Stadtkurier* befördert, hauptsächlich mit dem PKW (auch mit dem Fahrrad) Dokumente oder kleinere Gütersendungen innerhalb der Stadt. Erfahrungen haben gezeigt, daß Stadtkuriere, die im übrigen regelmäßig mit Funkgeräten ausgestattet sind, nur in Gemeinden mit über 100.000 Einwohnern wirtschaftlich bestehen können. Der *Direktkurier* (die Bezeichnung ist etwas irreführend, da auch Stadtkuriere "direkt" fahren) befördert zumeist Waren über größere Entfernungen hinweg unmittelbar vom Versender zum Empfänger, möglichst unter Ausnutzung zulässiger Höchstlasten. Neu ist die Zusammenarbeit von Kurierdiensten im Rahmen des sogenannten *Overnight-Verbundes*, der bundesweite Sammelgut-Beförderungen von Dokumenten und Paketen in oft weniger als 15 Stunden anzubieten in der Lage ist. Hier berühren die kleinen Kurierdienste durch Unternehmenskooperationen den Geschäftsbereich der großen Expreß- und Kurierdienste und treten zu ihnen in Konkurrenz.

Bei der typischen Unternehmensgröße kleiner Kurierdienste - meist Familienbetriebe oder selbstfahrende Einzelunternehmer - stellt die Akquisition eines existenzsichernden Auftragsvolumens ein Problem dar. Viele Betriebe haben sich daher sogenannten Vermittlungszentralen angeschlossen, die über eine Telefon-Funk-Zentrale verfügen und für eine stabile Auftragslage der bei ihnen unter Vertrag stehenden Kleinunternehmer sorgen.

Die *internationalen Kurierdienste* unterscheiden sich von den nach der Freistellungsverordnung operierenden Unternehmen nicht nur in Hinblick auf Unternehmensgröße, Kapitalausstattung und geografische Reichweite ihrer Dienstleistungen. Sie sind auch dadurch gekennzeichnet, daß sie über ein weltweites Netz von Niederlassungen verfügen, entsprechende DV-Systeme aufgebaut haben und über größere Entfernungen hinweg das Verkehrsmittel Flugzeug einsetzen. Dabei verfügen die als *Integrators* bezeichneten Unternehmen über eigene, z.T. sehr umfangreiche Luftflotten.

Ein Beispiel für die Überschneidung von Marktsegmenten liefert die Abgrenzung zwischen Kurierdiensten und Expreßfrachtdiensten im Eilsegment der (postalischen) Güterbeförderung. Bei den *Expreßfrachtdiensten* handelt es sich um Mischdienste, die, wie die "reinen" Paket- und Kurierdienste auch, Unterlagen und Güter im unteren Gewichtsbereich befördern, andererseits aber *keine Gewichts- und Größenbegrenzung* vorschreiben. "Durch die gestiegene Bedeutung des schnellen Warenaustausches im heutigen Wirtschaftsprozeß übernimmt die Expreßfracht deshalb nicht nur die Feuerwehrfunktion im Einzelfall, sondern leistet einen Beitrag innerhalb eines logistischen Gesamtkonzepts. Die meisten Verkehre dieser Art haben sich aus dem traditionellen Spediteursammelgutverkehr entwickelt, mit Ausnahme der Expreßfrachtangebote der Integrators."[22] Es versteht sich von selbst, daß der (schnelle) Transport großer und schwerer Güter nicht mehr den postalischen Dienstleistungsmärkten zugerechnet werden kann, obgleich er von Unternehmen erbracht wird, die einen Teil ihrer Umsätze und Leistungen *auch* auf diesen Märkten realisieren.

Nicht zuletzt aufgrund der vielfältigen Abgrenzungsprobleme, denen sich die praktische Marktforschung gegenübersieht (Briefe versus Kleingut sowie Kleingut mit Gewichtsbegrenzung versus Kleingut ohne Gewichtsgrenze), sind Schätzungen des Volumens der Märkte für Kleingutbeförderungen mit großen Unsicherheiten behaftet. Schätzungen für 1990 belaufen sich auf rd. zwei Milliarden beförderte Stück, ein Gesamtvolumen, das zu rd. 25 % der Deutschen Bundespost POSTDIENST und zu 15 % privaten Expreß-, Paket- und Kurierdiensten (einschließlich der Deutschen Bundesbahn) zugerechnet wurde[23]. Es unterstreicht die Unsicherheit dieser und anderer Schätzungen, daß die Sondersegmente speditioneller Sammelverkehr und Werkverkehr, beides Bereiche, in denen die Abgrenzungssprobleme in bezug auf die Erfassung von Gewichts- und Formatsobergrenzen besonders gravierend sind, zusammen einen geschätzten Marktanteil von 60 % auf sich vereinigen (Werkverkehr 40 %).

II.4. Zeitungs- und Zeitschriftendistribution

Dienstleistungen mit postalischem Charakter spielen auch im System des Vertriebs von Presseerzeugnissen von den Verlagen zu den Lesern eine gewichtige Rolle. Daß Pressedistribution und postalische Dienste eng verbunden sind, ist zunächst leicht einsichtig, wenn man eine Zeitung/Zeitschrift als eine "Massendrucksache" ansieht, die sich an eine Vielzahl von Adressaten richtet und auch produktionstechnisch von den Dienstleistungsanbietern in bezug auf Einlieferung, Transport und Zustellung ähnlich behandelt und teilweise im Verbund befördert werden kann.

Um sich dem postalischen Teilmarkt Pressedistribution in systematischer Weise zu nähern, ist es hilfreich, sich die verschiedenen Absatzwege vor Augen zu führen, auf denen Presseerzeugnisse vom Verlag/Druckerei zum Leser gelangen. Es können der Einzelverkauf, das Abonnement und der Lesezirkel unterschieden werden[24]:

---

[22] Ebenda.

[23] Vgl. Pieper, F.: Postdienste im Wettbewerb - Charakteristika und Struktur der Märkte, a.a.O., S. 31.

[24] Vgl. hierzu Pieper, F.: Der Postzeitungsdienst und die Wettbewerbssituation auf dem Zustellmarkt für Presseerzeugnisse, Wissenschaftliches Institut für Kommunikationsdienste (WIK), Diskussionsbeiträge, Nr. 74, Bad Honnef, Nov. 1991, S. 4 ff.

Dem Kauf einer Zeitung oder einer Zeitschrift an einem Kiosk oder einer sonstigen Verkaufsstelle des Einzelhandels ist der Handelsweg vom Verlag/Druckerei über das Pressegrosso zum Einzelhandel vorausgegangen. Dieser Vertriebsweg kann nur von Zeitungen und Zeitschriften mit ausreichend hoher Auflage genutzt werden und würde, gäbe es keine Alternativen, der bestehenden Pressevielfalt mit rd. 11 000 verschiedenen Titeln, nicht gerecht[25].

Beim Abonnement besteht eine feste Vorausbestellung auf künftig erscheinende Exemplare einer Zeitung oder Zeitschrift. Auf diesen Vertriebsweg, der für die Verlage mit wichtigen Vorteilen verbunden ist, sind vor allem Titel mit kleineren Auflagenhöhen angewiesen, da ihnen der Einzelverkauf "am Kiosk" als Absatzweg verschlossen ist.

Der Lesezirkel kann auch als "Zeitschriften-Leasing" bezeichnet werden. Die Zeitschriften werden direkt von den Verlagen bezogen, zu Mappen zusammengefaßt und an die Leser ausgeliefert. Die mehrmalige Vermietung - mit abnehmender Aktualität der Mappen nimmt der Mietpreis gleichfalls ab - sorgt für eine deutlich weitere Verbreitung je Exemplar als beim Einzelverkauf oder Abonnement, ein Aspekt, der für die Anzeigenakquisition der Verlage von einiger Bedeutung ist.

Die Deutsche Post AG ist mit ihren Diensten auf allen Vertriebswegen für Presserzeugnisse vertreten, vor allem aber innerhalb der Distribution über Einzelverkauf und Abonnement. Die als "Postzeitungsgut" bezeichnete Dienstleistung, bei der Pakete von Zeitungen/Zeitschriften vom Verlag eingeliefert und sodann von der Deutschen Post AG zu einem Bestimmungsamt (Abholung) oder direkt zu einem Empfänger transportiert werden, ist dem Einzelverkauf vorgelagert. Beim "Postvertriebsstück", das auf den Vertriebsweg Abonnement zugeschnitten ist, werden ebenfalls geschlossene Zeitungs-/ Zeitschriftenbunde eingeliefert. Die einzelnen Exemplare sind jedoch mit der Adresse des Abonnenten versehen, so daß, nach Öffnung des Bundes beim Bestimmungsamt, die Zustellung zum Adressaten, wie bei einer gewöhnlichen Briefsendung, erfolgen kann. Die Dienstleistung "Streifbandzeitung" bietet schließlich die Möglichkeit, Zeitungen/ Zeitschriften als Einzelexemplare einzuliefern. Die Zustellung erfolgt dann wie im gewöhnlichen Briefverkehr.

Trotz der faktischen Präsenz der Deutschen Post AG auf allen Distributionswegen für Presseerzeugnisse stellt das *Abonnement* bzw. eine dem *Postvertriebsstück* der Deutschen Post AG entsprechende Dienstleistung *den Kernbereich des Marktes für postalische Zeitungs- und Zeitschriftendistribution* dar. Für diese Klassifizierung spricht nicht nur der Umstand, daß durch das Postvertriebsstück bisher über 90 % des Umsatzes im Postzeitungsdienst der DBP POSTDIENST erwirtschaftet wurden[26]. Es ist auch zu bedenken, daß die dem Einzelverkauf vorgelagerten Beförderungsaktivitäten (Postzeitungsgut) auch von verlagseigenen Fahrzeugen und unabhängigen Pressespedi-

[25] Das Sortiment eines Einzelhändlers umfaßt demgegenüber im Durchschnitt nur etwa 170 bis 300 Titel, vgl. ebenda, S. 5.

[26] Vgl. ebenda, S. 4.

tionen durchgeführt werden und wenig Charakteristika aufweisen, die als postspezifisch bezeichnet werden können (z.B. kein End-to-end-Charakter der Beförderung). Schließlich wäre eine weniger enge Marktabgrenzung nur dann sinnvoll, wenn es zwischen dem Abonnement auf der einen und dem Einzelverkauf (sowie dem Lesezirkel) auf der anderen Seite enge Substitutionsbeziehungen gäbe. Dies trifft aber nur für hochauflagige Publikumszeitschriften und ihre Leserschaft in eng besiedelten Ballungsgebieten zu. Für die große Mehrzahl der Zeitungen und Zeitschriften mit geringer Auflage und breiter regionaler Streuung kommen aber Einzelverkauf und Lesezirkel als Absatzweg nicht in Frage. Und in dünn besiedelten Regionen kann selbst der Einzelverkauf von Publikumszeitschriften die ungünstigere Alternative sein, da die Existenz nur weniger Verkaufsstellen beim Leser für hohe Beschaffungskosten sorgt[27].

Das zentrale Problem des so umrissenen Marktes stellte bisher der hohe Grad an Kostenunterdeckung (auf Vollkostenbasis) des marktbeherrschenden Anbieters, der DBP POSTDIENST dar. Der Fehlbetrag des Postzeitungsdienstes wurde für 1992 auf 900 Mill. DM beziffert, der Kostendeckungsgrad lag im gleichen Jahr bei rd. 54 %[28]. Die Ursachen für dieses Defizit, läßt man einmal den Gesichtspunkt der Kosteneffizienz außer Betracht, liegen in niedrigen, kostenunterdeckenden Preisen sowie in Sonderproblemen in den Neuen Bundesländern, wo erhebliche Umgestaltungsaufgaben erforderlich waren, da der Postzeitungsvertrieb der Deutschen Post in der ehemaligen DDR ein Grundpfeiler der staatlich gelenkten Informationspolitik war.

Die niedrigen Preise für die Leistungen des Postzeitungsdienstes waren politisch gewollt und wurden mit dem Beitrag der Deutschen Bundespost zur Wahrung der Presse- und Meinungsvielfalt in der Bundesrepublik begründet. Dieser Beitrag stellte in der Konsequenz eine indirekte Subventionierung der verlegerischen Wirtschaft durch andere Kunden der Unternehmen der Deutschen Bundespost dar, insbesondere durch die Telefonkunden. Ökonomisch haben die kostenunterdeckenden Preise den Nachteil, die DBP POSTDIENST bzw. die Deutsche Post AG zum marktbeherrschenden Unternehmen zu machen und Wettbewerb oder zumindest potentiellen Marktzutritt zu erschweren, wenn nicht (bislang) weitgehend zu verhindern. Die Distributionskosten der Verleger werden durch weit kostenunterdeckende Tarifierung niedriger gehalten, als unter Wettbewerbsbedingungen, was Wettbewerbsvorteile der Printmedien gegenüber anderen Medienbereichen zur Folge hat und zu einer nicht-optimalen Ressourcenallokation führt, da die Verleger Nachfrage- und Investitionsentscheidungen treffen, die nicht die unter Wettbewerbsbedingungen gültigen Kostenverhältnisse reflektieren.

Mit dem Erlaß der "Verordnung zur Regelung der Pflichtleistungen der Deutschen Bundespost POSTDIENST" vom 12. Januar 1994 hat sich allerdings eine grundlegende Veränderung in den Ausgangsbedingungen ergeben. Das für den hier zur Diskussion stehenden Markt wichtigste Merkmal dieser Pflichtleistungsverordnung ist, daß der Postzeitungsdienst bzw. die Pressepost der DBP POSTDIENST *nicht* als im Interesse des Gemeinwohls zu erbringende Leistungsverpflichtung aufgetragen wurde. Mit einer Einstellung dieser Art von Beförderungsdienstleistungen ist, nachdem eine Leistungspflicht

[27] Vgl. ebenda, S. 7 f.

[28] Vgl. Deutsche Bundespost POSTDIENST: Geschäftsbericht 1992. a.a.O., S. 37 und S. 59.

nun nicht mehr besteht, nicht zu rechnen, da die Erlöse aus dem Postzeitungsdienst allemal höher sein dürften, als die Wegfallkosten[29]. Das Unternehmen wird sich allerdings darum bemühen, die Kostendeckungslücke durch Effizienzsteigerungen sowie durch Preiserhöhungen zu verringern, wenn nicht gänzlich zu schließen. In einer ersten Anpassungsrunde wurden 1993 die Gebühren um durchschnittlich 16 % angehoben, eine Maßnahme, die auf den Widerstand des Bundesverbandes Deutscher Zeitungsverleger traf. Die über einjährigen Verhandlungen endeten mit einem Kompromiß, der eine gestaffelte Rückzahlung an jene Verlage vorsieht, die mit mehr als 16% Zusatzkosten belastet wurden.

Die Preiserhöhungsspielräume des marktbeherrschenden Unternehmens sind jedoch begrenzt, so daß Bemühungen um Kosteneffizienz für die Schließung des Defizits eine gleichrangige Bedeutung zukommt. Der potentielle Markzutritt alternativer Zustelldienste wird mit jeder Preiserhöhungsrunde, vor allem zunächst in Ballungsgebieten, zu einer immer realistischeren Perspektive. Zusätzlich begünstigt durch vergleichsweise kosteneffizientes Wirtschaften privater Dienste und geringe versunkene Kosten, dürfte er seine preisdisziplinierende Wirkung auf die Deutsche Post AG nicht verfehlen.

Preiserhöhungen im Postzeitungsdienst sind stets auf den Widerstand der verlegerischen Wirtschaft gestoßen. Dabei ist die Preiserhöhungsakzeptanz bei Verteuerungen von Zeitungs- und Zeitschriftenabonnements - z.B. aufgrund einer Erhöhung der Beförderungsentgelte - relativ hoch und stabil[30]. Preiserhöhungen sind selten der Grund für die Kündigung von Abonnements und tangieren somit deren Stabilität nur in sehr geringem Maße. Die niedrige Preiselastizität der Abonnementkunden resultiert für die Zeitungs-/ Zeitschriftenverleger in guten Möglichkeiten, Verteuerungen der Beförderungspreise an die Leser weiterzugeben. Eine weitere Relativierung der wirtschaftlichen Folgen von Preiserhöhungen im Postzeitungsdienst ergibt sich durch den Umstand, daß Zeitungs- und Zeitschriftenverlage überdurchschnittlich gesunde wirtschaftliche Einheiten sind, bei denen die Postzeitungsvertriebskosten nur einen sehr kleinen Anteil an den Umsätzen, den Gesamtkosten und sogar an den Gewinnen einnehmen. Die wirtschaftlich größte Bedeutung hat der Postzeitungsdienst noch für kleinauflagige, nichtkommerzielle Zeitschriften von Organisationen und Verbänden.

Die relative Bedeutung der postalischen Zeitungsdistribution gegenüber anderen Vertriebswegen läßt sich aus der in Tabelle 2 zusammengefaßten Pressestatistik des Statistischen Bundesamtes ablesen. Es zeigt sich, daß der Vertriebsweg Pressepost für verschiedene Arten von Presseerzeugnissen unterschiedliche Bedeutung besitzt. Vergleichsweise geringes Gewicht kommt der postalischen Distribution beim Vertrieb von Zeitungen, insbesondere *Tageszeitungen*, zu: 1991 erreichten nur 5,2 % der verkauften Auflage von Tageszeitungen über die Postzustellung ihre Leser, während 50,3 % über die Verlagszustellung, 13,5 % über andere Zustellungsformen (ebenfalls im Abonnement) und 31,0 %

---

[29] Vgl. Stumpf, U.: Sollte der Postzeitungsdienst zur Pflichtleistung erklärt werden? - Entscheidungshilfen aus wirtschafts- und medienpolitischer Sicht, Wissenschaftliches Institut für Kommunikationsdienste (WIK), Diskussionsbeiträge, Nr. 73, Bad Honnef, Nov. 1991, S. 9 f.

[30] Vgl. Knoche, M./ Zerdick, A.: Bedeutung des Postzeitungsdienstes und Preiserhöhungsakzeptanz in der Bevölkerung, Wissenschaftliches Institut für Kommunikationsdienste (WIK), Diskussionsbeiträge, Nr. 67, Bad Honnef, Nov. 1991.

über den Einzelhandel verkauft wurden. Betrachtet man nur das Abonnement als relevanten Markt, so erreichten nur 7,5 % der verkauften Abonnementsauflage von Tageszeitungen über die Post ihre Leser, gegenüber 72,9 % Verteilung über die Verlagszustellung und 19,6 % andere Zustellung. Diese Anteilswerte erklären sich aus der hohen Wertigkeit, die der Aktualität bei Tageszeitungen zukommt. Der Leser möchte seine Tageszeitung bereits am frühen Morgen in Händen haben und nicht erst die übliche Zeit der Postzustellung abwarten müssen.

Tabelle 2: Verkaufte Auflage an Presseerzeugnissen 1991 je Erscheinungstag

Typ	**Verkauf insges.**		**Einzelverkauf**		**Abonnement:** Verlags-zustellung		Postzustellung		Andere Zustellung	
	1000	%	1000	%	1000	%	1000	%	1000	%
Zeitungen	31296	100	11489	36,7	13467	43,0	1863	6,0	4477	14,3
Tageszeitungen	26469	100	8210	31,0	13323	50,3	1379	5,2	3584	13,5
Wochenzeit.	4800	100	3279	68,3	144	3,0	484	10,1	893	18,6
Zeitschriften	157639	100	76286	48.4	5232	3,3	69843	44.3	6178	3,9
Politische Wochenblätter	1720	100	907	52.7	108	6.3	632	36.7	73	4.2
Publikumszeit-schriften	105594	100	69514	65.8	3494	3.3	29737	28.2	2849	2.7
Wissenschaftl. Fachzeitschrift.	8955	100	1742	19.5	32	0.4	7041	78.6	140	1.6
Andere Fach-Zeitschriften	30783	100	2520	8.2	349	1.1	27147	88.2	767	2.5
Konfess. Zeit-schriften	6613	100	187	2.8	714	10.8	4345	65.7	1367	20.5
Amtl. Blätter	2514	100	186	7.4	535	21,3	829	33,0	964	38,3
Kundenzeit-schriften	1185	100	1185	100.0	-	-	-	-	-	-
Sonstige Zeit-schriften	175	100	45	25.7	-	-	112	64.0	18	10,3

*) Durchschnittliche Auflage ohne Lesezirkel je Erscheinungstag im 4. Quartal
Quelle: Statistisches Bundesamt, Pressestatistik 1993

Die Gewichte verlagern sich deutlich, wenn es um die Distribution von *Zeitschriften* geht. Über 44 % der verkauften Auflage gelangt über die Postzustellung zum Leser, ein Anteilswert, der auf 86 % anwächst, wenn nur die Abonnementszustellung in Betracht gezogen wird. Insbesondere wissenschaftliche und andere Fachzeitschriften, die wegen ihrer geringen Auflage für den Einzelverkauf unattraktiv sind, werden zu hohen Anteilswerten über den Postzeitungsdienst vertrieben.

Literaturverzeichnis

Braubach, U.: Deregulierung der Postdienste. Köln 1992.
Bundesminister für Post und Telekommunikation: Amtsblatt, Vfg. Nr. 5 und 6, Jahrgang 1994.
Bundesminister für Post und Telekommunikation: Amtsblatt, Vfg. Nr. 41 und 42, Jahrgang 1994.

Bundesministerium für Post und Telekommunikation: Amtsblatt. Nr. 2. Jahrgang 1994. Bonn. 26.1.1994.

Culp. C.L./ Geddes. R. R.: Pricing and Market Structure with Entry into the U.S. Postal Services Industry. Draft. WIK-Workshop on Postal and Delivery Economics. Daun. Juni 1993.

Deutsche Bundespost POSTDIENST: Geschäftsbericht 1992. Bonn 1993.

Deutsche Bundespost POSTDIENST: Statistisches Jahrbuch 1992. Bonn 1993.

Hennemann. G.: Kohl will Versandhäuser vom Postmonopol ausnehmen - "Gelbe Post" befürchtet 3.5 Milliarden Mark Verlust. in: Süddeutsche Zeitung vom 20.01.1994. S. 1.

Knoche. M./ Zerdick. A.: Bedeutung des Postzeitungsdienstes und Preiserhöhungsakzeptanz in der Bevölkerung. Wissenschaftliches Institut für Kommunikationsdienste (WIK). Diskussionsbeiträge. Nr. 67. Bad Honnef. Nov. 1991.

Pieper. F.: Der Postzeitungsdienst und die Wettbewerbssituation auf dem Zustellmarkt für Presseerzeugnisse. Wissenschaftliches Institut für Kommunikationsdienste (WIK). Diskussionsbeiträge. Nr. 74. Bad Honnef. Nov. 1991.

Schneider. St./ Wittke. K.: Eine saubere Abgrenzung immer schwieriger. in: Deutsche Verkehrs-Zeitung. Nr. 143 v. 2.12.1993.

Statistisches Bundesamt. Pressestatistik 1993.

Stumpf, U.: Sollte der Postzeitungsdienst zur Pflichtleistung erklärt werden? - Entscheidungshilfen aus wirtschafts- und medienpolitischer Sicht. Wissenschaftliches Institut für Kommunikationsdienste (WIK). Diskussionsbeiträge. Nr. 73. Bad Honnef. Nov. 1991.

Verordnung zur Regelung der Pflichtleistungen der Deutschen Bundespost POSTDIENST (POSTDIENST-Pflichtleistungsverordnung-PPflLV). Bundesgesetzblatt. Jahrgang 1994. Teil I. Bonn. 12. Januar 1994.

Williamson. O. E.: The Vertical Integration of Production: Market Failure Considerations. in: American Economic Review. vol. 61. 1971. S. 112-123.

Die Struktur der Nachfrage nach Postdienstleistungen in Deutschland (Uhle)

I. Thematisch-methodische Einführung

II. Die Nachfrage nach Briefpost

- II.1. Kurierbriefpost
- II.2. Individualbriefpost
- II.3. Massenbriefpost

III. Die Nachfrage nach Frachtpost

- III.1. Expreßfrachtpost
- III.2. Standardfrachtpost

IV. Die Nachfrage nach Kurier- und Expreßpost

Die Struktur der Nachfrage nach Postdienstleistungen in Deutschland

Detlef Uhle*

I. Thematisch-methodische Einführung

Die Nachfrage nach Postdienstleistungen besteht - wie die gesamte Nachfrage nach Beförderungsleistungen - zum weit überwiegenden Teil aus abgeleiteter Nachfrage. Dies ist darauf zurückzuführen, daß der Nachfrage nach postalischen Beförderungsleistungen im allgemeinen eine Primärnachfrage nach anderen Waren und Dienstleistungen vorgelagert ist. Insoweit verwundert es nicht, daß die Nachfrage nach Beförderungsleistungen stark von der jeweiligen konjunkturellen Entwicklung abhängig ist[1].

Darüber hinaus besteht eine starke Verknüpfung zwischen den den generellen wirtschaftlichen Strukturwandel bestimmenden Faktoren wie etwa dem technologischen Fortschritt auf der einen Seite und der Struktur der Nachfrage nach Postdienstleistungen auf der anderen Seite.

Bei der Analyse der Nachfrage nach postalischen Dienstleistungen im besonderen ist davon auszugehen, daß sie eingebettet ist in den Kontext der gesamten relevanten Nachfrage. Dabei wird in der postalischen Historie zwischen der Nachfrage nach der Beförderung schriftlicher Nachrichten (Briefpost)[2] einerseits und der Nachfrage nach der Beförderung von Frachtsendungen (Frachtpost)[3] andererseits unterschieden.

Die Bestimmung und Abgrenzung der relevanten Nachfragebereiche hat zwei wichtigen Anforderungen zu genügen: Zum einen muß sie konsistent und zum anderen operational sein. Aus Konsistenzgründen sind die einzelnen Nachfragesegmente denjenigen Bereichen zuzuordnen, die aus der Sicht des Kunden potentiell austauschbare Produkte zusammenfassen. Die Abgrenzung in bezug auf die Operationalisierung wird durch die verfügbare Datenlage bestimmt. Hier empfiehlt es sich, aufgrund der deutschen Wiedervereinigung und der sich daran anschließenden Zeit des Übergangs und der Angleichung in erster Linie Daten ab 1991 einzubeziehen.

---

* Bundesministerium für Post und Telekommunikation. Der Beitrag gibt die persönliche Auffassung des Autors wieder.

[1] o.V.: Aktuelle Situation und Entwicklungstendenzen im Geschäftsfeld Briefpost der Post AG. in: Postpraxis. 2/95, S. 33. Vgl. hierzu auch Cuthbertson, K./ Richards, P.: An Econometric Study of the Demand for First and Second Class Inland Letter Services. in: The Review of Economics and Statistics. Vol. 72. 1990, S. 647.

[2] Die Begriffe „Beförderung schriftlicher Mitteilungen" und „Briefpost" sind - wie bereits in einigen Beiträgen dieses Sammelbandes erläutert - nicht deckungsgleich. Aus Vereinfachungsgründen werden sie hier dennoch gleichgesetzt.

[3] Ebenfalls nicht deckungsgleich sind die Begriffe „Beförderung von Frachtsendungen" und „Frachtpost". Aus Vereinfachungsgründen werden die Begriffe hier dennoch gleichgesetzt.

II. Die Nachfrage nach Briefpost

Die Nachfrage nach der Beförderung schriftlicher Nachrichten von Person zu Person teilt sich auf in die Bereiche

Nachfrage nach Individualbriefpost,

Nachfrage nach Massenbriefpost und

Nachfrage nach Kurierbriefpost.

Dabei unterliegt der Nachfrager nach Individual- und Massenbriefpost einer indirekten Reglementierung, trifft er doch auf ein Angebot, das weitestgehend durch einen Monopolisten determiniert und damit beschränkt ist. Bedingt durch § 2 Abs. 1 Postgesetz ist das Errichten und Betreiben von Einrichtungen zur entgeltlichen Beförderung von schriftlichen Mitteilungen von Person zu Person bis zum Wegfall des Beförderungsvorbehalts ausschließlich der Deutschen Post AG vorbehalten. Davon gibt es bisher nur wenige Ausnahmen.

II.1. Kurierbriefpost

Der Nachfrager nach Kurierbriefpost trifft demgegenüber auf ein breit gefächertes Angebot, das im Wettbewerb erbracht wird, wenn der Mindestpreis für jede Sendung beim Zehnfachen des Entgelts für einen gewöhnlichen Brief der Deutschen Post AG liegt. Handelt es sich um die Beförderung eines grenzüberschreitenden Kurierbriefs, so braucht dieser Mindestpreis unter Beachtung bestimmter Qualitätsanforderungen nicht eingehalten zu werden. Dennoch wird auch hier der Preis aus Kostengründen der Anbieter kaum darunter liegen. Für diesen relativ hohen Preis erwartet der Nachfrager aber auch, daß die Kurierbriefpost beim Kunden abgeholt und in kürzester Zeit sicher und zuverlässig zugestellt wird.

Allgemein wird von Kurier(brief)post gesprochen, wenn die garantierte Laufzeit unter 24 Stunden liegt, je nach Zielentfernung aber auch nur einen Bruchteil dieser Zeit ausmacht. Für den Nachfrager spielt es dabei keine Rolle, ob der Anbieter die Kurierpost direkt vom Versender zum Empfänger befördert oder in Zentralstellen umschlägt und sortiert. Nicht die Produktionsmethode ist wichtig, sondern das garantierte Angebot einer kurzen Brieflaufzeit.

Da der Kurierpostbereich kein Anbietermonopol kennt, kann der Nachfrager aus einem vielfältigen Angebot auswählen. Die Attraktivität des Angebots wird durch eine stark zunehmende Nachfrage bestätigt. Darüber hinaus entbindet das Fehlen eines alleinigen Beförderungsrechts von schriftlichen Mitteilungen von Person zu Person den Nachfrager auch davon, nach dem Inhalt, d.h. zwischen Briefpost und Frachtpost zu unterscheiden. Entsprechend wird die Nachfrage nach schneller Briefpost im Rahmen der gesamten Nachfrage nach schneller und zuverlässiger Beförderung von Sendungen diskutiert.

II.2. Individualbriefpost

Die Nachfrage nach Individualbriefpost setzt sich zusammen aus der Nachfrage nach der Beförderung von Briefen, Postkarten und Briefdrucksachen[4]. Der Anteil der Briefbeförderungen ist dabei mit 83% dominierend. Bei einer Einlieferung der Individualbriefpost bis 18.00 Uhr erwartet der überwiegende Teil der Kunden vom Monopolanbieter eine Zustellung am nächsten Tag (Laufzeiterwartung E+1).

Abbildung 1:

Struktur der realisierten Nachfrage nach Individualbriefpost 1992 in %

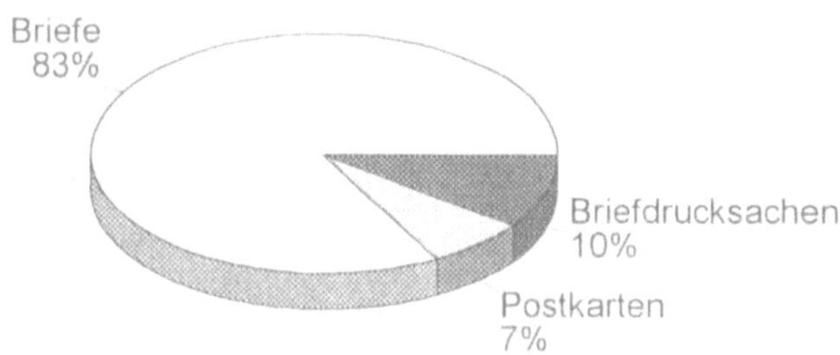

Deutsche Bundespost POSTDIENST: Geschäftsbericht Bonn 1993, S. 24

Im Jahre 1993 entfielen ca. 23 % der gesamten realisierten Nachfrage nach Individualbriefpost auf private Nachfrager und etwa 77% auf Nachfrager aus dem Unternehmens- und Behördenbereich. Dabei stieg die realisierte Nachfrage nach Individualbriefpost von 1991 bis 1992 insgesamt um 17% von 8,1 Mrd. Sendungen auf 9,5 Mrd. Sendungen an, obwohl auch in diesem Bereich die Kunden schriftliche Mitteilungen zunehmend durch Telekommunikationsdienste ersetzen[5].

---

[4] Mit Einführung des Briefkonzepts 2000 wurde die Kategorie „Briefdrucksachen“ von der Deutschen Bundespost POSTDIENST aufgehoben. Die entsprechenden Sendungen müssen heute als Briefe versandt werden.

[5] Vgl. Wohlfahrt, R./ Heyen, M.: Stand und Chancen im Briefdienst, Postpraxis, Heft 8, 1990, S. 184.

Abbildung 2:

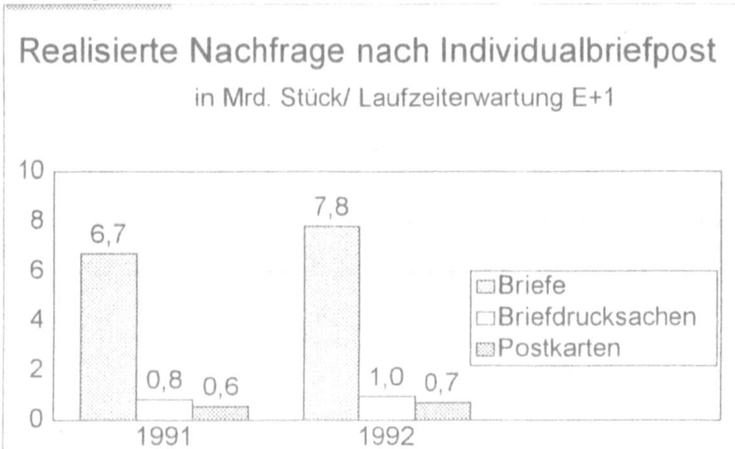

Deutsche Bundespost POSTDIENST: Geschäftsberichte 1991/1992, Bonn 1992/1993, S. 19/24.

II.3. Massenbriefpost

Die Segmente der Nachfrage nach Massenbriefpost sind die Massendrucksachen und die Drucksachen[6]. Mit einem Anteil von 77 % ist die realisierte Nachfrage nach Massendrucksachen etwa dreimal so hoch wie die nach Drucksachen (23 %). Preislich ist die Massenbriefpost deutlich billiger als die Individualbriefpost. Dementsprechend ist der Nachfrager auch bereit, seine Anforderungen an die Laufzeit zu reduzieren und geht nicht von einer Zustellung am Tag nach der Einlieferung aus (Laufzeiterwartung >E+1). Nachfragerelevant könnte in diesem Segment bei zunehmendem Wettbewerb eher eine Qualitätseigenschaft wie die termingenaue Zustellung werden.

Von 1991 bis 1992 stieg die realisierte Nachfrage nach Massenbriefpost insgesamt um 19% von 4,7 Mrd. Sendungen auf 5,6 Mrd. Sendungen an. Nachfrager sind nahezu ausnahmslos Behörden und Unternehmen. Lediglich 2% der realisierten Nachfrage stammen von privaten Haushalten.

[6] Mit Einführung des Briefkonzepts 2000 wurden die Kategorien "Massendrucksachen" und "Drucksachen" von der Deutschen Bundespost POSTDIENST aufgehoben. Die entsprechenden Sendungen müssen heute zum Teil als Individualbriefpost versandt werden: Der weit überwiegende Teil der Beförderungsleistungen im ehemaligen Massendrucksachenbereich wird heute unter der Produktbezeichnung "Infopost" angeboten. 1993 wurden von der Deutschen Bundespost POSTDIENST 9,7 Mrd. Sendungen im Bereich der Individualbriefpost und 5.7 Mrd. Sendungen im Bereich der Massenbriefpost befördert, vgl. o.V.: Aktuelle Situation und Entwicklungstendenzen im Geschäftsfeld Briefpost der Post AG, a.a.O., S. 32.

Abbildung 3:

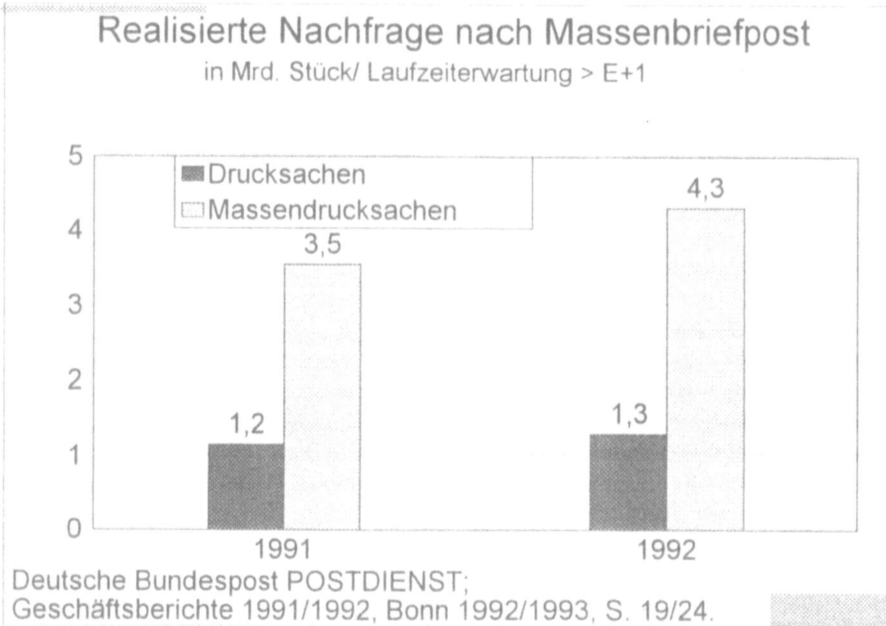

Die im Vergleich zur Individualbriefpost kostengünstigere Massenbriefpost wird von Unternehmen vermehrt bei gezielten Werbebotschaften eingesetzt. Hierbei ist allerdings zu beachten, daß die Massenbriefpost für diesen Zweck mit anderen Werbemedien, insbesondere mit Wurfsendungen in Konkurrenz tritt. Letztere werden zwar auch von der Deutschen Post AG angeboten, liegen jedoch außerhalb der hier betrachteten Nachfrage nach Briefpost, da sie unadressiert sind und demzufolge keine schriftlichen Mitteilungen von Person zu Person enthalten. Daß Wurfsendungen darüber hinaus juristisch außerhalb des Beförderungsmonopols liegen, ist an dieser Stelle ohne Bedeutung, da hier die ökonomische Analyse der Nachfrageseite Gegenstand der Erörterung ist.

Seit dem 01.01.1995 befindet sich die Massenbriefpost im Bereich über 250 g durch die Vergabe von Lizenzen durch das Bundesministerium für Post und Telekommunikation im Wettbewerb. Es ist beschlossen, diese Gewichtsgrenze zum 01.01.1996 auf über 100 g zu reduzieren[7]. Bei einer weiteren Reduzierung der Monopolgrenze ist zu erwarten, daß der Markt für Massensendungen preislich und mengenmäßig stark in Bewegung gerät. Es kann damit gerechnet werden, daß dadurch das gesamte Nachfragevolumen erheblich zunimmt.

[7] Beschluß des Regulierungsrates beim Bundesminister für Post und Telekommunikation vom 26.06.1995.

III. Die Nachfrage nach Frachtpost

Die Analyse der Nachfrage nach Frachtpost setzt - wie eingangs generell formuliert - eine konsistente und operationale Abgrenzung des relevanten Nachfragebereichs voraus. Es muß deshalb bei der Nachfrage nach der Beförderung von Frachtgütern zwischen

Nachfrage nach Standardfrachtpost,

Nachfrage nach Expreßfrachtpost und

Nachfrage nach sonstiger Frachtbeförderung

unterschieden werden. Dabei sind die Grenzen auf der Anbieterseite fließend, da ein und derselbe Anbieter verschiedene Produkte offerieren kann. Ein einfacher Analogieschluß der Marktsituation auf die Nachfragesseite ist daher nicht möglich, so daß bei der Untersuchung der realisierten Nachfrage der genauen Definition der jeweiligen relevanten Nachfrage große Beachtung geschenkt werden muß. Diesem Postulat folgend wird die Nachfrage außerhalb der Standard- und Expreßfrachtpost (sonstige Frachtbeförderung) als nicht zum relevanten Bereich gehörend angesehen, da sie entweder bestimmte Höchstmaße bzw. Beschränkungen in der Sache nicht einhält oder/und bestimmte Höchstlaufzeiterwartungen überschreitet.

III.1. Expreßfrachtpost

Mit dem Versand eines Gutes im relativ teuren Expreßfrachtpostbereich verbindet der Kunde eine Hausabholung der Fracht sowie eine Laufzeiterwartung von unter 24 Stunden, wenn das Zielgebiet innerhalb Europas liegt. „Quasi-Standard" ist für den Kunden bei grenzüberschreitenden Sendungen auch die Zollabwicklung.[8] Er kann darüber hinaus auch erwarten, daß der Versand von Expreßfrachtpost im allgemeinen nicht an eine zu restriktiv gehandhabte Ausübung von Größen-, Form- und Gewichtsbeschränkungen gebunden ist.

Wie bereits bei der Darstellung der Kurierbriefpost erläutert, wird eine Trennlinie zwischen Kurierbriefpost und Expreßfrachtpost nicht gezogen und beide Segmente weiter unten gemeinsam diskutiert.

III.2. Standardfrachtpost

Die Nachfrage nach Standardfrachtpost ist eine Nachfrage nach relativ preisgünstiger, genormter Frachtbeförderung. Das beinhaltet hinsichtlich des Gewichts beispielsweise

[8] Vgl. Rommerskirchen, S.: Erbhöfe verschwinden - Wettbewerb verstärkt sich, in: Deutsche Verkehrs-Zeitung, Nr. 59, 18.05.1995, S. 8; vgl. ebenso Eyett, D.: KEP-Märkte - Märkte ohne Wachstumsgrenzen?, in: Internationales Verkehrswesen, 47. Jahrgang, 1995, S. 136 f.

eine Obergrenze von derzeit etwa 31,5 kg und hinsichtlich der Maße Höchstwerte von z. B. 200 cm Länge und 450 cm Gurtlänge.

Die Laufzeiterwartung ist bei der Nachfrage nach Beförderung von Standardfrachtpost zwar nicht als besonders zeitkritisch einzustufen, doch ist die zeitliche Dimension nicht vernachlässigbar gering. Sie liegt derzeit im allgemeinen zwischen 24 und 72 Stunden. Dabei ist eine Tendenz der Nachfrageentwicklung zu den kurzen Laufzeiten (24 Stunden) hin zu erkennen[9], so daß zukünftig u. U. die Nachfragebereiche Expreßfrachtpost und Standardfrachtpost neu zu definieren sind.

Insgesamt wird die realisierte Nachfrage nach Standardfrachtpost derzeit etwa 2,5 Mrd. Sendungen im Jahr umfassen. Sie wird bei unterschiedlichen Leistungsanbietern im Wettbewerb wahrgenommen.

Abbildung 4:

Verteilung der realisierten Nachfrage nach Standardfrachtpost auf unterschiedliche Beförderer in %

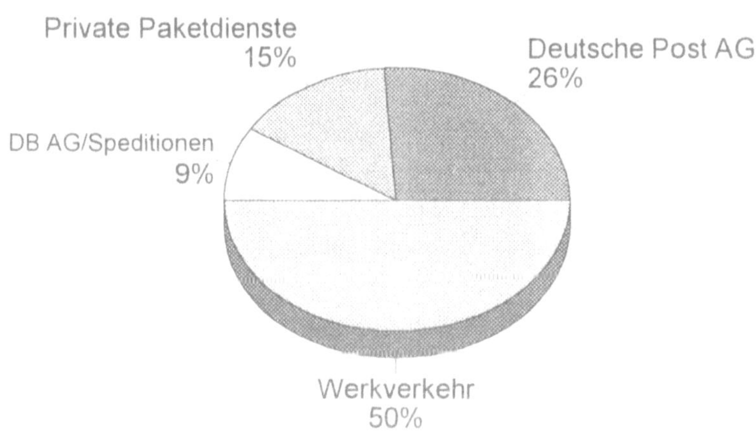

Schon der Umstand, daß 50% der realisierten Nachfrage über den eigenen Werkverkehr gedeckt wird, deutet auf die Dominanz der gewerblichen Nachfrage hin. So entfallen von der gesamten realisierten Nachfrage 95% auf die Nachfrage aus dem Unternehmensbereich, nur 5% dagegen auf Nachfrage privater Haushalte. Letztere versendeten ihre Standardfrachtpost bislang fast ausnahmslos über die Deutsche Post AG.

[9] Vgl. Schmidt, M.: Das neue Frachtkonzept. Postpraxis. Heft 9. 1991. S. 195.

IV. Die Nachfrage nach Kurier- und Expreßpost

Die hier darzustellende Nachfrage subsumiert die Nachfrage nach Beförderung eilbedürftiger Schriftstücke und nach Beförderung zeitkritischer Frachtsendungen. Unter der Nachfrage nach Beförderung eilbedürftiger Schriftstücke wird dabei z.B. der Schnellversand von Briefen außerhalb des Beförderungsvorbehalts, Dokumenten, Informationsmaterialien, Plänen usw. verstanden. Die Nachfrage nach zeitkritischer Beförderung von Frachtsendungen beinhaltet einerseits Frachtsendungen, die sich an bestimmten Höchstmaßen orientieren, wie sie weiter oben beschrieben wurden, andererseits aber auch die zeitkritische Beförderung von Frachtsendungen, die über diese Höchtmaße hinausgehen, wenn besondere zeitliche Restriktionen eine Beförderung über andere Frachtbeförderer nicht zulassen.

Abbildung 5:

Die Nutzer der Kurier- und Expreßpost erwarten im allgemeinen eine Laufzeit der Sendung von unter 24 Stunden, z. T. von unter 12 Stunden. Dabei wird nur selten von einer Haus-zu-Haus-Beförderungsnachfrage abgewichen. Entsprechend diesen Anforderungen sind die Nachfrager nach den hier diskutierten Dienstleistungen auch bereit, einen relativ hohen Preis zu bezahlen.

Kurier- und Expreßpost wird zum deutlich überwiegenden Teil von Unternehmen nachgefragt, in geringerem Umfang auch von Behörden und Privathaushalten.

Bedingt durch einen fortschreitenden inneren und äußeren Ausbau der Europäischen Union ist der Aktionsradius vieler Wirtschaftssubjekte größer geworden. Die damit einhergehende Zunahme des Warenverkehrs hat ihren Niederschlag auch in einem Anstieg der Nachfrage nach Kurier- und Expreßpost gefunden. Dieser Effekt ist durch die Entwicklung in den mittel- und osteuropäischen Ländern noch verstärkt worden.

Gleichzeitig waren die Unternehmen vielfach einem intensiveren Wettbewerb ausgesetzt, nicht zuletzt durch die steigende Auslandsverflechtung. Der hiermit verbundene enorme Kostendruck führte bei vielen Unternehmen zu einer Reduzierung ihrer Lagerhaltung auf ein äußerstes Minimum. Zur Aufrechterhaltung einer soweit wie möglich störungsfreien Produktion gingen die Unternehmen auf ein Bestellverfahren mit schneller und zeitgenauer Anlieferung kleinerer Sendungen über (just-in-time). Damit war ein weiterer Anstieg der Nachfrage nach Kurier- und Expreßpost verbunden.

Mit diesem starken Anstieg der Nachfrage nach Beförderung von Waren konnte die Entwicklung bei der Nachfrage nach Beförderung von Schriftstücken nicht schritthalten[10]. Neuerungen in der Telekommunikation, wie etwa das Fax, das eine immer größere Nachfrage auf sich zieht, können hierfür als ursächlich angesehen werden. Darüber hinaus bleibt aber offen, ob nicht die modernen Übertragungsmöglichkeiten ihrerseits eine weitere Nachfrage nach (schnellen) Transportleistungen induzieren.

Unabhängig davon kann festgehalten werden, daß die realisierte Nachfrage nach Kurier- und Expreßpost insgesamt in den letzten Jahren deutlich angestiegen ist und sich heute auf mehrere Milliarden Sendungen im Jahr beläuft.

Literaturverzeichnis

Breitenacher, M.: Analyse des deutschen Postmarktes unter besonderer Berücksichtigung der privaten Expreß- und Kurierdienste, als Teil B erschienen in ifo Institut für Wirtschaftsforschung, Abteilung Industrie: Regulierung des Postmarktes in der Bundesrepublik Deutschland unter besonderer Berücksichtigung des Grünbuchs über die Entwicklung des Binnenmarktes für Postdienste, Untersuchung im Auftrag des Bundesamtes für Post und Telekommunikation, München 1993.

Cuthbertson, K./ Richards, P.: An Econometric Study of the Demand for First and Second Class Inland Letter Services, in: The Review of Economics and Statistics, Vol. 72, 1990, S. 640-647.

Deutsche Bundespost POSTDIENST: Geschäftsberichte 1991 und 1992, Bonn 1992/1993.

Eyett, D.: KEP-Märkte - Märkte ohne Wachstumsgrenzen?, in: Internationales Verkehrswesen, 47. Jahrgang, 1995, S. 134 -137.

[10] Vgl. Breitenacher, M.: Analyse des deutschen Postmarktes unter besonderer Berücksichtigung der privaten Expreß- und Kurierdienste, als Teil B erschienen in ifo Institut für Wirtschaftsforschung, Abteilung Industrie: Regulierung des Postmarktes in der Bundesrepublik Deutschland unter besonderer Berücksichtigung des Grünbuchs über die Entwicklung des Binnenmarktes für Postdienste, Untersuchung im Auftrag des Bundesamtes für Post und Telekommunikation, München 1993.

o.V.: Aktuelle Situation und Entwicklungstendenzen im Geschäftsfeld Briefpost der Post AG, in: Postpraxis, Heft 2, 1995.

Rommerskirchen, S.: Erbhöfe verschwinden - Wettbewerb verstärkt sich, in: Deutsche Verkehrs-Zeitung, 49. Jg., Nr. 59, 18.05.1995, S. 7-8.

Schmidt, M.: Das neue Frachtkonzept, in: Postpraxis, Heft 9, 1991.

Wohlfahrt, R./ Heyen, M.: Stand und Chancen im Briefdienst, in: Postpraxis, Heft 8, 1990.

Nachfragebeziehungen zwischen Post- und Telekommunikationsdienstleistungen (Ernst/ Walpuski)

I. Problemstellung
II. Nachrichtenübertragung als wirtschaftliches Gut
III. Das Konzept der Verkehrswertigkeit
III.1. Die Wertigkeit des Briefdienstes
III.2. Die Wertigkeit des Fernsprechdienstes
III.3. Die Wertigkeit des Telefax
IV. Verkehrsaffinität und Qualitätsprofil im Brief-, Fernsprech- und Telefaxdienst
V. Ergebnisse und Schlußfolgerungen

Nachfragebeziehungen zwischen Post- und Telekommunikations-dienstleistungen

Matthias Ernst und Dirk Walpuski*

I. Problemstellung

Immer wieder wird die These vertreten, zwischen Post- und Telekommunikationsdienstleistungen bestünden spürbare substitutionale Nachfragebeziehungen.[1] Hieraus werden häufig vergleichsweise negative Prognosen über die Entwicklung insbesondere der Briefbeförderung abgeleitet. So rechnet die Deutsche Post AG aufgrund der Konkurrenz durch immaterielle Nachrichtenverkehrsdienste (Telefax, EDI, E-Mail) bis zum Jahr 2000 mit einem Einbruch im Kerngeschäft von 30%.[2] Im nachfolgenden Beitrag soll versucht werden, anhand der Qualitätsprofile der Briefbeförderung, des Telefondienstes sowie des Telefaxdienstes die Wettbewerbsbeziehungen zwischen diesen Bereichen theoretisch zu analysieren.

In den Augen eines Konsumenten (Nachfragers) besteht zwischen zwei Gütern oder Dienstleistungen dann eine substitutionale Beziehung, wenn das eine Gut teilweise oder vollständig ("perfekte" Substitute) durch das andere Gut ersetzt werden kann, ohne daß der Nutzen, der dem Konsumenten aus dem gesamten Güterbündel erwächst, geschmälert wird. Bei einer Preiserhöhung des einen Gutes würde sich dann die Nachfrage nach dem entsprechenden Substitut ausweiten.

Die Frage ist nun, ob die Hypothese der Substitutionalität zwischen Post- und Telekommunikationsdiensten einer theoretischen Untersuchung und gegebenenfalls auch einer empirischen Überprüfung standhält. Sind sich die Dienste so ähnlich, als daß aus theoretischer Sicht eine Substitutionsbeziehung überhaupt denkbar ist?[3] Oder liegen vielmehr andere Interdependenzen vor? Möglich wären hierbei komplementäre, induktive oder neutrale Beziehungen.[4]

Von den drei genannten Nachrichtenverkehrsträgern werden die Qualitätsprofile herausgearbeitet und analysiert, um über mögliche Interdependenzen Aussagen treffen zu können und einen Einblick in die Marktbeziehungen zu erhalten.

---

* Forschungsgruppe ***EcoTel***, Julius-Maximilians-Universität Würzburg .

[1] Vgl. von Böventer, E.: Einführung in die Mikroökonomie, 6. Auflage, München, u. a. 1989, S. 116, Braubach, U.: Deregulierung der Postdienste, Köln 1992, S. 98 und Ernst, M.: Nachrichtenverkehr, in: Dichtl, E./ Issing, O.: Vahlens Großes Wirtschaftslexikon, Band 2, 2. Auflage, München 1993, S. 1510.

[2] Vgl. Graf, W./ Stadler, R./ Viehöver, U.: Deutsche Post AG, Riese im Aufbruch, in: FOCUS, Heft 36, 1995, S. 210-217.

[3] Zur Bedeutung des Begriffs "Ähnlichkeit" vgl. z. B. Klatt, S.: Die ökonomische Bedeutung der Qualität von Verkehrsleistungen, Berlin 1965, S. 78 ff.

[4] Vgl. z. B. Ernst, M./ Walpuski, D.: Verkehrswissenschaftliche Implikationen der Telekommunikation, in: Ernst, M./ Kopf, J. (Hrsg.): Elemente volkswirtschaftlicher Forschung und Lehre, Festschrift für Sigurd Klatt zum 65. Geburtstag, Berlin 1993, S. 100.

II. Nachrichtenübertragung als wirtschaftliches Gut

Bezogen auf die einleitende These sind die zwei Arten des Nachrichtenverkehrs, der materielle und der immaterielle Nachrichtenverkehr, angesprochen. Die beiden Verkehrsleistungen Brief- und Fernsprechdienst sowie das Telefax transportieren Informationen (im Sinne von Nachrichten)[5]; sie dienen also der Raumüberwindung des Gutes Information und ermöglichen Kommunikation über den Raum hinweg (im Gegensatz zur Face-to-Face-Kommunikation im direkten Gespräch). Im Falle des Briefverkehrs handelt es sich jedoch um physischen Verkehr, da nicht die Information selbst, sondern der Informationsträger (beschriebenes Papier, bespielte Kassetten etc.) transportiert wird. Der Telefonverkehr und der Faxverkehr sind im Gegensatz dazu immaterieller Nachrichtenverkehr (Telekommunikation); bei diesen Nachrichtenverkehrsarten wird die Information selbst in Form eines Signals (Lichtwelle, elektromagnetischer Impuls etc.) übertragen.[6]

Bei der Nachrichten- bzw. Informationsübertragung handelt es sich um kein homogenes Gut, es läßt sich vielmehr in unterschiedlicher Hinsicht klassifizieren (nach Art, Form, Richtung, Zeit, Bestimmtheit, Struktur und Polen).

Informationen können in Form von Sprache, Texten, Fest- und Bewegtbildern sowie in Form von Daten übertragen werden,[7] sie befriedigen verschiedenste Bedürfnisse. Ein weiteres Merkmal ist die Richtung der Information. Die Kommunikation (und damit der Informationsaustausch) kann einseitig erfolgen oder aber zweiseitig, in diesem Falle spricht man von einem Dialog.

Auch die zeitliche Verwertbarkeit kann zur Klassifizierung herangezogen werden. Besteht eine Möglichkeit, die Nachricht zu speichern, ist es nicht erforderlich, daß Expedient (der Absender der Nachricht) und Perzipient (der Empfänger der Nachricht) zum gleichen Zeitpunkt aktiv werden müssen. Die Informationsübertragung erfolgt asynchron. Müssen jedoch aufgrund fehlender Speichermöglichkeiten und/oder -kapazitäten Expedient und Perzipient gleichzeitig agieren, spricht man von synchroner Kommunikation.[8]

Darüber hinaus kann zwischen der Individual- und der Massenkommunikation differenziert werden (Bestimmtheit).[9] Bei der Individualkommunikation handelt es sich um einen exklusiven Austausch von Informationen zwischen zwei oder mehreren definierten Partnern. Demgegenüber bietet die Massenkommunikation (z. B. Wurfsendungen, Rundfunk) die Möglichkeit, Nachrichtenübertragung von einem Sender bzw. Anbieter

[5] Vgl. dazu den "message approach", Gaus. W.: Dokumentations- und Ordnungslehre, Berlin u.a. 1983, S. 15 f.

[6] Vgl. Ernst, M./ Walpuski, D.: Verkehrswissenschaftliche Implikationen der Telekommunikation, a.a.O., S. 102 f.

[7] Vgl. Maier, H.: Die Kommunikationstechnik. Köln 1984, S. 15; tritt nur eine Form der Übertragung auf, spricht man von Einzelkommunikation, im anderen Fall von Verbundkommunikation.

[8] Vgl. Picot, A./ Anders, W.: Telekommunikationsnetze als Infrastruktur neuerer Entwicklungen der geschäftlichen Kommunikation, in: Hermanns. A. (Hrsg.): Neue Kommunikationstechniken, Grundlagen und betriebswirtschaftliche Perpektiven. München 1986, S. 7.

[9] Vgl. Maier, H.: Die Kommunikationstechnik, a.a.O., S. 16 f.

von Informationsübertragungsdienstleistungen zu einer mehr oder weniger unbegrenzten Menge von Empfängern durchzuführen; die Informationen sind entweder an unbestimmt viele gerichtet oder sie können von unbestimmt vielen zumindest abgerufen werden.

Eng mit diesem Merkmal der Bestimmtheit ist die Frage nach der Struktur der Nachrichtenübermittlung verbunden. Informationen können entweder über Verteil- oder über Vermittlungsnetze übertragen werden. Im allgemeinen bedient sich die Individualkommunikation Vermittlungsnetzen, während Massenkommunikation über Verteilnetze abläuft. Jedoch ist gerade im Fall der Massenkommunikation das Vorhandensein eines Verteilnetzes weder eine notwendige noch eine hinreichende Bedingung.[10]

Eine letzte Art der Klassifikation richtet sich nach den Polen, also der Art der beteiligten Partner (Mensch, Maschine); dieses Merkmal ist jedoch hier nicht relevant.

Abbildung 1 zeigt eine Einteilung der drei Nachrichtenverkehrsdienste anhand der oben aufgeführten Klassifikationsmerkmale.

Abbildung 1: Klassifikation der Dienste

Dienst	Art	Bestimmtheit	Zeit	Richtung	Form	Struktur
Brief[11]	materiell	individual	asynchron	einseitig	Text, Festbild	vermittelt
Fernsprecher	immateriell	individual	synchron	zweiseitig	Sprache	vermittelt
Telefax	immateriell	individual	asynchron	einseitig	Text, Festbild	vermittelt

III. Das Konzept der Verkehrswertigkeit

Doch nicht nur das Gut Nachricht an sich muß zur Untersuchung herangezogen werden, auch die Leistungsfähigkeit der einzelnen Verkehrsträger spielt eine große Rolle hinsichtlich der Beurteilung möglicher Interdependenzen zwischen Brief-, Telefon- und Telefaxdienst. Ein Konzept zur Ermittlung der Leistungsfähigkeit eines Verkehrsmittels stellt die Verkehrswertigkeit dar. Dieses Konzept wurde ursprünglich für den Güter- und Personenverkehr entwickelt, kann jedoch auch zur Typologie des Nachrichtenverkehrs herangezogen werden.[12] Dabei werden verschiedene Teilwertigkeiten (Qualitätsmerkmale) untersucht. Diese Teilwertigkeiten lassen sich in mengen-, weg- und zeitbe-

[10] So bedient sich der CB-Funk zwar eines Verteilnetzes, jeder CB-Funker kann in einem bestimmten räumlichen Umkreis die Nachricht hören, jedoch ist eine dialogfähige Individualkommunikation möglich.

[11] Hier werden innerhalb des Briefdienstes nur die individuellen Sendungsvarianten betrachtet. Massenkommunikation, wie z. B. Postwurfsendungen, sollen hier ausgeschlossen werden, da diese Kommunikationsformen mit den individuellen Telekommunikationsformen nicht vergleichbar sind.

[12] Vgl. Ernst, M.: Verkehrsqualität, in: Dichtl, E./ Issing, O. (Hrsg.): Vahlens Großes Wirtschaftslexikon, Band 2, 2. Auflage, München 1993, S. 2221 f.

zogene Eigenschaften einteilen.[13] Folgende sieben Teilwertigkeiten sind zu unterscheiden:[14]

Massenleistungsfähigkeit, Sicherheit, Bequemlichkeit, Schnelligkeit, Berechenbarkeit von Beginn und Dauer der Leistung, Häufigkeit der Verkehrsbedienung und Netzbildungsfähigkeit. Dabei sind die ersten drei Qualitätsmerkmale mengenbezogen, die nächsten drei berücksichtigen den zeitlichen Aspekt und die letztgenannte Eigenschaft ist weg- bzw. raumbezogen.

Unter Massenleistungsfähigkeit versteht man den Grad der Fähigkeit, Transporte unterschiedlichen Volumens/Masse verschiedener Transportobjekte zu möglichst geringen Kosten durchzuführen. Die Netzbildungsfähigkeit gibt den Grad der Fähigkeit eines Verkehrsmittels an, Transporte von einem Ort zu allen anderen Orten ohne Umladung durchführen zu können. Alle diese Qualitätsmerkmale sollen darüber hinaus die Kosten berücksichtigen, d.h. sie sollen möglichst optimal sein und dabei keine oder nur geringe Kosten verursachen. Anhand des Konzeptes der Verkehrswertigkeit und der spezifischen Eigenschaften der jeweils transportierten Güter sollen nun die drei Dienste gegenübergestellt werden, um mögliche Interdependenzen aufzuzeigen.

III.1. Die Wertigkeit des Briefdienstes

Betrachten wir zuerst die Wertigkeiten des Briefverkehrs.[15] Im Gegensatz zur Telekommunikation besitzt der materielle Nachrichtenverkehr keine eigenen, systemspezifischen Netze, er ist abhängig von einer Kette von Verkehrsträgern, die die Nachrichten in mehr oder weniger standardisierten Gefäßen transportieren. Damit sind die Qualitätsmerkmale des Briefverkehrs weitgehend abhängig von denen des gebrochenen, verkehrsträgerübergreifenden, kombinierten Güterverkehrs; es handelt sich somit um eine abgeleitete Wertigkeit.

Die Netzbildungsfähigkeit im Briefverkehr erreicht aufgrund der Leistung der bestehenden Verkehrsinfrastruktur für den Güter- und Personenverkehr mit all seinen Kombinationsmöglichkeiten fast einen Idealzustand. Innerhalb des Hoheitsgebiets einer Postverwaltung bzw. eines -unternehmens ist die Zustellung an nahezu jeden Ort gegeben. Das dichte Netz von Poststellen und Briefkästen ermöglicht dazu eine fast unbeschränkte Aufgabe von Briefen.

Auch die Häufigkeit der Verkehrsbedienung kommt einem optimalen Zustand nahe. Da es sich um einseitigen und asynchronen Nachrichtenverkehr handelt, kann der Expedient die Leistung zu jedem Zeitpunkt nachfragen, unabhängig davon, ob der Perzipient überhaupt in der Lage ist, die Information (den Brief) in Empfang zu nehmen.

---

[13] Vgl. Klatt, S.: Die ökonomische Bedeutung der Qualität von Verkehrsleistungen, a.a.O., S. 61.
[14] Vgl. Voigt, F.: Verkehr, Bd. 1, 1. Hälfte: Die Theorie der Verkehrswirtschaft, Berlin 1973, S. 73 ff.
[15] Vgl. bereits Spranger, P.-H.: Theorie des Nachrichtenverkehrs als Grundlage für die Beurteilung von Integrationsmaßnahmen einer Europäischen Postunion. Dissertation. Berlin 1961, S. 44 ff.

Bei der Massenleistungsfähigkeit schneidet der Briefverkehr im Vergleich zu den anderen Teilwertigkeiten nicht so gut ab. Zwar erlaubt eine weitgehende Differenzierung (Luftpost, Eilbrief, Einschreiben usw.) eine Anpassung an einen Teil der Bedürfnisse des Expedienten, jedoch fehlt im Vergleich zum Telefon die Möglichkeit, direkten, synchronen (Sprach-) Kontakt aufzunehmen.

Ähnlich sieht es bei der Schnelligkeit aus. Da der Transport von Briefen im wesentlichen an die Entwicklungen im Güterverkehr gebunden ist, erreicht er höchstens die Geschwindigkeit des gewählten Verkehrsmittels. Diese differiert je nach Verkehrsträger. Jedoch wird selbst beim schnellsten Verkehrsmittel, dem Flugzeug, nicht annähernd die Schnelligkeit erreicht, die in der modernen Telekommunikation (Satellitenübertragungen, Glasfasertechnik) realisierbar ist.

Demgegenüber ist die Berechenbarkeit von Beginn und Dauer der Nachrichtenübertragung weitgehend gegeben. Der Beginn der Leistung ist anhand der Leerungszeiten der Briefkästen genau kalkulierbar. Die Dauer allerdings beruht mehr auf Erfahrungen. Jedoch ist anzunehmen, daß - abgesehen von sehr abgelegenen Orten - die Übermittlungsdauer von den Expedienten ausreichend genau abgeschätzt werden kann.[16]

Im Zusammenhang mit der Teilwertigkeit Sicherheit muß man zwei Aspekte betrachten. Zum einen, ob die Information überhaupt beim richtigen Perzipienten ankommt, zum anderen, in welchem Zustand sie ankommt. Die Sicherheit ist insoweit eine abgeleitete Wertigkeit, zumal die materiellen Informationsträger von verschiedenen Verkehrsmitteln befördert werden. Deren Sicherheit bzw. Unfallhäufigkeit und Zuverlässigkeit ist ausschlaggebend für die Sicherheit der Informationsübertragung. Man kann also im Fall des Briefdienstes nur von einer eingeschränkten Sicherheit sprechen. Sofern der Brief richtig zugestellt wurde, kann kein Übertragungsfehler bezüglich des Inhalts des Informationsträgers auftreten.

Das Qualitätsmerkmal Bequemlichkeit ist sicherlich schwer zu beurteilen. Zum einen ist es zeitaufwendiger, einen Brief zu schreiben und an einer Poststelle oder Postnebenstelle aufzugeben, zum anderen wird die Form des schriftlichen Nachrichtenverkehrs oftmals gerade deswegen bevorzugt, weil der Nachfrager aus der Tätigkeit des Schreibens allein schon einen Nutzen gewinnt.[17] Hier schwankt der Grad der Bequemlichkeit mit den Bedürfnissen jedes einzelnen Benutzers.

---

[16] Ziel der DBP POSTDIENST/Post AG ist es, 90% des Sendungsvolumens nach der Formel E+1 (Zustellung spätestens am nächsten Werktag) zuzustellen. vgl. o. V.: Qualitätsregulierung im Briefdienst, Postministerium läßt Brieflaufzeiten messen, in: Post Politische Information, Oktober 1992, S. 6 und Braubach, U.: Deregulierung der Postdienste, a.a.O., S. 137 ff. Bei der letzten Laufzeitmessung im Briefdienst wurde ermittelt, daß lediglich 81,7 % der Sendungen in der Bundesrepublik Deutschland nach der Formel E + 1 ausgeliefert werden, vgl. o. V.: Brieflaufzeit verbessert, in: Post Politische Information, Mai/Juni 1994, S. 8.

[17] So ist es in manchen Situationen für den Expedienten bequemer, eine asynchrone Nachrichtenübermittlung zu wählen, z. B. beim Erstellen eines persönlichen Briefes. Häufig bedürfen aber auch bestimmte Vorgänge der Schriftform im Original, so daß nur eine materielle Nachrichtenübermittlung in Frage kommt (Dokumente, Urkunden, Kündigungen, Rechnungen, Verträge, Testamente etc.).

Als letztes sind die Kosten zu betrachten. Der Kostenaspekt ist innerhalb des betrachteten Konzeptes von besonderer Bedeutung, da jedes andere Qualitätsmerkmal in einem bestimmten Maße in Abhängigkeit der Kosten verbessert werden kann. Die Wertigkeiten sind somit letztendlich auch eine Funktion der Kosten.[18] Hier sind nur jene Kosten bzw. Ausgaben relevant, die dem Nachfrager direkt entstehen. Es sind dies die geltenden Preise in Form von Tarifen und Gebühren, die innerhalb des Briefverkehrs einheitlich und für den Nachfrager bei Inanspruchnahme der Leistung mit Sicherheit ex ante erkennbar sind.

III.2. Die Wertigkeit des Fernsprechdienstes

Die Qualitätsmerkmale des Telefons unterscheiden sich in einigen gravierenden Punkten von denen des Briefverkehrs.[19] Vor allen Dingen ist die Wertigkeit nicht von anderen Verkehrsmitteln abhängig, da der Fernsprechdienst über eigene Netze verfügt.[20]

Die potentielle Netzbildungsfähigkeit ist als optimal zu bezeichnen. Durch Einsatz neuer Techniken (hier ist vor allem die Satellitentechnik zu nennen) ist eine akustisch einwandfreie Übertragung auch über erhebliche Entfernungen an jeden Platz der Erde möglich. Die tatsächliche Netzbildungsfähigkeit kann jedoch aufgrund verschiedener Standards (z. B. im Mobilfunk-Bereich)[21] bzw. mangelnder Netzkompatibilität eingeschränkt sein.

Am schwächsten ist die Teilwertigkeit Massenleistungsfähigkeit ausgeprägt. Prinzipiell ist über das Telefon nur Sprachkommunikation möglich, weitere Bedürfnisse (Text- und Festbildkommunikation) können allein nicht befriedigt werden. Erst der Einsatz weiterer Dienste und Endgeräte (Telefax, Modems, Bildfernsprecher) verbreitert die Palette der Leistungen.

Was die Geschwindigkeit angeht, kann man beim Fernsprechdienst aufgrund des hohen Synchronitätsgrads von einem idealen Zustand ausgehen. Mit Hilfe der Glasfaser- und Satellitentechnik wird bei der Raumüberwindung der Informationen eine Schnelligkeit erreicht, für die theoretisch die Lichtgeschwindigkeit die physische Grenze darstellt. Somit stellt in bezug auf die Schnelligkeit der Informationsübermittlung der Mensch den limitierenden Faktor dar. Zwar kann jedes gesprochene Wort innerhalb einer kaum meßbaren Zeitspanne übermittelt werden, Untersuchungen haben jedoch ergeben, daß am Telefon durchschnittlich nur 120 Worte pro Minute gesprochen werden.[22] Einschränkend

---

[18] Vgl. Voigt, F.: Verkehr. Bd. 1. 1. Hälfte: Die Theorie der Verkehrswirtschaft. a.a.O., S. 93 f.

[19] Vgl. Spranger, P.-H.: Theorie des Nachrichtenverkehrs als Grundlage für die Beurteilung von Integrationsmaßnahmen einer Europäischen Postunion. (1961). S. 47 f.

[20] Neben dem analogen und digitalen Fernsprechnetz sind vor allem das im Aufbau begriffene ISDN (Integrated Services Digital Network, diensteintegriertes digitales Netz) sowie die Mobilfunknetze zu nennen.

[21] So existieren im analogen Mobilfunk in Europa acht verschiedene Systeme. Vgl. hierzu Neumann, K.-H.: PCN - Die neueste Entwicklung im digitalen zellularen Mobilfunk. in: Kruse, J. (Hrsg.): Zellularer Mobilfunk. Neue Märkte mit neuen Netzen für das Funktelefon. Heidelberg 1992, S. 184.

[22] Vgl. Ito, Y.: The "Johoka Shakai" Approach to the Study of Communication in Japan, in: KEIO Communication Review, Vol. 1, 1980, S. 24.

muß allerdings festgestellt werden, daß die gewünschte Verbindung erst zustande kommen muß, bevor die Geschwindigkeitsvorteile ausgenutzt werden können. Ist der Perzipient jedoch nicht erreichbar, beträgt die Übertragungsgeschwindigkeit null, es findet - und das ist wesentlich für die Analyse - in den Augen der Nachfrager keine Nachrichtenübermittlung statt. Jedoch hat sich die Erreichbarkeit der Teilnehmer durch die Möglichkeit der Mobilfunktechnik und die Rufweiterschaltung gerade in letzter Zeit erheblich erhöht.

Bei der Berechenbarkeit muß man differenzieren. Zwar läßt sich die Dauer der Übermittlung vom Expedienten (Anrufer) kontrollieren, der Beginn der Leistung ist aber vom Perzipienten abhängig, da dieser das Gespräch i. d. R. in Empfang nehmen muß.[23]

Strebt der Benutzer des Telefons einen Dialog an, kann er auch die Häufigkeit nicht so problemlos bestimmen wie im Briefverkehr, da er wiederum davon abhängig ist, daß eine Verbindung überhaupt zustande kommt. Während man zwar viele Briefe gleichzeitig erhält, kann man in der Regel zu einem bestimmten Zeitpunkt nur ein Telefongespräch führen.

Die Sicherheit hat durch den Stand der Technik einen hohen Grad erreicht. Sieht man von etwaigen Abhörmöglichkeiten ab,[24] fallen Informationsverluste heutzutage kaum mehr ins Gewicht. Auch die Bequemlichkeit ist in den letzten Jahren stetig gewachsen. Auto- und Mobilfunkanlagen ermöglichen praktisch eine Nachrichtenübertragung unabhängig vom Aufenthaltsort, das Aufsuchen von Übermittlungsstationen (und sei es nur das eigene Telefon als Endgerät eines Leitungsnetzes) ist nicht mehr erforderlich.

Als letzter Punkt sollen auch hier die Kosten der Benutzung der Verkehrsmittel, welche dem Nachfrager entstehen, betrachtet werden. Zum Fernsprechen ist ein eigenes Endgerät erforderlich. Der potentielle Nutzer steht somit - sofern er noch über kein Telefon verfügt - vor einer zweistufigen Entscheidungssituation. Zum einen muß er sich überlegen, ob sich die Anschaffung eines Telefonanschlusses für ihn lohnt (oder er gegebenenfalls auf öffentliche Fernsprecher zurückgreift), zum anderen muß er in jedem Einzelfall sehen, ob die Übermittlung seiner Nachricht per Telefon erfolgen soll.[25] Praktisch spielt heutzutage die erste Entscheidungsstufe - sieht man einmal von der Mobilkommunikation ab - jedoch nur noch eine geringe Rolle, da zum einen über 95 % aller Haushalte in der Bundesrepublik über eigene Telefonanschlüsse verfügen und zum anderen rund 180.000 öffentliche Fernsprecher existieren.[26]

[23] Es sei denn, es bestünde die Möglichkeit zur Zwischenspeicherung (z. B. Anrufbeantworter). Aber dann käme kein Dialog zustande, es läge also ein anderes Gut vor.

[24] Abhörmethoden betreffen allerdings mehr das Problem der Geheimhaltung möglicher Informationen als ihren Verlust.

[25] Vgl. z. B. Taylor, L. D.: Telecommunications Demand: A Survey and Critique, Cambridge, Mass. 1980, S. 17.

[26] Vgl. Deutsche Bundespost TELEKOM, Generaldirektion (Hrsg.): Die wichtigsten Daten zum Geschäftsjahr 1993, Beilage in: Ein Unternehmen im Wandel. Auf dem Weg zum Konzern. Das Geschäftsjahr 1993, Bonn 1994, S. 8.

Entscheidungsrelevant ist vor allem der Preis für die Nutzung, also das Fernsprechentgelt. Da einheitliche Benutzungsgebühren (Einheiten) für alle Fernsprechdienste (Telefon, Mobilfunk) gelten,[27] differenzieren die Preise für die Nutzung aufgrund unterschiedlicher Zeittakte (Orts-, Fern-, Auslandsgespräch) bzw. unterschiedlicher monatlicher Grundgebühren. Besitzt der Benutzer keinen Gebührenzähler, lassen sich die Entgelte und damit Preise für eine Leistung nicht kontrollieren. Trotz Preistransparenz sind dann die Kosten der Nachrichtenübermittlung i. d. R. weder ex ante, noch ex post zu überprüfen.

III.3. Die Wertigkeit des Telefax

Welches Profil zeigt sich nun beim Telefax? Der Telefaxdienst bedient sich der Fernsprechnetze und besitzt somit keine eigene Infrastruktur. Dadurch ist die potentielle Netzbildungsfähigkeit genauso optimal ausgeprägt wie beim Fernsprechdienst. Jedoch gelten auch hier die oben gemachten Einschränkungen im Zusammenhang mit dem Problem der Netzkompatibilität.

Die Teilwertigkeit der Massenleistungsfähigkeit entspricht nahezu der des Briefdienstes. Text und Festbilder können mittels des Telefax übertragen werden. Der einzige Unterschied zum Brief besteht in der Qualität, so können Farbbilder nicht transportiert werden. Die Transportgeschwindigkeit ist beim Telefax geringer als beim Telefon. Eine Brieftextseite im DIN A4-Format kann über herkömmliche analoge Anschlüsse in ca. 60 Sekunden, über das ISDN in ca. 12 Sekunden übertragen werden.[28] Allerdings kann eine Textseite je nach Schriftgrad bis zu 1000 Worte enthalten, so daß letztendlich im Vergleich zum Telefon in derselben Zeit eine höhere Informationsmenge übertragen werden kann.

Die Berechenbarkeit von Beginn und Dauer der Nachrichtenübermittlung ist fast optimal. Moderne Faxgeräte besitzen die Möglichkeit, die Nachricht zu speichern, so daß der Übertragungsvorgang nicht davon abhängig ist, daß der Perzipient gleichzeitig agieren muß. Der Expedient kann also den Beginn der Übertragung völlig souverän bestimmen und damit auch die Häufigkeit des Transportes. Auch die Dauer der eigentlichen Übertragung läßt sich genau messen. Einzige Unwägbarkeit besteht letztendlich darin, daß nicht sicher ist, wann der Empfänger den Text tatsächlich in den Händen hält.[29] Die Sicherheit ist wie bei fast allen Telekommunikationsmitteln sehr hoch.

Die Bequemlichkeit ist das Merkmal, bei dem das Telefax am schlechtesten abschneidet. So muß die Nachricht - wie beim Brief - erst schriftlich fixiert werden, was Oppor-

---

[27] Die einzigen Unterschiede bestehen zwischen privaten und öffentlichen Fernsprechern.

[28] Vgl. Deutsche Bundespost TELEKOM, Generaldirektion (Hrsg.): Das Telekom-Buch 1992, Bonn 1992, S. 176.

[29] Hier wird der Unterschied zwischen der eigentlichen Übertragung und der Vermittlung an den bestimmten Perzipienten deutlich, der beim Telefon nicht sichtbar ist. Vgl. zum Unterschied zwischen Übertragung und Vermittlung z. B. Knieps, G./ Weizsäcker, C.C. v.: Telekommunikation, in: Oberender, P. (Hrsg.): Marktstruktur und Wettbewerb in ausgewählten Branchen der Bundesrepublik Deutschland, München 1989, S. 456 f.

tunitätskosten in Höhe der aufgewandten Zeit bedeutet. Durch die Unpersönlichkeit des Faxes (der Charakter einer Kopie) geht auch der Nutzen der individuellen Erstellung der Nachricht verloren. Neben diesem "Schreibaufwand" ist auch die Bedienung des Faxgerätes unbequemer als die des Telefons. Die Bedienung ist komplizierter und erfordert mehr Zeit, sowohl beim eigentlichen Bedienungsvorgang als auch bei dessen Vorbereitung, etwa dem Lesen der Gebrauchsanweisung.

Der letzte Punkt, der Kostenaspekt, ist beim Telefax von dualem Charakter. Die Endgeräte sind wesentlich teurer als ein Telefonapparat, so daß die Anschaffungskosten zumindest gegenwärtig noch eine wesentliche Barriere darstellen. Ohne eigenes Faxgerät ist der Dienst jedoch nur sehr eingeschränkt zu nutzen, da nur ca. 1200 öffentlich zugängliche Faxgeräte (sog. Telebriefstellen) existieren.[30] Die Gebühren für die reine Nachrichtenübertragung entsprechen denen des Telefons,[31] da beide Dienste über dieselben Netze laufen. Eine Unterscheidung zwischen Telefongesprächen und Textübertragungen ist daher statistisch (mengen- und wertmäßig) heute noch nicht möglich. Bei der Ermittlung der Kosten treten dieselben Schwierigkeiten auf wie beim Telefon. Ohne Einheitenzähler sind die Entgelte für den Transport einer Nachricht nicht zu erkennen. Weiterhin wird zur Nutzung des Telefaxdienstes ein spezielles Endgerät benötigt. Dieser zweiseitige Charakter muß beachtet werden, da bei der Untersuchung einer möglichen Substitutionsbeziehung zwischen Brief und Fax ebenfalls eine zweistufige Entscheidungssituation existiert. Zum einen muß der Nachfrager entscheiden, ob sich die Anschaffung eines Faxgerätes für ihn lohnt, zum anderen muß er dann im Einzelfall abwägen, ob er die Briefform oder die Faxform für die Übertragung seiner bestimmten Information vorzieht. In diesem Fall ist die Entscheidung jedoch von größerer Bedeutung als beim Fernsprecher, da die Möglichkeit, Telebriefe abzuschicken, geringer ist als die, von öffentlichen Fernsprechern aus zu telefonieren.

IV. Verkehrsaffinität und Qualitätsprofil im Brief-, Fernsprech- und Telefaxdienst

Das Komplement zur Verkehrswertigkeit ist die Verkehrsaffinität. Die Verkehrsaffinität ist ein Maß für die Anforderungen, die das Transportobjekt (hier das Gut Nachricht mit seinen spezifischen Klassifikationsmerkmalen) bzw. die Verkehrsleistungsnachfrager an die Qualität der Verkehrsleistung und damit letztendlich an das Verkehrsmittel stellen.[32]

Jeder Expedient einer Nachricht verbindet mit dieser ganz bestimmte Kommunikationsbedürfnisse; je nach deren Ausgestaltung wird er das Verkehrsmittel wählen, welches ihm geeignet erscheint. Die Verkehrsaffinität drückt somit den Grad der Geeignetheit eines Verkehrsträgers zur Zielerreichung in den Augen des Nachfrager aus.

---

[30] Vgl. Braubach, U.: Deregulierung der Postdienste, a.a.O., S. 101.

[31] Vgl. Deutsche Bundespost TELEKOM, Generaldirektion (Hrsg.): Das Telekom-Buch 1992, a.a.O., S. 174.

[32] Vgl. z. B. Voigt, F.: Verkehr, Bd. 1, 1. Hälfte: Die Theorie der Verkehrswirtschaft, a.a.O., S. 108 und Ernst, M./ Walpuski, D.: Verkehrswissenschaftliche Implikationen der Telekommunikation, a.a.O., S. 102.

Je nach den Eigenschaften der Nachricht und den Zielen, die der Expedient mit dieser verfolgt, wird sich der Benutzer für eine Form des Nachrichtenverkehrs entscheiden oder aber, falls Briefverkehr und Telefondienst bezogen auf den jeweiligen Bedarf Substitute sein sollten, die Wahl von den jeweiligen Preisen abhängig machen.

Abbildung 2: Vergleich der Verkehrswertigkeiten im Brief-, Fernsprech- und Telefaxdienst

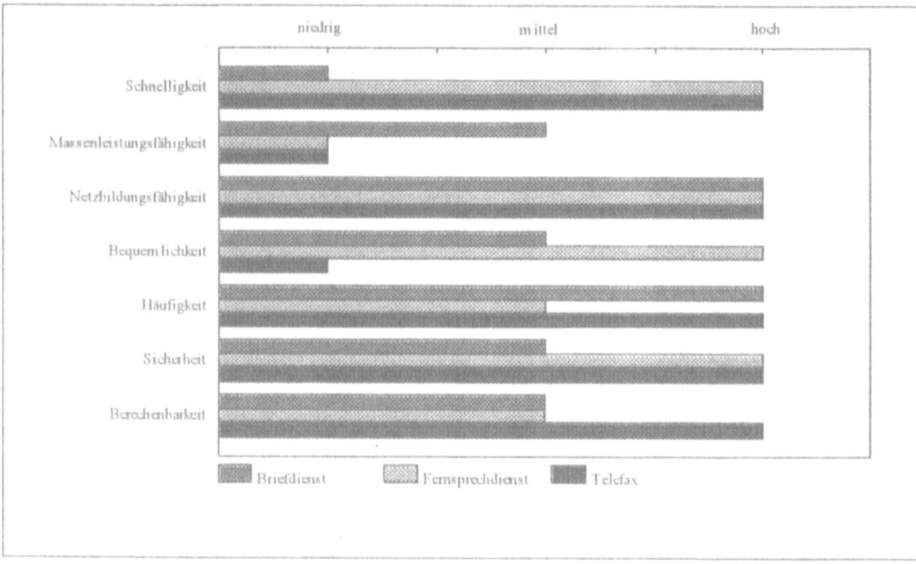

Briefverkehr und Fernsprechdienst weichen sowohl in bezug auf die Verkehrswertigkeit (vgl. Abbildung 2) als auch in bezug auf die Verkehrsaffinität stark voneinander ab. Der Briefverkehr erweist sich für folgende Bedürfnisse als adäquates Verkehrsmittel: für asynchrone Kommunikation mit der Möglichkeit zur Speicherung (Rechnungen, Gedichte usw.), für Massenkommunikation (z. B. Werbemittel) sowie zur Übertragung von Festbildern (Glückwunschkarten etc.).

Der Fernsprechdienst besitzt seine Systemvorteile im Bereich der Dialogfähigkeit (Absprachen, Rückfragen, Verabredungen), der Geschwindigkeit der Nachrichtenübermittlung sowie der Bequemlichkeit der Benutzung (hier ist vor allem der Mobilfunk zu nennen).

V. Ergebnisse und Schlußfolgerungen

Somit kann man aufgrund der unterschiedlichen Qualitätsprofile und Gütereigenschaften (vgl. Abbildung 2) kaum von Substitutionsmöglichkeiten zwischen Brief- und Fernsprechdienst sprechen.[33] Es ist eher anzunehmen, daß sich die beiden Dienste im großen und ganzen neutral zueinander verhalten; Preiserhöhungen beim Briefverkehr bzw. Anhebungen der Telefongebühren führen selten zu einer erhöhten Anzahl von Telefonaten bzw. Briefen. Dies ist nur dann der Fall, wenn die spezifischen Systemvorteile des Briefverkehrs unbedeutsam sind. Der Brief kann niemals den Dialog ersetzen oder mit der Schnelligkeit des Telefons konkurrieren. Das Telefon ist hingegen für Massenkommunikation[34] und den Transport von Text und Festbildern untauglich. Da in der heutigen Gesellschaft aber die Schnelligkeit der Nachrichtenübermittlung eine immer größere Rolle spielt, liegt die Vermutung nahe, daß, wenn überhaupt, nur eine asymmetrische Substitutionsbeziehung zwischen Brief und Telefon besteht, d. h. daß das Telefon zwar ein Konkurrent für den Brief sein kann, dies vice versa vermutlich kaum gilt.[35] Induktive Zusammenhänge sind auch in Einzelfällen denkbar, so kann z. B. eine Massenwurfsendung eine telefonische Bestellung nach sich ziehen oder eine schriftliche Anfrage eine fernmündliche Antwort erhalten.

Anders sieht es bei einem Vergleich zwischen Briefdienst und Telefax aus. Die Klassifikationsmerkmale sind in relevanten Bereichen fast identisch (vgl. Abbildung 1). Beide Nachrichtenverkehrsdienste transportieren dieselbe Form von Information (Texte und Festbilder), beide sind asynchrone Dienste. Betrachtet man darüber hinaus die Qualitätsprofile (vgl. Abbildung 2), so erkennt man, daß das Telefax qualitativ in fünf von sieben Teilwertigkeiten mindestens so gut abschneidet wie der Briefdienst. Vor allen Dingen bei der Schnelligkeit liegen die Vorteile klar auf seiten der immateriellen Verkehrsart. Dafür bietet der Brief die höhere Massenleistungsfähigkeit, da das Telefax nur Kopien übermittelt. Dokumente, die der Originalform bedürfen (Urkunden, Pässe etc.), und farbige Bilder (z.B. Glückwunschkarten) können nur per Brief transportiert werden. Brief und Fax übermitteln zwar dieselbe Informationsform, aber in teilweise unterschiedlicher Qualität. Jedoch besitzt der Briefdienst (im Sinne des Produktes der Deutschen Post AG) gerade auf dem Gebiet des Transports wichtiger (Original-) Dokumente starke Konkurrenten, nämlich die privaten Kurier- und Expreßdienste. Sinnvoll für eine Klärung der Frage nach einer bestehenden Substitutionsbeziehung zwischen Brief und Telefax ist somit nur eine Betrachtung der schriftlichen Mitteilungen, die sowohl per Brief als auch per Fax übermittelt werden können. Ausgehend von der Verkehrswertigkeit der Dienste und der Verkehrsaffinität, also den Anforderungen, die die Informationsarten (kopierter) Text und Festbild (schwarz-weiß) an das Nachrichtenverkehrsmittel richten, besteht theoretisch eine Substitutionsbeziehung zwischen Brief und Telefax. Um daraus jedoch eine klare Konkurrenzbeziehung abzuleiten, muß man die Kosten mit in das Kalkül einbeziehen. Zunächst stellen die Anschaffungskosten ein Hindernis dar, überhaupt erst in die immaterielle Kommunikation via Telefax einzusteigen. Ein Faxgerät stellt aber in unserer heutigen Zeit im privaten Bereich in gewissem Sinne (noch) ein Statussymbol dar. Dieser Trend, moderne Kommunikationsmittel zu besitzen (der sog. Geltungsnutzen), führt mehr und mehr dazu, Briefverkehr durch den qualitativ hochwertigeren Dienst Telefax

[33] Vgl. ebenda, S. 106.

[34] So sind Werbemittel wie Wurfsendungen noch immer auf materiellen Nachrichtenverkehr angewiesen, vgl. z. B. Spranger, P.-H.: Theorie des Nachrichtenverkehrs als Grundlage der Beurteilung von Integrationsmaßnahmen einer europäischen Postunion, a.a.O., S. 84.

[35] Vgl. Neumann, K.-N.: Gebührenpolitik im Telekommunikationsbereich, Baden-Baden 1984, S. 33.

zu ersetzen. Inwieweit dies schon signifikante praktische Auswirkungen zeigt, müßten empirische Analysen erst noch zeigen.

Dazu wäre jedoch eine nach Anschluß und Nutzung differenzierte Datenbasis von Telefax notwendig, welche auch nach geschäftlich und privat genutzter Kommunikation unterscheidet. Obwohl es überraschen dürfte, gab es derartige Zahlen auch fünf Jahre nach der Postreform I nicht. Dies ist bemerkenswert, da die datenmäßig transparente Abbildung der Trennung von Monopol-, Pflicht- und Freien Leistungen bereits gemäß den Vorgaben des - mittlerweile außer Kraft getretenen - Poststrukturgesetzes hätte realisiert werden müssen.

Zusammenfassend läßt sich sagen, daß die eingangs gestellte These nur teilweise haltbar ist.[36] Telefon und Brief befriedigen zu verschiedene Kommunikationswünsche, als daß sie in größerem Rahmen als direkte Konkurrenten auftreten könnten. Zwischen Briefdienst und Telefax läßt sich jedoch eine starke Substitutionsbeziehung ableiten. Gerade auf diesem Gebiet der immateriellen Textübertragung erwachsen der traditionellen Briefbeförderung starke Konkurrenten.[37] Der jüngst eingerichtete ePOST-Dienst, der eine Kombination aus materiellem und immateriellem Verkehr darstellt, ist ein Beleg dafür, daß diese Entwicklung auch bei der Deutschen Post AG erkannt worden ist.

Allerdings wird sich die Wettbewerbsfähigkeit des Briefmarktes gegenüber der Telekommunikation auf Dauer nur dann aufrechterhalten lassen, wenn im Postbereich ein ähnlich wettbewerbsorientierter Ordnungsrahmen implementiert wird, wie dies gegenwärtig für den Telekommunikationsmarkt geplant ist.

Literaturverzeichnis

Braubach, U.: Deregulierung der Postdienste. Köln 1992.

Crew, M. A./ Kleindorfer, P. R.: Quality and Price Differentiation in Postal Services, in: Speckbacher, W. (Hrsg.): Die Zukunft der Postdienste in Europa. Berlin, Heidelberg u. a. 1991. S. 50-67.

Cuthbertson, K./ Richards, P.: An Econometric Study of the Demand for First and Second Class Inland Letter Services. in: The Review of Economics and Statistics. Vol. LXXII. 1990. S. 640-647.

Deutsche Bundespost TELEKOM. Generaldirektion (Hrsg.): Das Telekom-Buch 1992, Bonn 1992.

Deutsche Bundespost TELEKOM. Generaldirektion (Hrsg.): Die wichtigsten Daten zum Geschäftsjahr 1993. Beilage in: Ein Unternehmen im Wandel. Auf dem Weg zum Konzern. Das Geschäftsjahr 1993. Bonn 1994.

Ernst, M.: Nachrichtenverkehr, in: Dichtl. E./ Issing. O.: Vahlens Großes Wirtschaftslexikon. Band 2, 2., überarb. und erw. Auflage, München 1993. S. 1509-1510.

[36] Zu einem ähnlichen Ergebnis für den Bereich Großbritannien kommen Cuthbertson und Richards, die eine Kreuzpreiselastizität zwischen Briefen erster und zweiter Klasse (First and Second class Letters) und den Fernsprechgebühren von 0,2 ermitteln. vgl. Cuthbertson, K./ Richards, P.: An Econometric Study of the Demand for First and Second Class Inland Letter Services, in: The Review of Economics and Statistics. Vol. LXXII. 1990. S. 640-647.

[37] Vgl. dazu auch Braubach, U.: Deregulierung der Postdienste. a.a.O.. S. 98 ff., Zumwinkel, K.: Die Zukunftsperspektiven für die Deutsche Bundespost POSTDIENST im europäischen Binnenmarkt, in: Speckbacher, W. (Hrsg.): Die Zukunft der Postdienste in Europa, Berlin u.a., 1991, S. 15 und Crew, M. A./ Kleindorfer, P. R.: Quality and Price Differentiation in Postal Services, in: Speckbacher, W. (Hrsg.): Die Zukunft der Postdienste in Europa, Berlin u.a., 1991, S. 61.

Ernst, M.: Verkehrsqualität, in: Dichtl, E./ Issing, O.: Vahlens Großes Wirtschaftslexikon, Band 2, 2. überarb. und erw. Auflage, München 1993, S. 2221-2222.

Ernst, M./ Walpuski, D: Verkehrswissenschaftliche Implikationen der Telekommunikation, in: Ernst, M./ Kopf, J. (Hrsg.): Elemente volkswirtschaftlicher Forschung und Lehre, Festschrift für Sigurd Klatt zum 65. Geburtstag, Berlin 1993, S. 99-122.

Gaus, W.: Dokumentations- und Ordnungslehre, Berlin, u. a. 1983.

Graf, W./ Stadler, R./ Viehöver, U.: Deutsche Post AG. Riese im Aufbruch, in: FOCUS, Heft 36, 1995, S. 210-217.

Ito, Y.: The "Johoka Shakai" Approach to the Study of Communication in Japan, in: KEIO Communication Review, Vol. 1, 1980, S. 12-39.

Klatt, S.: Die ökonomische Bedeutung der Qualität von Verkehrsleistungen, Berlin 1965.

Knieps, G./ Weizsäcker, C. C. v.: Telekommunikation, in: Oberender, P. (Hrsg.): Marktökonomie, Marktstruktur und Wettbewerb in ausgewählten Branchen der Bundesrepublik Deutschland, München 1989, S. 453-490.

Maier, H.: Die Kommunikationstechnik, Köln 1984.

Neumann, K.-H.: Gebührenpolitik im Telekommunikationsbereich, Baden-Baden, 1984.

Neumann, K.-H.: PCN - Die neueste Entwicklung im digitalen zellularen Mobilfunk, in: Kruse, J. (Hrsg.): Zellularer Mobilfunk, Neue Märkte mit neuen Netzen für das Funktelefon, Heidelberg 1992, S. 184-200.

O. V.: Qualitätsregulierung im Briefdienst, Postministerium läßt Brieflaufzeiten messen, in: Post Politische Information, Oktober 1992, S. 6.

O. V.: Brieflaufzeit verbessert, in: Post Politische Information, Mai/Juni 1994, S. 8.

Picot, A./ Anders, W.: Telekommunikationsnetze als Infrastruktur neuerer Entwicklungen der geschäftlichen Kommunikation, in: Hermanns, A. (Hrsg.): Neue Kommunikationstechniken, Grundlagen und betriebswirtschaftliche Perspektiven, München 1986, S. 6-15.

Spranger, P.-H.: Theorie des Nachrichtenverkehrs als Grundlage für die Beurteilung von Integrationsmaßnahmen einer Europäischen Postunion, Dissertation, Berlin 1961.

Taylor, L. D.: Telecommunications Demand: A Survey and Critique, Cambridge, Mass., 1980.

Voigt, F.: Verkehr, Bd. 1, 1. Hälfte: Die Theorie der Verkehrswirtschaft, Berlin 1973.

von Böventer, E.: Einführung in die Mikroökonomie, 6. Auflage, München u. a. 1989.

Zumwinkel, K.: Die Zukunftsperspektiven für die Deutsche Bundespost POSTDIENST im europäischen Binnenmarkt, in: Speckbacher, W. (Hrsg.): Die Zukunft der Postdienste in Europa, Berlin, Heidelberg u. a. 1991, S. 11-26.

Wettbewerb und Regulierung im Postsektor - ein internationaler Vergleich (Schöttner)

I. Vorbemerkungen
II. Ausländische Postmarktordnungen
II.1. Die Situation in Großbritannien
II.1.1. Post Office Group
II.1.2. Der Monopolbereich
II.1.3. Regulierung
II.1.4. Die Versorgung mit Postdienstleistungen in Großbritannien
II.2. Schweden
II.2.1. Die Sweden Post Group
II.2.2. Aufhebung des Monopolbereichs
II.2.3. Regulierung
II.2.4. Die Versorgung mit Postdienstleistungen in Schweden
II.3. Vereinigte Staaten von Amerika
II.3.1. United States Postal Service
II.3.2. Der Monopolbereich
II.3.3. Regulierung
II.3.4. Die Versorgung mit Postdienstleistungen in den USA
II.4. Niederlande
II.4.1. PTT Post
II.4.2. Der Monopolbereich
II.4.3. Regulierung
II.4.4. Die Versorgung mit Postdienstleistungen in den Niederlanden
II.5. Japan
II.5.1. Japan Post
II.5.2. Monopolabgrenzung und Regulierung
II.5.3. Die Versorgung mit Postdienstleistungen in Japan
II.6. Neuseeland
II.6.1. New Zealand Post
II.6.2. Der Monopolbereich
II.6.3. Regulierung
II.6.4. Die Versorgung mit Postdienstleistungen in Neuseeland
II.7. Deutschland
II.7.1. Deutsche Bundespost POSTDIENST/ Deutsche Post AG
II.7.2. Der Monopolbereich
II.7.3. Regulierung
II.7.4. Die Versorgung mit Postdienstleistungen in Deutschland
III. Ergebnis

Wettbewerb und Regulierung im Postsektor - ein internationaler Vergleich

Hubert Schöttner*

I. Vorbemerkungen

Das Postwesen stellt in fast allen Industrieländern einen wettbewerblichen Ausnahmebereich innerhalb der Volkswirtschaft dar. Der Wettbewerb ist zumindest für den Briefsektor zumeist ausgeschlossen und das dominante Postunternehmen befindet sich in staatlichem Eigentum. Dies gilt selbst für Länder, in denen der öffentliche Sektor traditionell sehr klein ist, wie etwa in Großbritannien oder in den Vereinigten Staaten von Amerika. Erst in den letzten Jahren wurde mit der weltweit stattfindenden Diskussion über die Liberalisierung und Deregulierung insbesondere auch in der Telekommunikation die Frage der Berechtigung der Monopole im Postbereich gestellt.

Ziel der folgenden Ausarbeitung ist die international vergleichende Darstellung der ordnungspolitischen und organisatorischen Rahmenbedingungen des Postwesen bzw. der Märkte für die Beförderung von Briefen und Kleingütern. Dabei wird insbesondere auf die Situation in Großbritannien, Schweden, den Vereinigten Staaten von Amerika, den Niederlanden sowie Japan und Neuseeland näher eingegangen. Die Situation in Deutschland wird nur kurz beleuchtet.[1]

Mit der Ausnahme von Schweden bestehen in allen untersuchten Ländern im Bereich der Briefbeförderung ausschließliche Rechte für den jeweiligen nationalen Postbetreiber. Aufgrund der divergierenden Ausgestaltungen der Monopolbereiche lassen sich aber dennoch Unterschiede feststellen. Eine wichtige Rolle spielt dabei der Substitutionswettbewerb in Randbereichen. Starker Substitutionswettbewerb führt tendenziell zu ökonomisch labilen Monopolen und dazu, daß sich das jeweilige Postunternehmen insgesamt stärker wettbewerblich verhalten muß.

Bestimmte Arten der Substitutionskonkurrenz erwachsen dem Brief in allen Ländern gleichermaßen. Hierzu gehört das Telefax, das in den letzten Jahren einen großen Markt erobert hat, ebenso wie das Telefon[2]. Weitere mögliche Substitute für Postdienstleistungen stellen insbesondere verschiedene Werbemedien wie z.B. die Fernsehwerbung oder die Zeitungswerbung dar.

---

* Bundesministerium für Post und Telekommunikation. Der Beitrag gibt die persönliche Auffassung des Autors wieder.

[1] Vgl. z. B. die Beiträge von Plagemann sowie Berger/ Knauth in diesem Sammelband.

[2] Ob derartige Substitutionsbeziehungen in der Realität tatsächlich zum Tragen kommen, hängt nicht zuletzt von der ordnungspolitischen Ausgestaltung des Telekommunikationssektors ab. Monopole im Telekommunikationsektor und damit einhergehende hohe Tarife dürften potentielle Substitutionsbeziehungen in der Regel eher abschwächen.

Neben dieser Substitutionskonkurrenz außerhalb der Postmärkte gibt es in den meisten Ländern auch Konkurrenz innerhalb des Briefsektors. In welchem Umfang diese Konkurrenz möglich ist, hängt von der jeweiligen nationalen Ausgestaltung der Postmonopole ab. In verschiedenen Ländern existieren Preis- und Gewichtsgrenzen für das Postmonopol. Daneben wurden in einigen Ländern bestimmte Dienstleistungen wie die Kurierbeförderung oder Dokumentenaustauschdienste[3] und die Beförderung von adressierten und nicht-adressierten Werbesendungen vom Monopol ausgenommen.[4]

Im Zusammenhang mit der Festlegung ausschließlicher Rechte ist auch die Frage der Regulierung zu sehen, die als Substitut für fehlenden Wettbewerb die Aufgabe hat, Kunden sowie Wettbewerber vor dem Machtmißbrauch des Monopolisten zu schützen. In der Praxis werden diese Regulierungsziele in den betrachteten Ländern auf unterschiedliche Weise zu erreichen versucht. Teilweise sind sie von anderen Zielvorstellungen überlagert.

So haben die jeweiligen nationalen Postunternehmen auch meist die Verpflichtung, eine bestimmte - politisch gewünschte - Basisinfrastruktur (Universaldienst) bereitzustellen, was ebenfalls durch regulatorische Eingriffe zu erreichen versucht wird.[5] Zusätzlich zu diesen Zielen, die sich ausschließlich auf den Postmarkt beziehen, erfüllen die Postunternehmen gelegentlich auch fiskalpolitische Zwecke.[6]

Neben der Frage der ordnungspolitischen Rahmenbedingungen in den Postmärkten, stellt auch die Rechtsform der Postunternehmen ein wichtiges Kriterium zur Beurteilung der Marktbedingungen dar. In der Rechtsform der privatenrechtlichen Kapitalgesellschaft bestehen für die Postbetreiber in der Regel größere Anreize, sich an betriebswirtschaftlichen Zielsetzungen zu orientieren bzw. sich innovativer und effizienter zu verhalten, als dies öffentliche Verwaltungen tun (können).[7] Wichtig erscheint allerdings der Hinweis, daß allein durch eine Änderung der Rechtsform Effizienz nicht sichergestellt werden

[3] Der Dokumentenaustausch findet in geschlossenen Benutzergruppen statt und basiert auf dem Austausch von Sendungen in Postfachanlagen. Die Gruppenmitglieder befördern ihre Sendungen dabei selbst zur lokalen Postfachanlage und holen die für sie bestimmten Sendungen von dort ab. Die Beförderung der Briefsendungen zwischen den lokalen Postfachanlagen wird vom Betreiber des Dokumentenaustauschdienstes übernommen. Da bei dieser Art der Beförderung die arbeits- und kostenintensive Zustellung entfällt, können die Beförderungspreise, die die Betreiber von Dokumentenaustauschzentren von ihren Kunden - meist Geschäftsleute, Anwälte etc. - fordern, sehr niedrig sein.

[4] Preis- und/ oder Gewichtsgrenzen gibt es außerhalb der hier betrachteten Länder etwa in Australien und Dänemark, wo auch die Kurierbeförderung nicht im Postmonopol liegt. In Spanien steht beispielsweise die innerstädtische Postbeförderung im Wettbewerb. In Italien und Dänemark ist die Briefbeförderung durch Private dann zulässig, wenn die Briefsendungen mit dem Wertzeichen der nationalen Postverwaltung freigemacht wurde. In Österreich steht die Beförderung von Drucksachen dem Wettbewerb offen. In Finnland wurde das Postmonopol komplett abgeschafft. Private Dokumentenaustauschdienste arbeiten gegenwärtig u.a. in Australien, in Irland, Frankreich sowie Belgien.

[5] Vgl. hierzu Berger, H./ Schöttner, H.: Auswirkungen der Postreform auf Telekommunikation und Information, in: Zeitschrift für öffentliche und gemeinwirtschaftliche Unternehmen, Bd. 14, 1991.

[6] Es ist dabei grundsätzlich unerheblich, ob das Postunternehmen direkte Abgaben an den Staatshaushalt leistet oder ob es verpflichtet ist, unentgeltlich Leistungen zu erbringen, die ansonsten aus dem allgemeinen Haushalt finanziert werden müßten.

[7] Vgl. Blankart, Ch. B.: Privatisierung im Postwesen, in: Windisch, R. (Hrsg.): Privatisierung natürlicher Monopole im Bereich von Bahn, Post und Telekommunikation, Tübingen 1987.

kann. Vielmehr besteht dann die Gefahr, daß staatliche Monopole durch private abgelöst werden.

II. Ausländische Postmarktordnungen

II.1. Die Situation in Großbritannien

II.1.1. Post Office Group

Großbritannien hat 1969 die staatliche Verwaltung für Post und Telekommunikation, das British Post Office, in ein öffentliches Unternehmen umgewandelt. 1981 wurde der Telekommunikationsbereich (British Telecom) als eigenständiges Unternehmen vom Post Office getrennt und bereits 1984 in eine Aktiengesellschaft umgewandelt. Mit Ausnahme einer Minderheitsbeteiligung wurden die Aktien an der Börse verkauft. 1990 folgte der Verkauf der Postbank. Postbankdienstleistungen werden aber weiterhin über die Schalter des Post Office angeboten. Die Post Office Group besteht gegenwärtig im wesentlichen aus drei Geschäftsbereichen, nämlich der Royal Mail (Briefpost), Parcelforce (Paketpost) sowie dem Post Office Counters Ltd. (Schalterdienstleistungen). Die Geschäftsergebnisse dieser drei Bereiche für die Jahre 1991 und 1992 sind in der nachfolgenden Tabelle 1 dargestellt.

Tabelle 1: Ergebnis verschiedener Teilbereiche der Post Office Group

Jahr	Royal Mail	Parcelforce	PO Counters
1991	266 Mio. £	-24 Mio. £	26 Mio. £
1992	252 Mio. £	-13 Mio. £	25 Mio. £

Quelle: Geschäftsberichte des Post Office.

Die Post Office Group befindet sich noch vollständig im staatlichen Eigentum. Überlegungen zur Privatisierung von Royal Mail und Parcelforce sind in jüngster Zeit wiederholt angestellt worden, zwischenzeitlich allerdings verworfen worden.[8] Bei der Diskussion stellt sich immer stärker ein Interessenkonflikt zwischen dem Wirtschaftsministerium, das eine Privatisierung befürwortet, und dem Finanzministerium, das die Ablieferungen des Post Office nicht missen möchte, heraus. Gegen eine Privatisierung wurde auch angeführt, auf dem Land würde das Schalternetz rigoros abgebaut. Diesen Befürchtungen konnte man aber dadurch begegnen, daß Post Office Counters weiterhin im öffentlichen Eigentum verbleiben soll.[9] Das Post Office selbst dringt darauf, von den staatlichen Fesseln befreit zu werden, die es derzeit darin hindern, Fremdkapital auf den Kapitalmärkten aufzunehmen, Investitionen langfristig zu planen, die Produktpalette stärker am Markt auszurichten und mit anderen Unternehmen Kooperationen einzugehen.

[8] Das Wirtschaftsministerium (Department of Trade and Industry) hat hierzu bereits eine Untersuchung begonnen, die allerdings gegenwärtig noch nicht abgeschlossen ist.

[9] Vgl. "Post-haste, please", The Economist vom 08.01.94.

Die Umsätze der Post Office Group beliefen sich 1992 auf ca. 5,3 Mrd. £. Seit 17 Jahren erwirtschaftet das Post Office Gewinne, ohne auf staatliche Subventionen angewiesen zu sein (vgl. Tabelle 2). Dabei war Parcelforce meist defizitär, die Verluste konnten aber durch entsprechende Gewinne bei Royal Mail und Post Office Counters ausgeglichen werden. Unter wirtschaftlichen Gesichtspunkten zählt das Post Office zu den erfolgreichsten Postunternehmen in der Europäischen Union.

Tabelle 2: Gewinne der Post Office Group vor Steuern.

Jahr	Gewinne in Mio. £ (in lfd. Preisen)	Gewinne in Mio. £ (in Preisen von 1985)
1989	47	38,5
1990	47	35,3
1991	247	175,1
1992	283	193,3

Quelle: Geschäftsberichte des Post Office.

II.1.2. Der Monopolbereich

In Großbritannien besteht ein Monopol für die nationale Briefbeförderung bis zu einer Preisgrenze von 1 £, was gegenwärtig dem Vierfachen des Preises eines Standardbriefes (First class letter) entspricht. Daneben ist das Betreiben von document-exchanges als auch die Beförderung von Briefen durch document-exchanges erlaubt. Eine weitere Ausnahme vom Monopol stellt die Beförderung von Weihnachtskarten durch karitative Organisationen dar.

II.1.3. Regulierung

Für die Regulierung verantwortlich ist das Wirtschaftsministerium (Department of Trade and Industry). Kernelemente der Regulierung sind drei finanzwirtschaftliche Zielvorgaben, die der Wirtschaftsminister der Post Office Group bzw. den einzelnen Geschäftsbereichen vorgibt: Dabei handelt es sich erstens um eine Fremdfinanzierungsgrenze (External Financing Limit), die jährlich gegenüber dem Post Office festgelegt wird. Diese Grenze gibt an, bis zu welchem Betrag Fremdkapital aufgenommen werden darf. Sie kann auch (wie gegenüber dem Post Office seit den achtziger Jahren die Regel) negativ definiert werden. In diesem Fall stellt sie eine Verpflichtung für das Post Office dar, eine Zahlung an den Staatshaushalt zu leisten.[10] Diese Regelung hat dazu geführt, daß Investitionen des Post Office ausschließlich über den cash-flow finanziert werden müssen.

Zweites Kernelement ist die Regulierung der Rentabilität. Dabei wird jedem Geschäftsbereich für einen Zeitraum von drei Jahren das Rentabilitätsziel als Gewinn vor Steuern im Verhältnis zum durchschnittlich eingesetzten Kapital vorgegeben.

---

[10] Die Begrenzung der Fremdkapitalaufnahme hat ihre Ursache darin, daß in Großbritannien die Aufnahme von Fremdkapital durch öffentliche Unternehmen zu den Staatsausgaben gerechnet wird.

Schließlich unterliegen Royal Mail und Post Office Counters einer Kostenkontrolle,[11] die durch Vorgabe der prozentualen Absenkung der realen Stückkosten über den Zeitraum von drei Jahren erfolgt.

Darüber hinaus müssen die Tarife vom Wirtschaftsministerium genehmigt werden, das auch Ausnahmen vom Monopolbereich erlassen kann. Solche Ausnahmen wurden in der Vergangenheit mehrfach erteilt, so z.B. mit der Einführung der 1 £-Grenze, der Zulassung der Beförderung von Weihnachtskarten oder der Zulassung von Dokumentenaustauschdiensten.

Neben dem Wirtschaftsministerium ist auch die gesetzlich institutionalisierte Interessenvertretung der Postkunden, das POUNC (Post Office Users' National Council), in die Regulierung mit einbezogen. Formell hat es zwar keine Entscheidungsbefugnis, ist im Vorfeld von Tarifänderungen aber zu konsultieren. Bei der Festlegung von Qualitätszielen berät das POUNC, das seit 1987 eigene Brieflaufzeitmessungen durchführt, ebenfalls das Post Office.

Bereits diese Grundzüge der Regulierung in Großbritannien zeigen, daß zwar Aspekte der Marktregulierung (hierzu gehört insbesondere die Tarifkontrolle, die Kostenkontrolle und die Qualitätsregulierung) eine Rolle spielen, der Schwerpunkt der Regulierung aber bei fiskalischen Zielen liegt.

II.1.4. Die Versorgung mit Postdienstleistungen in Großbritannien

Großbritannien besitzt mit 82 Postämtern pro 1.000 qkm ein sehr dichtes Netz von Postschaltern. Hierbei ist allerdings zu berücksichtigen, daß sich etwa 95 % der Postschalter in privaten Postagenturen befinden.[12] Die Postschalter haben in Großbritannien eine größere Bedeutung als dies in anderen Ländern der Fall ist, da über Postschalter auch sehr viele postfremde Leistungen erbracht werden. Neben der Netzdichte spielt in Großbritannien aber auch die Qualität der angebotenen Dienstleistungen eine wichtige Rolle. Kennzahlen hierzu werden regelmäßig im Geschäftsbericht veröffentlicht; berücksichtigt werden dabei Brieflaufzeiten, Wartezeiten an den Schaltern und die Kundenzufriedenheit. Bei internationalen Vergleichen der Brieflaufzeiten - sowohl im nationalen als auch im grenzüberschreitenden Verkehr - hat die britische Post meist überdurchschnittlich gut abgeschnitten.[13]

Der Preis für einen 20g Standardbrief liegt mit umgerechnet etwa 60 Pf im Mittelfeld der untersuchten Länder, ist aber verglichen mit Deutschland (1,- DM) sehr günstig.

---

[11] Bei Parcelforce wird auf eine solche Art der Effizienzregulierung verzichtet, da Parcelforce voll im Wettbewerb operiert.

[12] Vgl. Postagenturen im Ausland erfolgreich - Eigene Erfahrungen durch Betriebsversuch. Pressemitteilung der DBP POSTDIENST vom 24. 05. 1993.

[13] Vgl. etwa die Laufzeitvergleiche im Grünbuch Postdienste: Kommission der Europäischen Gemeinschaften: Grünbuch über die Entwicklung des Binnenmarktes für Postdienste, KOM(91) 476 endg., Brüssel 1992, S. 94 ff.

Tabelle 3: Kennzahlen zur Postversorgung in Großbritannien

Preis eines Standardbriefs 20g (First class letter) (1993)	0,25 £ (ca. DM 0,62)
Preis eines Briefes 200g (1993)	0,57 £ (ca. DM 1,42)
Bevölkerungsdichte (Einwohner pro qkm)	237
Anzahl der Postschalter pro 100 000 Einwohner	36,3
Anzahl der Postschalter pro 1000 qkm	82
Anzahl der Briefsendungen pro Einwohner	298

Quelle: Statistik Weltpostverein 1992; Gebührenliste Royal Mail; Stat. Bundesamt; eigene Berechnungen; Preisumrechnung erfolgte zum durchschnittlichen Devisenkurs 1993.

II.2. Die Situation in Schweden

II.2.1. Die Sweden Post Group[14]

Im Gegensatz zu den meisten anderen europäischen Ländern waren der Post- und der Telekommunikationsbereich in Schweden schon immer getrennt. Die Sweden Post Group, wie sie bis zum 28. Februar 1994 existierte, war ein öffentliches Unternehmen mit eigenem Haushalt. Zum 1. März 1994 wurde die Sweden Post Group in die Rechtsform einer Aktiengesellschaft umgewandelt. Sie umfaßte die Bereiche:[15] Sweden Post Letters, Sweden Post Parcels, Sweden Post International, PostGirot, Sweden Post Banking and Counter Services sowie einige Tochtergesellschaften. Die Betriebsergebnisse der verschiedenen Teilbereiche von Sweden Post sind in der nachfolgenden Tabelle 4 dargestellt.

Tabelle 4: Betriebsergebnisse der verschiedenen Teilbereiche von Sweden Post

Jahr	Sweden Post Letters	Sweden Post Parcels	Sweden Post International	Post Girot	Sweden Post Banking and Counter Services
1991	898 Mio. SK	-282 Mio SK	-77 Mio SK	729 Mio SK	145 Mio SK
1992	748 Mio. SK	-473 Mio SK	105 Mio SK	1.3 Mrd. SK	195 Mio SK

Der Umsatz von Sweden Post belief sich im Jahr 1992 auf 22,1 Mrd. SK. Im Gegensatz zu den meisten anderen europäischen Postunternehmen erwirtschaftete das Unter-

[14] In den Jahren 1993 und 1994 wurde der Ordnungsrahmen des Postwesens in Schweden grundlegend geändert. Welche Auswirkungen sich aus der Abschaffung des Briefmonopols und der Umwandlung von Sweden Post in eine Aktiengesellschaft ergeben, kann gegenwärtig nicht abschließend beurteilt werden.

[15] Es zeichnet sich ab, daß eine vergleichbare Aufteilung der Geschäftsbereiche auch in der neuen Organisationsform erfolgen wird. Das Ministerium für Transport und Kommunikation geht davon aus, daß zukünftig die wichtigsten Tochtergesellschaften die Geschäftsfelder Brief, Paket, Postschalter und Postgirobank sein werden. Vgl. Ministry of Transport and Communications: Postal Services in Sweden, Stockholm 1993.

nehmen Gewinne (1990: 2,5 Mrd. SK, 1991: 1,2 Mrd. SK, 1992: 1,6 Mrd. SK). Zu diesem guten Ergebnis trugen - wie in Tabelle 4 gezeigt - vor allem der Briefdienst und der Postgirodienst bei. Umgekehrt war der Paketbereich defizitär. Obwohl sich die angegebenen Zahlen auf die Jahre 1991 und 1992 beziehen, das Briefdienstmonopol aber erst 1993 aufgehoben wurde, dürfte sich an der Profitabilität des Briefbereiches wenig geändert haben, da bereits seit 1991 faktisch Wettbewerb im Briefbereich herrschte.

Auf die Aufhebung des Briefmonopols hat Sweden Post mit der Reduktion des Preisniveaus für Großkunden um ca. 15-25 %, der Schließung von 40 der insgesamt 56 Sortieranlagen sowie dem Abbau von 20 % ihres Zustellpersonals reagiert.[16]

Sweden Post sieht für sich aber auch wichtige Wettbewerbsvorteile gegenüber privaten Konkurrenten. So beziffert es die Kostenvorteile gegenüber privaten Wettbewerbern aufgrund von Synergieeffekten und Verbundvorteilen mit 1-2 Milliarden SK.[17]

Sweden Post hat als öffentliches Unternehmen in der Vergangenheit dem Staat eine Dividende bezahlt. Im Geschäftsjahr 1992 betrug diese Dividende 50 Millionen SK. Daneben war es der schwedischen Post nicht gestattet, auf dem Kapitalmarkt Kredite aufzunehmen. Investitionen ab einer bestimmten Größenordnung mußten von der Regierung genehmigt werden. Ziel der Umgestaltung in eine Aktiengesellschaft war es, diese Nachteile von Sweden Post gegenüber privaten Unternehmen zu beseitigen.

Mit der Umwandlung der schwedischen Post in eine Aktiengesellschaft wurde auch die Mehrwertsteuerpflicht für die Briefbeförderung eingeführt. Dies erlaubt zwar einerseits der Post AG einen Vorabzug für bezogene Leistungen und Sachmittel und erleichtert es dem Unternehmen, seinen Betrieb durch externe Käufe effektiver zu gestalten. Andererseits führt die Einführung der Mehrwertsteuer zu einer Kostensteigerung bei Privatkunden. Sweden Post hat sich daher bereit erklärt, während einer Übergangszeit Privatpersonen Rabatte einzuräumen.[18]

II.2.2. Aufhebung des Monopolbereichs

Seit dem 01.01.1993 besteht in Schweden kein Monopol im Postbereich mehr. Zu diesem Zeitpunkt wurde das Briefdienstmonopol aufgehoben. Diese Änderung hat nur rechtlich nachvollzogen, was vorher faktisch bereits existierte, nämlich Wettbewerb durch private Unternehmen im Briefsektor. Bereits im Jahr 1991 hatte das private Unternehmen City Mail begonnen, im Großraum Stockholm Briefe zu befördern.

---

[16] Diese Angaben beziehen sich auf Auskünfte von City Mail, einem der Hauptkonkurrenten von Sweden Post. Die Angaben decken sich aber weitgehend auch mit Aussagen von Sweden Post, das in seinem Geschäftsbericht 1992 darauf hinweist, daß eine wichtige Voraussetzung für den wirtschaftlichen Erfolg die Einsparung von Personal darstellt. So betrug alleine im Jahr 1992 die Reduktion des Personals 7.7%. Die Mehrheit des Aktienkapitals von City Mail (75%) wurde zwischenzeitlich - aufgrund fehlender Regulierungseingriffe - von Sweden Post erworben.

[17] Vgl. Geschäftsbericht 1992.

[18] Regeringens proposition 1993/94:38: Postlag och en förändrad verksamhetsform för Postverket, m.m.

II.2.3. Regulierung

Zuständig für den Postbereich ist in Schweden das Ministerium für Transport und Kommunikation. Im Zusammenhang mit der Aufhebung des Briefmonopols und der Umgestaltung der schwedischen Post wurde zum 1. März 1994 eine Regulierungsbehörde, die "National Postal and Telecoms Agency" gegründet, auf die sämtliche hoheitlichen Befugnisse, die Sweden Post bislang noch hatte, übertragen wurden.[19] Alle Betreiber, die im Markt für Briefbeförderung tätig sein wollen, sind verpflichtet, die Aufnahme ihrer Tätigkeit anzumelden. Die Agency soll den Markt überprüfen und kontrollieren, ob die Betreiber ihre Aufgabe in verantwortlicher und zufriedenstellender Weise erfüllen. Das neue Postgesetz sieht die Möglichkeit vor, daß diejenigen Unternehmen, die Postdienstleistungen erbringen, eine Gebühr für die Arbeit der Aufsichtsbehörde entrichten müssen.

Das Ministerium für Transport und Kommunikation geht davon aus, daß die schwedische Post auf absehbare Zeit ein dominanter Anbieter bleiben wird, und hat deshalb vorerst Universaldienstverpflichtungen nur auf die schwedische Post übertragen. Falls sich jedoch herausstellen sollte, daß sich der Wettbewerb verschärft, werden möglicherweise auch private Betreiber gezwungen sein, die Universaldienstverpflichtung zu finanzieren.[20]

Da insbesondere Privatpersonen in absehbarer Zukunft weiterhin auf die Briefbeförderung durch die Post AG angewiesen sind, ist eine Preisregulierung gegenüber der schwedischen Post vorgesehen. Dazu soll zwischen der Post AG und der Regierung eine Vereinbarung über den Preisrahmen für die inländische Beförderung von Briefen von Privatpersonen getroffen werden. Dieser Preisrahmen sieht vor, daß Änderungen der Preise für die Beförderung der Briefsendungen von Privatpersonen maximal im Rahmen der Inflationsrate möglich sind. Die Tariffestlegung für die anderen Dienstleistungen geschieht eigenverantwortlich durch Sweden Post. Insgesamt wird deutlich, daß in Schweden trotz der Aufhebung des Briefdienstmonopols auch auf absehbare Zeit eine Marktregulierung als notwendig angesehen wird.

II.2.4. Die Versorgung mit Postdienstleistungen in Schweden

Auch in Schweden besteht - wie bereits erwähnt - für das nationale Postunternehmen eine Universaldienstverpflichtung. Zu den Verpflichtungen gehören neben der flächendeckenden Versorgung und der Tarifeinheit im Raum auch die Verpflichtung, das Postbankfilialnetz aufrechtzuerhalten und Blindensendungen kostenlos zu befördern. Man geht allerdings davon aus, daß Sweden Post diese Ziele ohne Subventionen und ohne den Vorteil des Briefmonopols erreichen wird.[21] Bislang hat Sweden Post für die nicht durch Einnahmen gedeckten Kosten für Schalterdienste in bevölkerungsarmen Gebieten

[19] In Schweden ist es nicht üblich, daß Ministerien Verwaltungsarbeiten durchführen. Die Verwaltungsarbeit wird von gesetzlich autonomen Organen, den Boards oder Agencies, ausgeführt. Ihre Leiter haben keine politischen Funktionen, was bedeutet, daß ihre Positionen nicht von Regierungswechseln abhängen. Vgl. Ministry of Transport and Communications: Postal Services in Sweden, a.a.O.

[20] Vgl. ebenda.

[21] Vgl. Nilsson, Peter. Wie kommt man ohne ein Monopol aus - die schwedischen Rahmenbedingungen, (unveröffentl. Vortragsmanuskript).

Transferzahlungen aus dem Staatshaushalt erhalten. Im Geschäftsjahr 1992 betrug diese Ausgleichszahlung 300 Millionen SK.[22] Sweden Post quantifiziert die Kosten der Universaldienstverpflichtungen mit 1,2 Milliarden SK.

Trotz der für die Postversorgung ungünstigen Siedlungsdichte hat Schweden eine gute Versorgung mit Postdienstleistungen. Eine Zustellpflicht für Sweden Post besteht allerdings nur an fünf Wochentagen. Die Qualitätsvorgaben für die Brieflaufzeiten des Standardbriefs fordern, daß 95 % der Briefsendungen am Tag nach der Einlieferung zugestellt werden müssen. Dieses Qualitätsziel wird nach Erhebungen von Sweden Post erreicht; die Ergebnisse der Laufzeituntersuchungen werden regelmäßig im Geschäftsbericht veröffentlicht.[23] Das Beförderungsentgelt für einen Inlandsbrief ist verglichen mit Deutschland sehr günstig.

Tabelle 5: Kennzahlen zur Postversorgung in Schweden

Preis eines Standardbriefs 20g (1993)	3,20 SK (ca. DM 0,68)
Preis eines Briefes 200g (1993)	12,40 SK (ca. DM 2,63)
Bevölkerungsdichte (Einwohner pro qkm)	18
Anzahl der Postschalter pro 100.000 Einwohner	22,7
Anzahl der Postschalter pro 1000 qkm	4,1
Anzahl der Postsendungen pro Einwohner	482

Quelle: Statistik Weltpostverein 1992, Preisliste Sweden Post, Geschäftsbericht Sweden Post, Statist. Bundesamt, eigene Berechnungen.

II.3. Vereinigte Staaten von Amerika

II.3.1. United States Postal Service

Die amerikanische Post ist das älteste und größte öffentliche Unternehmen der USA, der Umsatz belief sich 1992 auf 46 Mrd. US $. Bis zum Inkrafttreten des Postal Reorganization Act im Jahr 1970 war das U.S. Post Office Department Teil der öffentlichen Verwaltung. Mit dem Postal Reorganization Act 1970 wurde das Post Office Department in das öffentliche Unternehmen United States Postal Service (USPS) umgewandelt.[24] Dem nunmehr von der Regierung unabhängigen Unternehmen wurde die Aufgabe übertragen, eine postalische Grundversorgung überall im Land zu gleichen Bedingungen und zu vernünftigen Preisen zu gewährleisten.[25]

---

[22] Vgl. Geschäftsbericht 1992.
[23] Vgl. Geschäftsbericht 1992.
[24] Vgl. auch Speckbacher, W./ Plagemann, J.: Internationaler Vergleich der Regulierung im Postwesen (unveröffentlichte Ausarbeitung aus dem Jahr 1988).
[25] "The Postal service shall plan, develop, promote and provide adequate and efficient postal services at fair and reasonable rates and fees. The Postal Service shall receive, transmit, and deliver throughout

Der USPS bietet vier klassische Kategorien von Sendungen an, nämlich First Class Mail (Briefe, Postkarten), Second Class Mail (hauptsächlich Zeitungen und Zeitschriften), Third Class Mail ("bulk-mail"; nicht-eilige Sendungen, hauptsächlich Werbesendungen) und Fourth Class Mail (Pakete und Kataloge, die über ein Pfund wiegen). Jeder Gegenstand bis zu 70 Pfund kann auch als Express Mail versandt werden.

Die höchsten Deckungsbeiträge werden von der First Class Mail erbracht, lediglich geringe Deckungsbeiträge erwirtschaften dagegen Second Class und Fourth Class Mail. 1991 und 1992 erreichte der USPS ein positives Ergebnis (341 bzw. 474 Mio. US. $).[26]

II.3.2. Der Monopolbereich

Der USPS besitzt ein Monopolrecht für die Beförderung von Briefen. Der Begriff "Brief" wird von USPS selbst definiert als an eine Person oder Adresse gerichtete Nachricht ("Letter is a message directed to a specific person or address and recorded in or on a tangible object").[27] Dieses Monopol erstreckt sich nicht auf Kuriersendungen, sofern das Entgelt zweimal so hoch ist wie die reguläre Gebühr für einen Erste-Klasse Brief bzw. mehr als 3 US $ beträgt. Massensendungen und Zeitschriften sowie Sendungen, die mit gültigen Wertzeichen von USPS freigemacht sind, unterliegen ebenfalls nicht dem Monopol. Die Beförderung von Sendungen mit einem Gewicht von mehr als 2 Pfund verletzt zwar das Monopol, wird aber nicht verfolgt.

Eine Besonderheit in den USA ist, daß die Benutzung der Hausbriefkästen bzw. "Mailboxes" ausschließlich durch USPS erfolgen darf. Daher sind nicht-adressierte Werbesendungen, die zum Wettbewerbsbereich gehören, von USPS aber nicht angeboten werden, in den USA nahezu unbekannt.[28]

II.3.3. Regulierung

Gleichzeitig mit der Neuorganisation der Post 1970 wurde die Postal Rate Commission (PRC) als unabhängige Regulierungsbehörde eingerichtet. Die PRC ist keinem Ministerium zugeordnet.

Hauptaufgabe der PRC ist - wie aus dem Namen ableitbar - die Regulierung von Entgelten für Postdienstleistungen. Diese Zuständigkeit erstreckt sich über alle Dienstlei-

---

the United States, its territories and possessions, and, pursuant to arrangements entered into under sections 406 and 411 of this title, throughout the world, written and printed matter, parcels, and like materials and provide such other services incidental thereto as it finds appropriate to its functions and in the public interest." § 403 des "Law governing the organization and operation of the U.S. Postal Service".

[26] Vgl. Annual Report of the Postmaster General. Fiscal Year 1992.

[27] Code of federal regulations. Title 39 - Postal Service. Chapter I. § 310: Enforcement of the Private Express Statutes. § 310.1 Definitions. Abs. a. zum Monopolumfang: vgl. auch Pieper, F.: Der Postsektor in den Vereinigten Staaten. WIK-Newsletter Nr. 12. Dezember 1993.

[28] Zeitschriften werden nicht in die Hausbriefkästen zugestellt, sondern vor die Eingangstüre gelegt oder an den Türgriff geklemmt.

stungen, die USPS anbietet, also auch auf Dienstleistungen im Wettbewerbsbereich. Beabsichtigt USPS Tarifänderungen vorzunehmen, muß sie die geplanten Tarife der PRC zur Begutachtung vorlegen. Dazu wird ein öffentliches Verfahren (rate case) eingeleitet, bei dem USPS alle relevanten Daten (Kostendaten, Marktprognosen, Kostenprognosen) vorlegen muß. Bemerkenswert ist hierbei, daß an diesem Verfahren nicht nur Kunden von USPS beteiligt sind, sondern auch Wettbewerber (wie etwa UPS) gehört werden.

Daneben hat die PRC noch weitere Aufgabenbereiche wie die Klassifizierung von Postsendungen, die Begutachtung von Änderungen im Dienstleistungsangebot, die Überprüfung der Schließung von Postschaltern oder die Bearbeitung von Beschwerden.

Bei der Regulierung in den USA handelt es sich um eine "klassische" Regulierung, die als Gegengewicht zu ausschließlichen Rechten notwendig ist. Gleichzeitig achtet der Regulierer darauf, daß der Monopolinhaber eine ausreichende Grundversorgung erbringt. Eine Privatisierung von USPS steht momentan nicht zur Diskussion.

II.3.4. Die Versorgung mit Postdienstleistungen in den USA

Aufgrund weiter Gebiete, die sehr dünn besiedelt sind, ist die Postversorgung in den USA nicht mit der von Deutschland oder Großbritannien zu vergleichen. Auf dem Land erfolgt die Zustellung in der Regel nicht zu den einzelnen Häusern, sondern zu den an den Hauptstraßen angebrachten Mailboxes.

Tabelle 6: Kennzahlen zur Postversorgung in den USA

Preis eines Standardbriefs 20g (First class letter)	0,29 US $ (ca. 0,48 DM)
Preis eines Briefes 200g	1,90 US (~3,14 DM)
Bevölkerungsdichte (Einwohner pro qkm)	26
Anzahl der Postschalter pro 100.000 Einwohner	15,6
Anzahl der Postschalter pro 1000 qkm	4,4
Anzahl der Briefsendungen pro Einwohner	641

Quelle: Geschäftsberichte USPS, Gebührenliste USPS, Statistisches Bundesamt, Statistik Weltpostverein, eigene Berechnungen; Umrechnung in DM erfolgte zum durchschnittlichen Devisenkurs 1993.

Auffällig ist in den USA die große Anzahl von Sendungen, die pro Einwohner befördert werden. Das hohe Sendungsaufkommen ist sicher auch auf die günstigen Beförderungsentgelte für Briefsendungen zurückzuführen. So beträgt der Preis für einen 20 g First-Class Letter weniger als 50 Pf. Noch günstiger können Massensendungen versendet werden. Hier betragen die Basistarife für Sendungen mit einem Gewicht bis zu 94 g 19,8 cent (das entspricht etwa 33 Pf). Von diesem Basistarif können je nach Vorleistungen für Sortierung, Einlieferung im Zielgebiet und Maschinenlesbarkeit Rabatte abgezogen werden. Bei Ausnützung aller Rabatte beträgt der günstigste Tarif dann 10,2 cent (etwa 17 Pf).[29] Eine Infopostsendung in Deutschland kostet bei diesem Gewicht DM 1,05.

II.4. Niederlande

II.4.1. PTT Post

Seit 1989 hat der niederländische Postdienst (PTT Post BV) die Rechtsform einer Kapitalgesellschaft, die ebenso wie die PTT Telecom zu 100 % zur Koninklikj PTT Nederland gehört, einer Aktiengesellschaft, deren Aktien seit 1994 an der Börse gehandelt werden. Die niederländische Postbank wurde bereits 1986 in eine Aktiengesellschaft umgewandelt. 1991 vereinigte sich die Postbank mit Nationalen Nederlanden, dem größten Versicherungsunternehmen des Landes zur Internationale Nederlanden Groep. Der Staat ist an dieser Gruppe nur noch mit 8,2 Prozent beteiligt.[30] Über ein Joint Venture, der Postkantoren BV (Schaltergesellschaft), sind PTT Post und die Postbank verbunden.

Die PTT Post besitzt eine Konzession[31], die sie zur Beförderung von Briefen (bis 500g), die Einrichtung von Briefkästen an öffentlichen Straßen und die Herausgabe von Postwertzeichen mit dem Bildnis der Königin und der Aufschrift "Nederland" berechtigt[32].

Der Gewinn von PTT Post belief sich im Jahr 1992 auf 300 Mio. Gulden, bei einem Umsatz von gut 5 Mrd. Gulden.

II.4.2. Der Monopolbereich

Das Monopol umfaßt die geschäftliche Beförderung von Briefen bis zu 500 g. Briefe werden dabei verstanden als geschriebene Mitteilungen oder andere Dokumente,... mit Ausnahme solcher Mitteilungen, von denen eine Anzahl identischer Ausführungen durch Druck oder andere Vervielfältigungstechniken zwecks Verteilung hergestellt und welche nicht durch Zusätze, Streichungen oder Hinweise außer der Anschrift verändert worden sind.[33] Aufgrund dieser Definition ist das gesamte Segment der adressierten Massensendungen dem Wettbewerb geöffnet. Dennoch hat PTT Post bei adressierten Massensendungen einen Marktanteil von über 90 %.[34] Ausgenommen vom Monopol sind ferner

[29] Vgl. Pieper, F.: Der Postsektor in den Vereinigten Staaten, a.a.O.

[30] Vgl. Frankfurter Allgemeine Zeitung vom 14.09.1992. "Privatisierung der niederländischen Postbank geglückt".

[31] Konzession wird hier zwar als Synonym zum Begriff "Lizenz" im deutschen Post- und Telekommunikationsbereich verstanden, es ist allerdings nicht vorgesehen, anderen Unternehmen als der PTT Post eine derartige Konzession zu erteilen.

[32] Netherlands Bulletin of Acts, Orders and Decrees (1988), 552 Act of 26 October 1988 revising the law concerning the execution of the postal service (Postal Act) Section 2.

[33] Vgl. Postal Act, Section 1 a.a.O.

[34] Dem Verfasser gegenüber wurde diese Zahl von Beschäftigten des niederländischen Ministeriums für Transport und öffentliche Aufgaben genannt. Dabei wurde ferner darauf hingewiesen, daß Wettbewerb

Kuriersendungen, sofern sie sich durch eine vom Eilbrief abweichende Qualität auszeichnen bzw. sofern für die Beförderung ein Mindesttarif von hfl 11,90 innerhalb der Niederlande bzw. der Europäischen Union oder von hfl 17,50 für Sendungen in Länder außerhalb der Europäischen Union erhoben wird.

II.4.3. Regulierung

Verantwortlich für die Regulierung ist das Ministerium für Transport und öffentliche Aufgaben. Das Ministerium ist berechtigt, gegenüber dem Konzessionär Verfügungen zu erlassen. Solche Verfügungen betreffen u.a. Grundprinzipien zum Umfang der Dienstleistung, Grundprinzipien und Vorgaben für die Gebührenstruktur und Gebührenänderungen, die Sicherheit und Vertraulichkeit von Postsendungen, die Erbringung nichtprofitabler Leistungen und den Ausgleich, den die Regierung dafür übernehmen muß, die Einrichtung einer Beschwerdeinstanz für bestimmte Kundengruppen, sowie die Daten, die dem Minister vorgelegt werden müssen, damit dieser seine Kontrollfunktion wahrnehmen kann.[35]

Bezüglich der Tarifhöhe wurde verfügt, daß für gleiche postalische Dienstleistungen ein einheitlicher Tarif gelten soll, wobei eine Differenzierung nach qualitativen und quantitativen Kriterien (z.B. nach Maßen, Gewicht, Sendungsarten) zulässig ist. Bei der Festlegung der Tarifhöhe ist die PTT Post frei, sofern die Preiserhöhungen der Dienstleistungen des Monopolbereichs unterhalb der Entwicklung der Lohnkosten im privatwirtschaftlichen Sektor bleiben (Price-Cap-Regulierung).

Die Regulierung in den Niederlanden ist hauptsächlich als Marktregulierung zu verstehen. Als Gegenleistung für die Monopolleistungen muß die PTT Post einen Universaldienst erbringen. Hierzu gehören u.a. Briefe, direct mail, Zeitungen und Zeitschriften, Päckchen und Pakete bis zu 10 kg sowie die Versendungsformen Einschreiben, Eilsendung und Wertsendung. Im grenzüberschreitenden Verkehr umfaßt der Universaldienst alle Dienstleistungen, für die eine Verpflichtung aus internationalen Verträgen besteht.

Beim Vergleich mit anderen Ländern fällt auf, daß PTT Post dem Wettbewerb sehr aufgeschlossen gegenübersteht. Dies zeigt sich insbesondere in ihrer durchweg positiven Haltung zu den im Grünbuch Postdienste der EG-Kommission vorgeschlagenen Liberalisierungsschritten.[36]

---

bei Massensendungen schon seit mehr als zwanzig Jahren existiere, der hohe Marktanteil der PTT Post also keinesfalls darauf zurückzuführen sei, daß private Unternehmen erst Erfahrungen mit den Wettbewerbsmärkten machen müßten.

[35] Vgl. Postal Act, Section 5, a.a.O.

[36] Vgl. PTT Post: Crossroads - Summary of the response of the Netherlands' PTT Post BV to "Green Paper on the development of a single market for postal services", (1993).

II.4.4. Die Versorgung mit Postdienstleistungen in den Niederlanden

In einer Verordnung (Postal Services Decree) schreibt das Ministerium für Transport und öffentliche Aufgaben dem Konzessionär detailliert vor, in welchem Umfang eine Postversorgung mindestens stattfinden muß.[37] In dieser Verordnung ist z.B. festgelegt, daß in Wohngebieten nicht mehr als 5.000 Einwohner mehr als 5 km vom nächsten Postamt entfernt wohnen dürfen, oder, daß in Städten mit mehr als 5.000 Einwohnern Briefkästen innerhalb eines Radius von 500 Metern erreichbar sein müssen. Im Vergleich mit den anderen Postverwaltungen hat die Niederlande ein dichtes Schalternetz.

Tabelle 7: Kennzahlen zur Postversorgung in den Niederlanden

Preis eines Standardbriefs 20g (First class letter) (1993)	0,80 hfl (ca. DM 0,71)
Preis eines Briefes 200g (1993)	3,20 hfl (ca. DM 2,85)
Bevölkerungsdichte (Einwohner pro qkm)	373
Anzahl der Postschalter pro 100.000 Einwohner	14,6
Anzahl der Postschalter pro 1000 qkm	54,7
Anzahl der Briefsendungen pro Einwohner	431

Quelle: Geschäftsberichte PTT Post; Gebührenliste PTT Post; Statistisches Bundesamt; eigene Berechnungen; Umrechnung in DM erfolgte anhand des durchschnittlichen Devisenkurses für 1993.

Bei den Brieflaufzeiten unterscheidet die niederländische Post zwischen Geschäfts- und Privatbriefen. Geschäftsbriefe erreichen in 94% der Fälle ihren Empfänger am nächsten Tag, bei Privatbriefen wird diese Laufzeit zu 91% erreicht.[38] Die Laufzeitmessung erfolgt in den Niederlanden end-to-end durch ein unabhängiges Institut.

III.5. Japan

III.5.1. Japan Post

Das Postal Bureau ist ein Teil des Ministeriums für Post und Telekommunikation. Wie es bei den meisten PTT-Verwaltungen in der Vergangenheit üblich war, sind in Japan noch heute betriebliche Aufgaben und politisch-hoheitliche Aufgaben nicht getrennt.

Das Postal Bureau verfügt über einen eigenen Haushalt und ist im Rahmen dieses Haushaltes autonom bei der Tarifgestaltung der Postdienste, der Investitionsplanung und der Festlegung der Gehälter. Über die Möglichkeit auch Subunternehmen zu beauftragen, haben aber auch private Unternehmen die Chance, im japanischen Postmarkt tätig zu werden. Das Postal Bureau ist bestrebt, für das Einsammeln, den Transport und die

[37] Vgl. Netherlands Government Gazette, No. 252 vom 28.12.1988; Postal Service Decree, Article 2.
[38] Vgl. PTT Post, Annual Review 1992.

Zustellung von Postsendungen Subauftragnehmer zu beauftragen, wenn es sich im Vergleich zum Einsatz von Postbediensteten als wirtschaftlicher erweist.

Aufgrund der Ausbreitung der Telekommunikation und des Auftretens privater Kurierdienste in den 70er Jahren wuchsen die Verluste des Postal Bureau bis 1980 auf mehr als ein Viertel der Umsätze. Durch Tariferhöhungen und Effizienzverbesserungen konnte erreicht werden, daß von 1981 bis 1990 Gewinne erwirtschaftet wurden. Seit 1991 ist das Ergebnis der japanischen Postverwaltung allerdings wieder defizitär; für das Haushaltsjahr 1993 wurde mit einem Verlust von 103,5 Mrd.¥ gerechnet. Der Umsatz von Japan Post belief sich 1992 auf ca. 1,9 Billionen Yen.

Das Postal Bureau bietet die Dienste First Class Mail (Briefe), Second Class Mail (Postkarten), Third Class Mail (Zeitungen und Zeitschriften), Fourth Class Mail (Blindensendungen, Pflanzensamen, wissenschaftliche Veröffentlichungen) sowie die Paketbeförderung an.

II.5.2. Monopolabgrenzung und Regulierung

In Japan besteht ein Monopol für die Zustellung von Postkarten und Briefen, wobei Briefe als schriftliche Nachrichten von Person zu Person zu verstehen sind. Die Beförderung von Paketen und Dokumenten unterliegt nicht dem Monopol. Eine Trennung von Regulierungs- und Betriebsfunktionen ist in Japan noch nicht erfolgt. Das Postal Bureau ist ein Teil des Postministeriums und damit der Staatsverwaltung.

II.5.3. Die Versorgung mit Postdienstleistungen in Japan

Stärker noch als die anderen dargestellten Postunternehmen hat die japanische Post neben der Funktion eines Beförderungsunternehmens auch soziale und politische Funktionen wahrzunehmen. Hierzu gehört neben der auch in anderen Ländern üblichen kostenlosen Beförderung von Blindensendungen auch die Abgabe von Freiumschlägen an andere Behinderte oder an Senioren.

Die Preise für Briefsendungen sind in Japan vergleichsweise hoch, wobei zu berücksichtigen ist, daß sich bei der Umrechnung der Preise in DM der in den letzten Jahren erhebliche Kursanstieg des Yen stark bemerkbar macht.

Tabelle 8: Kennzahlen zur Postversorgung in Japan

Preis eines Standardbriefs 20g (First class letter; 1993)	62 ¥ (ca. 0,93 DM)
Preis eines Briefes 200g (1993)	250 ¥ (ca. 3,74 DM)
Bevölkerungsdichte (Einwohner pro qkm)	331
Anzahl der Postschalter pro 100.000 Einwohner	19,4
Anzahl der Postschalter pro 1000 qkm	64,3
Anzahl der Briefsendungen pro Einwohner	195

Quelle: Geschäftsberichte Japan Post; Statistisches Bundesamt; eigene Berechnungen; Umrechnung in DM zum durchschnittlichen Devisenkurs 1993.

II.6. Neuseeland

II.6.1. New Zealand Post

Im Jahr 1987 hat Neuseeland seine traditionelle Post- und Fernmeldeverwaltung in drei privatrechtlich organisierte Unternehmen - Telecom Corporation of New Zealand Ltd., New Zealand Post Ltd. und Post Office Bank Ltd. - aufgeteilt.[39] Im Gegensatz zu New Zealand Telecom und der Post Office Bank blieb die New Zealand Post allerdings zu 100% im staatlichen Eigentum. Nach der Neustrukturierung konnte New Zealand Post ihr Betriebsergebnis erheblich verbessern. Hatte sie im Geschäftsjahr 1986/87[40] noch einen Verlust von 37,9 Millionen NZ $ hinnehmen müssen, wurde 1987/88 bereits ein Gewinn verzeichnet. In der Rechnungsperiode 1992/1993 belief sich der Gewinn nach Steuern - bei einem Umsatz von 589 Mio. NZ $ - auf 43,6 Mio. NZ $.

Dieser betriebswirtschaftliche Erfolg der Umgestaltung des neuseeländischen Postwesens ist vor allem auf den Abbau des überdimensionierten Zweigstellennetzes, das vorrangig auf die Erbringung von Bankdienstleistungen ausgerichtet war, die Erneuerung der überalterten Produktionsanlagen und die Verbesserung der Dienstleistungen zurückzuführen.[41] Dabei ist festzustellen, daß insbesondere der Abbau des Zweigstellennetzes nicht zur Verschlechterung der Versorgung der Kunden mit Postdienstleistungen geführt hat, da man gleichzeitig mit dem Abbau von Postämtern verstärkt Postagenturen gegründet hat. Der Abbau von Postämtern ermöglichte ferner eine Reduktion des eigenen Per-

[39] Zur Regulierung in Neuseeland siehe Witte, Eberhard: Postreform in Neuseeland - Ein Fall zum Nachdenken; WIK-Newsletter 1993 sowie den Bericht der australischen Industriekommission, in dem auch u.a. die Regulierungssituation in Neuseeland beschrieben wird: Industry Commission, Mail, Courier and Parcel Services, ReportNo.28, Canberra 1992.

[40] Das Geschäftsjahr von New Zealand Post endet am 31. März.

[41] Vgl. Knorr, A.: Monopol oder Wettbewerb bei den Postdiensten? Fuchsstadt 1993, S. 205 ff.

sonals[42]. Die Reduktion des Postämternetzes war nicht zuletzt deswegen möglich, weil New Zealand Post sein Dienstleistungsangebot einfacher gestaltete. So gibt es z.B. nur zwei Gewichts- bzw. Formatstufen für Briefe.

New Zealand Post ist verpflichtet, dem Staat eine jährliche Dividende zu erstatten. Die Dividende im Geschäftsjahr 1992/93 betrug 7,3 Millionen NZ $.

II.6.2. Der Monopolbereich

New Zealand Post besitzt ein Monopol für die kommerzielle Beförderung von Briefen. Briefe werden dabei verstanden als an eine bestimmte Person oder Adresse gerichtete Mitteilung. Diese Definition umfaßt auch adressierte Massensendungen. Das Monopol ist allerdings durch eine Gewichtsgrenze von 200 g und eine Preisgrenze von 0,80 NZ $ begrenzt, was weniger als den doppelten Preis eines Standardbriefes (45 NZ $) von New Zealand Post entspricht. Dieser Wert soll eingefroren werden und es somit zulassen, daß das Monopol auf Dauer durch die Preissteigerungsraten ausgehöhlt wird. Gegenwärtig beträgt der Anteil des Monopolbereichs am Umsatz noch knapp 41 %.[43]

Weitere Ausnahmen vom Monopol stellen Dokumentenaustausch, juristische Post, Briefe, die als elektronische Post übermittelt werden und Botendienste dar.

II.6.3. Regulierung

Eine Regulierungsbehörde, die für Marktregulierung zuständig ist, existiert in Neuseeland nicht. New Zealand Post unterliegt zwar als "State-Owned Enterprise" der Aufsicht des Handels- und Finanzministeriums, diese Aufsicht ist aber nichts anderes als die Wahrnehmung von Interessen des Eigentümers. Zu dieser Eigentumerfunktion gehört auch die Festlegung einer Dividende, die New Zealand Post (zusätzlich zu den üblichen Steuern) an den Staat abführen muß.

Die als Gegengewicht zu den Monopolrechten bestehenden Infrastrukturaufgaben wurden in einem Vertrag zwischen New Zealand Post und der Regierung (Deed of Understanding) festgelegt. Zu den Infrastrukturverpflichtungen gehört neben der Tarifeinheit im Raum, die Bestimmung einer bestimmten Zustellhäufigkeit und die Verpflichtung, eine bestimmte Anzahl von Poststellen zu unterhalten. Ferner wurde in der "Deed of Understanding" eine Price-Cap-Regulierung für den Standardbrief eingeführt. Danach sind Preiserhöhungen nur noch im Rahmen der Erhöhung der allgemeinen Verbraucherpreise abzüglich einem Prozentpunkt möglich.

[42] Zwischen 1987 und 1991 wurde mehr als 30% des Personals eingespart.
[43] Geschäftsbericht New Zealand Post 1993; eigene Berechnungen.

II.6.4. Die Versorgung mit Postdienstleistungen in Neuseeland

Eine Besonderheit der Postversorgung in Neuseeland liegt in der Postzustellung auf dem Land durch private contracter. New Zealand Post hat auf diese Art schon vor der Umgestaltung eine Postversorgung auf dem Land sichergestellt. Seit der Umgestaltung des Postwesens erfolgt allerdings die Vergabe von Versorgungsgebieten im Wettbewerb und damit für New Zealand Post effizienter. Die Haushalte, die über contracter versorgt werden, müssen eine jährliche Pauschale von 80 NZ $ entrichten.

Von den etwa 1,3 Millionen Zustelladressen werden mehr als 95% an sechs Wochentagen bedient; lediglich bei weniger als 0,1% der Adressen erfolgt eine Zustellung zwischen ein- und viermal pro Woche.

Die Ziele für Brieflaufzeiten betragen E+1 für Briefe zwischen den größeren Städten und E+3 für andere Briefe innerhalb Neuseelands. Ein unabhängiges Institut prüft, ob diese Laufzeitziele erreicht werden. Im Jahr 1992 haben mehr als 95% der Briefe die Vorgaben erreicht.[44]

Tabelle 9: Kennzahlen zur Postversorgung in Neuseeland

Preis eines Standardbriefs 20g (1993)	0,45 NZ $ (ca. 0,37 DM)
Preis eines Briefes 200g[45] (1993)	0,80 NZ $ (ca. 0,66 DM)
Bevölkerungsdichte (Einwohner pro qkm)	13
Anzahl der Postschalter pro 100 000 Einwohner	25,6
Anzahl der Postschalter pro 1000 qkm	3,3
Anzahl der Briefsendungen pro Einwohner[46]	198

Quelle: Div. Geschäftsberichte New Zealand Post; Gebührenliste New Zealand Post; Stat. Bundesamt,eigene Berechnungen, Umrechnung in DM zum durchschnittlichen Devisenkurs 1993

II.7. Deutschland

II.7.1. Deutsche Bundespost POSTDIENST/ Deutsche Post AG

Mit der Postreform von 1989 wurden die betrieblichen Aufgaben der ehemaligen Deutschen Bundespost (DBP) den drei öffentlichen Unternehmen DBP TELEKOM, DBP POSTDIENST und DBP POSTBANK übertragen. Mit der Postreform II wurden

---

[44] Vgl. Geschäftsbericht 1993.

[45] In Neuseeland erfolgt keine gewichtsabhängige Tarifierung der Beförderung. Es wurde unterstellt, daß der 200-g-Brief nicht mehr innerhalb der Standardformatgrenzen (120x235x20 mm) befördert werden kann.

[46] Nur die im Geschäftsbericht ausgewiesenen Normalbriefe und Schnellbriefe sind hier berücksichtigt. Es fehlen insbesondere die Werbesendungen.

die Unternehmen in eine private Rechtsform umgewandelt. Die wichtigsten Dienstleistungsbereiche der DBP POSTDIENST bzw. der neuen Deutschen Post AG stellen der Briefdienst, zu dem neben dem Normalbrief u.a. auch Massensendungen (Infopost) und nicht adressierte Werbesendungen gehören, der Frachtdienst und der Postzeitungsdienst (Pressepost) dar.

Bei den angebotenen Dienstleistungen arbeitet lediglich der Briefdienst kostendeckend, der Zeitungsdienst und auch der Frachtdienst haben regelmäßig Verluste erzielt. 1992 belief sich das Ergebnis der gewöhnlichen Geschäftstätigkeit der DBP POSTDIENST auf -410 Mio. DM. Die Ablieferungen an den Bund (10 % der Umsatzerlöse) betrugen 2.212 Mrd. DM, so daß für das Jahr 1992 ein Ergebnis nach Ablieferungen und Steuern in Höhe von -2.622 Mrd. DM zu verbuchen war. Das Postverfassungsgesetz von 1989 sah vor, daß Verluste von den Schwesterunternehmen ausgeglichen werden. Im Geschäftsjahr 1992 war aber auch die DBP TELEKOM nicht mehr in der Lage, den Finanzausgleich für ihr Schwesterunternehmen vollständig sicherzustellen.

II.7.2. Der Monopolbereich

Dem Nachfolgeunternehmen der Deutschen Bundespost POSTDIENST, der Deutschen Post AG, ist das ausschließliche Recht vorbehalten, schriftliche Mitteilungen oder sonstige Nachrichten von Person zu Person zu befördern. Dieser Beförderungsvorbehalt erstreckt sich auf alle Tätigkeiten, die dem Einsammeln, Weiterleiten oder Ausliefern dienen. Er deckt also alle Produktionsstufen ab und schließt auch den gesamten grenzüberschreitenden Verkehr mit ein. Zu den wichtigsten Ausnahmen zählen neben der Möglichkeit zur Eigenbeförderung, die Beförderung von nicht-adressierten Werbesendungen, von Sendungen mit Waren einschließlich deren Begleitpapiere sowie von wiederkehrend erscheinenden Druckschriften (Zeitungen und Zeitschriften). Ferner ist es privaten Unternehmen gestattet, grenzüberschreitende Kuriersendungen sowie Sendungen, deren Beförderungsentgelt das Zehnfache eines Standardbriefes beträgt, zu befördern. Seit Januar 1995 ist auch der Markt für die Beförderung von Massensendungen oberhalb einer Gewichtsgrenze von 250 g für den Wettbewerb geöffnet.

II.7.3. Regulierung

Regulierungsinstanz für die Regulierung des Postwesens ist in Deutschland das Bundesministerium für Post und Telekommunikation (BMPT). Wichtige Schwerpunkte der Regulierung sind die Tarifregulierung für den Monopolbereich und die Qualitätsregulierung. Daneben ist der BMPT befugt, Ausnahmen vom Beförderungsvorbehalt zuzulassen.

II.7.4. Die Versorgung mit Postdienstleistungen in Deutschland

Die Deutsche Post AG ist - wie vor ihr die DBP POSTDIENST - verpflichtet, Infrastrukturdienstleistungen zu erbringen. Hierzu gehören die Dienstleistungen im Monopolbereich sowie die Pflichtleistungen. Letztere werden zwar im Wettbewerb erbracht, trotzdem hat die Post AG eine Leistungsverpflichtung. Mit der am 01.02.94 in Kraft getretenen POSTDIENST-Pflichtleistungsverordnung wurde festgelegt, daß die DBP POSTDIENST verpflichtet ist, Kleingüter bis zu einem Gewicht von 20 kg flächendeckend und zu einheitlichen Leistungsbedingungen anzunehmen, weiterzuleiten und zuzustellen. Der Transport von grenzüberschreitenden Kleingutsendungen sowie Kleingutsendungen, die zu besonderen Vereinbarungen mit bestimmten (Groß-)Kunden transportiert werden, unterliegt nicht der Verpflichtung.

Neben der betrieblichen Laufzeitmessung der Post AG führt das Bundesamt für Post- und Telekommunikation eine unabhängige End-to-end-Laufzeitmessung durch. Gegenwärtig erreichen das Laufzeitziel E+1 deutschlandweit mehr als 85 % der Normalbriefe. Das Preisniveau für Briefsendungen ist nach Japan das höchste der untersuchten Länder.

Tabelle 10: Kennzahlen der Postversorgung in Deutschland

Preis eines Standardbriefs 20g	1,00 DM
Preis eines Briefes 200g	3,00 DM
Bevölkerungsdichte (Einwohner pro qkm)	225
Anzahl der Postschalter pro 100.000 Einwohner	62,3
Anzahl der Postschalter pro 1000 qkm	27,7
Anzahl der Briefsendungen* pro Einwohner	103

Quelle: Geschäftsberichte DBP POSTDIENST, Statistik Weltpostverein 1992, AGB DBP POSTDIENST, eigene Berechnungen; * Normalbriefe.

III. Ergebnis

Die bisher verfügbaren Informationen über die Regulierungs- und Marktsituation auf ausländischen Postmärkten sind gegenwärtig noch nicht ausreichend, um hieraus wissenschaftlich fundierte Wirkungszusammenhänge ableiten zu können. In Tabelle 11 wird versucht, eine grobe Einordnung der einzelnen Länder in die Kategorien Wettbewerbsintensität, betriebswirtschaftliches Ergebnis, Infrastrukturqualität und Preise vorzunehmen.

Tabelle 11: Marktergebnisse im Vergleich

Kategorie\Land	GB	S	USA	NL	J	NZ	D
Wettbewerbsintensität	+	++	0	+	-	+	0
betriebswirtschaftliches Ergebnis	++	+	0	+	-	+	-
Infrastrukturqualität	+	+	0	+	+	0	+
Preise	0	0	+	0	-	+	-

Zusammenfassend lassen sich danach folgende Aussagen treffen: Die häufig vorgetragene These, wonach Marktöffnungen zu einer Verschlechterung der Versorgungssituation führen, fand keine Bestätigung. Gleiches gilt für die Befürchtung, vormals öffentliche Verwaltungen würden im Wettbewerb betriebswirtschaftlich weniger erfolgreich sein. Schließlich spricht - auf der Basis der hier untersuchten Länder - nichts für die Vermutung, öffentliche Postunternehmen würden sich besonders kundenfreundlich verhalten und beispielsweise in preislicher Hinsicht auf eine Ausnutzung ihrer Marktmacht verzichten.

Literaturverzeichnis

Annual Report of the Postmaster General. Fiscal Year 1992.

Berger, H./ Schöttner, H.: Auswirkungen der Postreform auf Telekommunikation und Information, in: Zeitschrift für öffentliche und gemeinwirtschaftliche Unternehmen. Bd. 14, 1991.

Blankart, Ch. B.: Privatisierung im Postwesen, in: Windisch. R. (Hrsg.): Privatisierung natürlicher Monopole im Bereich von Bahn, Post und Telekommunikation. Tübingen 1987.

Industry Commission, Mail, Courier and Parcel Services, ReportNo.28, Canberra 1992.

Knorr, A.: Monopol oder Wettbewerb bei den Postdiensten? Fuchsstadt 1993.

Kommission der Europäischen Gemeinschaften: Grünbuch über die Entwicklung des Binnenmarktes für Postdienste, KOM(91) 476 endg., Brüssel 1992.

Ministry of Transport and Communications: Postal Services in Sweden. Stockholm 1993.

Nilsson, P.: Wie kommt man ohne ein Monopol aus - die schwedischen Rahmenbedingungen, (unveröffentl. Vortragsmanuskript).

Pieper, F.: Der Postsektor in den Vereinigten Staaten. WIK-Newsletter Nr. 12, Dezember 1993.

Postagenturen im Ausland erfolgreich - Eigene Erfahrungen durch Betriebsversuch, Pressemitteilung der DBP POSTDIENST vom 24.05.1993.

PTT Post: Crossroads - Summary of the response of the Netherlands' PTT Post BV to "Green Paper on the development of a single market for postal services". (1993).

Speckbacher, W./ Plagemann, J.: Internationaler Vergleich der Regulierung im Postwesen (unveröffentlichte Ausarbeitung aus dem Jahr 1988).

Witte, E.: Postreform in Neuseeland - Ein Fall zum Nachdenken: WIK-Newsletter 1993.

Teil 3: Ansatzpunkte für Liberalisierungsmaßnahmen und effiziente Formen der Regulierung

Effiziente Instrumente der Infrastrukturfinanzierung: Die Infrastrukturfondslösung im Postbereich (Blankart/ Knieps)

I. Einführung: Die Konzeption eines Universaldienstes im Postbereich
II. Ein universaler Postdienst in einer Wettbewerbswirtschaft?
III. Lösung des Universaldienstproblems über monopolisierte Postdienste
  III. 1. Die Konzeption der reservierten Postdienste
  III. 2. Probleme des Konzepts reservierter Dienste
  III.2.1. Das Abgrenzungsproblem
  III.2.2. Regelmäßiger Anpassungsbedarf des reservierten Bereichs an das Finanzierungserfordernis
  III.2.3. Hoher Regulierungsbedarf
  III.2.4. Das Informations- und Anreizproblem
  III.2.5. Das "By-pass"-Problem und das Problem der interventionistischen Kettenreaktion
IV. Der Infrastrukturfonds als Alternative zu monopolisierten Diensten
  IV.1. Die Konzeption des Infrastrukturfonds
  IV.2. Teilnetzübergreifende Kosten
  IV.3. Grenzen des Wettbewerbs im Rahmen der Infrastrukturfondslösung
  IV.3.1. Strategisches Verhalten bei teilnetzübergreifenden Kosten
  IV.3.2. Versteigerung von Teilnetzmärkten mit irreversiblen Kosten
  IV.4. Regulierung
  IV.5. Vor- und Nachteile der Versteigerung im Rahmen der Infrastrukturfondslösung
  IV.5.1. Vorteile
  IV.5.2. Nachteile
V. Die Finanzierung des Infrastrukturfonds
VI. Reine Subventionslösung statt Infrastrukturfonds
  VI.1. Vorteile der reinen Subventionslösung
  VI.2. Nachteile der reinen Subventionslösung
VII. Politische Durchsetzbarkeit
  VII.1. Vier Lösungen
  VII.2. Management und Gewerkschaften bei den Postunternehmen
  VII.3. Die Wähler
  VII.4. Geschäftskunden
  VII.5. Politische Bilanz
VIII. Schlußfolgerungen

Effiziente Instrumente der Infrastrukturfinanzierung: Die Infrastrukturfondslösung im Postbereich

Charles Beat Blankart und Günter Knieps*

I. Einführung: Die Konzeption eines Universaldienstes im Postbereich**

Ausgangspunkt der aktuellen Diskussion um eine Harmonisierung und Liberalisierung der Postdienste in Europa ist das Ziel eines flächendeckenden Universaldienstes zu tragbaren Preisen[1]. Hierunter versteht man ganz allgemein "die Aufrechterhaltung bzw. Entwicklung eines universalen Postdienstes mit flächendeckenden Abhol- und Zustelldiensten in der ganzen Gemeinschaft, allgemein tragbaren Preisen und zufriedenstellender Qualität"[2]. Alle Dienstleistungen, die ein Betreiber universal bereitstellen muß, sind Pflichtdienste, d.h. sie müssen verbindlich angeboten werden[3]. Diese eher vage Charakterisierung eines universalen Postdienstes läßt einen erheblichen Interpretations- und Ausgestaltungsspielraum zu. Unterschiedliche Auffassungen können zum einen über den Umfang des Dienstleistungsspektrums bestehen, dessen universelle Bereitstellung als unabdingbar angesehen wird. Dabei ist sowohl eine sehr restriktive Auslegung des Universaldienstkonzeptes denkbar (etwa nur Briefe bis 20 g) als auch eine sehr umfassende Auslegung, die Briefe, Postkarten, Drucksachen, Warensendungen (Päckchen und Pakete) und Expreßdienste umfaßt. Unterschiedliche Auffassungen können zum anderen auch in der als erforderlich angesehenen Qualität des angebotenen Universaldienstes bestehen. Sowohl die Dichte des Abholnetzes als auch die Schnelligkeit und Zuverlässigkeit der Zustellung an den Adressaten variieren in den einzelnen Mitgliedstaaten erheblich.

Neben den Auffassungen über Umfang und Qualität des angebotenen Universaldienstes können die Vorstellungen über die Höhe des sozial erwünschten Tarifs ebenfalls unterschiedlich sein. Der Grundsatz, "daß die Preise des Universaldienstes für jedermann tragbar sein sollten, daß jeder Bürger und jedes Unternehmen in der Gemeinschaft die Postdienste zu Preisen in Anspruch nehmen kann, die er für seinen wichtigsten Kommunikationsbedarf ohne weiteres zahlen kann"[4] ist ebenfalls vage. Er wird normalerweise als das Erfordernis interpretiert, einheitliche Gebühren für das gesamte abgedeckte Gebiet zu erheben[5].

---

* Humboldt-Universität Berlin und Albert-Ludwigs-Universität Freiburg i. Br.

** Die folgenden Ausführungen basieren auf einem Gutachten der Verfasser für das Bundesministerium für Post und Telekommunikation (BMPT), das Anfang 1993 abgeschlossen wurde.

1 Vgl. Kommission der Europäischen Gemeinschaften: Grünbuch über die Entwicklung des Binnenmarktes für Postdienste. KOM (91) 476 endg., Brüssel 1992. - im folgenden zitiert als Grünbuch der EG-Kommission - S. 41, 110.

2 Ebenda, S. 1.

3 Vgl. ebenda, S. 40, 205.

4 Ebenda, S. 110.

5 Ebenda, S. 110.

Abhängig vom Umfang und der Qualität der angebotenen Universaldienste sowie der Höhe der flächendeckenden Einheitstarife ergibt sich bei einem gegebenen Nachfrageverhalten die Relation zwischen Erträgen und Kosten und damit einhergehend der finanzielle Stützungsbedarf. Da Defizite aus der Bereitstellung universeller Postdienste entweder aus Überschüssen bei lukrativen Postdiensten oder aus anderen Teilbereichen einer Volkswirtschaft finanziert werden müssen, sind volkswirtschaftliche Kosten in Form von Allokationsverzerrungen unvermeidlich. Im einzelnen ergeben sich die folgenden Probleme:

- Das Problem der Zielformulierung

Es besteht die Notwendigkeit, im politischen Prozeß Umfang, Mindestqualität und Einheitspreis des Universaldienstes in transparenter Weise festzulegen. Von besonderer Schwierigkeit ist dabei die im Grünbuch der EG-Kommission angestrebte schrittweise Harmonisierung der Ziele eines universellen Postdienstes auf EG-Ebene. Dahinter steht die Forderung, daß ein Postdienst flächendeckend in der ganzen Gemeinschaft angestrebt werden sollte, der sowohl den Inlandsdienst in den Mitgliedsstaaten als auch den Auslandsdienst zwischen den Mitgliedsstaaten abdeckt[6]. Das Problem der transparenten Zielformulierung muß unabhängig davon gelöst werden, welche Wege gefunden werden können, die Defizite aus Universaldiensten zu finanzieren.

- Das Informationsproblem

Auch wenn Umfang, Mindestqualität und Einheitspreis des Universaldienstes vorgegeben sind, so ist der erforderliche Subventionsbedarf noch nicht bekannt. Wichtige Voraussetzung für dessen Kenntnis ist die Information über die Kosten der Bereitstellung des Universaldienstes. Hierüber sind bisher in der Öffentlichkeit nur wenig Informationen vorhanden.

- Das Anreizproblem

Die tatsächlichen Kosten der Bereitstellung eines Universaldienstes müssen nicht notwendigerweise die minimalen Kosten sein. Solange gesetzliche Zutrittsschranken freien Marktzutritt verhindern, besteht die Gefahr von Kostenverschwendungen (X-Ineffizienzen), die sich etwa in einem überhöhten Personalbestand äußern. Die Tatsache, daß das Angebot flächendeckender Universaldienste (z.B. der Briefdienst) in der Vergangenheit zumindest in den meisten europäischen Ländern "zufriedenstellend" funktionierte, bedeutet daher noch nicht, daß nicht eine kostengünstigere Versorgung möglich gewesen wäre. Die gleiche Universaldienstqualität hätte möglicherweise entweder bei geringerem Subventionsbedarf oder zu niedrigeren Tarifen bereitgestellt werden können.

Im folgenden wird davon ausgegangen, daß eine präzise, transparente Festlegung des Universaldienstes (Umfang, Mindestqualität und Einheitspreis) im politischen Prozeß gefunden werden kann. Zunächst wird untersucht, welche Probleme sich in einer Wettbewerbswirtschaft beim Angebot eines universalen Postdienstes ergeben würden. Im

[6] Vgl. ebenda, S. 5.

Anschluß daran soll der Vorschlag der EG-Kommission behandelt werden, einen Universaldienst mit Hilfe eines Bündels reservierter Dienste (Monopoldienste) sicherzustellen. Danach werden die Möglichkeiten und Grenzen eines Infrastrukturfonds im Postbereich dargelegt.

II. Ein universaler Postdienst in einer Wettbewerbswirtschaft?

Die Fragestellung, ob ein universaler Postdienst auch bei freiem Marktzutritt angeboten werden kann, läßt sich zurückführen auf das sogenannte "Rosinenpickerproblem". Die Frage lautet: Hat eine Öffnung der Märkte im Postbereich zur Folge, daß Marktneulinge die lukrativen Teilbereiche bedienen, während die traditionellen Postunternehmen die verlustbringenden Teilbereiche bedienen müssen?

Postdienste werden in der Regel unter ausgesprochenen Dichtevorteilen produziert. Die Kosten der Bereitstellung sind umso geringer, je näher die Nutzer beieinanderliegen. Umgekehrt nehmen diese Kosten mit abnehmender Dichte zu, d.h. es ist insbesondere in der Peripherie eines Raumes mit höheren Grenzkosten (genauer: durchschnittlichen Zusatzkosten DZK) zu rechnen als im Zentrum. Die Bereitstellungspreise werden daher vom Zentrum Z aus gegen die Peripherie hin zunehmen (vgl. Abb. 1).

Abbildung 1: Die Kosten eines Universaldienstes im Raum

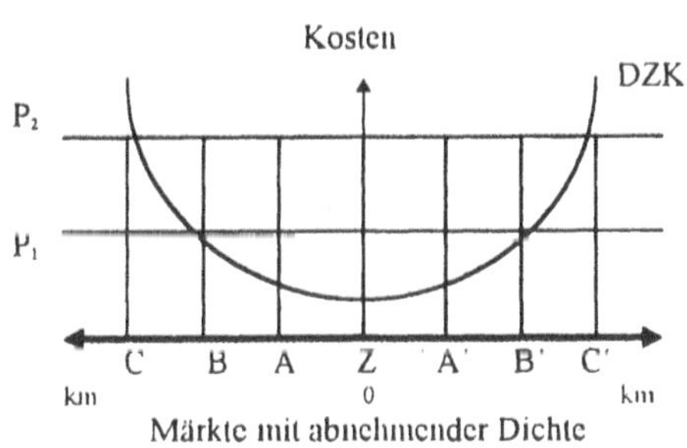

Ein im Gesamtsystem kostendeckender Einheitspreis p_1 - wie vielfach gefordert ein "tragbarer Preis" - wäre daher nicht stabil. Er würde im gewinnbringenden Teil großer Nutzerkonzentrationen von Rosinenpickerunternehmen unterlaufen. Ebensowenig wäre ein höherer Preis p_2, der Kostendeckung auch in der Peripherie brächte, stabil.[7] Nur bei Preisdifferenzierung im Raum, d.h. bei höheren Preisen in der Peripherie als im Zentrum, wäre ein stabiles flächendeckendes Angebot möglich.

[7] Ein bei Z kostendeckender Preis könnte demgegenüber nicht unterlaufen werden, aber er ließe sich nicht aufrechterhalten, weil er in den Randregionen nicht kostendeckend wäre.

Einheitspreise wie p_1 oder p_2 beinhalten jedoch eine interne Subventionierung. Die Nutzergruppen zwischen Z und A, bzw. zwischen Z und A´ könnten sich verselbständigen und die Dienstleistung für sich selbst preisgünstiger bereitstellen. Daher sind diese Preise in der Wettbewerbswirtschaft nicht aufrechtzuerhalten.

Ebensowenig wie diese einfache interne Subventionierung ist eine produktübergreifende interne Subventionierung aufrechtzuerhalten, bei welcher die Gewinne aus profitablen Diensten dazu verwendet werden, andere Dienste (sei es flächendeckend oder auch nur in den Randregionen) zu subventionieren. Ein Beispiel hierfür wäre die lokale oder regionale Unterstützung des Zeitungsdienstes (Pressepost) durch den Briefdienst. Auch diese Form der internen Subventionierung ist im Wettbewerb nicht stabil. Sie ruft Rosinenpicker auf den Plan, welche die bestehende interne Subventionierung zerstören.

Die Gefahr einer Instabilität des Leistungsangebots bei einem Einheitspreis wird freilich vermindert, wenn Verbundvorteile zwischen den einzelnen Teilnetzen A, B und C bzw. A´, B´und C´ bestehen oder wenn zusätzlich noch zunehmende Skalenerträge in den einzelnen Teilnetzen vorliegen. Doch sie bleibt bestehen, solange die durchschnittlichen Zusatzkosten gegen die Peripherie hin zunehmen.

Allerdings gilt, daß bei einer Öffnung der Märkte sowohl das Kosteninformationsproblem als auch das Anreizproblem verschwindet. Bereits das Drohpotential der potentiellen Marktneulinge sorgt dafür, daß die tatsächlichen (durchschnittlichen) Zusatzkosten der Postunternehmen sinken. Es ist nicht ausgeschlossen, daß sich hierdurch die Quersubventionierung zwischen lukrativen und unlukrativen Bereichen (und damit auch die Gefahr des Rosinenpickens) bereits signifikant reduziert[8]. Unter Berücksichtigung der Transaktionskostenersparnisse von Einheitstarifen, die auch im Wettbewerb genutzt werden, ist es in dichtbesiedelten Ländern (z.B. den Niederlanden) nicht ausgeschlossen, daß ein universeller Postdienst auch bei offenen Märkten angeboten werden kann. Die Gefahr des Rosinenpickens verschwindet nämlich, wenn jede Dienstleistung zumindest ihre (durchschnittlichen) Zusatzkosten trägt. Dies ist in den Ländern mit gleichmäßiger Besiedlungsdichte eher der Fall als in Ländern mit ausgeprägten Ballungszentren und dünnbesiedelten Randregionen.

Dennoch kann nicht erwartet werden, daß das Rosinenpickerproblem beim Angebot eines universalen Postdienstes in einer Wettbewerbswirtschaft zwangsläufig verschwindet. Das Ausmaß der Quersubventionierung mag allerdings je nach Universaldienstumfang[9] und Besiedlungsstruktur eines Landes erheblich schwanken. Es stellt sich folglich

---

[8] Dabei wird allerdings vorausgesetzt, daß die Lohnkosten (nicht notwendigerweise die Lohnsätze) zumindest mittelfristig variierbar sind und nicht langfristig aufgrund beamtenrechtlicher Regelungen festliegen. Auf Übergangslösungen wird im folgenden noch einzugehen sein.

[9] Nach amerikanischem Verständnis impliziert Universaldienst in ländlichen Gebieten und teilweise auch in städtischen Gebieten lediglich die flächendeckende Zustellung bis zu einem Briefkasten an der Straße (curbside delivery), nicht aber bis zur Haustür. Dadurch entfällt ein wesentlicher Teil der Extrakosten der ländlichen Zustellung; vgl. Stumpf, U./ Pieper, F.: The Economics of Universal Service. Workshop des Wissenschaftlichen Instituts für Kommunikationsdienste (WIK) am 21. und 22.4. 1993 in Königswinter, WIK Newsletter Nr. 11, Juni 1993, S. 13f. sowie Cohen, R. H./ Ferguson, W. W./ Xenakis, S. S.: Rural Delivery and Universal Service Obligation: A Quantitive Investigation, in:

die Frage, welche Eingriffe in einer Wettbewerbswirtschaft am besten geeignet sind, einen gesellschaftlich erwünschten Universaldienst zu garantieren.

III. Lösung des Universaldienstproblems über monopolisierte Postdienste

III.1. Die Konzeption der reservierten Postdienste

Im Grünbuch der EG-Kommission wird die Auffassung vertreten, daß das Ziel eines wirtschaftlichen (kostendeckenden) Universaldienstes die Schaffung eines Bündels reservierter Dienste rechtfertigt, für die den einzelstaatlichen Postverwaltungen ein Monopolrecht eingeräumt werden kann. Dadurch sollen Quersubventionen insbesondere zwischen geographischen Gebieten im Interesse der Tarifeinheit im Raum ermöglicht werden[10]. Angestrebt werde die am wenigsten restriktive Lösung, die mit dem Universaldienstziel verträglich sei. Der Grundsatz der Verhältnismäßigkeit ("Proportionalität") verlange das Höchstmaß an Wettbewerb, das sich mit den gesetzten Zielen vereinbaren lasse. Der Umfang des monopolisierten Bereichs muß folglich so gering wie möglich gehalten werden. Dies ist das sogenannte "Austarierungsproblem". Obwohl auf Gemeinschaftsebene die Ausgestaltung des Universaldienstes noch nicht festgelegt wurde und folglich der erforderliche Subventionsbedarf ebenfalls noch unklar ist, wird bereits im Grünbuch die Festlegung der Grenzen des reservierten Bereichs auf Gemeinschaftsebene angestrebt, wobei einzelne Mitgliedstaaten auch einen kleineren reservierten Bereich wählen können[11].

Ausgangspunkt ist die Auffassung, daß in allen Mitgliedstaaten bestimmte Dienste bereits reserviert sind, deren Umfang jedoch erheblich größer ist als es im Interesse des Universaldienstzieles erforderlich wäre[12]. Es wird im Grünbuch der EG-Kommission als Kriterium vorgeschlagen, zum reservierten Bereich adressierte Standardsendungen[13] zu rechnen, die keine Drucksachen oder Waren enthalten. Hierzu werden also nicht Zeitungen, Zeitschriften oder Bücher, Pakete, Expreßsendungen sowie Wurfsendungen ge-

Crew, M. A./ Kleindorfer, P. R. (Hrsg.): Regulation and the Nature of Postal and Delivery Services. Boston 1993, S. 161 - 176.

[10] Vgl. Kommission der Europäischen Gemeinschaften: Grünbuch über die Entwicklung des Binnenmarktes für Postdienste, a.a.O. S. 9, 266.

[11] Vgl. ebenda, S. 200f., 277.

[12] Vgl. ebenda, S. 7. In Deutschland ist nach § 2 des Gesetzes über das Postwesen das "Errichten und Betreiben von Einrichtungen zur entgeltlichen Beförderung von schriftlichen Mitteilungen oder sonstigen Nachrichten von Person zu Person" der Deutschen Post AG ausschließlich vorbehalten. Der Bundesminister für Post und Telekommunikation hat allerdings Anfang 1994 Befreiungen vom Beförderungsvorbehalt gemäß § 2 Abs. 4 PostG (alte Fassung) erteilt für echte Kurierdienstleistungen im grenzüberschreitenden Verkehr sowie für Sendungen, für die eine Mindestpreisgrenze beachtet wird, die beim Zehnfachen des Entgelts für einen gewöhnlichen Brief (10.- DM) liegt. Zum 01.01.95 wurde der Massensendungsmarkt oberhalb einer Gewichtsgrenze von 250 g geöffnet. Nach dem EU-Beitritt Schwedens und Finnlands gibt es mittlerweile zwei Mitgliedstaaten, deren Postmärkte zumindest de jure vollständig für den Wettbewerb geöffnet sind.

[13] "Unter dem Begriff Standarddienst ist der Universaldienst für die wichtigsten Postsendungen zu verstehen. Dazu gehören sowohl Mitteilungen (Briefe, Postkarten und Drucksachen) sowie Warensendungen (Päckchen und Pakete)". Kommission der Europäischen Gemeinschaften: Grünbuch über die Entwicklung der gemeinschaftlichen Postdienste, a.a.O. S. 201.

zählt[14]. Besteht Einigung über die Kriterien einer Abgrenzung zwischen reserviertem und nicht reserviertem Bereich, so müssen noch die Gewichts- und Preisgrenzen ermittelt werden, die für den reservierten Bereich gelten sollen. Die Anwendung des Grundsatzes der Proportionalität setzt daher eine Überprüfung des Subventionserfordernisses des Universaldienstes voraus. Da dieser sich fortlaufend verändern kann, erfordert dies ebenfalls eine andauernde Überprüfung der Grenzen des reservierten Bereichs.

Im Grünbuch der EG-Kommission wird erwartet, daß der Umfang des Universaldienstes über den der reservierten Dienste hinausgehen wird. Es handelt sich um nicht reservierte Pflichtdienste, die von dem verpflichteten Betreiber universal angeboten werden. Die Wettbewerber unterliegen dieser Universaldienstverpflichtung nicht, können aber freiwillig einen Universaldienst anbieten[15].

III.2. Probleme des Konzepts reservierter Dienste

III.2.1. Das Abgrenzungsproblem

Wenn Briefe für den reservierten Bereich in Frage kommen, Pakete und Expreßdienste ihm jedoch nicht zugeordnet werden sollen, entstehen in der Praxis verschiedene Abgrenzungsprobleme. Wie grenzt man z.B. Individualmitteilungen (reserviert) von Drucksachen (nicht reserviert) ab, wie werden Expreßsendungen von Briefen unterschieden, wenn Abmessungen, Gewicht und Inhalt, selbst die Zustellgeschwindigkeiten ähnlich sein können?[16] Ferner ist die Abgrenzung zwischen Brief, Päckchen und Paket nicht unproblematisch.

III.2.2. Regelmäßiger Anpassungsbedarf des reservierten Bereichs an das Finanzierungserfordernis

Das Subventionserfordernis des Universaldienstes kann im Zeitablauf erheblich schwanken. Dies kann verursacht werden durch konjunkturelle Nachfrageschwankungen im Postbereich, aber auch durch Kosteneinsparungen und Rationalisierungsvorteile aufgrund technischen Fortschritts. Demgemäß muß entsprechend dem Proportionalitätsprinzip auch der Umfang der reservierten Dienste dem veränderten Subventionsbedarf fortlaufend angepaßt werden. Dabei entstehen erhebliche Kosten, die geänderten Vorschriften den Bediensteten und Kunden mitzuteilen.

Ferner besteht die Gefahr, daß reservierte Dienste bestehen bleiben, auch wenn sich der Finanzierungsbedarf der Universaldienste stark reduziert oder wegfällt, da der Abbau von Monopolprivilegien typischerweise mit dem Widerstand der dadurch benachteiligten Interessengruppen (z. B. Gewerkschaften) verbunden ist.

---

[14] Vgl. ebenda, S. 202.
[15] Vgl. ebenda, S. 40, 201.
[16] Vgl. ebenda, S. 214 f.

III.2.3. Hoher Regulierungsbedarf

Die Aufsichtsbehörden haben die fortwährende Aufgabe sicherzustellen, daß der Umfang der reservierten Dienste gemäß dem Proportionalitätsprinzip möglichst klein gehalten wird. Reservierte Dienste verlangen also eine Regulierung des Marktzutritts, der genau auf den internen Subventionsbedarf ausgerichtet sein muß ("Austarierungsproblem"). Die Aufsichtsbehörden müssen ferner sicherstellen, daß die Postverwaltungen als Anbieter der reservierten Dienste ihren Verpflichtungen nachkommen (Preis-, Qualitätsregulierung). Darüber hinaus müssen die Aufsichtsbehörden überwachen, daß sich der Anbieter des reservierten Bereichs keine Wettbewerbsvorteile durch Quersubventionen zum nicht reservierten Bereich (im Sinne eines Verdrängungswettbewerbs) verschafft[17].

III.2.4. Das Informations- und Anreizproblem

Da der potentielle und aktive Wettbewerb im Bereich der reservierten Dienste ausgeschlossen ist, lassen sich die minimalen Kosten der reservierten Dienste kaum ermitteln. Es besteht ein Kosteninformationsproblem. Das Kostenverhalten der Postverwaltungen muß in der Regel als gegeben angenommen werden, selbst wenn erhebliche Ineffizienzen vorliegen. Anreize zu kosteneffizientem Verhalten sind also in monopolisierten Bereichen erheblich eingeschränkt. Zusätzlich fehlen Anreize, technischen Fortschritt zugunsten von Prozeßinnovationen einzusetzen.

III.2.5. Das "By-Pass"-Problem und das Problem der interventionistischen Kettenreaktion

Das Ziel der Reservierung bzw. Monopolisierung von Diensten besteht darin, Überschüsse zur Defizitfinanzierung des Universaldienstes zu erzielen. Das monopolistische Angebot lukrativer Postdienste schafft allerdings Umgehungsanreize. Zum einen zeigt bereits die Schwierigkeit der Abgrenzung zwischen reserviertem und unreserviertem Bereich ein beträchtliches Substitutionspotential an. Hierdurch werden Anreize gesetzt, andere als die eigentlich benötigten Dienste zu konsumieren, da diese im Wettbewerb kostengünstiger angeboten werden. Sowohl Expreßdienste, elektronische Post als auch Drucksachen und Päckchen stellen mögliche Substitute von Briefdiensten dar.

Zum anderen bestehen Anreize, mittels Remailing (Umleitung von Poströmen) Monopolrenten im Briefverkehr zu umgehen. Von besonderem Interesse für den inländischen Briefverkehr ist das bisher für den reservierten Bereich nicht zugelassene ABA-Remailing[18].

[17] Die im Grünbuch der EG-Kommission herauszulesende Bevorzugung der nationalen Postverwaltungen als "naturgegebene" Monopolisten (bzw. "universal service provider") wurde bereits von Gröner und Knorr kritisiert; vgl. Gröner, H./ Knorr, A.: Europäische Integration im Bereich der Postdienste - aber wie? ORDO, Bd. 43, 1992, S. 423-452.

[18] Beim ABA-Remailing holt der Privatbetreiber Inlandssendungen im Land A ab, transportiert sie nach Land B und liefert sie dort bei der Postverwaltung ein, die sie nach Land A zurückbefördert, wo die

Sollte es sich herausstellen, daß die "By-Pass"-Probleme so erheblich sind, daß der Subventionsbedarf für die Universaldienste nicht gedeckt werden kann, kann dies eine Ausdehnung des reservierten Bereichs auf bisher im Wettbewerb angebotene Postdienste zur Folge haben.

IV. Der Infrastrukturfonds als Alternative zu monopolisierten Diensten

IV.1. Die Konzeption des Infrastrukturfonds

Die Grundidee des Infrastrukturfonds besteht darin, das politische Ziel eines Universaldienstes zu einem Einheitspreis mit der Beseitigung sämtlicher gesetzlicher Marktzutrittsschranken vereinbar zu machen. Interne Subventionen (Quersubventionen) etwa zwischen profitablen und defizitären geographischen Gebieten im Interesse der Tarifeinheit im Raum sind dann nicht mehr aufrechtzuerhalten. Freier Marktzutritt in den lukrativen Teilbereichen (auch Rosinenpicken genannt) würde die Überschußprofite beseitigen, deren Verwendung für interne Subventionierung der unlukrativen Teilbereiche erforderlich ist.

Die Bereitstellung defizitärer Leistungen ist jedoch auch ohne Monopolisierung von Diensten möglich, wenn sie nicht über eine interne, sondern über eine explizite externe Subvention finanziert werden. Diese Subvention wird aus einem Infrastrukturfonds bezahlt, der durch eine Abgabe gespeist wird. Ist die Subvention hoch genug, so werden die defizitären regionalen Leistungen freiwillig entweder von der Postverwaltung oder einem Marktneuling erbracht. Die Notwendigkeit, den Postverwaltungen Pflichtdienste aufzuerlegen, entfällt. Durch einen Auktionswettbewerb um die Bereitstellung der förderungswürdigen Leistungen soll ein möglichst geringer Subventionsbedarf ermittelt werden[19].

IV.2. Teilnetzübergreifende Kosten

Bei der Ermittlung des Subventionsbedarfs muß zwischen zwei Fällen unterschieden werden. Im ersten Fall bietet jeder Anbieter auf allen Produktionsstufen an (z.B. bei großen Kurierdiensten). Dasjenige Unternehmen erhält den Auftrag, die defizitäre Leistung bereitzustellen, das mit der minimalen Subvention auskommt. Diese berechnet sich aus

---

Zustellung erfolgt. Die Absendeverwaltung muß eine bislang ausschließlich auf dem Gewicht basierende sogenannte Endvergütung entrichten, die typischerweise nicht kostendeckend ist. Zum ABA-Remailing vgl. Kommission der Europäischen Gemeinschaften: Grünbuch über die Entwicklung des Binnenmarktes für Postdienste, a.a.O., S. 139 ff sowie Anhang 9, S. 339 ff.

[19] Vgl. hierzu Knieps, G.: Zur Problematik der internen Subventionierung in öffentlichen Unternehmen, in: Finanzarchiv, N.F., Bd. 45, 1987, S. 268-283. Blankart, Ch. B./ Knieps, G.: Grenzen der Deregulierung im Telekommunikationsbereich? Die Fragen des Netzwettbewerbs, in: H. St. Seidenfus (Hrsg.): Deregulierung - eine Herausforderung an die Wirtschafts- und Sozialpolitik in der Marktwirtschaft. Schriften des Vereins für Socialpolitik, N.F., Bd. 184, Berlin 1989, S. 149-172 sowie Blankart, Ch. B./ Knieps, G.: What Can We Learn From Comparative Institutional Analysis? The Case of Telecommunications, Kyklos, Vol. 42, 1989, S. 579-598.

der Differenz zwischen durchschnittlichen Zusatzkosten und dem politischen Preis. Interne Subventionierung und damit einhergehendes Rosinenpicken sind dann ausgeschlossen[20]. Der zweite, komplexere Fall bezieht sich auf die Situation, in der Marktzutritt auch auf den einzelnen Produktionsstufen stattfinden kann. Die Festlegung des minimalen Subventionsbedarfs auf einer Produktionsstufe (Teilnetz) hängt dabei entscheidend von der Abrechnung der teilnetzübergreifenden Kosten unter den Teilnetzbetreibern ab.

Die Bereitstellung eines Universaldienstes erfolgt typischerweise in den folgenden Produktionsphasen: Abholung, Abgangsverteilung, Beförderung, Eingangsverteilung sowie Zustellung. Diese Produktionsstufen bauen zwar aufeinander auf, sie sind jedoch betrieblich voneinander unabhängig und könnten daher auch von verschiedenen Betreibern durchgeführt werden. Jede Phase könnte auch vom Kunden selbst übernommen werden. Am wahrscheinlichsten ist dies bei der Abgangsverteilung, die vor der Einlieferung erfolgen kann [21].

Es ist zu erwarten, daß freier Marktzutritt im Universaldienst zu einer institutionellen Disaggregation des Gesamtnetzes führen wird, wobei zwischen Anbietern auf der Produktionsstufe der Abholung, des Transports und der Zustellung zu unterscheiden ist. Es ergibt sich folglich das Abrechnungsproblem, die teilnetzübergreifenden Kosten unter den Teilnetzbetreibern aufzuteilen. Die Funktionsfähigkeit des Infrastrukturfonds läßt sich wie folgt illustrieren: Zur Vereinfachung sei angenommen, daß ein Universal(dienst)netz in die Teilnetze Abholung (A), Transport (T) und Zustellung (Z) aufgegliedert werde. Es wird davon ausgegangen, daß der etablierte Anbieter P (Postverwaltung) mitteilt, Teilnetz (Z) beim gegebenen politischen Einheitspreis P_P nicht mehr bedienen zu können. Der Wettbewerb auf den Teilnetzen (A) und (T) würde es ihm nicht mehr erlauben, die erforderlichen Überschüsse zur Subventionierung des Teilnetzes (Z) zu erwirtschaften. Die privaten Unternehmer werden in einer Ausschreibung aufgefordert, das Teilnetz (Z) zu betreiben. Sie berechnen ihre eigenen (minimalen) Kosten für die Bedienung von (Z) sowie die Inanspruchnahme von den Leistungen der Teilnetze (A) und (T), wobei sie unter Ausnützung des Wettbewerbs in (A) und (T) das hierfür günstigste Angebot wählen.

Auf der Basis dieses Kalküls unterbreiten sie ihre Offerten. Zum Zuge kommt jener Anbieter U, der das kostengünstigste Gebot abgibt, da er den geringsten Subventionsbedarf hat. Die Höhe des Subventionsbedarfs des Wettbewerbers U im Teilnetz Z hängt entscheidend von den Vorleistungspreisen in den Teilnetzen (A) und (T) ab. Falls der Wettbewerb bei (A) und (T) perfekt funktioniert, setzen sich die minimalen Grenzkosten auch bei (A) und (T) durch. Es ergibt sich dann, daß der geringstmögliche Subventionsbedarf für die Bedienung des Teilnetzes (Z) im Rahmen einer Versteigerung ermittelt werden kann.

[20] Vgl. Kapitel II und Knieps, G.: Zur Problematik der internen Subventionierung in öffentlichen Unternehmen, a.a.O. sowie Blankart, Ch. B./ Knieps, G.: Grenzen der Deregulierung im Telekommunikationsbereich? Die Fragen des Netzwettbewerbs, a.a.O.

[21] Vgl. Kommission der Europäischen Gemeinschaften: Grünbuch über die Entwicklung des Binnenmarktes für Postdienste, a.a.O., S. 112 f., S. 201 sowie Anhang 3, S. 299 ff.

IV.3. Grenzen des Wettbewerbs im Rahmen der Infrastrukturfondslösung

IV.3.1. Strategisches Verhalten bei teilnetzübergreifenden Kosten

Im vorigen Abschnitt wurde aufgezeigt, daß teilnetzübergreifende Kosten ein Abrechnungsproblem zwischen den beteiligten Netzbetreibern verursachen. Wenn das Netz (Z) aus dem Netz des etablierten Anbieters (A) und (T) abgetrennt wird, muß eine Verrechnung der Teilleistungen zwischen der etablierten Post und dem Anbieter von (Z) organisiert werden. Die Postverwaltung wird versuchen, sich dabei strategisch zu verhalten und die Vorleistungspreise über die Kosten anzuheben. Dies hätte zur Folge, daß der etablierte Anbieter von (A) und (T) indirekt an den Subventionen zugunsten von (Z) partizipert. Der Anbieter von (Z) ist jedoch auf Zulieferungen aus den Teilnetzen (A) und (T) angewiesen, weil ein Großteil seiner Postdienste teilnetzübergreifend ist.

Die Frage, inwieweit die Postverwaltung überhöhte Vorleistungspreise für (A) und (T) erheben kann, geht einher mit der Frage der Funktionsfähigkeit des aktiven und potentiellen Wettbewerbs in den Teilnetzen (A) und (T).

Zunächst gilt, daß bei Vorliegen eines Einheitstarifs für einen universalen Postdienst der Versender keinen Anreiz hat, alternative Anbieter in (A) und (T) ausfindig zu machen. Ein effizienterer Anbieter in (A) und (T) würde lediglich den Subventionsbedarf in (Z) reduzieren. Andererseits würde die Versorgung des Kunden in (A) erheblich komplizierter, falls dieser für jede Destination nachsehen müßte, mit welchem Carrier sie durchgeführt werden kann. Transaktionskosten könnten jedoch gespart werden, wenn ein Anbieter (z.B. die etablierte Postverwaltung) die Teilnetze (A) und (T) bis an die Grenzen der unlukrativen Teilnetze (Z) bedient. Die Möglichkeit des Anbieters von (Z), den überhöhten Vorleistungspreisen der Postverwaltung durch alternative Anbieter in (A) und (T) zu entgehen, wird dadurch eingeschränkt. Die Postverwaltung kann die Preise für ihre Zulieferungen aus A und T jedoch nur soweit hinaufsetzen, als nicht ein Wettbewerber auftritt, der die Gesamtleistung von A nach Z zu einer geringeren Subvention anbietet. Vor allem für Großversender wird es sich zudem lohnen, Wettbewerber in (A) und (T) zu berücksichtigen, falls ihnen ein entsprechender Diskont gewährt wird. Das verbleibende Problem überhöhter Zulieferungspreise muß durch eine Marktmachtregulierung durch den Staat eingeschränkt werden.

IV.3.2. Versteigerung von Teilnetzmärkten mit irreversiblen Kosten

Irreversible oder versunkene Kosten sind für die alteingesessene Postverwaltung im Markt nicht mehr entscheidungsrelevant, wohl dagegen für die potentiellen Wettbewerber; sie stehen vor der Entscheidung, ob sie diese unwiederbringlichen Kosten in einem Markt einsetzen sollen oder nicht. Für die alteingesessene Firma stellt sich die Kostenfrage anders; sie hat niedrigere entscheidungsrelevante Kosten als die potentiellen Wettbewerber. Hieraus ergibt sich ein Spielraum für strategisches Verhalten gegenüber potentiellen Marktneulingen[22]. Angenommen die irreversiblen Kosten fallen im Teilnetz (Z) an, während in den Teilnetzen (A) und (T) keine irreversiblen Kosten auftreten. Die alteingesessene Unternehmung kann dann den Markteindringling unter Druck setzen. Unterbietet er die etablierte Unternehmung, so wird er zwar den Zuschlag erhalten. Doch die etablierte Unternehmung wird den Markt nicht notwendigerweise verlassen. Sie hat ja nichts zu verlieren, da ihre Investitionskosten versunken sind. Die Präsenz von zwei Unternehmungen im Markt wird jedoch zu einem für den Markteindringling verlustreichen Verdrängungswettbewerb führen. In Anbetracht dieser Möglichkeit wird dieser von einem Marktzutritt Abstand nehmen, auf ein Gebot verzichten und der etablierten Unternehmung das Feld überlassen. Auf diese Weise wird der etablierte Unternehmer in der Lage sein, für die Bedienung von Z höhere Subventionen durchzusetzen, als dies ohne versunkene Kosten der Fall wäre.

Trotz dieser Gefahr ist der Wettbewerb nicht völlig ausgeschaltet. Liegen nämlich die durchschnittlichen Gesamtkosten des Wettbewerbers unter den durchschnittlichen variablen Kosten der etablierten Unternehmung, so kann dieser den ganzen Markt erobern und den etablierten Anbieter verdrängen.

Aber auch das Vorliegen von irreversiblen Kosten in den lukrativen Teilnetzen (A) bzw. (T) kann zu einem erhöhten Subventionsbedarf führen. Angenommen die Postverwaltung P hat irreversible Kosten im Teilnetz (A) getätigt. Jetzt kann sie gegenüber möglichen Wettbewerbern in Teilnetz (A) glaubwürdig drohen, den Preis P_A notfalls, bis zu den entscheidungsrelevanten, kurzfristigen variablen Kosten zu senken. Dies kann potentielle Wettbewerber abschrecken, irreversible Kosten auf sich zu nehmen, selbst dann, wenn die alteingesessene Postverwaltung gegenwärtig überhöhte Profite erzielt. Da der Preis P_A als teilnetzübergreifende Kosten bei der Bedienung des Teilnetzes (Z) anfällt, folgt aus einem überhöhten Preis P_A wiederum ein erhöhter Subventionsbedarf.

Unabhängig von der Produktionsstufe auf welcher irreversible Kosten mit Skalenerträgen anfallen, können diese zu Marktmacht der alteingesessenen Postverwaltung und einem überhöhten Subventionsbedarf für die Bedienung des unlukrativen Teilnetzes (Z) führen. Es entsteht folglich die Notwendigkeit der Marktmachtregulierung. Falls irreversible Kosten in den lukrativen Teilmärkten (A) und (Z) auftreten, muß die staatliche Regulierung dafür sorgen, daß die Preise P_A und P_T höchstens im Ausmaß der allgemeinen Inflationsrate abzüglich eines bestimmten Prozentsatzes der Produktivitätsveränderung steigen[23]. Falls irreversible Kosten in dem unlukrativen Teilnetz (Z) auftreten, hat die alteingesessene Postverwaltung zwar nicht die Möglichkeit, den politisch festgelegten Preis P_P zu verändern. Sie wird jedoch versuchen, den Subventionsbedarf strategisch zu überhöhen, da sie sich lediglich einer gemilderten Form des Subventionswettbewerbs gegenübersieht. Die Regulierungsaufgabe besteht folglich darin, den Subventionsbedarf kritisch zu überprüfen. Die Möglichkeit des Marktzutritts mit kostengünstigeren Techno-

[22] Vgl. Knieps, G./ Vogelsang, I.: The Sustainability Concept under Alternative Behavioral Assumptions, in: Bell Journal of Economics, 1982, Vol. 13, S. 234-241.

[23] Für einen Überblick über die Price-Level Regulierung vgl. Hillmann, J. J./ Bräutigam, R.: Price-Level Regulation for Diversified Public Utilities, Boston 1989.

logien sowie mit neuen Produkten sollte zusätzlich den Kostendruck auf die Postverwaltung verstärken.

Die praktische Bedeutung des Arguments von irreversiblen Kosten und Skalenerträgen ist jedoch umstritten. Vieles spricht für eine relativ hohe Fungibilität der Anlagen bei den Postdiensten. Postverteilanlagen sind mobil, Gebäude für Post und Verteilämter können anderweitig eingesetzt werden. Personal zum Abholen oder Zustellen kann sowohl geographisch als auch funktional unterschiedlich eingesetzt werden, selbst wenn es wegen beamtenrechtlicher Regelungen nur längerfristig abgebaut werden kann[24]. Folglich kann die alteingesessene Postverwaltung nicht glaubwürdig androhen, bei ihrer Preiskalkulation die Opportunitätskosten dieser Produktionsfaktoren zu vernachlässigen[25].

IV.4. Regulierung

Halten wir noch einmal fest: Teilnetzübergreifende Kosten bei den Zubringern und versunkene Kosten bei den versteigerten Netzbetrieben zeigen, daß das vorgeschlagene Auktionssystem nur einen Teil der gesamten Monopolmacht beseitigen kann. Eine ergänzende Marktmachtregulierung ist also erforderlich.

- Eine relativ milde Form der Regulierung besteht darin, dem etablierten Netzbetreiber vorzuschreiben, all jenen Unternehmungen, die seine Leistungen nachfragen, die gleichen Bedingungen und Preise des Netzzugangs zu gewähren. Damit wird seine Monopolmacht in Schranken gehalten. Er kann nicht mehr zwischen Nachfragern diskriminieren.

- Darüber hinaus kann das Preissetzungsverhalten des etablierten Anbieters an den Preisen gemessen werden, die er selbst anderen Carriern für bezogene Zubringerleistungen bezahlt. Die einverlangten Preise dürften dann nicht unbegründet höher sein als die selbstbezahlten Preise. Es liegt in diesem Fall eine sogenannte Maßstabsregulierung (yardstick regulation) vor.

- Alternativ wäre auch eine auf den Kosten des etablierten Anbieters aufbauende Preisregulierung, die durch eine Preis-Cap-Regulierung ergänzt wird, zu erwägen. Die Postverwaltung hätte dann die Auflage, ihre Preise höchstens im Ausmaß der allgemeinen Inflationsrate (RPI) minus einem bestimmten Prozentbetrag X zu erhöhen (sog. RPI-X-Regel)[26]. Neben diesen relativ einfachen Formen der Regulierung des etablierten Anbieters sind noch andere, meist komplizierte Verfahren denkbar[27]. Doch diese Frage soll hier nicht näher erörtert werden. Vielmehr sollen die Vor- und Nachteile der Versteige-

[24] Im Gegensatz dazu spielen im Telekommunikationsbereich (etwa in Ortsnetzen) Größenvorteile und irreversible Kosten gleichzeitig eine bedeutende Rolle.

[25] Dieses Ergebnis widerspricht der schwedischen Auffassung, daß die Postverwaltung erhebliche strategische Vorteile gegenüber potentiellen Marktneulingen besitzt und daher weitgehend ohne Subventionen die Universaldienste anzubieten hat. Aus unserer Sicht wird dieser Weg relativ rasch zu einer unerwünschten Qualitätseinbuße führen.

[26] RPI bedeutet Retailed Price Index (Einzelshandelspreisindex).

[27] Vgl. Laffont, J. J./ Tirole, J.: The Regulation of Multiproduct Firms. Part II: Applications to Competitive Environments and Policy Analysis, in: Journal of Public Economics, 1990, Vol. 43, S. 37-66.

rung im Rahmen der Infrastrukturfondslösung noch einmal einander gegenübergestellt werden.

IV.5. Vor- und Nachteile der Versteigerung im Rahmen der Infrastrukturfondslösung

IV.5.1. Vorteile

- Die Stärke der Infrastrukturfondslösung liegt vor allem darin, daß die Zahl der zu subventionierenden Teilnetze endogen, d.h. aus dem Verfahren heraus, bestimmt wird. Von außen eingegeben, also exogen, sind allein die politischen Einheitspreise, zu denen der Universaldienst erbracht werden muß. Sind diese einmal festgelegt, so ergibt sich der Umfang des Fonds weitgehend aus dem Verfahren. Staatliche Regulierung ist jedoch für die teilnetzübergreifenden Nutzerpreise sowie für die Qualität der Teilnetze erforderlich.

- Durch die so erfolgte Aufdeckung des Subventionsbedarfs wird ein politisches Nutzen-Kostenkalkül ermöglicht. Die Kosten werden sichtbar, was bei der internen Subventionierung mit Hilfe von Monopoldienstleistungen nicht der Fall ist. Diese Kosten lassen sich den Vorteilen eines Universaldienstes gegenüberstellen. Es kann ein expliziter politischer Entscheid gefällt werden.

- Es braucht keine Monopoldienstleistungen und keine Abschottung des reservierten Bereichs gegenüber dem Wettbewerbsbereich mehr. Ebenso ist die Frage des Rosinenpickens gegenstandslos geworden. Die Subventionierung des Universaldienstes kann disaggregiert betrachtet werden, d.h. es kann z.B. über die Sammlung und die Verteilung von Post in den einzelnen Bedienungsregionen separat entschieden werden.

- Das Problem der Auswärtsvergabe von Leistungen, das bei der Post bisher häufig ein Politikum darstellte, löst sich unter einem System wie dem vorgestellten aus dem Wettbewerbskalkül der Unternehmen.

- Wettbewerb findet beim vorgeschlagenen Verfahren nicht nur um den Preis, sondern auch um neue Technologien statt. Bei gegebener politisch bestimmter Leistung ist zu erwarten, daß der Subventionsbedarf infolge des Innovationsdrucks im Laufe der Zeit abnimmt. Es werden fortwährend neue, kostengünstigere Technologien gesucht und durchgesetzt, die das Subventionsvolumen nach unten drücken.

IV.5.2. Nachteile

- Auf staatliche Regulierung kann wegen des Problems der Preisbildung bei teilnetzübergreifenden Leistungen und bei Vorliegen versunkener Kosten nicht ganz verzichtet werden. Dies ist indessen nur ein relativer Nachteil. Denn staatliche Regulierung bräuchte es auch bei Wettbewerb ohne Infrastrukturfonds. Der bisherige Monopolanbieter Post AG verfügt nach wie vor über den größten Marktanteil. Er muß infolge seiner

Marktmacht reguliert werden. Es gilt, den Kleinen vor dem Großen zu schützen, um Wettbewerb zu ermöglichen.

- Einer Regulierung bedarf ebenfalls die Qualität der ausgeschriebenen Dienstleistungen. Denn das Kontraktunternehmen könnte einen Anreiz haben, den Dienst, wenn es den Vertrag einmal erhalten hat, nachlässig anzubieten. Dieser Punkt mag als Nachteil der Infrastrukturfondslösung angesehen werden. Doch das gleiche Problem stellt sich auch bei Monopoldiensten, wie sie im Grünbuch der EG-Kommission vorgeschlagen werden.

- Gelegentlich wird auch eingewendet, defizitäre Dienste ließen sich in einem Netz gar nicht identifizieren, so daß sie auch nicht ausgeschrieben werden könnten. Dieser Einwand ist jedoch nur richtig, wenn die Kostenrechnung der Postverwaltungen nicht hinreichend aufgegliedert ist. In einer sorgfältig aufgestellten Deckungsbeitragsrechnung lassen sich die Deckungsbeiträge jeder Leistung im Prinzip ermitteln und damit auch die durchschnittlichen Zusatzkosten, die ihre Aufrechterhaltung verursachen. Der Wille zu einer solchen Rechnung ist im Wettbewerb am ehesten vorhanden, da man bei Fehlkalkulationen Gefahr läuft, aus dem Markt gedrängt zu werden.

- Für kleine defizitäre Inseln im Angebot des etablierten Betreibers, so läßt sich ferner einwenden, lohne sich eine Ausschreibung nicht, weil sich für deren Bedienung kein Privatanbieter melden würde. Aber auch dies ist kein Argument gegen das System der Ausschreibung; denn wenn der etablierte Anbieter über so große Verbundvorteile verfügt, daß kein Wettbewerber ein kompetitives Angebot vorlegen kann, so gebührt ihm der Zuschlag und die ganze Subvention. Der potentielle Wettbewerb hält jedoch seine Subventionsforderung in Grenzen.

- Schließlich sei die Infrastrukturfondslösung dem politischen Mißbrauch ausgesetzt. Politische Interessengruppen hätten einen Anreiz, sich immer mehr Dienste über den Infrastrukturfonds finanzieren zu lassen. Dieser Einwand ist indessen nur dann berechtigt, wenn das zuständige politische Entscheidungsgremium nach Regeln Beschlüsse trifft, die solchen Mißbrauch erlauben. Werden für Beschlüsse über neue Universaldienste und Einheitspreise hinreichend qualifizierte Mehrheiten vorgeschrieben, so lassen sich solche Auswüchse unterbinden. Jedenfalls werden diskretionäre Entscheidungen der Postverwaltungen vermieden.

V. Die Finanzierung des Infrastrukturfonds

Das Konzept des Infrastrukturfonds sieht vor, daß aus Abgaben ein Fonds gebildet wird, der für die Subventionierung des Universaldienstes verwendet wird. Es stellt sich die Frage nach der Art der Abgabe und der Bemessungsgrundlage. Eine externe Subventionierung der als förderungswürdig angesehenen Leistungen über den Staatshaushalt entfällt bei der derzeitigen Finanzknappheit der öffentlichen Hand. So wird das Konzept der reservierten Dienste von den verschiedenen Mitgliedstaaten der EG u.a. auch deshalb unterstützt, weil es gegenüber dem Finanzhaushalt ausgabenneutral ist.

Statt dessen schlagen wir die Erhebung einer Abgabe („Marktzutrittssteuer") auf die lukrativen Postleistungen vor, die von jedem Postanbieter (unabhängig ob Postverwaltung oder privater Anbieter) erbracht werden muß. Im Gegensatz zu dem Konzept der Monopolisierung reservierter Dienste wird Marktzutritt im reservierten Bereich bzw. in bestimmten Teilmärkten (etwa dem Briefdienst) nicht verboten, sondern lediglich „besteuert". Um kleine Neuunternehmen mit noch geringem Umsatz nicht zu benachteiligen, sollte die Abgabe an einer mit der Unternehmensgröße zusammenhängenden Bemessungsgrundlage ansetzen. Eine erste Möglichkeit besteht in einer Abgabe auf den Output, d.h. einer "Mengensteuer". Briefe und Päckchen lassen sich wiegen und entsprechend belasten; es sind tangible Dienstleistungen. Das von der Universal Postal Union (UPU) angewandte Konzept der Endvergütung basiert zum Beispiel bislang auf einer gewichtsbezogenen Gebühr, während die Conférence Européenne des Postes et des Télécommunications (CEPT) seit 1988 einen kombinierten Tarif aus Gewicht/Stückzahl zugrundelegt[28]. Die Mengenbelastung bedarf jedoch einer genauen Überwachung, um eine Belastungshinterziehung zu verhindern.

Als Alternative bietet sich eine Abgabe auf den Wert der erbrachten Leistung (eine "Wertsteuer") an. Da interne Subventionierung als eine implizite Besteuerung gewisser Leistungen einer Postverwaltung aufgefaßt werden kann, knüpft diese Bemessungsgrundlage an das bisherige System der Monopoldienste an. Diese umsatzabhängige „Sondersteuer" sollte nach dem Prinzip der Mehrwertsteuer erhoben werden. Im Gegensatz zur Allphasenbruttoumsatzsteuer, bei der jede Produktionsstufe eines Gutes mit einem festen Prozentsatz belastet wird, wird hierbei das sogenannte Vorsteuerabzugsverfahren praktiziert. Bei diesem wird zunächst der gesamte Umsatz mit der speziellen Mehrwertsteuer belastet. Dann wird die auf Vorleistungen schon bezahlte Steuer abgezogen.

Das Vorsteuerabzugsverfahren hat den Vorteil, daß ihm ein Selbstkontrollmechanismus innewohnt. Der Belieferte hat einen Anreiz, die jeweilige Mehrwertsteuer anzugeben, denn dies setzt ihn in die Lage, die Vorsteuer auf seiner Stufe abzusetzen, wodurch er seine Kosten verringert. Dieser Selbstkontrolleffekt endet erst insoweit bei den Umsätzen der Endstufe Haushalte betroffen sind, die ja selbst nicht mehrwertsteuerpflichtig sind[29]. Da ein großer Teil der Postdienste von Unternehmen in Anspruch genommen wird, ist dieser Selbstkontrolleffekt nicht zu unterschätzen, wenn auch Hinterziehungsversuche nicht völlig auszuschließen sind.

Ein weiterer Vorteil des Prinzips der Mehrwertbesteuerung besteht darin, daß hierdurch Marktzutritt auf lediglich einer Produktionsstufe nicht benachteiligt wird. Wird etwa ein lukrativer Briefdienst nicht mehr monopolisiert, sondern „besteuert", so kann Wettbewerb sowohl als "End-zu-End"-Dienstleistung auftreten als auch disaggregiert auf den einzelnen Produktionsstufen. Steuerliche Anreize, einzelne Produktionsstufen zusammenzufassen, werden bei der Mehrwertsteuer vermieden. Die vertikale Integration zweier Stufen würde lediglich bedeuten, daß auf der ersten Stufe keine Marktzutrittsab-

[28] Vgl. Stumpf, U.: Remailing in the European Community: Economic Analysis of Alternative Regulatory Environments. WIK Diskussionsbeitrag Nr. 89. Bad Honnef 1992.

[29] Vgl. Blankart, Ch.B.: Öffentliche Finanzen in der Demokratie. München 1992. S. 263 ff.

gabe mehr anfiele, dagegen auf der zweiten Stufe die Wertschöpfung beider Stufen zu „versteuern" wäre. Die „Gesamtsteuerleistung" des Endprodukts bliebe also unverändert.

Da die umsatzabhängige Marktzutrittsabgabe eine zweckgebundene Abgabe zur Finanzierung eines gesellschaftlich erwünschten universalen Postdienstes dastellt, muß ihr Abgabensatz im Sinne der Methode des "trial and error" wie folgt bestimmt werden: Ausgangspunkt ist der geschätzte Subventionsbedarf zur Bereitstellung des politisch festgelegten Universaldienstes. Der geschätzte Mittelbedarf wird in ein prozentuales Verhältnis zur Summe der voraussichtlichen Umsätze in den belasteten Teilmärkten gesetzt. Dieser Prozentsatz wird jeweils für eine Zeitperiode im voraus als Abgabesatz bestimmt. Die tatsächlichen Einnahmen aus der (umsatzabhängigen) Marktzutrittsabgabe hängen von der im Zeitablauf schwankenden Nachfrage nach den „besteuerten" Postdiensten ab. Gleichzeitig wird im Ausschreibungswettbewerb der tatsächliche Subventionsbedarf ermittelt. Der ex-ante festgelegte Marktzutrittsabgabensatz kann folglich zu temporären Überschüssen oder Defiziten führen. Der Satz der Marktzutrittsabgaben muß dann ex post für die nachfolgende Periode entsprechend angepaßt werden. Der dabei entstehende Regulierungsbedarf ist jedoch erheblich geringer als die fortlaufende Neudefinition reservierter Dienste[30]. Insoweit eine EG-weite Harmonisierung angestrebt wird, erscheint eine Harmonisierung der Abgabensätze einer Marktzutrittsabgabe einfacher als die Einigung über ein Bündel monopolisierter Dienste.

Da der Subventionsbedarf im Wege des Ausschreibungswettbewerbs festgestellt wird, hat der Infrastrukturfonds (bei einem gegebenen förderungswürdigen Universaldienst) ceteris paribus die Tendenz zu schrumpfen. Das Anreizproblem sowie das Kosten-Informationsproblem der monopolistischen Leistungserstellung verschwinden nicht nur im Bereich der subventionierten Leistungen; denn Marktzutritt ist nunmehr auch im Bereich der lukrativen Postdienste möglich.

VI. Reine Subventionslösung statt Infrastrukturfonds

Sollte die Infrastrukturfondslösung politisch nicht durchsetzbar sein, so gibt es unter Inkaufnahme allokativer Nachteile (Informations- und Anreizproblem) auch andere institutionelle Lösungen, die weniger weit gehen. Eine solche Teillösung kann darin bestehen, der Postverwaltung für die Bereitstellung unlukrativer Dienste in peripheren Regionen ohne Ausschreibung eine Subvention zu erteilen. Bei dieser reinen Subventionslösung ist wie folgt vorzugehen: Wie bei der Infrastrukturfondslösung werden der Beförderungsvorbehalt der Post und der Kontrahierungszwang aufgehoben. Die Post nennt sodann den Subventionsbedarf, den sie zur Bedienung abgelegener Gebiete benötigt. Auf eine Ausschreibung der unlukrativen Leistungen wird verzichtet. Die Finanzierung der notwendigen Subventionen erfolgt über Abgaben auf profitable Leistungen, welche die Post und ihre Wettbewerber anbieten, oder über allgemeine Steuermittel.

[30] Vgl. Abschnitt III.2.2.

VI.1. Vorteile der reinen Subventionslösung

- Es besteht (wie bei der Infrastrukturfondslösung) freier Zutritt zum Markt für Postdienste. Die lukrativen Postdienste unterliegen einer Abgabe und nicht einem Verbot wie bei der Lösung monopolisierter Dienste. Eine Abgabe schneidet aber aus der Sicht des Anreiz- und Informationsproblems besser ab als ein Verbot. Auch bei einer Marktzutrittsabgabe kann im Wettbewerb der kostengünstigste Anbieter ermittelt werden.

- Das bei einer Ausschreibung erforderliche Vergabeverfahren entfällt.

- Die Bedienung aus einer Hand bleibt erhalten, d.h. der Postbenutzer erhält den Universaldienst - falls er dies wünscht - nur von einem und nicht von mehreren Anbietern. Die Notwendigkeit der Definition einer Schnittstelle zum unlukrativen Teilnetz Z und des "handovers" der Verantwortlichkeiten entfällt.

VI.2. Nachteile einer Subventionslösung

- Die Postverwaltung braucht die wahren Mindestkosten für die Bedienung der defizitären peripheren Gebiete weder zu kennen noch zu nennen. Sie kann ihren Subventionsbedarf strategisch übertreiben. Ob ihre Angaben zutreffen, müßte daher durch die staatliche Regulierung überprüft werden. Eine regionenspezifische Kostenrechnung nach dem Deckungsbeitragsprinzip ist in diesem Fall unerläßlich.

- Die Postverwaltung behält ihre Monopolstellung in den abgelegenen Gebieten. Effizientere Konkurrenten, die ihre Leistungen etwa mit billigeren Teilzeitarbeitskräften oder im Verbund mit postfremden Dienstleistungen (z.B. im Einzelhandelsgeschäft) anbieten könnten, haben keine Chance, zum Zuge zu kommen.

- Wegen des Fehlens von Alternativangeboten setzen sich neue Techniken und Organisationsformen nicht notwendigerweise durch. Es bestehen keine Anreize, den Subventionsbedarf zu senken.

- Es ist nicht ausgeschlossen, daß der der Postverwaltung zugesprochene Subventionsbetrag über dem tatsächlich benötigten Subventionsbedarf liegt. Dies verschafft der Postverwaltung einen diskretionären Spielraum, den sie auch benutzen kann, um sich Wettbewerbsvorteile in den lukrativen Teilbereichen zu verschaffen.

Da im Vergleich zur Infrastrukturfondslösung der Wettbewerb im Bereich der unlukrativen Leistungen nicht zum Zuge kommt, wird ein Teil der Regulierungslast vom Markt auf die Regulierungsbehörde verschoben. Zwar werden die Kosten der Ausschreibung eingespart, demgegenüber stehen jedoch die Kosten der fortlaufenden Kontrolle des erforderlichen Subventionsbedarfs.

VII. Politische Durchsetzbarkeit

VII.1. Vier Lösungen

Aus den bisherigen Erörterungen ergeben sich im wesentlichen vier institutionelle Möglichkeiten, den Postdienst zu organisieren:

- Reservierte (Monopol-) Dienste, die in Zukunft je nach politischer Opportunität schrittweise abgebaut werden (III.)

- Die reine Subventionslösung (VI.)

- Die Infrastrukturfondslösung (IV.)

- Die Wettbewerbslösung (II.)

Die politisch relevanten Gruppen haben unterschiedliche Präferenzen für jede dieser Lösungen. Wir wollen im folgenden drei solche Gruppen unterscheiden.

VII.2. Management und Gewerkschaften bei den Postverwaltungen

Aus der Sicht von Management und Gewerkschaften der Postverwaltungen bzw. der etablierten Postunternehmen ist es wichtig, daß ihre Unternehmungen möglichst viel diskretionären Handlungsspielraum besitzen. Dieser Spielraum wächst in der Regel mit dem Monopol. Je umfassender das Monopol, umso mehr Mittel können zwischen den verschiedenen Unternehmensbereichen hin- und hergeschoben und für "verdiente" Interessen- und Arbeitnehmergruppen eingesetzt werden. Diese Hypothese schließt Konflikte zwischen Management und Gewerkschaft über die Verwendung der Mittel nicht aus. Aber solange ein umfassendes Monopol mehr Mittel gewährt, dürften sich die beiden Gruppen einig sein.

Die reine Subventionslösung schneidet bezüglich des diskretionären Handlungsspielraums schon schlechter ab. Postdienste müssen den Bedarf beziffern, den sie für periphere Leistungen benötigen. Sie müssen einen Mittelbedarf, der ihnen bei reservierten Diensten von selbst zufließt, begründen. Im weiteren wird ihr diskretionärer Handlungsspielraum durch den Wettbewerb eingeschränkt. Dies alles gestaltet die reine Subventionslösung weniger attraktiv als die Lösung reservierter Dienste. Allerdings dürfte die reine Subventionslösung auch weniger administrative Fesseln beinhalten, was aus der Sicht des Managements positiv gewertet werden wird.

Noch schlechter dürfte aus der Sicht von Management und Gewerkschaft die Infrastrukturfondslösung abschneiden. Es entfällt bei ihr das Potential, aus defizitären Randgebieten Subventionen herauszuschlagen. Der diskretionäre Handlungsspielraum ist also bei der Infrastrukturfondslösung wesentlich geringer. Aus ähnlichen Überlegungen dürfte die Wettbewerbslösung abgelehnt werden.

VII.3. Die Wähler

Im Prinzip kommt die Wettbewerbslösung den Interessen der Wähler entgegen. Denn Monopoldienste führen zu überhöhten Kosten und Preisen von Postdiensten und vermindern damit direkt oder indirekt (über Vorleistungen) das Budget der privaten Haushalte und damit den Konsum. Weil die Armen eher eine höhere Konsumquote haben als die Wohlhabenden, ist es durchaus denkbar, daß sogar die unteren Einkommensschichten überproportional belastet werden. Doch so lange die genaue Inzidenz dieser Belastungen im Dunkeln liegt, ist seitens der Wähler mit einer beträchtlichen Fiskalillusion zu rechnen. D.h. die Wähler vermögen die differentielle Belastung durch die überhöhten Preise nicht zu lokalisieren und wahrzunehmen. Umsomehr ist zu befürchten, daß sie den politischen Parolen von Management und Gewerkschaft der Postverwaltungen Glauben schenken und damit Politiker unterstützen, die behaupten, flächendeckende Versorgung lasse sich nur über Monopoldienste erreichen. Solchen Wählergruppen könnte klargemacht werden, daß der Infrastrukturfonds ihre Präferenzen für eine flächendeckende Versorgung ebenso berücksichtigt, wie es die Monopoldienste tun.

VII.4. Geschäftskunden

Postdienste stellen einen wichtigen Input für die Geschäftskunden dar. Diese sind an einer kostengünstigen, zuverlässigen Bedienung interessiert und treten daher immer dann für Wettbewerb ein, wenn einer der beiden Gesichtspunkte verletzt ist. Ihre politische Macht liegt vor allem darin, daß sie glaubhaft drohen können, das Monopol der Postverwaltungen zu umgehen. Sie können zum Beispiel die Dienste privater Remailing-Gesellschaften benützen, so daß für sie das Monopol der Postverwaltung nur ein relatives ist. Infolge ihrer Ausweichmöglichkeiten üben sie einen nicht unwesentlichen Einfluß auf die Politik aus.

VII.5. Politische Bilanz

Welche der drei Gruppen im Machtkampf um politischen Einfluß überwiegt, hängt im wesentlichen von den Institutionen ab, in denen politische Entscheide gefällt werden. Institutionen sind Kanäle, die den Meinungen der einen oder anderen Gruppe mehr Gewicht geben. Sind Politiker für die Entscheidung über den Wettbewerb zuständig, so dürften die von den Wählern verspürten Interessen wichtig sein. Deregulierung und Wettbewerb sind dann schwerer durchsetzbar als Monopoldienste. Die Infrastrukturfondslösung könnte etwa in der Mitte der beiden liegen. Sind jedoch unabhängige Regulierungsbehörden für die Organisation der Postdienste zuständig, so dürften wettbewerbsnahe Lösungen größere Chancen haben.

VIII. Schlußfolgerungen

Universaldienste nehmen im Postbereich in der Bundesrepublik Deutschland wie auch in der EU einen wichtigen politischen Stellenwert ein. Sie werden als politisch bedeutsam angesehen, dienen gleichzeitig aber zur Rechtfertigung reservierter Monopoldienste zugunsten der Postverwaltungen.

Gerade unter diesem letzteren Aspekt ist es wichtig zu zeigen, daß im Infrastrukturfonds eine Alternative zur Lösung monopolisierter Dienste besteht. Sie erlaubt es, Universaldienste mit dem Wettbewerb zu verbinden. Gelingt es, die Infrastrukturfondslösung als relevante Alternative in den politischen Prozeß einzubringen, so werden es Interessengruppen, die aus eigennützigen Gründen für Monopoldienste eintreten, nicht mehr so einfach haben, ihre wahren Absichten hinter dem Argument der Universaldienste zu verstecken.

Natürlich wäre es aus rein ökonomischer Sicht besser, auf die Konstruktion des Infrastrukturfonds ganz zu verzichten und den Wettbewerb vollumfänglich zuzulassen. Die heikle Frage des Umfangs der Universaldienste würde dann durch den Markt gelöst. Es fände der vielgeforderte Test statt, aus dem erst hervorginge, inwieweit der Markt aus eigener Kraft einen Universaldienst gewährleisten könnte. Die Leistung des Marktes würde erst einmal auf die Probe gestellt. Insofern stellt der Infrastrukturfonds eine politische Notlösung dar. Sie erleichtert als Übergangslösung den Schritt zu freien Märkten. Die Gefahr zur Perpetuierung der Infrastrukturfondslösung könnte gering gehalten werden. Auf der Ausgabenseite muß über Auktionen immer wieder festgestellt werden, wer die günstigsten Anbieter sind. Dabei setzt sich auch die jeweils kostengünstigste Technologie durch. Auf der Einnahmenseite entsteht über die Infrastrukturabgabe eine neue „Steuer“, welche die bisherige implizite Besteuerung über interne Subventionierung ablöst. Dies ist insofern nicht unproblematisch, als neue Steuerquellen stets die Begehrlichkeit der Politiker wecken. Um solchen Tendenzen von Anfang an einen Riegel vorzuschieben, sollte die Infrastrukturfondslösung ausschließlich auf die Finanzierung defizitärer Universaldienstleistungen beschränkt und zeitlich begrenzt werden. Ab dem festgelegten Zeitpunkt müßte von Grund auf neu über sie beschlossen werden. In den USA wird dieses Verfahren "sunset legislation" genannt.

Im Rahmen der Infrastrukturfondslösung kann auf eine effizienzorientierte Regulierung nicht gänzlich verzichtet werden. Sowohl die teilnetzübergreifenden als auch versunkenen Kosten bei versteigerten Netzen erfordern eine solche. Doch zum einen ist zu bedenken, daß auch Wettbewerbslösungen ohne den Infrastrukturfonds der Regulierung bedürfen, denn teilnetzübergreifende und versunkene Kosten sowie Skalenerträge sind mit den meisten Netzen unauflöslich verbunden. Zum anderen wirft die Lösung monopolisierter Dienste noch viel schwierigere Wettbewerbsprobleme auf. Es muß neben der Marktmacht auch der Marktzutritt reguliert werden. Das "Austarierungsproblem" läßt sich planerisch kaum bewältigen.

Literaturverzeichnis

Blankart, Ch. B.: Öffentliche Finanzen in der Demokratie. München 1992.

Blankart, Ch. B./ Knieps, G.: Grenzen der Deregulierung im Telekommunikationsbereich? Die Fragen des Netzwettbewerbs, in: H. St. Seidenfus (Hrsg.): Deregulierung - eine Herausforderung an die Wirtschafts- und Sozialpolitik in der Marktwirtschaft. Schriften des Vereins für Socialpolitik, N.F., Bd. 184, Berlin 1989, S. 149-172.

Blankart, Ch. B./ Knieps, G.: What Can We Learn From Comparative Institutional Analysis? The Case of Telecommunications. Kyklos, Vol. 42, 1989, S. 579-598.

Cohen, R. H./ Ferguson, W. W./ Xenakis, S. S.: Rural Delivery and Universal Service Obligation: A Quantitative Investigation, in: Crew, M. A./ Kleindorfer, P. R. (Hrsg.): Regulation and the Nature of Postal and Delivery Services. Boston 1993, S. 161 - 176.

Gröner, H./ Knorr, A.: Europäische Integration im Bereich der Postdienste - aber wie? ORDO, Bd. 43, 1992, S. 423- 452.

Hillmann, J. J./ Bräutigam, R.: Price-Level Regulation for Diversified Public Utilities. Boston 1989.

Knieps, G.: Zur Problematik der internen Subventionierung in öffentlichen Unternehmen, in: Finanzarchiv, N.F., Bd. 45, 1987, S. 268-283.

Knieps, G./ Vogelsang, I.: The Sustainability Concept under Alternative Behavioral Assumptions, in: Bell Journal of Economics, 1982, Vol. 13, S. 234-241.

Kommission der Europäischen Gemeinschaften: Grünbuch über die Entwicklung des Binnenmarktes für Postdienste, KOM (91) 476 endg., Brüssel 1992.

Laffont, J. J./ Tirole, J.: The Regulation of Multiproduct Firms, Part II: Applications to Competitive Environments and Policy Analysis, in: Journal of Public Economics, 1990, Vol. 43, S. 37-66.

Stumpf, U.: Remailing in the European Community: Economic Analysis of Alternative Regulatory Environments. Diskussionsbeiträge des Wissenschaftlichen Instituts für Kommunikationsdienste, Nr. 89, Bad Honnef 1992.

Stumpf, U./ Pieper, F.: The Development of the Single Market for Postal Services: Comments on the Green Paper. Diskussionsbeiträge des Wissenschaftlichen Instituts für Kommunikationsdienste, Nr. 98, Bad Honnef 1992.

Stumpf, U./ Pieper, F.: The Economics of Universal Service. Workshop des Wissenschaftlichen Instituts für Kommunikationsdienste (WIK) am 21. und 22.4.1993 in Königswinter, WIK Newsletter Nr. 11, Juni 1993.

Williamson, O. E.: Franchise bidding for natural monopolies - in general and with respect to CATV, in: Bell Journal of Economics, Vol. 7, 1976, S. 73-104.

Lizenzierung als Instrument der Marktöffnung (Gröner/ Knorr)

I. Die Ausgangslage
II. Mögliche Ansatzpunkte der Lizenzierung im Postwesen
III. Wettbewerbsverhältnisse im Postwesen
    III.1. Intermodale Konkurrenzbeziehungen
    III.2. Intramodale Konkurrenzbeziehungen
IV. Alternative Lizenzierungsstrategien
    IV.1. Das Lizenzierungsobjekt
    IV.2. Die Zahl der verfügbaren Lizenzen
    IV.3. Die Lizenzbedingungen
    IV.4. Direkte Leistungspflichten
    IV.5. Das Vergabeverfahren
V. Abschließende Beurteilung

Lizenzierung als Instrument der Marktöffnung

Helmut Gröner und Andreas Knorr*

I. Die Ausgangslage

Gemäß § 2 Abs. 1 des Gesetzes über das Postwesen (PostG) besitzt das öffentliche Unternehmen Deutsche Post AG das ausschließliche Recht zum "Errichten und Betreiben von Einrichtungen zur entgeltlichen Beförderung von schriftlichen Mitteilungen oder sonstigen Nachrichten von Person zu Person". Dieser sogenannte Beförderungsvorbehalt erstreckt sich, wie in § 2 Abs. 2 PostG näher präzisiert wird, zudem grundsätzlich auf alle Tätigkeiten, "die dem Einsammeln, Weiterleiten oder Ausliefern der Sendungen an den Empfänger" dienen, also auf sämtliche Produktionsstufen des Beförderungsprozesses. Zu den wichtigsten Ausnahmen zählen neben der Möglichkeit zur Eigenbeförderung und der im Jahre 1989 eingeführten Mindestportogrenze vom Zehnfachen der Gebühr eines Standardbriefs die Beförderung von nichtadressierten Sendungen, von Warensendungen einschließlich deren Begleitpapieren, von "wiederkehrend erscheinende[n] Druckschriften" (§ 2 Abs. 3 PostG), die Tätigkeit internationaler Kurierdienste sowie die jüngst vollzogene partielle Marktöffnung im Bereich der Beförderung von Massensendungen.

Nun bedürfen institutionelle Rahmenbedingungen, die auf Dauer zwei tragende Säulen einer marktwirtschaftlichen Ordnung - Privateigentum an den Produktionsmitteln sowie das Wettbewerbsprinzip - ganz oder teilweise außer Kraft setzen, stets einer fundierten, gleichwohl aber in regelmäßigen Zeitabständen zu überprüfenden sachlichen Begründung. Welche Argumente werden also von den Befürwortern eines Beförderungsvorbehaltes zugunsten der Post AG vorgebracht? Zum einen wird unterstellt, die Beschränkung des Marktzugangs sei erforderlich, da es sich bei der Erbringung von Postdienstleistungen um ein natürliches Monopol handele. Die Zulassung konkurrierender Anbieter sei also mit höheren gesamtwirtschaftlichen Kosten der Versorgung verbunden und somit ineffizient. Zum anderen wird auf die höherrangigen gemeinwirtschaftlichen Aufgaben der Post AG im Rahmen der staatlichen Daseinsvorsorge verwiesen, deren Erfüllung durch die Prinzipien der Tarif-, Zulassungs- und Betriebspflicht sichergestellt werde. Diese Auflagen sollen das Unternehmen an der mißbräuchlichen Ausnutzung seiner gesetzlichen Monopolstellung hindern und garantieren, daß die wichtigsten postalischen Dienstleistungen im 'öffentlichen Interesse' sowohl flächendeckend als auch zu sozial verträglichen Entgelten angeboten werden. Dieses politisch gewünschte Marktergebnis könne also wegen der zusätzlichen Kostenbelastung nur im Monopol, nicht aber unter Wettbewerbsbedingungen erzielt werden.

Beide Argumente halten allerdings einer genaueren Analyse nicht stand. So konnte bislang weder theoretisch noch empirisch zweifelsfrei nachgewiesen werden, ob das

---

* Anschrift der Verfasser: Universität Bayreuth, Rechts- und Wirtschaftswissenschaftliche Fakultät, Lehrstuhl Volkswirtschaftslehre I (Wirtschaftspolitik), 95440 Bayreuth. Die folgenden Ausführungen basieren auf einem Gutachten der Verfasser für das BMPT, das im Sommer 1994 fertiggestellt wurde.

Postwesen in der Tat als ein natürliches Monopol anzusehen ist. Und selbst wenn man dessen Vorliegen einmal unterstellt, ließe sich aufgrund dieser Vermutung weder die Notwendigkeit staatlicher Beschränkungen des Marktzutritts plausibel begründen noch wäre gleichsam automatisch eine Marktversorgung zu den geringsten volkswirtschaftlichen Kosten gewährleistet, wie sich anschaulich anhand der Aussagen der Public-Choice- und Property-Rights-Theorie sowie der Erkenntnisse der modernen Ansätze der Markt- und Wettbewerbstheorie einschließlich der Theorie der angreifbaren Märkte aufzeigen läßt. Aus deren Perspektive schwächen gesetzlich verankerte Marktzutrittsschranken die Anreize des (natürlichen) Monopolisten zur Bereitstellung eines an den Präferenzen der Nachfrager ausgerichteten Angebots sowie zur ständigen Rationalisierung und Optimierung der Betriebsabläufe. Vor allem aber unterliegt das Unternehmen nicht mehr dem Zwang zur Innovation, womit die volkswirtschaftlich wichtigste Wettbewerbsfunktion außer Kraft gesetzt wird. Ein Blick auf die Entwicklung des Postwesens bestätigt diese Aussagen auch empirisch. So ist unbestritten, daß alle wichtigen Produkt- und Prozeßinnovationen der letzten Jahre, wie zum Beispiel Kurierdienstleistungen und das 'Track-and-Trace'-System, ausnahmslos von privaten Anbietern - zum Teil angeblich unter Umgehung bestehender Monopolrechte der Postverwaltungen - auf dem Markt eingeführt wurden. Das Entstehen und starke Wachstum der privaten Anbieter belegt außerdem die These vom wenig kundenorientierten Verhalten des bisherigen Monopolanbieters. Auch die niedrige Faktorproduktivität dieses Unternehmens wird nicht mehr ernsthaft in Zweifel gezogen.

Ähnlich gewichtige Einwände lassen sich gegen das Argument anführen, Daseinsvorsorge und Wettbewerb schlössen einander weitgehend aus. Schon die privatwirtschaftlich und ohne Monopol organisierte landesweite Versorgung der Bevölkerung mit lebensnotwendigen Gütern wie Lebensmitteln oder Treibstoff bietet entsprechendes Anschauungsmaterial. Auch im Postwesen gibt es Gegenbeispiele. Empirisch gut gesichert ist zunächst die Tatsache, daß das Niederlassungsnetz einer Postverwaltung desto dichter ist, je kleiner der reservierte Bereich ist und je stärker ein automatischer Verlustausgleich zwischen Post- und Telekommunikationsbereich erschwert ist. So verfügt die britische Post innerhalb der EG trotz des kleinsten Monopolbereichs mit einigem Abstand über die meisten Niederlassungen je 100 qkm. Im extrem dünnbesiedelten Neuseeland verdreifachte sich die Zahl der Annahmestellen der NZP seit ihrer Umstrukturierung im Jahre 1987.[1] Auch die regelmäßige und flächendeckende Zustellung der Sendungen ist in beiden Ländern gesichert. Gemessen an der Zahl der Poststellen je Kopf der Bevölkerung ist das Niederlassungsnetz dort also engmaschiger als das der bisherigen Deutschen Bundespost POSTDIENST geknüpft, obwohl - oder besser: gerade weil - deren Monopolrechte wesentlich enger begrenzt sind. Entsprechendes gilt auch für Schweden, dessen Parlament das Postmonopol sogar mit Wirkung zum 1. Januar 1993 vollständig aufhob. Im übrigen bieten auch die großen privaten Paketdienste ihre Leistungen in der Bundesrepublik gerade wegen des starken Wettbewerbsdrucks flächendeckend an, ohne dazu gesetzlich verpflichtet zu sein. Außerdem besaß die DBP POSTDIENST einen erheblichen, vom Bundesverwaltungsgericht ausdrücklich bestätigten Ermessensspielraum bei

[1] In beiden Ländern dominiert im übrigen die Agenturlösung. Die überwiegende Mehrzahl der Niederlassungen wird von privaten Subunternehmern und nicht von den Postverwaltungen selbst betrieben.

der konkreten Ausgestaltung der ihr obliegenden Betriebspflicht, aus der wiederum das Flächendeckungspostulat abgeleitet wird. So blieb es der DBP überlassen, "an welchen Orten, zu welchen Zeiten und in welcher Zahl sie Zugangsmöglichkeiten zu Posteinrichtungen zur Verfügung"[2] stellte. Je freier das Unternehmen aber in derartigen Entscheidungen ist, desto weniger kann man naturgemäß von einer besonderen Last sprechen, zumal die Zustellung in dünnbesiedelten ländlichen Regionen jüngeren Untersuchungen zufolge keineswegs zwangsläufig mit wesentlich höheren Kosten verbunden sein muß als in den Ballungszentren.[3] Wie die Erfahrungen des Auslands nahelegen, ist ein Großteil der Kostenunterdeckung bei der Versorgung dünner besiedelter Gegenden nicht etwa auf wesentlich höhere Zustellkosten zurückzuführen, sondern im Gegenteil das Ergebnis eines überdimensionierten und gering ausgelasteten Niederlassungsnetzes und könnte durch konsequente Nutzung der Agenturlösung rasch beseitigt werden. Unwahrscheinlich ist also, daß eine Einschränkung oder gar die Abschaffung des Beförderungsvorbehalts eine nachhaltige Verteuerung der Postdienstleistungen gerade in ländlichen Regionen nach sich zöge.

Schon dieser kurze Überblick zeigt also, wieviel für eine nachhaltige Marktöffnung im Postwesen spricht, da sie weder eine Beeinträchtigung der Versorgung mit postalischen Dienstleistungen noch deren spürbare Verteuerung zur Folge hätte. Sie erscheint mithin ökonomisch dringend geboten, zumal sie der Europäische Binnenmarkt - Stichwort: Grünbuch - ohnehin erzwingen dürfte. Eine Möglichkeit, in den bislang vor direkter Konkurrenz geschützten Teilbereichen des Postwesens kompetitivere Marktverhältnisse zu schaffen, stellt das im folgenden näher zu diskutierende Instrument der Lizenzierung weiterer Anbieter dar.

II. Mögliche Ansatzpunkte der Lizenzierung im Postwesen

Das Postwesen stellt nur ein Segment des Gesamtmarktes für Kommunikations- und Beförderungsdienstleistungen dar, weswegen auch die damit zwangsläufig einhergehenden Substitutionsbeziehungen zwischen den Anbietern stofflicher und nichtstofflicher Übertragungswege bei der Ausgestaltung einer Politik der Lizenzierung im Postwesen von größter Bedeutung und entsprechend zu berücksichtigen sind.

Festzuhalten ist zunächst, daß das Dienstleistungsangebot im Postwesen traditionell nach Sendungsarten getrennt in bestimmte Teilmärkte untergliedert wird. Diese im folgenden vereinfachend als horizontale[4] Marktabgrenzung bezeichnete Vorgehensweise bezweckt zweierlei. Zum einen lassen sich dadurch die besonderen Eigenschaften der jeweiligen Versendungsformen isolieren, in denen sich wiederum die speziellen Bedürf-

[2] Rohde, J.: Anforderungen an die Kommunikationsdienste der DBP, in: Diederich, H., Hamm, W. und Zohlnhöfer, W. (Hrsg.): Die Deutsche Bundespost im Spannungsfeld der Wirtschaftspolitik, Heidelberg 1987, S. 122.

[3] Vgl. für die USA: Cohen, R., Ferguson, W. und Xenakis, S.: A Cost Comparison of Serving Rural and Urban Areas in the United States Postal Service, Bad Honnef 1993.

[4] Die Vereinfachung besteht darin, daß jede Marktabgrenzung auf horizontaler Ebene wegen der Verknüpfung von Beförderungs- und Transportvorbehalt immer auch die vertikale Ebene, also sämtliche von der fraglichen Sendungsart zu durchlaufenden Produktionsstufen, mit einschließt.

nisse und Präferenzen der Absender widerspiegeln. Zum anderen ist es möglich, Rückschlüsse auf die jeweiligen produktionstechnischen Besonderheiten und Erfordernisse der solchermaßen abgegrenzten Sendungsarten zu ziehen, insbesondere also die (Nicht-) Existenz von Verbundvorteilen nachzuweisen. Als Unterscheidungskriterien werden dabei vor allem der Inhalt der Sendungen, deren Bestimmungsort, die eingelieferte Sendungsmenge sowie bestimmte qualitative Eigenschaften wie deren Dringlichkeit herangezogen. Außerdem werden in einigen Ländern Standardbriefsendungen auch mittels bestimmter Schwellenwerte für Preis und Gewicht von sogenannten höherwertigen Diensten abgegrenzt.

Allerdings setzt sich das Postwesen, wie jede andere Beförderungsdienstleistung auch, auf vertikaler Ebene aus einem Bündel weiterer Dienstleistungen zusammen, die ihrerseits wiederum grundsätzlich als eigenständige Teilmärkte zu betrachten sind. So durchlaufen die zu transportierenden Sendungen fünf organisatorisch voneinander getrennte Produktionsstufen, und zwar gleichgültig, ob es sich im konkreten Einzelfall um einen Brief, ein Paket, eine Wurf- oder eine Kuriersendung handelt. Wie unmittelbar einsichtig ist, können besagte Produktionsstufen entweder von einem einzigen, vollständig vertikal integrierten Unternehmen oder aber arbeitsteilig erbracht werden. Auf vertikaler Ebene stellt sich also ebenfalls die Frage nach Verbund- oder Spezialisierungsvorteilen.

Schließlich stellt auch die Eigenbeförderung von Sendungen durch den Versender, also dessen bewußter Verzicht auf die Inanspruchnahme der Dienste kommerzieller Anbieter, einen eigenständigen Teilmarkt des Postwesens dar, der gerade für Großkunden der DBP POSTDIENST bzw. der Post AG - Versandhäuser, Versorgungsunternehmen, die öffentliche Verwaltung - eine attraktive Alternative darstellen kann. In den Bereich der Eigenbeförderung fallen neben den Hauspostnetzen von Großunternehmen mit vielen regional verstreuten Zweigniederlassungen und der Auslieferung eigener Sendungen unmittelbar an deren externe Adressaten auch die Einrichtung von 'Document exchanges', deren Nutzung ausschließlich beitragszahlenden Mitgliedern, also geschlossenen Benutzergruppen vorbehalten ist.

III. Wettbewerbsverhältnisse im Postwesen

Eine Einschätzung der Wettbewerbssituation auf den Teilmärkten des Postwesens ist für die konkrete Umsetzung der Lizenzierungspolitik in politische Entscheidungen von herausragender Bedeutung, und zwar gleichgültig, ob diese als Instrument der Marktöffnung und Liberalisierung der bislang reservierten Teilbereiche des Postwesens verstanden wird oder aber - jedenfalls sofern man darin einen direkten Widerspruch erblikken mag - als Weg, um einen hohen Versorgungsgrad mit Postdienstleistungen, ein preisgünstiges Angebot sowie einen hohen Innovationsgrad sicherzustellen. Aus der Entwicklung der Marktstruktur, des Marktverhaltens und der Marktergebnisse in den Wettbewerbsbereichen lassen sich nämlich wichtige Anhaltspunkte für die Modalitäten der Lizenzierung ableiten, also etwa hinsichtlich der von der Aufsichtsbehörde bereitzustellenden Zahl von Lizenzen, vor allem jedoch zur eventuellen Notwendigkeit, den Lizenzerwerb an die Erfüllung bestimmter Verhaltensauflagen einschließlich expliziter Regulierungen des Aktionsparametereinsatzes zu binden. Diese werden, wie die Erfahrungen auf den wettbewerblich strukturierten Teilmärkten des Postwesens im In- und Ausland belegen, umso entbehrlicher sein, umso stärker sich die jeweiligen Lizenznehmer dem disziplinierenden Druck aktueller und potentieller Konkurrenz ausgesetzt sehen.

III.1. Intermodale Konkurrenzbeziehungen

Trotz der Vielfalt der zu befördernden Sendungen lassen sich deren Inhalte auf nur wenige Grundkategorien zurückführen, nämlich auf Waren sowie auf standardisierte oder nichtstandardisierte persönliche Mitteilungen aller Art. Während für die Beförderung von Warensendungen in weitesten Sinne die Nutzung nichtstofflicher Übertragungswege naturgemäß grundsätzlich ausscheidet, intermodaler Wettbewerb also sachlich unmöglich ist, stellen diese für die Versender schriftlicher Mitteilungen eine zunehmend an Bedeutung gewinnende Alternative zu den traditionellen Postdienstleistungen dar. Abgesehen von den relativen Preisunterschieden hängt der Grad der Substituierbarkeit stofflicher und nichtstofflicher Übertragungskanäle auch davon ab, inwieweit diese in der Lage sind, die vom potentiellen Nachfrager gewünschten Qualitätsstandards etwa hinsichtlich Laufzeit und Transportsicherheit zu gewährleisten. Den entscheidenden Engpaßfaktor stellen allerdings die Zugangsmöglichkeiten des Versenders zu den grundsätzlich verfügbaren Übertragungskanälen sowie vor allem die Antwort auf die Frage dar, ob der Adressat im konkreten Einzelfall überhaupt auf dem fraglichen Kommunikationsweg erreichbar ist.

Von überragender Bedeutung für eine Analyse der Substitutions- oder Komplementaritätsbeziehungen ist daneben auch der Versendungszweck. Nach Angaben der EG-Kommission,[5] die aber wegen des Briefgeheimnisses naturgemäß nur Näherungswerte darstellen können, enthielten im Jahre 1989 lediglich 10,6 Prozent persönliche Mitteilungen und Grüße, aber 89,4 Prozent dienten mittelbar oder unmittelbar der Anbahnung und Abwicklung geschäftlicher Transaktionen. Bei der Auswertung dieser Daten ist zu berücksichtigen, daß private Haushalte mit Ausnahme des Telefons zum gegenwärtigen Zeitpunkt in wesentlich geringerem Maße Zugang zu nichtstofflichen Übertragungswegen haben und damit auch über weniger Alternativen zu den klassischen Postdiensten verfügen als kommerzielle Versender. Diese wiederum werden ihre Entscheidung für oder gegen einen Übertragungskanal vor allem von den anfallenden Nutzungskosten, aber auch von der Zahl der jeweils erreichbaren Adressaten - und insbesondere bei Werbeinhalten auch von der Zielgruppengenauigkeit der alternativ verfügbaren Werbeträger - abhängig machen. Gleichzeitig bestimmen die kommerziellen Versender durch ihre Marketingentscheidungen auch die Wahl des Übertragungskanals von Rückantworten und damit das tatsächliche Ausmaß der Substitutions- und/oder Komplementaritätsbeziehungen entscheidend mit. So ist es beispielsweise möglich, Bestellungen schriftlich durch Werbeantwort oder aber über Fax, EDI, E-Mail, Telefon - seit Einführung des Service 0130 für den Anrufer häufig kostenlos möglich - oder im Rahmen des aufkommenden Teleshopping über BTX, interaktives Fernsehen oder artverwandte Systeme abzugeben. Die Ermächtigung zum Bankeinzug oder die direkte Abbuchung des Rech-

[5] Vgl. Kommission der Europäischen Gemeinschaften: Grünbuch über die Entwicklung des Binnenmarktes für Postdienste. KOM(92)476 endg., Brüssel 1992. S. 80.

nungsbetrages vom Kundenkonto oder über dessen Kreditkarte könnten den Briefversand von Rechnungen ganz oder teilweise ersetzen. Der durch die fortschreitende Vernetzung rasch anwachsende Datenaustausch zwischen Unternehmen auf elektronischem Weg dürfte also mittelfristig einen Großteil des Sendungsaufkommens im Teilsegment Unternehmen-zu-Unternehmen verdrängen. Diese Vermutung wird auch durch die Tatsache untermauert, daß in der Bundesrepublik schon heute die Übertragung von schriftlichen Mitteilungen durch Telefax in vielen Fällen deutlich kostengünstiger ist als deren Versand als Brief.[6]

Auch qualitativ sind die nichtstofflichen Übertragungswege den traditionellen Postdienstleistungen vielfach überlegen. Zum einen ist der Netzzugang jederzeit möglich, die angeschlossenen Teilnehmer sind also rund um die Uhr erreichbar. Die Nachricht wird in aller Regel unmittelbar übertragen, also im Gegensatz zum Briefversand ohne zeitliche Verzögerung. Schließlich entfällt für den Absender auch die Unsicherheit, ob die fragliche Mitteilung beim Empfänger tatsächlich angekommen ist.[7]

Längerfristig dürfte die Kernnachfrage nach stofflichen Übertragungswegen auch in den anderen Segmenten trotz der vermehrten Einführung von Hybriddiensten außer beim Versand von Waren also spürbar zurückgehen, obgleich auf kurze Sicht - wie im Ausland zu beobachten - durchaus nennenswerte gegenläufige Entwicklungen in einzelnen Teilmärkten denkbar sind.

III.2. Intramodale Konkurrenzbeziehungen

Zwar ist der Marktzutritt im Postwesen wie auf allen anderen Märkten auch stets mit Kosten verbunden, die als natürliche Marktzutrittsbarriere wirken. Allerdings handelt es sich wegen der hohen Arbeitsintensität im Postwesen, die sich unter anderem am Anteil der Lohn- an den Gesamtkosten von siebzig bis achtzig Prozent ablesen läßt, und der sehr geringen Irreversibilität der getätigten Investitionen im Vergleich zum Telekommunikationssektor oder zur leitungsgebundenen Energiewirtschaft in nur geringem Ausmaß um historisch versunkene Kosten. Dies ist vor allem darauf zurückzuführen, daß die im Postwesen tätigen Unternehmen eben nicht gezwungen sind, mit hohem Kostenaufwand eine eigenständige technische Infrastruktur aufzubauen und zu unterhalten, sondern im Gegenteil bereits vorhandene und - weil aus Steuergeldern finanziert - jedermann frei zugängliche öffentliche Verkehrswege für ihre Leistungserbringung nutzen können. So besteht ein Großteil der postdienstespezifischen Investitionen im Erwerb und Unterhalt von Kraftfahrzeugen, Gebäuden und sonstigen Immobilien, die sich mühelos in andere Verwendungen überführen ließen. Die Marktzutrittsschranken für neue Anbieter sind also zumindest für lokale oder regionale Diensteanbieter - auch auf einzelnen Pro-

[6] Vgl. o.V.: Briefe und Faxe im Kostenvergleich. in: Handelsblatt. Nr. 128. 7.7.1993. S. 20.

[7] Lange, vor allem aber im vorhinein unkalkulierbare Laufzeiten beim Briefversand sind mit unter Umständen hohen betriebs- und volkswirtschaftlichen Kosten verbunden. wie zum Beispiel Zinsverlusten oder Liquiditätsengpässen infolge der verspäteten Zustellung von Rechnungen und einer entsprechenden Verzögerung bei der Überweisung der fälligen Beträge durch die Kunden oder die Nichtberücksichtigung eines Unternehmens bei (öffentlichen) Ausschreibungen. weil deren Angebot von der Post erst nach Bewerbungsschluß ausgeliefert wurde.

duktionsstufen - denkbar gering, weswegen dem potentiellen Wettbewerb große Bedeutung zuzumessen ist. Aber auch die höheren fixen Kosten, die beispielsweise beim Aufbau und der Unterhaltung eines landesweit flächendeckenden Zustellnetzes anfallen würden, ließen sich durch Kooperationsvereinbarungen zwischen regionalen Anbietern auf viele Schultern verteilen. Die Wettbewerbsverhältnisse auf den einzelnen Teilmärkten des Postwesens werden entscheidend von der (Nicht-) Existenz institutioneller Marktzutrittsschranken bestimmt.

Mit welchen potentiellen Konkurrenten wäre also bei einer Liberalisierung des Marktzutritts im bisherigen Monopolbereich zu rechnen? Zwar ist die Zahl der Anbieter auf dem Teilmarkt für die Beförderung adressierter schriftlicher Mitteilungen wegen des umfassenden, nur von wenigen Ausnahmen durchbrochenen Beförderungsvorbehaltes derzeit sehr gering und im wesentlichen auf die privaten Kurierdienste beschränkt, die im Teilsegment oberhalb des augenblicklich geltenden Mindestportosatzes von zehn DM tätig sind. Daneben spielt die Eigenbeförderung von Briefsendungen eine wichtige Rolle, wenngleich hierzu für die Bundesrepublik keine genauen Mengenangaben vorliegen. Gerade für Großversender wie Energieversorgungsunternehmen, Stadt- und Gemeindeverwaltungen, deren Korrespondenzadressaten sehr stark lokal und regional konzentriert sind, bedienen sich aber in zunehmendem Maße dieser Alternative zu den Diensten der Post AG.[8] Konkurrenz könnte der Post AG in begrenztem Umfang auch durch die Zulassung von 'Document exchanges' für geschlossene Benutzergruppen entstehen, wie sie etwa in Großbritannien seit langem üblich sind. In Neuseeland führte die 1987 vorgenommene Freigabe der Beförderungen von Sendungen zwischen den zuvor wegen des Transportvorbehalts auf den Ortsbereich beschränkten 'Document exchanges' zum zügigen Aufbau eines schon recht engmaschigen Parallelnetzes für die Beförderung von Briefsendungen, das bereits einen hohen Flächendeckungsgrad aufweist.[9]

Der mit dem Beförderungsvorbehalt untrennbar verbundene Transportvorbehalt verhindert innerhalb des reservierten Bereichs auch den Marktzutritt spezialisierter Diensteanbieter auf einzelnen Produktionsstufen des Beförderungsvorgangs. Den bundesdeutschen Versendern ist es also trotz gewisser Nachlässe für Vorarbeiten bislang weitgehend verwehrt, anstelle grundsätzlich aller nur die tatsächlich von ihm benötigten Teilleistungen des Beförderungsprozesses in Anspruch zu nehmen und dem Diensteanbieter anteilig zu entgelten. Die Übernahme von Vorleistungen wie dem Einsammeln und Einliefern bei den Postämtern, das Vorsortieren oder die Abholung eingegangener Sendungen in eigener Regie oder durch Dritte gegen Entgelt - und damit die Nutzung der hinlänglich bekannten Vorteile der Arbeitsteilung - ist unter den derzeitigen rechtlichen Rahmenbedingungen mithin häufig ökonomisch sinnlos. Wie groß aber das Interesse der

[8] In Neuseeland werden nach Angaben dortigen Postverwaltung NZP von dieser Versendergruppe etwa fünfzig Prozent aller Briefsendungen im Orts- und Nahbereich in eigener Regie zugestellt. Vgl. Knorr, A.: Monopol oder Wettbewerb bei den Postdiensten?, Fuchsstadt 1993, S. 243 f.

[9] Auch in vielen entlegenen und außerordentlich dünn besiedelten Regionen dieses Landes wurden kleinere lokale oder regionale 'Document exchanges' gegründet, die ihre Dienstleistungen in der Regel zu günstigeren Tarifen anboten als die NZP. Deren Betreiber sorgten überdies dafür, daß Sendungen an Empfänger außerhalb des Einzugsgebietes in das Netz der NZP weitergeleitet wurden. Allerdings sah die NZP in deren Aktivitäten einen Verstoß gegen ihren Beförderungsvorbehalt, den sie vor Gericht mit wechselndem Erfolg zu ahnden versuchte.

Großversender an diesem sogenannten 'Unbundling' - also die getrennte Inanspruchnahme und Bezahlung organisatorisch ohnehin eigenständiger Dienstleistungen entsprechend der individuellen Kundenpräferenzen - ist, läßt sich am entsprechend ausgestalteten Leistungsangebot der Remailingunternehmen, vor allem aber am Beispiel der USA, aufzeigen. Seit der Einführung einer Vielzahl relativ fein abgestufter 'Presort discounts' durch den UNITED STATES POSTAL SERVICE (im folgenden: USPS) werden dort vierzig bis fünfzig Prozent aller Sendungen im Monopolbereich vorsortiert eingeliefert. Dabei liegt die jährliche Wachstumsrate in diesem Segment bedeutend über der Zunahme des Marktvolumens insgesamt. Nahezu die Hälfte der fraglichen Sendungen wurde im übrigen von neugegründeten privaten Subunternehmen bearbeitet.[10] Die durch den verschärften Wettbewerb auf dieser Produktionsstufe und die Zulässigkeit des 'Unbundling' ausgelöste Kostenersparnis für die Versender führte im übrigen auch zu einer nachhaltigen Belebung des Sendungsaufkommens bei (Werbe-) Massendrucksachen - zu Lasten anderer Werbeträger.

Daneben nimmt die Zahl privater Postannahmestellen, die in unmittelbarer Konkurrenz zum Niederlassungsnetz des USPS einschließlich der in dessen Auftrag von - ebenfalls privaten - Subunternehmern betriebenen 'Contract Post Offices' stehen, stetig zu. Als bedeutendste Anbieter sind PAK MAIL und MAIL BOXES, ETC. zu nennen, die unter anderem auch den verschiedenen privaten Paketdiensten als Sammelstellen dienen. In der Bundesrepublik könnte im übrigen auch die Auslieferung von bislang reservierten Sendungen vor Ort von den etwa vier- bis fünfhundert privaten Zustelldiensten übernommen werden, die bislang auf die Verteilung nichtadressierter Sendungen beschränkt sind.[11]

IV. Alternative Lizenzierungsstrategien

Die Notwendigkeit des Erwerbs einer Lizenz stellt zwar zweifelsohne eine institutionelle Beschränkung des Marktzugangs und damit einen begründungspflichtigen weil mitunter schwerwiegenden Eingriff in die Gewerbefreiheit dar. Dennoch erscheint eine pauschale Ablehnung der Lizenzierung aus ordnungspolitischen Erwägungen heraus aus mehreren Gründen nicht angebracht. Zum einen wird das Ausmaß der Zugangsbeschränkung ganz wesentlich von der Vergabeinstanz durch die konkrete Festlegung der Lizenzinhalte und das Vergabeverfahren beeinflußt. So wäre im Extremfall einer automatischen und an keinerlei Bedingungen geknüpften Lizenzerteilung auf bloßen Antrag hin, vor allem aber beim Vorliegen einer an keinerlei Voraussetzungen geknüpften Generallizenz der Marktzutritt sogar kostenlos und ohne administrativ bedingte zeitliche Verzögerungen möglich. Die Verpflichtung zum Lizenzerwerb stellt dann also keine faktische Marktzutrittsschranke dar. Eine gegenteilige Beurteilung ergibt sich jedoch tendenziell bei einer von der Vergabeinstanz gewählten diskretionären Lizenzierungsstrategie. Da in diesem Fall - wie die Erfahrung etwa im bundesdeutschen Mobilfunk

[10] Vgl. Linowes, D. (Chairman): Privatization: Toward More Effective Government. Report of the President's Commission on Privatization. Washington DC 1988, S. 104.

[11] Etwa ein Dutzend sind flächendeckend in den alten und neuen Bundesländern tätig. Nach eigenen Angaben weisen die privaten Zustelldienste einen Kostenvorsprung gegenüber der DBP von zwanzig bis 25 Prozent auf. Vgl. o.V.: Zustelldienste haben viel zu tun, in: Süddeutsche Zeitung, Nr. 134, 15.6.1993, S. 22.

zeigt - eben nicht jeder Antragsteller mit einer für ihn positiven Entscheidung rechnen kann, sondern vielmehr nur eine begrenzte Menge von Lizenzen bereit steht, wird die sich einstellende Marktstruktur und damit die Anzahl der intramodalen Wettbewerber, ausschließlich obrigkeitlich festgesetzt. Denkbar ist überdies auch der gezielte Einsatz der Lizenzierung mit der Absicht, den intramodalen Wettbewerbsdruck allmählich zu intensivieren und dem zuvor geschützten Monopolisten Zeit zur Anpassung an die neuen Rahmenbedingungen zu geben, die er zur Rationalisierung seiner Betriebsabläufe oder zur Umgestaltung der Produktpalette nutzen könnte. Die Lizenzierung wäre demnach ein Instrument zum graduellen Abbau bestehender institutioneller Marktzutrittsschranken.

Welche Faktoren bestimmen nun das Ausmaß der durch den Zwang zum Lizenzerwerb errichteten institutionellen Marktzutrittsschranken, und in welcher Weise ließen sie sich so ausgestalten, daß die Disziplinierungswirkung insbesondere des potentiellen Wettbewerbs möglichst unbehindert zum Tragen käme?

IV.1. Das Lizenzierungsobjekt

Eine wichtige Einflußgröße stellen zunächst die ökonomischen Eigenschaften des zu vergebenden Objektes dar. Sie bestimmen entscheidend den einmaligen Investitionsaufwand (Stichwort: set-up costs) sowie die später anfallenden laufenden Betriebskosten und damit das von den potentiellen Lizenznehmern zu tragende unternehmerische Risiko. Somit kann die Vergabeinstanz auch die Zahl möglicher Interessenten und damit zumindest indirekt auch die Wahrscheinlichkeit von Verhaltensabsprachen beeinflussen, die ceteris paribus desto größer sein wird, je weniger Unternehmen am Lizenzierungsverfahren teilnehmen. Schließlich ergeben sich aus dieser Grundsatzentscheidung immer auch Rückwirkungen auf das anzuwendende Vergabeverfahren, das zwangsläufig umso aufwendiger ausgestaltet sein muß und einen umso größeren Zeitaufwand erfordern wird, je komplexer das Lizenzierungsobjekt ist. Zurückzuführen ist dies insbesondere auf die entsprechend wachsenden Anforderungen an die Leistungsbeschreibung sowie die genaue Prüfung der letztlich eingehenden Angebote.

Ökonomisch am problematischsten und mit den höchsten Transaktionskosten verbunden wäre sicherlich die Vergabe einer einzigen zusätzlichen Lizenz im bisherigen Monopolbereich, also die Übertragung der vom Mobilfunk oder aus der britischen Telekommunikation bekannten engen Oligopollösung auf das Postwesen. Unter der realistischen Annahme einer von vorneherein 'gesetzten' Post AG würde sich dadurch auch das Problem der Quersubventionierung vom - nunmehr für zwei Anbieter - reservierten Bereich in Wettbewerbsmärkte tendenziell verschärfen, von der mit dieser Lösung zwangsläufig einhergehenden erhöhten Kollusionswahrscheinlichkeit einmal ganz abgesehen. Diese Vermutung läßt sich damit begründen, daß wegen des hohen Investitionsaufwandes für den Aufbau des erforderlichen flächendeckenden Parallelnetzes und der für den Lizenzerwerb üblicherweise geforderten einschlägigen geschäftlichen Erfahrung nur einer der großen Paket- oder Kurierdienste als Lizenznehmer in Frage käme. Dieser könnte sich jedoch wegen der faktischen Unmöglichkeit eines Nachstoßens einen von seinen Konkurrenten kaum mehr einholbaren und somit nicht mehr kontrollierbaren Wettbewerbsvorsprung sichern.

Demgegenüber wäre auch eine stärker dezentral ausgerichtete Lizenzierungspraxis denkbar, für die sich die fünf Produktionsstufen oder auch die vertikal vollständig integrierte innerörtliche Beförderung von Sendungen sowie die Gründung von 'Document exchanges' als geeignete Lizenzierungsobjekte anbieten, und zwar insbesondere wegen der überaus geringen Anlaufkosten und der entsprechend großen Zahl aktueller und potentieller Anbieter in diesen Bereichen sowie der hier besonders effektiven Konkurrenz durch Eigenproduktion des Versenders.

IV.2. Die Zahl der verfügbaren Lizenzen

Durch die einseitige Festlegung der Anzahl verfügbarer Lizenzen ist die Vergabebehörde in der Lage, die Marktstruktur unmittelbar und langfristig vorzugeben. Zugleich wirkt sich diese Entscheidung wegen der damit einhergehenden rechtlichen Reglementierung der Marktzutrittsmöglichkeiten grundsätzlich auch auf die (Un-) Wirksamkeit des potentiellen intramodalen Wettbewerbs auf dem fraglichen Teilmarkt aus. Dabei sind zwei Extremfälle zu unterscheiden:

Die Zahl der an einer Lizenzerteilung interessierten Unternehmen übersteigt das von der Vergabeinstanz bereitgestellte Angebot;

trotz nicht restriktiv oder diskriminierend formulierter Ausgestaltung der Lizenzbedingungen und des Vergabeverfahrens gelingt es der Vergabeinstanz nicht, alle verfügbaren Lizenzen zu vergeben.

Wie unmittelbar einsichtig sein dürfte, ist die Notwendigkeit flankierender Maßnahmen im ersten Fall zwingend, im zweiten Fall dagegen grundsätzlich nicht mehr gegeben. Neben dem Fehlen objektiv überpüfbarer Kriterien zur Bestimmung der 'optimalen' Zahl von Lizenznehmern stellt die damit einhergehende Erhöhung der Kollusionswahrscheinlichkeit den schwerstwiegenden Einwand gegen eine künstliche administrative Verknappung der verfügbaren Lizenzen im Verhältnis zur effektiven Nachfrage dar. Zwar läßt sich markttheoretisch per se kein unmittelbarer Zusammenhang zwischen der bloßen Zahl der Marktteilnehmer und der Gefahr drohender Verhaltensabsprachen ableiten. Ein Blick auf die übrigen Determinanten der Marktstruktur macht aber deutlich, daß bei restriktiver Vergabepraxis negative Auswirkungen auf die Wettbewerbsverhältnisse und damit die Effizienz der Leistungserbringung im relevanten Markt zu erwarten sind. Für diese Vermutung sprechen zunächst die unelastische Nachfrage nach den Postdienstleistungen im bislang reservierten Bereich[12] sowie der grundsätzlich extrem hohe Homogenitätsgrad der Dienstleistungen in den zur Lizenzierung anstehenden Teilbereichen des Postwesens, der wiederum die Markttransparenz auf der Angebotsseite spürbar vergrößert. Hinzu kommt die auf die Lizenzpflicht zurückzuführende vollständige Abschottung des Marktes und damit die Ausschaltung jeglichen potentiellen intramodalen Wettbewerbs. Sollte außerdem die Post AG automatisch als Anbieter lizenziert werden, besteht

[12] Vgl. etwa die entsprechenden Berechnungen von Elixmann, D., R. Pospichil, H. Sarrazin und U. Weinz: Ein ökonometrisches Prognose- und Simulationsmodell für die Deutsche Bundespost, Bad Honnef 1989, insbesondere S. 10.

für deren private Konkurrenten selbst bei überlegener Effizienz überdies keine realistische Chance, das öffentliche Unternehmen vom Markt zu verdrängen. Denkbar ist vielmehr, daß die privaten Wettbewerber, sollten die Marktmachtunterschiede zwischen ihnen und der Post AG erheblich sein, ihrerseits aus Angst vor Verdrängung eher zu einer Strategie des bewußten Parallelverhaltens tendieren werden, also einer Art 'erzwungener' Kollusion. Disziplinierend und effizienzsteigernd könnten mithin nur noch der intermodale Wettbewerb oder aber regulatorische Auflagen für die Post AG wirken.

IV.3. Die Lizenzbedingungen

Das mit der Erteilung einer Lizenz erworbene Recht zum Marktzutritt kann von der Vergabeinstanz mittels einer entsprechenden Formulierung von Lizenzbedingungen, also durch Festlegung von direkten Leistungspflichten für den Lizenznehmer oder den Verzicht darauf, grundsätzlich in unterschiedlicher Weise ausgestaltet werden. Im Gegensatz zu einer bedingungslosen Lizenzerteilung ist beispielsweise eine strikte zeitliche Befristung der Gültigkeitsdauer der Lizenz denkbar, um trotz einer absoluten mengenmäßigen Begrenzung der verfügbaren Lizenzen zumindest nicht gänzlich auf die disziplinierende Wirkung des potentiellen intramodalen Wettbewerbs verzichten zu müssen. Allerdings müßte dann auch für die ihm innewohnenden spezifischen Probleme eine tragfähige Lösung gefunden werden. So wäre es zunächst einmal zwingend erforderlich, überzeugende und praktisch umsetzbare Kriterien für die Bestimmung der ökonomisch 'optimalen' Lizenzdauer herauszuarbeiten, die jedoch je nach Teilmarkt beziehungsweise Lizenzierungsobjekt erheblich differieren dürfte. Dies ergibt sich schon aus dem verschieden hohen zeitlichen und finanziellen Investitionsaufwand. Wegen der geringen Irreversibilität der Investitionen im Postwesen, die zumindest die Bewertung bestehender Anlagen bei einem eventuellen 'Asset handover' wesentlich erleichtert, erscheint eine zu hohe Gewichtung der Amortisationsdauer bei der Festsetzung der Lizenzlaufzeit trotz der damit geringeren Planungssicherheit für die betroffenen Unternehmen aber verfehlt. Ist nämlich eine Verlängerung der Lizenz oder eine erneute Bewerbung des bisherigen Lizenznehmers nach deren Erlöschen zulässig, erleichtert diesem eine verhältnismäßig lange Konzessionsdauer den Aufbau strategischer Marktzutrittsschranken, zu denen neben der Bildung von Good-will bei der Vergabeinstanz und der Einführung eines Markennamens vor allem dessen genaue Kenntnisse aller Marktfaktoren zu rechnen sind. Diese Kombination aus Informationsvorsprung und Drohpotential könnte sowohl die Zahl möglicher Konkurrenten bei der Neuvergabe verringern als auch generell die Erfolgschancen von Newcomern schmälern.

Auch die Anreize für den Lizenznehmer zu strategischem Verhalten zuungunsten der Marktgegenseite nehmen mit der Länge der Lizenzdauer zu. Denkbar wäre beispielsweise eine bewußte, allmähliche Verschlechterung der gebotenen Dienstqualität - und damit eine Erhöhung der Unternehmensgewinne - nach Erteilung der Lizenz, und deren spürbare Verbesserung rechtzeitig vor Ende der Laufzeit, um die Zulassung zur Teilnahme an der Wiederausschreibung nicht zu verwirken.[13] Würde demgegenüber eine Verlängerung der Lizenzdauer oder eine erneute Teilnahme des gegenwärtigen Lizenznehmers an der Neuvergabe grundsätzlich ausgeschlossen, ist sogar eine stetige Verschlechterung der Dienstgüte zum Ende der Konzessionsdauer hin zu befürchten. Um diesen unerwünschten Effekten vorzubeugen, wären als flankierende Maßnahmen die Vorgabe verbindlicher Qualitätsstandards, eine permanente Überwachung ihrer Einhaltung sowie die Schaffung und der konsequente Einsatz eines wirksamen Arsenals von Sanktionsmechanismen bei Nichterfüllung zwingend erforderlich.

Gegen lange Laufzeiten spricht schließlich auch ein Argument der Transaktionskostenökonomik. Da mit zunehmender Geltungsdauer der Lizenz zwangsläufig auch die Wahrscheinlichkeit exogener Schocks wie starker, unvorhersehbarer Erhöhungen der Inputpreise oder Präferenzänderungen der Nachfrager steigt, dürfte der Lizenznehmer gegebenenfalls auf eine Modifikation der Lizenzbedingungen durch Nachverhandlungen mit der Vergabeinstanz drängen. Dieser Fall ließe sich zwar durch eine entsprechende vorherige Ausgestaltung der Lizenzbedingungen - etwa durch Einfügen von Indexklauseln - ausschließen. Wegen der Komplexität des Wirtschaftsprozesses wäre allerdings der Versuch, alle Möglichkeiten im vorhinein regeln zu wollen, zum einen mit prohibitiv hohen Transaktionskosten verbunden und könnte zum anderen nie vollständig gelingen. Außerdem würden schon durch die grundsätzliche Möglichkeit von Nachverhandlungen die oben beschriebenen Anreize zu strategischem Verhalten von seiten des Lizenznehmers weiter verstärkt, da die Verhandlungsposition der für eine kontinuierliche Leistungserbringung gegenüber der Öffentlichkeit und den politischen Entscheidungsträgern verantwortlichen Vergabeinstanz in der Realität meist schwächer sein dürfte.

Allerdings stehen diesen Vorteilen kurzer Laufzeiten auch eindeutige Nachteile gegenüber. Zum einen würde die häufige Neuvergabe von Lizenzen notgedrungen eine entsprechend umfangreichere Ausstattung der Vergabeinstanz mit Ressourcen erforderlich machen, und auch die mit der Abwicklung des gesamten Lizenzierungsverfahrens verbundenen Transaktionskosten für alle Parteien nähmen spürbar zu. Zum anderen ließen sich aufgrund von Übergangsproblemen beim Wechsel der Lizenznehmer zeitweilige Schwankungen der Dienstgüte zumindest theoretisch nicht ausschließen.[14]

Angesichts dieser Probleme ist also festzuhalten, daß eine zeitliche Befristung der Lizenzdauer nur bei einer mengenmäßigen Begrenzung der Zahl der verfügbaren Lizenzen und/oder einer geringen Intensität des intermodalen Wettbewerbs auf dem fraglichen Teilmarkt als zweitbeste Lösung anzuraten ist.

---

[13] Zu diesem Qualitätszyklus vgl. Blankart, C. und Pommerehne, W.: Zwei Wege zur Privatisierung öffentlicher Dienstleistungen: Wettbewerb auf einem Markt und Wettbewerb um einem Markt - Eine kritische Beurteilung, in: Milde, H./ Monissen, H.G. (Hrsg.): Rationale Wirtschaftspolitik in komplexen Gesellschaften, Stuttgart 1985, S. 437.

[14] In einer arbeitsintensiven Branche wie dem Postwesen dürfte dies beispielsweise dann der Fall sein, wenn der neue Lizenznehmer zunächst nicht über genügend erfahrene Arbeitskräfte verfügt und es ihm gleichwohl nicht gelänge, von seinem Vorgänger die benötigten Fachkräfte abzuwerben.

IV.4. Direkte Leistungspflichten

Durch Einfügen direkter Leistungspflichten in den Lizenzvertrag als Alternative zu den traditionellen Formen staatlicher Regulierung einschließlich gemeinwirtschaftlicher Auflagen wie der Betriebs-, Zulassungs- und Tarifpflicht versucht der Lizenzgeber, bestimmte Marktergebnisse durch allgemeine Verhaltensauflagen oder sogar durch verbindliche, mitunter sehr detaillierte Outputvorgaben sicherzustellen.[15] In Frage kommen dafür Versorgungsgradauflagen - mögliche Ansatzpunkte bilden etwa die Größe und die Dichte des zu unterhaltenden Niederlassungsnetzes oder die Häufigkeit der Zustellung -, die Festsetzung eines Kontrahierungszwanges für den oder die Lizenznehmer sowie Vorgaben für die Preispolitik. In all diesen Fällen wird die Lizenz also gleichsam mit einem Pflichtenheft verknüpft. Grundsätzlich sind derartige Auflagen stets als potentielle Marktzutrittsschranken zu betrachten. Sie stellen allerdings nur dann eine tatsächliche Barriere für mögliche Wettbewerber dar, wenn das dadurch vorgegebene politische Marktergebnis ein anderes ist als es sich im Wettbewerb ergäbe und der jeweilige Lizenznehmer die Auflagen nur mit einem entsprechend erhöhten Ressourceneinsatz und Kostenaufwand erfüllen kann.

Die geringsten Probleme werfen dabei Versorgungsgradauflagen auf, sofern die Lizenznehmer in der Wahl ihrer Mittel von der Vergabeinstanz nicht ungebührlich eingeschränkt werden, da die überwiegende Mehrzahl aller Versender das Leistungsmerkmal einer möglichst flächendeckenden Abholung und Zustellung ohnehin voraussetzt.[16] Gleiches gilt für einen allgemeinen Kontrahierungszwang, falls dieser lediglich eine Annahmepflicht für den Lizenznehmer ohne weitergehende Auflagen enthielte. Ein völlig anderes Bild ergibt sich demgegenüber bei der Frage nach der Notwendigkeit und, falls das bejaht wird, der Ausgestaltung von Verhaltensauflagen im Bereich der Preispolitik der Lizenznehmer. Grundsätzlich abzulehnen, da nicht ordnungskonform, wären politisch vorgegebene Höchstpreise für als wichtig erachtete postalische Dienstleistungen. Im Gegensatz dazu stellt das Verbot und die Sanktionierung von Ausbeutungs- und Behinderungspraktiken durch marktstarke oder marktbeherrschende Unternehmen eine entscheidende Voraussetzung für das Funktionieren wettbewerblicher Marktprozesse dar. Die Notwendigkeit einer Preisregulierung als Bestandteil der Lizenzbedingungen ist demnach vom Mißbrauchspotential auf den relevanten Märkten abhängig, also der (Nicht-) Existenz praktikabler Alternativen für die Marktpartner. Ein Mißbrauchspotential ist also grundsätzlich zu vermuten, falls nicht alle Interessenten bei der Lizenzvergabe berücksichtigt wurden. Auch die Omnipräsenz der Post AG auf allen Teilmärkten des Postwesens und ihre Nichtkonkursfähigkeit einschließlich des Privilegs des Verlustausgleichs zwischen den bisherigen DBP-Unternehmen könnte schon wegen ihres enormen Drohpotentials das Entstehen intramodal kompetitiver Marktverhältnisse zumindest erschweren.

---

[15] Dies schließt auch den Versuch ein, marktbeherrschende Lizenznehmer vom Mißbrauch ihrer dominierenden Position abzuhalten.

[16] Als Beispiel sei die Entwicklung im Speditionswesen und bei den privaten Paketdiensten erwähnt, die im Zuge der Verwirklichung des EG-Binnenmarktes mit dem Aufbau europaweit flächendeckender Netze begonnen haben. Zu beachten ist auch, daß sich die Frage nach der Notwendigkeit von Versorgungsgradauflagen ohnehin höchstens auf den Produktionsstufen 'Einsammeln/Annahme' und 'Zustellung' stellt, also einer vollständigen Liberalisierung der übrigen Bestandteile des Transportvorbehalts nicht entgegenstünden.

Da in beiden Fällen eine Preisregulierung zumindest solange erforderlich ist,[17] wie Marktmacht in den oben geschilderten Varianten bestehen bleibt, muß geklärt werden, welche der einschlägigen Methoden zum Einsatz kommen sollte. Nach dem faktischen Scheitern der Preisaufsicht über marktbeherrschende Unternehmen, das insbesondere auf das ungenügende theoretische Fundament verschiedener Als-ob-Wettbewerbs- und Vergleichsmarktkonzepte sowie unüberwindbare praktische Probleme bei der Zurechnung der Gemeinkosten in Mehrproduktunternehmen zurückzuführen ist, bieten sich allerdings nur die Alternativen Kostenpreisbildung oder Price-Cap-Regulierung an. Die in der theoretischen Literatur[18] ausführlich diskutierten Schwächen der Kostenpreisbildung - Anreiz zu unnötig kapitalintensiver Produktion (Averch-Johnson-Effekt), verminderte technische Effizienz wegen überhöhten Ressourceneinsatzes, großer Bewertungsspielraum bei der Kostenbestimmung, extreme Verfahrenskomplexität für alle Beteiligten und andere mehr - sprechen eindeutig für die Anwendung der Price-Cap-Regulierung, die beispielsweise auch im Monopolbereich des neuseeländischen Postwesens angewandt wird. In ihrer einfachsten Form wird der Preiserhöhungsspielraum des regulierten Unternehmens für eine bestimmte Dienstleistung[19] an die allgemeine Inflationsrate des Landes oder an einen anderen geeigneten Index gekoppelt, in der Regel abzüglich einiger Prozentpunkte, um Anreize für Produktivitätsverbesserungen und entsprechende höhere Unternehmensgewinne zu schaffen. Bei einer angenommenen Preissteigerungsrate von null Prozent und einem Abschlag von drei Prozent müßte das Unternehmen den Preis für die fragliche Dienstleistung also um drei Prozent senken.

Trotz ihrer unbestrittenen Vorteile - zu nennen sind vor allem die leichte Kontrollierbarkeit der Einhaltung der Preisregel, der insgesamt sehr geringe Regulierungsaufwand sowie die Schaffung positiver Anreize zur Effizienzsteigerung - ist auch dieses Regulierungsinstrument in der praktischen Anwendung unter Umständen mit nicht unerheblichen Schwierigkeiten verbunden:

- Zunächst stellt sich die Frage nach dem 'richtigen' Preis für die fragliche Dienstleistung, der im Ausgangszeitpunkt t_0 sowohl eine Ausbeutung der Nachfrager ausschließt als auch dem Unternehmen eine verlustfreie Produktion ermöglicht.
- Zweitens sind die genaue Höhe des prozentualen Ab- oder Zuschlags zur jeweiligen Inflationsrate sowie eventuelle Änderungen dieses Wertes im Zeitablauf zu bestimmen, was regelmäßige Verhandlungen zwischen Regulierungsbehörde und reguliertem Unternehmen erforderlich machen dürfte.
- Drittens wären aufgrund der bekannten zirkularen Interdependenz des Aktionsparametereinsatzes auch hier ergänzende Regulierungen vor allem der Dienstgüte erforderlich, um zu verhindern, daß das Unternehmen das von ihm angestrebte Gewinniveau nicht durch Produktivitätssteigerungen, sondern durch Qualitätsverschlechterungen zu erreichen sucht.

[17] Von der aufgrund der zirkularen Interdependenz der Aktionsparameter in diesem Fall ebenfalls erforderlichen Flankierung durch Qualitätsauflagen sei in diesem Zusammenhang abgesehen.

[18] Vgl. für viele Müller, J./ Vogelsang, I.: Staatliche Regulierung, Baden-Baden 1979, S. 47 ff; Kaufer, E.: Theorie der öffentlichen Regulierung, München 1981, insbesondere S. 108 ff.

[19] Denkbar wäre auch ein Bündel von Dienstleistungen. Dies würde dem Unternehmen bei gleichbleibendem durchschnittlichen Preisniveau der von ihm angebotenen Dienstleistungen kompensatorische Preisänderungen ermöglichen.

- Schließlich müßten noch potentiell wettbewerbsbeschränkende Quersubventionen vom Monopol- in Wettbewerbsbereiche verhindert werden.

Neben den soeben diskutierten speziellen Problemen wirft die Forderung nach direkten Leistungspflichten als verbindlichen Bestandteilen von Lizenzen weitere Fragen eher grundsätzlicher Natur auf. Die entscheidenden Probleme lassen sich auf die Notwendigkeit zurückführen, die erwähnten, allgemein gehaltenen Zielvorstellungen in konkrete Sollvorgaben für den oder die Lizenznehmer umsetzen zu müssen, da ansonsten eine Marktergebniskontrolle - und damit eine Überprüfung der Einhaltung der Lizenzbedingungen - nicht zu bewerkstelligen wäre.

Außerdem besteht bei der Festsetzung der Lizenzbedingungen stets die große Gefahr, daß sich nicht die tatsächlichen Präferenzen der Nachfrager - und dies sind nicht etwa die Empfänger, sondern im Gegenteil die für die Beförderungsdienstleistung und insbesondere für die Zustellung als deren kostenintensivstem Bestandteil bezahlenden Versender - durchsetzen werden, sondern diejenigen der von Interessengruppen beeinflußten Politiker und Ministerialbeamten. Ein weiteres Problem direkter Leistungspflichten ergibt sich aus der Notwendigkeit der Schaffung gleicher Wettbewerbsbedingungen zwischen den einzelnen Lizenznehmern. Die Schwierigkeit besteht also darin, der Heterogenität der Dienstanbieter hinsichtlich ihrer wirtschaftlichen Leistungsfähigkeit und der von ihnen bedienten Marktsegmente dahingehend gerecht zu werden, daß deren individuelle Leistungsfähigkeit bei der konkreten Festsetzung der zu erfüllenden Vorgaben von der Vergabeinstanz berücksichtigt wird, um Diskriminierungen und marktschließende Effekte zu vermeiden. Um der offensichtlichen Willkürgefahr zumindest teilweise vorzubeugen, wäre es aber zunächst erforderlich, auch hierfür nachvollziehbare Kriterien zu entwickeln. Schließlich ist noch die Frage zu klären, welche Sanktionen bei Nichterfüllung der Lizenzbedingungen von der Vergabeinstanz ergriffen werden sollten. Denkbar wären unter anderem der sofortige Lizenzentzug, der allerdings die Gefahr einer temporären Unterbrechung der Versorgung mit sich bringen könnte, Konventionalstrafen oder der Ausschluß des Lizenznehmers von der Teilnahme an künftigen Lizenzierungsverfahren.

Insgesamt betrachtet sind direkte, vertraglich niedergelegte und somit einklagbare, Leistungspflichten allerdings dem bislang praktizierten System vager - und somit nicht kontrollierbarer - gemeinwirtschaftlicher Auflagen und ihrer inhaltlichen Interpretation durch das davon betroffene Unternehmen selbst allerdings grundsätzlich vorzuziehen.

IV.5. Das Vergabeverfahren

Die Festsetzung der Vergabemodalitäten und die Durchführung des Vergabeverfahrens stellen die letzte Stufe der Lizenzierung im engeren Sinne dar, also ohne die spätere Kontrolle der Leistungserbringung durch den oder die Lizenznehmer. Auch hierbei sollte die übergeordnete Zielsetzung darin bestehen, Verzerrungen oder Beschränkungen des

Wettbewerbs zu vermeiden und die Transaktionskosten des gesamten Verfahrens zu minimieren.[20]

Zunächst ist eine genaue Beschreibung der vom Lizenznehmer zu erbringenden Leistung, also aller Vertragsbedingungen, vor der Einleitung des Vergabeverfahrens von großer Bedeutung. Zum einen ist sie unabdingbar, um überhaupt vergleichbare Angebote einholen zu können. Zum anderen stellt sie den für eine effektive Überprüfung des tatsächlichen Verhaltens des Lizenznehmers unverzichtbaren Richtwert dar.

Wie bei jeder Art von Konkurrenzaufrufen ist auch bei der Durchführung des Lizenzierungsverfahrens die wettbewerbspolitisch außerordentlich wichtige Frage zu lösen, aus dem Feld der potentiellen Diensteanbieter diejenigen auszusondern, die keine Gewähr für eine sach- und zeitgerechte Erfüllung der im Lizenzvertrag beschriebenen Leistungen bieten, um die Eintrittswahrscheinlichkeit von Versorgungsstörungen so gering wie möglich zu halten. Der Zeitpunkt dieser Befähigungsprüfung hängt im übrigen vom gewählten Vergabeverfahren ab: im Falle der Ausschreibung nach Eingang der Angebote, bei der direkten Vergabe und Versteigerungen im voraus. Denkbar wäre aber auch die Vorschaltung einer allgemeinen öffentlichen Aufforderung, des sogenannten Teilnahmewettbewerbs, um möglichst viele potentielle Anbieter zur Bewerbung um die Teilnahme am eigentlichen Vergabeverfahren zu ermutigen. Dadurch fände ein ergänzendes Wettbewerbselement in den Lizenzierungsprozeß Eingang. Problematisch ist vor allem der Mangel an befriedigenden Selektionskriterien zur Ermittlung der technischen und geschäftlichen Leistungsfähigkeit potentieller Lizenznehmer, zumal eine reine Bewertung der Inputgrößen - denkbar wäre unter anderem eine Prüfung der finanziellen Lage der Bewerber und insbesondere ihrer Liquidität sowie der Ausstattung mit den für die Erbringung der fraglichen Leistung erforderlichen Investitionsgütern - wegen der Vielzahl damit einhergehender Unwägbarkeiten und möglicher Prognosefehler alleine keine hinreichende Gewähr für das Erreichen der gewünschten Marktergebnisse bieten kann. Auch das Kriterium Erfahrung, das eine Orientierung der Vergabeinstanz an den Leistungsergebnissen der Vergangenheit bedeutet, ist mit erheblichen Nachteilen verbunden. Ganz abgesehen davon, daß die Leistungsfähigkeit von Unternehmen einem ständigen und oft überraschend schnellem Wandel unterliegt - eine kritiklose Fortschreibung eines einmal festgestellten Leistungsstandards mithin völlig verfehlt wäre - ist insbesondere zu bemängeln, daß eine ausgeprägte Vergangenheitsorientierung als Auswahlkriterium den Marktzutritt leistungsfähiger und/oder innovativer Newcomer zumindest hinauszögert, wenn nicht sogar auf Dauer verhindert.[21] Damit ist zugleich der Weg frei zum wettbewerbspolitisch so bedenklichen 'Hoflieferantentum'. Daß in der Praxis dennoch häufig darauf zurückgegriffen wird, mag mit dem Sicherheitsbedürfnis vieler, vor allem aber der öffentlichen Auftraggeber zu erklären sein.

---

[20] Vgl. zum folgenden Kruse, J.: Ökonomie der Monopolregulierung, Göttingen 1985; Finsinger, J.: Die Ausschreibung, in: Jahrbuch für Sozialwissenschaft, 36. Jg. 1985, S. 302 ff; S. 344 ff; Gröner, H.: Beschaffungspolitik der DBP und Ordnungspolitik, in: Diederich, H./ Hamm, W./ Zohlnhöfer, W. (Hrsg.): Die Deutsche Bundespost im Spannungsfeld der Wirtschaftspolitik, Heidelberg 1987, S. 332 ff; Hoven, I.: Ausschreibungswettbewerb um regionale Strommärkte, München 1992.

[21] Festzuhalten ist auch, daß dies erfahrungsgemäß gerade den Marktchancen ausländischer Anbieter nicht förderlich wäre.

Welche Alternative bietet sich an? Ein Weg, die Teilnehmerzahl möglichst groß und den Marktzutritt möglichst offen zu halten, wäre der generelle Verzicht der Vergabeinstanz auf Befähigungsnachweise jedweder Art. Stattdessen sollte die Pflicht zur Beibringung von Bürgschaften oder die Hinterlegung einer Garantiesumme ernsthaft in Betracht gezogen werden.[22] Diese Vorgehensweise besäße nämlich den entscheidenden Vorzug, die Aufgabe der Eignungsprüfung auf die Finanzmärkte zurückzuverlagern, derjenigen Institution also, die in marktwirtschaftlichen Ordnungen diese Aufgabe am zuverlässigsten und unbestechlichsten auszuüben vermag. Dies würde zudem auch die Kollusionsgefahr unter den potentiellen Lizenznehmern verringern.

Zu untersuchen ist schließlich noch, wie der faktischen marktbeherrschenden Stellung des öffentlichen Unternehmens Post AG auf allen für eine Lizenzierung in Frage kommenden Teilmärkten des Postwesens angesichts der damit unausweichlich verbundenen schwerwiegenden ordnungspolitischen Probleme bei der Ausgestaltung der Modalitäten des Vergabeverfahrens Rechnung getragen werden sollte. Realistischerweise ist damit zu rechnen, daß die Post AG auf allen Teilmärkten des Postwesens als Anbieter 'gesetzt' wird, während die verbleibenden Lizenzen an private Interessenten vergeben werden. Neben dem Problem der internen Verlustabdeckung in Wettbewerbsmärkten aus Monopolgewinnen, das sich angesichts der zumindest mittelfristig wahrscheinlichen Beibehaltung eines reservierten Bereichs zugunsten der Post AG nach wie vor mit unverminderter Schärfe stellen würde, ist auf zwei weitere Kritikpunkte an dieser Variante hinzuweisen. Wegen des zeitlichen Vorsprungs der Post AG würde die Herausbildung kompetitiver(er) Marktverhältnisse bis zum Abschluß der jeweiligen Lizenzierungsverfahren verzögert. Überdies wäre der Marktzutritt für die Post AG kostenlos möglich, während die Teilnehmer am Lizenzierungsverfahren je nach dessen Ausgestaltung einseitig zumindest mit Transaktionskosten belastet würden. Problematisch ist auch, daß die Post AG im Gegensatz zu den Teilnehmern am Lizenzierungsverfahren nicht gezwungen wäre, der Vergabeinstanz betriebsinterne Informationen preiszugeben.

Offen blieb bislang auch, welches Vergabeverfahren für die Durchführung der Lizenzierung gewählt werden sollte, um aus den potentiellen Lizenznehmern den im Hinblick auf die zu erbringende Leistung geeignetsten ermitteln zu können.[23] Auch in diesem Bereich sollte die Entscheidung zwingend nach dem Kriterium der Wettbewerbskonformität getroffen werden. Es ist also zu prüfen, inwieweit die jeweiligen Verfahren Wettbewerbsbeschränkungen zu verhindern in der Lage sind, oder aber ob sie diese duldend in Kauf nehmen oder sogar verursachen - und zwar auf beiden Marktseiten.

Die öffentliche Ausschreibung weist dabei den entscheidenden Vorteil auf, einen möglichst großen Kreis potentieller Bieter zu erfassen, wodurch eine Diskriminierung leistungsfähiger Anbieter von vorneherein ausgeschlossen werden kann. Wettbewerbsbeschränkende Marktschließungen werden also vermieden oder zumindest nicht unwe-

[22] So der Vorschlag Gandenbergers. Vgl. Gandenberger, O.: Die Ausschreibung, Heidelberg 1961, S. 134.

[23] Dieses Problem stellt sich allerdings nur, wenn die Zahl der verfügbaren Lizenzen begrenzt ist. Eine Einbeziehung des wettbewerbspolitisch völlig unproblematischen Sonderfalls einer automatischen, an keinerlei Voraussetzungen geknüpften Lizenzerteilung an jeden beliebigen Antragsteller (Stichwort: Generallizenz) ist also in diesem Zusammenhang nicht erforderlich.

sentlich erschwert. Auch die an das Verfahren gekoppelte, auf gesetzlichen Vorschriften beruhende Verhaltensbindung der öffentlichen Vergabeinstanz wirkt dem Einsatz von Marktmacht tendenziell entgegen, wenngleich sie ihn naturgemäß nicht in jedem Einzelfall verhindern kann. Bei entsprechender Ausgestaltung des Verfahrens, also bei einer eher funktionalen Leistungsbeschreibung, besteht ein weiterer Vorteil der öffentlichen Ausschreibung darin, beim Fehlen von Absprachen unter den potentiellen Lizenznehmern zwischen alternativen Kombinationen von Preis und Dienstgüte wählen zu können, wodurch im übrigen auch die kostenmäßigen Implikationen unterschiedlicher Dienstgüten offengelegt würden. Öffentliche Ausschreibungen begünstigen außerdem technisch effiziente Betriebsabläufe. Ob zugleich Anreize für allokative Effizienz, also für ein 'preisgünstiges Angebot', gegeben sind, hängt bei limitiertem Angebot an verfügbaren Lizenzen allerdings maßgeblich von den jeweiligen Vergabekriterien sowie der (Nicht-) Existenz flankierender Preisregulierung ab. Erfolgt die Vergabe an den Interessenten, der das betragsmäßig höchste Gebot unterbreitet und ist dieser später in seiner Preisgestaltung frei, spricht viel für eine allokativ ineffiziente Monopollösung. Zumindest ist aber eine teurere Leistungserstellung wahrscheinlich, da die Bietkosten in die Kalkulation des erfolgreichen Bieters Eingang finden werden. Das Gegenteil ließe sich erreichen, sobald stets derjenige Bieter zum Zuge käme, der den für die Endnachfrager günstigsten Preis offeriert.[24] Ein entscheidendes Problem öffentlicher Ausschreibungen, aber auch der anderen Vergabeverfahren - und wie noch zu zeigen sein wird insbesondere von Versteigerungen -, ist die Neigung der daran teilnehmenden potentiellen Lizenznehmer zu Verhaltensabsprachen. Da jedoch bereits wiederholt auf die bei Ausgestaltung des Lizenzierungsverfahrens entsprechend zu berücksichtigenden kollusionsfördernden Faktoren hingewiesen wurde, erübrigt sich eine erneute Diskussion an dieser Stelle. Zu beachten ist aber, daß sich die gesetzlichen Regelungen für öffentliche Ausschreibungen unter Umständen der Ausübung von internem Kartellzwang förderlich erweisen könnten. So ist zwar grundsätzlich eine Geheimhaltung der eingehenden Angebote durch die Vergabeinstanz bis zum Eröffnungstermin gewährleistet. Spätestens dann würde allerdings unsolidarisches Verhalten von den übrigen Kartellmitgliedern entdeckt und möglicherweise sanktioniert.

Trotz dieses Einwandes erscheint die Ausschreibung auch dem zweiten denkbaren Vergabeverfahren, der Versteigerung von Lizenzen, überlegen. Diese Einschätzung beruht neben der möglichen Überwälzung der Kosten des Lizenzerwerbs auf die Nachfrager ganz wesentlich auf der nochmals erhöhten Kollusionswahrscheinlichkeit bei Auktionen, die sich wiederum auf mehrere Faktoren zurückführen läßt. Von - allerdings vergleichsweise geringer - Bedeutung ist zunächst der im Vergleich zur Ausschreibung tendenziell geringere Teilnehmerkreis, der eine Folge des dem eigentlichen Vergabeverfahren vorgeschalteten Befähigungsnachweises ist, dem sich alle potentiellen Bieter unterziehen müssen. Ungleich schwerer wiegt die wegen der Anwesenheit aller Interessenten und der offenen Abgabe der Gebote extreme Transparenz des Bietprozesses. Hinzu kommt schließlich noch die - im Gegensatz zum variableren Ausschreibungsverfahren - grundsätzliche Ausschaltung aller unternehmerischen Aktionsparameter mit Ausnahme des Preises und der entsprechend hohe Homogenitätsgrad des zu vergebenden Objektes. Dadurch würde aber wiederum kollusives Verhalten begünstigt. Außerdem ist anzu-

[24] Vgl. dazu Kruse, J.: Ökonomie der Monopolregulierung, a.a.O., S. 348 f.

merken, daß sich Ausschreibungsverfahren jedweder Art nicht nahtlos in den Prozeßcharakter von Wettbewerbsmärkten einpassen, weil sie das dynamische Wechselspiel von Vorstoß und Nachstoß zeitlich strecken und erschweren. Anpassungshandlungen werden mithin stets auf nachfolgende Submissionen vertagt.

V. Abschließende Beurteilung

Die Vergabe von Lizenzen stellt grundsätzlich einen bedenkenswerten und interessanten Ansatz zur Schaffung stärker wettbewerblicher Marktverhältnisse in den bislang vom Beförderungs- und Transportvorbehalt erfaßten Teilbereichen des bundesdeutschen Postwesens dar, sofern die Modalitäten des Vergabeverfahrens in wettbewerbsorientierter Art und Weise ausgestaltet werden. Angesichts der geringen Marktzutrittsschranken im Postwesen und der positiven ausländischen Erfahrungen erscheint eine Politik der Lizenzierung insbesondere auf den einzelnen Produktionsstufen des Beförderungsprozesses angebracht. Vorzuziehen wäre die jährliche Freigabe einer dieser Produktionsstufen, so daß eine vollständige Deregulierung des Postwesens binnen fünf Jahren verwirklicht werden könnte und zugleich der Post AG die Anpassung ihrer Betriebsabläufe, Preispolitik und Produktpalette an die Erfordernisse des Wettbewerbs erleichtert würde. Die Zahl der verfügbaren Lizenzen sollte allerdings in keinem Fall dauerhaft künstlich verknappt werden, um den Bedarf an flankierenden Regulierungsmaßnahmen zum Schutz der übrigen Marktteilnehmer so gering wie nur irgendmöglich zu halten und das Drohpotential des potentiellen Wettbewerbs effektiv zu nutzen. Als grundlegende Voraussetzung für das Funktionieren der Lizenzierung ist im übrigen die vorherige Schaffung gleicher Wettbewerbsbedingungen für alle Marktteilnehmer unabhängig von deren Rechtsform zwingend erforderlich.

Literaturverzeichnis

Blankart, C./ Pommerehne, W.: Zwei Wege zur Privatisierung öffentlicher Dienstleistungen: Wettbewerb auf einem Markt und Wettbewerb um einen Markt - Eine kritische Beurteilung, in: Milde, H./ Monissen, H. G. (Hrsg.): Rationale Wirtschaftspolitik in komplexen Gesellschaften, Stuttgart 1985, S. 431-442.

Cohen, R./ Ferguson, W./ Xenakis, S.: A Cost Comparison of Serving Rural and Urban Areas in the United States Postal Service, Bad Honnef 1993.

Elixmann, D./ Pospichil, R./ Sarrazin, H./ Weinz, U.: Ein ökonometrisches Prognose- und Simulationsmodell für die Deutsche Bundespost, Bad Honnef 1989.

Finsinger, J.: Die Ausschreibung, in: Jahrbuch für Sozialwissenschaft, 36. Jg., 1985, S. 302-321.

Gandenberger, O.: Die Ausschreibung, Heidelberg 1961.

Gröner, H.: Beschaffungspolitik der DBP und Ordnungspolitik, in: Diederich, H./ Hamm, W./ Zohlnhöfer, W. (Hrsg.): Die Deutsche Bundespost im Spannungsfeld der Wirtschaftspolitik, Heidelberg 1987, S. 317-357.

Hoven, I.: Ausschreibungswettbewerb um regionale Strommärkte, München 1992.

Kaufer, E.: Theorie der öffentlichen Regulierung, München 1981.

Knorr, A.: Monopol oder Wettbewerb bei den Postdiensten?, Fuchsstadt 1993.

Kommission der Europäischen Gemeinschaften: Grünbuch über die Entwicklung des Binnenmarktes für Postdienste, KOM(92)476 endg., Brüssel 1992.

Kruse, J.: Ökonomie der Monopolregulierung, Göttingen 1985.

Linowes, D. (Chairman): Privatization: Toward More Effective Government. Report of the President's Commission on Privatization. Washington DC 1988.

Müller, J./ Vogelsang, I.: Staatliche Regulierung. Baden-Baden 1979.

o.V.: Briefe und Faxe im Kostenvergleich, in: Handelsblatt, Nr. 128, 7.7.1993, S. 20.

o.V.: Zustelldienste haben viel zu tun. in: Süddeutsche Zeitung, Nr. 134. 15.6.1993, S. 22.

Rohde. J.: Anforderungen an die Kommunikationsdienste der DBP. in: Diederich, H./ Hamm, W./ Zohlnhöfer. W. (Hrsg.): Die Deutsche Bundespost im Spannungsfeld der Wirtschaftspolitik. Heidelberg 1987, S. 105-125.

Preisregulierung in monopolisierten Bereichen des Postsektors (Neu/ Stumpf)

I. Einleitung
II. Das Regulierungsproblem
III. Rate-of-Return-Regulierung
III.1. Grundzüge der Rate-of-Return-Regulierung
III.2. Anwendungsprobleme
IV. Price-Cap-Regulierung
IV.1. Grundzüge der Price-Cap-Regulierung
IV.2. Vorzüge der Price-Cap-Regulierung
IV.3. Spezifikation der Parameter
IV.4. Anwendungsprobleme

Preisregulierung in monopolisierten Bereichen des Postsektors

Werner Neu und Ulrich Stumpf *

I. Einleitung

Nach der Postreform II von 1994 wurden die Unternehmen der Deutschen Bundespost in Aktiengesellschaften umgewandelt. Sobald private Kapitalgeber an der Deutschen Post AG beteiligt sein werden, werden wirtschaftliche Kategorien stärker als bisher die Politik des Unternehmens mitbestimmen. Mit anderen Worten, postalische Leistungen werden in Zukunft durch ein auf Ertrag ausgerichtetes und entsprechend handelndes Unternehmen erbracht werden. Was mit der Postreform I von 1989 bereits angestrebt, aber nach allgemeiner Einschätzung nur unvollständig erreicht worden war, wird dann als selbstverständlich angesehen werden müssen: Einschätzung von Erfolg oder Mißerfolg des Managements der Post AG wird im überwiegenden Maße von dem Betriebsergebnis des Unternehmens abhängen. Dies ist eine notwendige Voraussetzung für ein effizient arbeitendes und kostengünstig anbietendes Unternehmen.

Die Deutsche Post AG bietet den überwiegenden Teil des Briefdienstes auch nach der Postreform II in einem gesetzlich verankerten Monopol an. Anlaß für die Sonderrechte der Post AG, die das Monopol begründen, ist die Überzeugung des Gesetzgebers, daß nur in dieser Marktform das Unternehmen die ihm gesetzlich auferlegten Verpflichtungen, insbesondere jene der Sicherung des Universaldienstes, erbringen kann. Dabei ist jedoch zu beachten, daß das Angebot einer Dienstleistung im Monopol dem betreffenden Unternehmen erhebliche Spielräume bei der Festsetzung der Entgelte eröffnet.

Die einem gewinnorientierten Unternehmen mit einem rechtlichen Monopol sich bietenden preispolitischen Spielräume bedürfen der Kontrolle durch eine Regulierungsbehörde. Nach einer kurzen Skizzierung des Regulierungsproblems (II. Kapitel), schildern wir die wichtigsten Verfahren der Preisregulierung, die Rate-of-Return-Regulierung (III. Kapitel) und die Price-Cap-Regulierung (IV. Kapitel). Unter den diskutierten Verfahren bietet die Price-Cap-Regulierung eine Reihe von wichtigen Vorzügen, die es als vorteilhaft erscheinen lassen, ihr bei der Preisregulierung der Post AG den Vorzug vor einer Rate-of-Return-Regulierung zu geben.

II. Das Regulierungsproblem

In Abbildung 1 sind die Preissetzungsspielräume eines Monopolisten dargestellt. Auf der Ordinate des Diagrammes seien der Preis und die Kosten und auf der Abszisse die nachgefragte Menge der im Monopol angebotenen Leistung angegeben. Die geneigte Linie bestimme die Nachfrage, die sich bei einem gegebenen Preis manifestiert, und die horizontale Linie bezeichne die Höhe der Kosten je Leistungseinheit, die der Einfachheit halber als konstant angenommen werden. Dabei sind diese Kosten so definiert, daß sie

* Wissenschaftliches Institut für Kommunikationsdienste, Bad Honnef.

alle Kostenelemente enthalten, die volkswirtschaftlich notwendig sind, um die Leistung zu erbringen, also auch einen angemessenen Gewinn auf das eingesetzte Kapital.

Abbildung 1: Preisspielräume eines Monopolisten

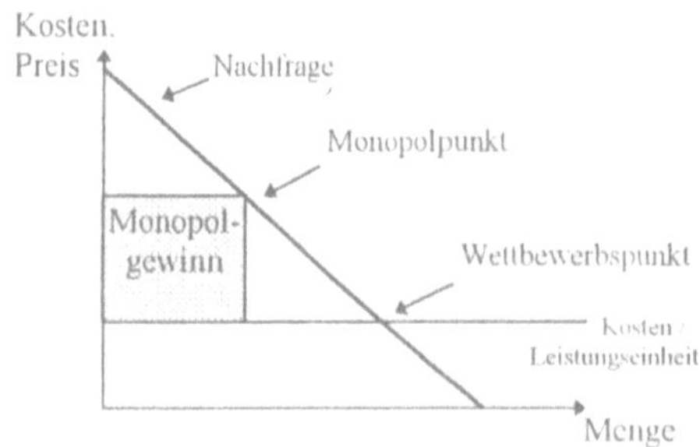

Das volkswirtschaftlich optimale Ergebnis liegt normalerweise dann vor, wenn der Preis gleich den Kosten ist, d. h. in dem Diagramm der Punkt erreicht ist, in dem die Nachfragekurve die Kostenkurve schneidet. Diesen Zustand beobachtet man in der Regel bei funktionierendem Wettbewerb, weshalb der entsprechende Punkt in dem Diagramm als Wettbewerbspunkt bezeichnet ist. Das für den Monopolisten optimale Ergebnis wird demgegenüber durch den Preis bestimmt, mit dem der maximale Gewinn erzielt werden kann. Dieser Preis ergibt sich an dem als Monopolpunkt bezeichneten Ort auf der Nachfragekurve; für jeden anderen - höheren oder niedrigeren - Preis fällt der damit erzielte Gewinn niedriger aus. Der maximale Gewinn wird dabei durch das schattierte Rechteck dargestellt; er ergibt sich aus der Multiplikation der Differenz zwischen Preis und Kosten je Einheit und der abgesetzten Menge.

Nach dem Gesetz über die Regulierung der Telekommunikation und des Postwesens von 1994 (PTRegG) verbleibt nach der Postreform II die Regulierung des Postwesens eine hoheitliche Aufgabe des Bundes. Sie wird durch den BMPT als Regulierer (im Benehmen mit dem Bundeswirtschaftsminister und dem durch das Gesetz geschaffenen Regulierungsrat) ausgeübt. Die Aufgabe der Monopolpreisregulierung ist es, eine Preispolitik des Postdienstes zu gewährleisten, die auf eine Ausnutzung des oben aufgezeigten Preisspielraumes verzichtet. Von Managern, die nach den Kriterien der Privatwirtschaft beurteilt werden, kann nicht erwartet werden, daß sie ohne weiteres einen Preis, der dem Wettbewerbspunkt in Abbildung 1 entspricht, wählen. Es muß damit gerechnet werden, daß sie versuchen werden, einen höheren, dem Monopolpunkt näher liegenden Preis durchzusetzen.

Die Suche nach einem geeigneten Regulierungsansatz wird dabei durch im PTRegG festgelegte Rahmenbedingungen begrenzt. Zu diesen Rahmenbedingungen gehören insbesondere

- die im Gesetz definierte Rolle des Regulierers dem regulierten Unternehmen gegenüber, und

- Umfang und Qualität der Informationen, auf die der Regulierer zurückgreifen kann.

Die Rolle des Regulieres ergibt sich zwangsläufig aus der im PTRegG festgelegten Aufgabe des BMPT. Während dieser früher unter der alten Verfassung (vor 1989) hoheitliche und unternehmerische Funktionen gleichzeitig wahrnahm und dadurch bei der Festsetzung von Tarifen unmittelbarer Entscheidungsträger war, ist dies heute, insbesondere nach der Postreform II, nicht mehr der Fall. Tarife des Monopolbereichs der Post AG werden nunmehr vom Unternehmen dem Regulierer zur Genehmigung vorgelegt. Dieser kann die Genehmigung dann erteilen oder vorenthalten.

Der Regulierer wird Tarife nur dann genehmigen können, wenn er sich von ihrer Angemessenheit überzeugt hat. Zur Wahrnehmung dieser Aufgabe muß ihm Zugang zu den entsprechenden Informationen gewährleistet werden. Durch seine Stellung als Outsider dem Unternehmen gegenüber besitzt er jedoch keinen unmittelbaren Zugang zu diesen Informationen. Zwar wird auch der Vorstand der Post AG in Zukunft dazu verpflichtet sein, auf Verlangen die notwendig erscheinenden Informationen zur Verfügung zu stellen, dies geschieht jedoch in einer qualitativ entscheidend anderen Form, als wenn der BMPT selber, wie das früher der Fall war, als Dienstherr die die Informationen erhebenden und verarbeitenden Mitarbeiter direkt ansprechen und sich die Sachverhalte von ihnen darlegen lassen könnte. Die vom Vorstand des Unternehmens gelieferten Informationen muß der BMPT vielmehr durch seinen eigenen Stab interpretieren und auswerten lassen, um vermittels der dabei gewonnenen Erkenntnisse sein Urteil bilden zu können. Es ist klar, daß unter diesen Umständen die Beurteilung der Sachverhalte eine aus zweiter Hand bleiben wird und auch bleiben muß.

Dieses Problem gilt es immer zu lösen, wenn mit besonderen Rechten ausgestattete Unternehmen durch eine öffentliche Regulierungsinstanz kontrolliert werden. Zur Lösung dieses Problems liegen Erfahrungen aus mehreren Ländern und mit Bezug auf unterschiedliche Sektoren vor. Dabei hat sich gezeigt, daß zwei Anliegen an das regulierte Unternehmen grundsätzlich zueinander im Widerspruch stehen: (a) das Anliegen des Regulierers, möglichst umfassend über Kosten und Nachfrageentwicklungen informiert zu werden, um darauf basierend beurteilen zu können, ob vorgelegte Tarife genehmigungsfähig sind, und (b) das Anliegen der Allgemeinheit an das Unternehmen, sich in seinen Entscheidungen in größtmöglichem Ausmaß von den Gegebenheiten des Marktes und den Erfordernissen der Effizienz leiten zu lassen. Der Widerspruch ergibt sich daraus, daß umfassende Vorgaben des Regulierers in der genannten Form die Ausrichtung des Unternehmens auf den Markt und auf Effizienz nachhaltig stören können.

Das für den Postdienst zu wählende Regulierungsregime sollte somit dem Anliegen des Regulierers nach einer effektiven Preisniveaukontrolle wie dem des Unternehmens nach finanziellem Gleichgewicht und unternehmerischer Entscheidungsflexibilität so weit wie möglich entsprechen. Der Ansatz sollte zu Tarifen führen, die im Niveau nicht überhöht sind und die dem Unternehmen eine marktübliche Rendite gewähren; er sollte dabei die Informationsanforderungen möglichst gering halten und dem Regulierer möglichst keinen Anlaß geben, sich im Detail in unternehmerische Entscheidungen einzuschalten.

III. Rate-of-Return-Regulierung

III.1. Grundzüge der Rate-of-Return-Regulierung

Der im folgenden beschriebene Ansatz der Regulierung der Kosten ist in den USA entwickelt worden. Er ist dort allgemein als Rate-of-Return Regulation bekannt. Diese Bezeichnung spiegelt wider, worin die in den USA praktizierte Regulierung ihre vornehmliche Aufgabe sieht, nämlich die Preisspielräume, die privatwirtschaftlich organisierten und gewinnstrebenden Unternehmen sonst offenstünden, zu begrenzen. In ihr kommt aber auch die anfangs bei der Anwendung dieser Art von Regulierung vorherrschende Annahme zum Ausdruck, daß es nicht so schwierig ist, die im engen Sinne betriebswirtschaftlichen Kosten des regulierten Unternehmens zu bestimmen. Es hat sich dann allerdings ein Verfahren herausgebildet, das sich nicht auf eine Überprüfung der von den Unternehmen vorgelegten Kosten beschränkt, sondern auch direkte Eingriffe der Regulierungsbehörde in die Ermittlung der Kosten, z.B. über die Genehmigung anzusetzender Abschreibungsraten, beinhaltet. Es ist bezeichnend, daß sich zusätzlich zu "Rate-of-Return Regulation" auch der Begriff "Cost-of-Service Regulation" eingebürgert hat. Er bringt zum Ausdruck, daß diese Form der Regulierung nicht erst bei den Preisen, sondern bereits bei den Kosten ansetzt.

Bei einer Rate-of-Return-Regulierung darf das regulierte Unternehmen auf das von ihm eingesetzte Kapital eine Rendite (Rate-of-Return) erwirtschaften, die einen vorgegebenen zulässigen Wert nicht übersteigt. Wenn wir die zulässige Rendite mit r bezeichnen, läßt sich diese Forderung ausdrücken als

$$r \geq (pq - C)/K,$$

wobei

p = Preis (bzw. Preisvektor),
q = Output (bzw. Outputvektor),

C = alle Kosten außer denjenigen, die aus der Zurverfügungstellung des (Eigen- wie Fremd-) Kapitals erwachsen,
K = Summe aller früheren Investitionen minus Summe aller früheren Abschreibungen (die sogenannte Rate-Base).

Die Kernidee ist, die zulässige Rendite r so zu regulieren, daß sie gleich dem Kapitalmarktzins für alternative Anlagen (mit gleichem Risiko etc.) auf dem Kapitalmarkt ist; es wird aber von Beobachtern der tatsächlichen Regulierungsprozesse in den USA davon ausgegangen, daß r in der Regel höher festgesetzt wird. Die Kosten C enthalten alle anderen Kosten der Produktion aus Arbeits- und Materialeinsatz und Abschreibungen, sowie Steuern. Abgesehen von dieser die Rendite beschränkenden Auflage ist das Unternehmen - mit Ausnahme der nachfolgend aufgeführten Einschränkungen - grundsätzlich frei, Output- und Inputentscheidungen nach eigenem Gutdünken zu treffen.

Die Regulierungsforderung läßt sich auch darstellen als

$$pq \leq C + rK.$$

Die Aufteilung der zulässigen Gesamterlöse in die beiden Blöcke C und rK verdeutlicht die verwendete Begrifflichkeit: Die Kontrolle über rK steht für "Rate of Return Regulation" und die Kontrolle über C und rK zusammen für "Cost of Service Regulation", wobei die Entlohnung des investierten Eigenkapitals ebenfalls als Kosten, nämlich als volkswirtschaftliche Kosten der Bereitstellung dieses Kapitals, betrachtet wird.

Vor dem Hintergrund der Forderung nach gerechten und angemessenen Tarifen erscheint Rate-of-Return-Regulierung als richtiger Ansatz, da er sowohl dem monopolistischen Anbieter wie Abnehmern gegenüber fair zu sein verspricht. Er bietet dem regulierten Unternehmen die Möglichkeit, Erlöse zu erwirtschaften, die ihm nach Abzug aller Betriebskosten eine faire Rendite des eingesetzten Kapitals garantieren. Gleichzeitig bietet er Abnehmern Schutz vor überhöhten Preisen. Damit wird die Forderung nach gerechten Tarifen als erfüllt angesehen.

Der Forderung nach angemessenen Tarifen kommt bei Anwendung von Rate-of-Return-Regulierung der Regulierer insbesondere dadurch nach, daß er eine Vielzahl von Prüfschritten vornimmt. Diese betreffen die Effizienz der durch das Unternehmen vorgenommenen Investitionen, die Wirtschaftlichkeit der unmittelbaren Betriebsaufwendungen, die Ermittlung der kalkulatorischen Kosten und letztlich die Kalkulation der Tarife auf der Basis dieser Kostenelemente und der zulässigen Rendite auf das eingesetzte Kapital. Von den Regulierungsbehörden ist zur Erfüllung der sich aus diesem Anspruch ergebenden Informationsanforderungen oft ein umfangreicher Apparat aufgebaut worden.

III.2. Anwendungsprobleme

Man kann davon ausgehen, daß bei Einsatz der von den US-amerikanischen Regulierungsbehörden entwickelten Verfahren die tatsächlich anfallenden Kosten mehr oder weniger präzise ermittelt werden. Das Problem besteht allerdings darin, daß die tatsächlich anfallenden Kosten nicht die Kosten einer effizienten Produktion sein müssen. Unter Wettbewerbsbedingungen führen Anstrengungen eines Unternehmens zu größerer Effizienz in der Regel zu höheren Gewinnen, sie sollten, auch bei einem regulierten Unternehmen, mit einer höheren Rendite belohnt werden. Eine Regulierungsbehörde kann jedoch mit der von ihr beschaffbaren Information schlecht unterscheiden, ob höhere Erträge auf größere Effizienz oder auf die Ausübung von Marktmacht zurückzuführen sind. In der Tendenz wird sie höhere Erträge verweigern und dadurch Anreize zu einer effizienteren Produktion negieren. Hieraus ergibt sich für das Management ein Anreiz, ein größeres Gewicht darauf zu legen, den Regulierer von der Angemessenheit der Kosten zu überzeugen als diese Kosten zu senken. Wie wir im folgenden darlegen werden, ergibt sich daraus eine Tendenz zu ganz bestimmten Strategien in bezug auf Zusammensetzung und Mengen der Inputs.[1]

Solange die zulässige Rendite r oberhalb des marktüblichen, risiko-äquivalenten Zinssatzes liegt, wird das Unternehmen einen Anreiz haben, für einen gegebenen Output den Einsatz von Kapital über das Niveau hinaus anzuheben, das notwendig ist, um diesen Output kostenminimal zu erstellen. Indem durch zusätzliches Kapital andere Inputs substituiert werden, produziert das Unternehmen im Ergebnis ineffizient.[2] Diese Verzerrung kann jedoch als eine der geringeren Wirkungen angesehen werden.

Gravierender wirkt eine Strategie des Einsatzes von überflüssigem Kapital. Ein solcher übermäßiger Kapitaleinsatz kann z.B. durch unsichere Erwartungen über zukünftige Nachfrage motiviert werden. Das Unternehmen wird dem Regulierer gegenüber die Gefahr möglicher Kapazitätsdefizite in der Zukunft hervorheben und dadurch versuchen, die Genehmigung zur Bereitstellung überdimensionierter Kapazität zu erwirken.

Die von der Regulierungsinstanz hingenommene Praxis übermäßigen Kapitaleinsatzes ist für das Management attraktiv, da trotz ineffizienter Produktionsweise hohe Gewinne erwirtschaftet werden können. Bei regulierten Dienstleistungen und Produkten handelt es sich in der Regel um preisunelastische Produkte, deren Nachfrage auf Preissteigerungen nur geringfügig reagiert. Ein Unternehmen müßte mit seinem übermäßigen Kapitaleinsatz also die Kosten und somit die Preise schon extrem stark nach oben treiben, um eine fühlbare Reaktion in der Nachfrage hervorzurufen.

Für die aus Arbeits- und Materialeinsatz resultierenden Kosten gibt es gleichfalls eine Tendenz zu einem zu hohen Niveau. Allgemein gilt, daß es zur Erzielung niedriger Kosten immer auch eines entsprechenden Einsatzes des Managements bedarf. Unter Rate-of-Return würden zu Kostensenkungen führende Anstrengungen allerdings nicht zwangsläufig durch höhere Gewinne belohnt werden. Sie würden nur vorübergehend, d.h. bis zur nächsten von der Regulierungsinstanz herbeigeführten Tarifanpassung, zu einer verbesserten Gewinnsituation führen können. Daraus ergibt sich für das Management ein geringer Anreiz, seine Energien auf Kostensenkungen zu richten. Vielmehr erscheint es lohnender, bestehende Kosten der Regulierungsinstanz gegenüber zu rechtfertigen und durchzusetzen.

Die Erkenntnisse über die Nachteile der Rate-of-Return-Regulierung haben dazu geführt, daß in den wettbewerblichen Ausnahmebereichen verstärkt alternative Verfahren eingeführt bzw. in Betracht gezogen werden. Von besonderer Bedeutung ist dabei insbesondere das Verfahren der Price-Cap-Regulierung, das im folgenden Abschnitt untersucht wird.

---

[1] Vgl. hierzu im einzelnen Sherman, R.: The Regulation of Monopoly, Cambridge, New York/Sidney 1989, Kap. 8-9, und Train, K.E.: Optimal Regulation: The Economic Theory of Natural Monopoly, Cambridge, London 1991, Kap. 1.

[2] Diese Wirkung von Rate-of-Return-Regulierung ist zuerst von Harvey Averch und Leland L. Johnson: Behaviour of the Firm under Regulatory Constraint, in: American Economic Review, 1962, Vol 52, S. 1053-1069, analysiert worden und wird seitdem Averch-Johnson-Effekt genannt.

IV. Price-Cap-Regulierung

IV.1. Grundzüge der Price-Cap-Regulierung

Als Anfang der achtziger Jahre in der Telekommunikation Großbritanniens die Privatisierung von British Telecom anstand, war es allgemeiner Konsens, daß vor der Plazierung des Unternehmens auf dem Kapitalmarkt der Mechanismus der Regulierung feststehen müsse, um in dieser Hinsicht den potentiellen Anlegern einen wichtigen Unsicherheitsfaktor zu nehmen. In einem inzwischen berühmten Gutachten hat damals Professor Littlechild von der Universität Birmingham von der Anwendung der Rate-of-Return-Regulierung abgeraten und einen alternativen Mechanismus vorgeschlagen, der inzwischen als Price-Cap Regulation bekannt ist und bereits vielfach zur Regulierung von marktmächtigen Unternehmen in Versorgungsbereichen angewendet wird.[3] Auch für die Preisregulierung im Postbereich erscheint die Price-Cap-Regulierung als die vorzuziehende Alternative, und in einer Reihe von Ländern ist sie bereits eingeführt worden bzw. wird ihre Einführung empfohlen.[4]

Price-Cap-Regulierung[5] stellt im Gegensatz zu Rate-of-Return-Regulierung primär eine Regulierung der Preise dar. Sie setzt nicht unmittelbar an den Kosten der bereitzustellenden Dienste oder Produkte an, sondern orientiert sich, wie wir sehen werden, an Kriterien, die nur mittelbar mit diesen Kosten in Verbindung stehen. Price-Cap-Regulierung ist eine Regulierung der Änderungsraten von Preisen anstelle ihres Niveaus. Deshalb setzt sie zu dem Zeitpunkt, an dem sie zum ersten Mal angewendet wird, von der Regulierungsinstanz akzeptierte Ausgangstarife voraus. Das Price-Cap-Regime bestimmt dann für die folgenden Perioden die zulässigen Veränderungen in diesen Tarifen. Die hauptsächlichen Elemente des Ansatzes können wie folgt beschrieben werden:

- Die Veränderungen in den Tarifen der regulierten Dienste werden durch einen vom Regulierer zu bestimmenden externen Indikator begrenzt. Der sich anbietende Indikator ist die Inflationsrate in der Gesamtwirtschaft. Für die Inflation wird dabei ein allgemein akzeptierter Index, der die Preisentwicklung der Inputs des regulierten Unternehmens hinreichend reflektiert, aber gesamtwirtschaftlich ausgerichtet ist, herangezogen.

- Von dem die gesamtwirtschaftliche Inflation abbildenden Index wird ein Faktor "X" abgezogen, der die spezifische Produktivitätsentwicklung der regulierten Dienste in den Regulierungsansatz einbezieht.

---

[3] Littlechild, S.: Regulation of British Telecom's Profitability. Report to the Secretary of State, Department of Industry. London 1983.

[4] PTT Post Nederland und New Zealand Post unterliegen seit 1989 einer Price-Cap Regulierung. Für Royal Mail und Australia Post gibt es Empfehlungen, eine solche einzuführen. Vgl. Post Office Users' National Council. Appropriate Financial Targets for the Post Offices: A Discussion paper. Report No 50. London 1992. bzw. Industry Commission. Mail. Courier and Parcel Services. Report No. 28. Canberra 1992.

[5] Für den englischen Begriff "Price-Cap Regulation" gibt es bislang keine passende griffige Übersetzung. Mit dem Wort "Cap" verbindet sich die Vorstellung, daß dem regulierten Preis eine obere Grenze gesetzt wird.

- Die durch die gesamtwirtschaftliche Inflationsrate abzüglich des Produktivitätsfaktors gesetzte Grenze gilt für den Durchschnitt der Tarifänderungen der betroffenen Dienste. Einzelne Änderungen können oberhalb dieses "Caps" liegen, solange der Durchschnitt aller Änderungen die Grenze nicht überschreitet. Die Gewichtung bei der Durchschnittsbildung der Tarifänderungen erfolgt in der Regel anhand der Umsatzanteile der Dienste am Gesamtumsatz in der vorangegangenen Periode.

Diese Merkmale implizieren eine Beziehung zwischen den Tarifänderungen der regulierten Dienste und dem Cap, die sich mit folgender Formel ausdrücken läßt:

$$\sum_{i}^{n} w_{i,t} \left[\frac{p_{i,t} - p_{i,t-1}}{p_{i,t-1}} \right] \leq I_t - X,$$

wobei

n = Anzahl der in die Regulierung einbezogenen Produkte,

$p_{i,t}$ = Preis des Produktes i zum Zeitpunkt t,

$w_{i,t}$ = Anteil des Umsatzes des Produktes i am Gesamtumsatz der Vorperiode, d.h. zum Zeitpunkt t-1,

I_t = der zum Zeitpunkt t geltende Wert der gesamtwirtschaftlichen Inflation, gemessen an der Veränderungsrate eines gesamtwirtschaftlichen Preisindexes,

X = der anzuwendende Produktivitätsfaktor.

Im Fall, daß der dem Faktor X in der Formel zugeordnete Wert positiv ist und größer als die durch I_t ausgedrückte Inflation, müssen die Tarife der regulierten Dienste im Durchschnitt *gesenkt* werden. Weiterhin wird bei der Anwendung der obigen Preiskontrollformel in der Regel so verfahren, daß Tariferhöhungsspielräume, die das regulierte Unternehmen in vergangenen Jahren nicht genutzt hat, aufgespart und bei Bedarf später genutzt werden können.

IV.2. Vorzüge der Price-Cap-Regulierung

Als einer der größten Vorteile der Price-Cap-Regulierung gegenüber der Rate-of-Return-Regulierung gilt, daß von ihr ein starker Anreiz auf das Unternehmen ausgeht, seine Effizienz zu steigern. Im allgemeinen werden die Parameter der oben dargestellten Preiskontrollformel, von denen der Wert von X am bedeutsamsten ist, für einen Zeitraum von mehreren Jahren festgeschrieben. Dies heißt, daß während dieses Zeitraums das Unternehmen bei seinen Preisveränderungen nur an diese Beschränkung gebunden ist, z.B. durch eventuelle höhere Gewinne nicht veranlaßt werden sollte, seine Preise niedriger zu setzen. Die Wahl des richtigen Wertes von X wird normalerweise verhindern, daß das Unternehmen unzulässig hohe Profite erzielt. Wenn es jedoch aufgrund von besonderen Effizienzanstrengungen zusätzliche Gewinne erwirtschaften kann, will die Logik des Ansatzes, daß diese im Unternehmen verbleiben. Dies gilt für alle Jahre, für die die Parameter der Preiskontrollformel fixiert sind. Unter strikter Rate-of-Return-Regulierung würde, wie wir gesehen haben, insbesondere der letzte Aspekt nicht zutreffen.

Ein weiterer wesentlicher Aspekt der Price-Cap-Regulierung ist die Flexibilität, die dem Unternehmen bei der Anpassung der Tarifstruktur an die Kosten- und Nachfrageentwicklung gewährt wird. Diese drückt sich darin aus, daß lediglich der *Durchschnitt* der Tarife dem vorgegebenen Cap entsprechen muß, Tarifänderungen einzelner Dienste jedoch frei gesetzt werden können. Aus ökonomischer Sicht ist diese Flexibilität wünschenswert, da sie bei funktionierenden Märkten und unter Außerachtlassung verteilungspolitischer Gesichtspunkte zur Maximierung der Kundenzufriedenheit ganz wesentlich beiträgt. In der ökonomischen Literatur, die Price-Cap-Regulierung auf ihre verschiedenen Eigenschaften hin untersucht hat, wird dieser Aspekt als ein aus wohlfahrtsökonomischer Sicht wesentlicher Vorteil dieses Regulierungsansatzes herausgestellt.

Die obige Charakterisierung der Wirkungsweise von Price Caps weist das Regime als einen Mechanismus aus, von dem Anreize wie in einem echten Wettbewerbsprozeß ausgehen. Die Folge sind eine größere Ausrichtung an den Merkmalen der Nachfrage sowie Effizienz in der Produktion. Das volkswirtschaftliche Ziel der Produktion zu niedrigstmöglichen Grenzkosten wird in der Tendenz erreicht. Abnehmer haben die Gewähr, daß sich die Tarife für die von dem Unternehmen angebotenen Dienste im Durchschnitt höchstens entsprechend der Inflationsrate minus des Wertes des Faktors X entwickeln werden. Dies bedeutet, da der Wert von X in der Regel positiv ist, daß der Durchschnitt im Verhältnis zur Kaufkraft ständig sinken wird.

IV.3. Spezifikation der Parameter

Voraussetzung dafür, daß die aufgeführten Vorteile der Price-Cap-Regulierung langfristig zur Geltung kommen, ist die richtige Festsetzung und Bestimmung der Parameter der Price-Cap-Formel. Diese Maßgabe betrifft den die Inflation abbildenden Referenzindex I_t, den Wert von X und die Länge der Zeit, für die die gewählte Spezifikation der Formel gelten soll. Die Wahl hinsichtlich des Referenzindexes und der Anwendungsdauer des Price-Caps kann anhand von Überlegungen erfolgen, die ohne Bezug auf Informationen aus dem Unternehmen selber möglich sind. Die Festsetzung des Anfangsniveaus der Preise bzw. des X-Faktors ist dagegen nur unter Verwendung von Informationen aus dem Unternehmen möglich.

Der Referenzindex sollte die allgemeine Kostenentwicklung bei den Inputpreisen abbilden. Er sollte von Seiten des regulierten Unternehmens nicht beeinflußbar sein, da sonst der Anreiz verloren ginge, auf die Höhe der Inputpreise Druck auszuüben. Der Referenzindex sollte darüber hinaus keine übermäßigen Datenanforderungen stellen, er sollte transparent und in der Öffentlichkeit leicht verstehbar sein. Beim Referenzindex wird deshalb bevorzugt ein gesamtwirtschaftlicher Index gewählt, wie der Index der Lebenshaltungskosten, der in der Öffentlichkeit einen großen Bekanntheitsgrad besitzt.

Die Festlegung des Wertes von X und des Anfangsniveaus der Tarife kann nur unter Verwendung von Informationen aus dem Unternehmen erfolgen. In dem Prozess, der zur Feststellung des Anfangstarifniveaus sowie des Wertes für X führt, wird der Unterschied zwischen Rate-of-Return-Regulierung und Price-Cap-Regulierung verwischt. Für die

Ausgangstarife bestünde eine Vorgehensweise darin, Tarife auf Vergleichsmärkten heranzuziehen und diese als Maßstab zu benutzen. Wenn jedoch geeignete Vergleichsmärkte nicht existieren (z.B. deshalb, weil auf in Frage kommenden Märkten die Unternehmen ebenfalls mit Price Caps reguliert werden und der Regulierer dort sich dem analogen Problem gegenübersieht), bleibt letztlich nur, die entsprechende Beurteilung anhand von Daten aus dem Unternehmen und dabei auch wieder anhand von Kostendaten vorzunehmen. Auch hinsichtlich der Festlegung des Wertes für X muß auf Informationen aus dem Unternehmen zurückgegriffen werden können. Es wird deutlich, daß Rate-of-Return-Regulierung und Price-Cap-Regulierung nicht vollkommen getrennte Verfahren sein können, im letzteren jedoch die Häufigkeit der Durchführung der Kostenkontrolle und die Stringenz der Kontrolle über die Kosten einzelner Dienste, die dem ersteren eigen ist, vermieden wird.

Von besonderer Bedeutung bei der Festlegung des X ist im Postbereich die Existenz von Altlasten, die aus der hoheitlich-behördlichen Vergangenheit resultieren und deren Abbau nun durch die Trennung von Hoheit und Betrieb, die Umwandlung des Unternehmens in eine Aktiengesellschaft sowie die mittelfristig beabsichtigte Veräußerung von Anteilen an Private möglich und unabdingbar wird. Die bestehenden erheblichen Rationalisierungsspielräume sollten bei der Festlegung des X berücksichtigt werden. Sie sollten dazu führen, daß das X für die Geltungsdauer des ersten Price Caps einen relativ höheren Wert zugewiesen bekommt und dann, nach Maßgabe des Altlastenabbaus, für den nächsten Price Cap verringert wird.

Der dritte zu spezifizierende Parameter ist die Anwendungsdauer des Price Caps. Diese sollte lang genug sein, um dem Unternehmen die Möglichkeit zu geben, Effizienzgewinne zu realisieren. Es sollte aber vermieden werden, daß die Unsicherheit über die künftige Rentabilitätsentwicklung zu groß wird und ein X festgesetzt wird, bei dem unvorhergesehene übernormale Gewinne oder Verluste entstehen könnten. In einer solchen Situtation entstünde ein größerer Druck seitens der Öffentlichkeit bzw. des Unternehmens, die Parameter des Price Caps vorzeitig zu verändern. Typischerweise liegt die Geltungsdauer eines Price Caps bei vier bis fünf Jahren.

IV.4. Anwendungsprobleme

Bei Anwendung des Price-Cap-Verfahrens ist auf zwei potentielle Gefahren hinzuweisen. Zum einen könnte das Unternehmen dem Druck der Preisregulierung ausweichen und bei den regulierten Diensten in der Qualität nachlassen, z.B. das vom Regulierer gesetzte Laufzeitziel für Briefpostsendungen unterschreiten. Durch die Qualitätsverschlechterung könnten Kosten eingespart und der Gewinn erhöht werden. Die Regulierungsinstanz muß deshalb sicherstellen, daß die geforderte Qualität auch angeboten wird. Dies kann dadurch geschehen, daß die Qualität regelmäßig gemessen wird, und die Ergebnisse veröffentlicht werden.[6]

---

[6] Diskutiert wird darüber hinaus auch, die Price Cap-Formel um einen Qualitätsparameter zu erweitern, der die Differenz zum Qualitätsstandard ausdrückt und der bei einem Unterschreiten des Standards eine Verringerung der zulässigen Steigerungsrate des Tarifniveaus bewirken würde. Vgl. Berg, S. V./ Lynch, Jr., J. G.: The Measurement, Evaluation, and Encouragement of Telephone Service Quality,

Eine zweite Gefahr liegt darin, daß das regulierte Unternehmen Veränderungen der Preisstruktur strategisch einsetzen könnte. Unter allokationspolitischen Gesichtspunkten wäre es sinnvoll, alle *Monopoldienstleistungen* in ihren verschiedenen Ausprägungen im Rahmen eines einzigen Price Caps zu regulieren. Dies bedeutete, daß in Deutschland, bei Zugrundelegung des gegenwärtigen Produktspektrums, sowohl Briefpost- als auch Infopostsendungen dem gleichen Price Cap unterfielen und dabei, neben den Basisprodukten, auch die aufgrund von Vorleistungen der Versender im Entgelt ermäßigten Produktvarianten einbezogen würden.[7] Die dem Unternehmen sich eröffnende Möglichkeit, Veränderungen der Preisstruktur strategisch einzusetzen, würde jedoch aus regulatorischer Sicht möglicherweise problematisch sein. Ein Potential für strategische Preisänderungen ergibt sich aufgrund der Fokussierung auf die Kontrolle des Durchschnittsniveaus der Tarife und der gewährten und gewollten Flexibilität für die Tarife der einzelnen Dienste. Veränderungen der Preisstruktur können problematisch sein, wenn sie zwei (oder mehrere) Gruppen von reservierten Briefdienstleistungen betreffen, die einem unterschiedlich starken Substitutionswettbewerb ausgesetzt sind. Bei einem Price Cap, der über alle Dienstleistungen hinweg gelegt wird, besteht die Gefahr, daß die Preise in den Bereichen mit intensivem Substitutionswettbewerb in einem unerwünschten Maße gesenkt und - kompensatorisch - in den Bereichen mit geringem Substitutionswettbewerb in einem unerwünschten Maße erhöht werden könnten. Die Preissteigerungsrate bei den Dienstleistungen mit geringem Substitutionswettbewerb könnte dabei wesentlich über die vom Price Cap im Durchschnitt aller Dienstleistungen zugestandene Rate hinausgehen.

Betrachtet man die Nutzerseite von Briefdienstleistungen, so läßt sich allgemein feststellen, daß die Substitutionsmöglichkeiten der Einzel- und Kleinversender (private Haushalte und Kleinunternehmen) in der Regel geringer sind als diejenigen von geschäftlichen Großversendern. Privaten Haushalten steht meist nur das Telefon als Substitutionsmöglichkeit offen, und dies nur für einen Teil der Kommunikationsbedürfnisse. Geschäftliche Versender können dagegen auch auf das Telefax zurückgreifen. Langfristig bestehen große Substitutionspotentiale auch durch EDI (Electronic data interchange). Direct Mail kann partiell durch Telefonmarketing, Werbung in Printmedien sowie Rundfunk und Fernsehen ersetzt werden.

Insbesondere wettbewerbspolitische Gründe könnten gegen eine zu starke Absenkung des Preises einer Dienstleistung sprechen. Wenn der Preis unter die langfristigen inkrementellen Kosten der Dienstleistung gesenkt wird, ist dies aus wettbewerbspolitischer Sicht unerwünscht. Umgekehrt könnte die kompensierende Preissteigerung bei einer anderen Dienstleistung aus verteilungspolitischen Gründen als nicht akzeptabel erscheinen. So mag eine überdurchschnittliche Erhöhung des Preises für einzeln eingelieferte Briefpostsendungen (bei gleichzeitiger überdurchschnittlicher Verbilligung in großen Mengen eingelieferter, vorsortierter Briefpost- oder Infopostsendungen) als verteilungspolitisch

Paper presented at the Seventeenth Annual Telecommunications Policy Research Conference October 3, 1989. Airlie House, Virginia, USA.

[7] Bei den Basisprodukten ist zwischen Standard-, Kompakt-, Groß- und Maxisendungen zu unterscheiden. Bei der Briefpost gibt es Entgeltermäßigungen für Freistempelung, Maschinenlesbarkeit und Vorsortierung. Bei der Infopost bestehen Entgeltermäßigungen für Freisstempelung, Vorsortierung sowie Gebindefertigung und Palettenfähigkeit.

unerwünscht angesehen werden, weil größere geschäftliche Versender entlastet und insbesondere private Haushalte und geschäftliche Kleinversender belastet würden.

Verteilungs- wie wettbewerbspolitischen Bedenken kann auf zweierlei Weise Rechnung getragen werden:

- Die zu regulierenden Produkte können auf verschiedene "Körbe" aufgeteilt werden. Für jeden Korb von Produkten gilt dann eine eigene Version der oben dargestellten Formel. Die Aufteilung auf Körbe hat die unmittelbare Konsequenz, daß die Flexibilität der Anpassung der Tarife einzelner Produkte eingeschränkt wird, da für eine relativ extreme Anpassung eines einzelnen Tarifs in einer bestimmten Richtung nun weniger Möglichkeiten über Anpassungen anderer Tarife in der anderen Richtung zur Verfügung stehen. Außerdem wäre es auch möglich, für jeden einzelnen Korb in der obigen Formel einen eigenen Wert des Parameters X oder einen eigenen Indikator für die Inflationsentwicklung zu bestimmen.[8]

- Ferner kann bestimmt werden, daß bei jeder Tarifänderungsrunde (z.B. einmal im Jahr) der Tarif einzelner Produkte lediglich innerhalb einer Bandbreite nach oben oder nach unten von dem Wert, der durch das Cap bestimmt ist, abweichen darf. Über diese Vorschrift wird erreicht, daß die Flexibilität innerhalb eines Korbes kurzfristig nur beschränkt ausgenutzt werden kann und somit dem Preismißbrauch in wettbewerblichen Situationen dadurch Grenzen gezogen sind.

Das Gewicht der wettbewerbspolitischen Gründe, die eine solche Differenzierung rechtfertigen würden, halten wir allerdings nicht für sehr groß. Selbstverständlich sollten wettbewerbswidrige Strategien wie das Setzen von Preisen, die unter den inkrementellen Kosten eines Dienstes liegen, vermieden werden. Wir halten es im Postbereich aber für wenig wahrscheinlich, daß ein Postunternehmen Monopoldienstleistungen gezielt unter den inkrementellen Kosten anbieten könnte. Es erscheint ausgeschlossen, daß eine solche Strategie gegen elektronische Kommunikationsmöglichkeiten (Telefon, Fax, E-Mail, EDI) oder alternative Möglichkeiten der Massenkommunikation (Werbung in Printmedien sowie Rundfunk und Fernsehen) als rationale "Verdrängungsstrategie" im Substitutionswettbewerb angesehen werden könnte. Nur bei Auftreten eines solchen (unwahrscheinlichen) Falles wäre daran zu denken, langfristig die Monopoldienstleistungen nach dem Umfang des Substitutionswettbewerbs zwischen zwei Körben aufzuteilen bzw. den Preismißbrauch in anderer Weise zu unterbinden.[9]

Nach unserer Auffassung sollten im übrigen lediglich die Monopoldienstleistungen in die Price-Cap-Regulierung einbezogen werden. Natürliches Korrelat zum Recht, be-

[8] Äquivalent wäre es, wenn man neben einem breiten Korb, der alle Monopoldienstleistungen umfaßt, einen Unterkorb mit eigenem Price-Cap bildete, der ausschließlich Monopoldienstleistungen umfaßt, die für private Haushalte und kleinere geschäftliche Versender von Bedeutung sind.

[9] In einer früheren Stellungnahme haben wir es noch als sinnvoll angesehen, sofort mit einer Korbbildung zu beginnen. Vgl. Neu, W./ Speckbacher, W./ Stumpf, U.: Preisregulierung im Monopolbereich des Postdienstes, WIK-Diskussionsbeitrag Nr. 92, Bad Honnef, August 1992. Wir schätzen eine solche Notwendigkeit inzwischen als geringer ein und empfehlen, wie im Text ausgeführt, die Price-Cap-Regulierung mit einem einzigen Korb einzuführen.

stimmte Dienstleistungen ausschließlich anbieten zu dürfen, ist, daß der Anbieter dieser Monopoldienstleistungen auch bestimmte Verpflichtungen hinsichtlich des Preises und der Qualität einhält. Dagegen sollten sich die Preise von Wettbewerbsdienstleistungen frei bilden können. In dem Falle allerdings, in dem sich herausstellen sollte, daß der Postdienst gegenüber aktuellen oder potentiellen privaten Wettbewerbern über erhebliche Marktmacht verfügen sollte, wäre eine Einbeziehung solcher Dienstleistungen in die Price-Cap-Regulierung zu erwägen. Für solche Dienstleistungen wäre ein eigener Korb einzuführen, da die Möglichkeit von Niedrigpreisstrategien mit dem Ziel der Verdrängung von direkten Wettbewerbern wesentlich wahrscheinlicher ist als im Substitutionswettbewerb mit alternativen Kommunikationsmedien.

Literaturverzeichnis

Averch, H./ Johnson, L. L.: Behaviour of the Firm under Regulatory Constraint, in: American Economic Review, 1962, Vol. 52, S. 1053-1069.

Berg, S. V./ Lynch, Jr., J. G.: The Measurement, Evaluation, and Encouragement of Telephone Service Quality, Paper presented at the Seventeenth Annual Telecommunications Policy Research Conference October 3, 1989, Airlie House, Virginia, USA.

Industry Commission: Mail, Courier and Parcel Services, Report No. 28, Canberra 1992.

Littlechild, S.: Regulation of British Telecom's Profitability, Report to the Secretary of State, Department of Industry, London 1983.

Neu, W./ Speckbacher, W./ Stumpf, U.: Preisregulierung im Monopolbereich des Postdienstes, WIK-Diskussionsbeitrag Nr. 92, Bad Honnef, August 1992.

Post Office Users' National Council: Appropriate Financial Targets for the Post Offices: A Discussion paper, Report No 50, London 1992.

Sherman, R.: The Regulation of Monopoly, Cambridge, New York/Sidney 1989

Train, K. E.: Optimal Regulation: The Economic Theory of Natural Monopoly, Cambridge, London 1991.

Die Regulierung des Netzzugangs im Briefdienst (Pieper/ Stumpf)

I. Einführung
II. Grundlegende Fakten
II.1. Postdienstnetze
II.1.1. Netzaufbau
II.1.2. Kostenstruktur eines Postnetzes
II.1.2.1. Größen- und Verbundvorteile
II.1.2.2. Kostendifferenzierung in einem Postnetz
II.2. Netzzugang durch geschäftliche Versender
II.2.1. Möglichkeiten des Netzzugangs
II.2.2. Vergleich der Kostenstrukturen von Postunternehmen und geschäftlichen Versendern
II.3. Netzzugang durch Konsolidierer
II.3.1. Möglichkeiten des Netzzugangs
II.3.2. Vergleich der Kostenstrukturen von Postunternehmen und Konsolidierern
II.4. Netzzugang durch alternative Zustelldienste
II.4.1. Möglichkeiten des Netzzugangs
II.4.2. Vergleich der Kostenstrukturen von Postunternehmen und alternativen Zustelldiensten
III. Normen für die Regulierung des Netzzugangs
III.1. Effiziente Arbeitsteilung
III.2. Diskriminierungsfreiheit
III.3. Anwendungsvoraussetzungen für die Normen
III.3.1. Komponentenpreisbildung
III.3.1.1. Nach Kosteneinsparungen differenzierter Rabatt
III.3.1.2. Durchschnittsrabatt
III.3.2. Tarifeinheit im Raum
III.3.3. Deckung der fixen Netzkosten
IV. Schlußfolgerungen

Die Regulierung des Netzzugangs im Briefdienst

Frank Pieper und Ulrich Stumpf*

I. Einführung

Die Gestaltung des Zuganges zum Netz der nationalen Postverwaltung ist ein relativ neues Problem der postalischen Regulierungsökonomik:

- Erstens waren Postmärkte traditionellerweise dadurch gekennzeichnet, daß Postverwaltungen in einem vertikal integrierten Prozeß alle Aufgaben der postalischen Leistungserstellung weitgehend selbst durchführten. Arbeitsteilung zwischen Postverwaltungen und Versendern auf den vorgelagerten Wertschöpfungsstufen blieb lange Zeit, allenfalls mit Ausnahme der Vorsortierung, eine Randerscheinung.

- Zweitens ließen die nationalen Postgesetze, mit wenigen Ausnahmen, Wettbewerb auf der Konsolidierungsebene von Briefsendungen nicht zu.

- Drittens umfaßten die nationalen Postmonopole in der Regel den gesamten Briefsektor, so daß die geographisch selektive Nutzung des postalischen Netzes durch alternative Zustelldienste nur von begrenzter Relevanz war.

Mit der Veränderung der regulatorischen Rahmenbedingungen wird der Zugang zum postalischen Netz künftig jedoch zu einer Gestaltungsfrage für die Regulierung. Die volkswirtschaftlichen Vorteile der Arbeitsteilung zwischen Postunternehmen und Versendern werden zunehmend erkannt; die Gestaltung der Rabattstruktur wird nunmehr auch von Regulierungsseite stärker thematisiert. Die möglichen effizienzsteigernden Wirkungen des Wettbewerbs geraten verstärkt in das Blickfeld der postpolitischen Diskussion.[1] Dies gilt ebenso für den Wettbewerb auf vorgelagerten Wertschöpfungsstufen wie für den Wettbewerb bei völlig liberalisierten Märkten. Die Frage, in welchem Umfang und zu welchen Bedingungen Postunternehmen Konsolidierern oder alternativen Zustelldiensten Zugang zum postalischen Netz gewähren sollten, spielt eine zunehmend wichtigere Rolle in der gegenwärtigen Liberalisierungsdebatte. Der folgende Beitrag greift die Zugangsproblematik auf und skizziert die regulatorischen Kriterien.[2]

Dazu werden im II. Kapitel grundlegende Fakten dargelegt, die für das Verständnis der Netzzugangsproblematik von Bedeutung sind:

---

* Veba AG, Düsseldorf und Wissenschaftliches Institut für Kommunikationsdienste, Bad Honnef. Die Verfasser geben ihre persönlichen Ansichten wieder.

[1] Siehe Kommission der Europäischen Gemeinschaften: Grünbuch über die Entwicklung des Binnenmarktes für Postdienste, KOM (92) 476 endg., Rats-Dok. Nr. 7390/92, Brüssel 1992 und dies.: Leitlinien für die Entwicklung der gemeinschaftlichen Postdienste, KOM (93) 247, Brüssel 1993 sowie Industry Commission: Mail Courier and Parcel Services, Report No. 28, 30 October 1992, Canberra 1992.

[2] Die folgenden Ausführungen basieren auf einem Gutachten der Verfasser zur ONP-Problematik im Postbereich, das im Jahr 1993 abgeschlossen wurde.

- Wie sind Postnetze aufgebaut und durch welche Kostenstrukturen sind sie gekennzeichnet?

- Welche Möglichkeiten der Arbeitsteilung gibt es zwischen Postunternehmen und geschäftlichen Versendern? Welche Möglichkeiten bestehen, um Einsammlungsnetze von privaten Konsolidierern[3] bzw. von alternativen Zustelldiensten und das Verteilnetz des öffentlichen Postunternehmens "zusammenzuschalten"?

Im III. Kapitel werden Normen für die Regulierung des Netzzuganges durch Versender, Konsolidierer und alternative Zustelldienste vorgestellt. Wir behandeln im Einzelnen die folgenden Fragestellungen:

- Wann ist die Arbeitsteilung zwischen öffentlichem Postunternehmen und Versendern bzw. Konsolidierern auf den vorgelagerten Wertschöpfungsebenen volkswirtschaftlich effizient und unter welchen Netzzugangsbedingungen wird eine effiziente Arbeitsteilung realisiert?

- Was bedeutet eine diskriminierungsfreie Ausgestaltung des Netzzugangs?

- Welche Voraussetzungen sind bei Anwendung dieser Normen zu beachten?

II. Grundlegende Fakten

II.1. Postdienstnetze

II.1.1. Netzaufbau

Postalische Netze setzen sich aus einer Vielzahl von lokalen Netzen sowie einem überregionalen Verteilnetz zusammen. Abbildung 1 gibt eine vereinfachte, stilisierte Darstellung.[4]

Lokale Postnetze sind gleichermaßen Einsammlungs- und Zustellungsnetze. Die aus einem postalischen Bezirk abgehenden Sendungen werden über Briefkästen oder Schalter eingesammelt, im lokalen Postamt verdichtet und anschließend zum nächstgelegenen regionalen Sortierzentrum transportiert und dort "eingeliefert". Die in einen Bezirk eingehenden Sendungen werden beim regionalen Sortierzentrum "abgeholt", im lokalen Postamt (manuell) auf Zustellwege und Gangfolge (soweit dies noch nicht in der Eingangsbearbeitung im regionalen Sortierzentrum erfolgt ist) verteilt und zu Fuß oder mit einem Fahrzeug an die Adressaten zugestellt.

---

[3] Als Konsolidierer werden Unternehmen bezeichnet, die Leistungen anbieten, die alle Wertschöpfungsstufen mit Ausnahme der Zustellung umfassen. Dabei können die der Zustellung vorgelagerten Wertschöpfungsstufen getrennt oder in einer beliebigen Kombination angeboten werden. Voraussetzung ist, daß das Postunternehmen entsprechende Schnittstellen anbietet.

[4] Diese Darstellung reflektiert den "Stand der Technik". Die von einzelnen Postverwaltungen aktuell verwandten Netze können sich davon unterscheiden.

Überregionale Postnetze verknüpfen die lokalen Postnetze. Die eingesammelten Sendungen werden im regionalen Sortierzentrum der Herkunftsregion zunächst für die weitere Bearbeitung vorbereitet. Lose eingelieferte Sendungen werden aufgestellt und auf ihre Maschinenfähigkeit hin sortiert. Im Anschluß werden, soweit erforderlich, Briefmarken entwertet und die Anschriften gelesen. Die Sendungen werden dabei an einer optischen Leseeinrichtung vorbeigeführt. Ist diese in der Lage, die gelesenen Informationen zu entschlüsseln, wird ein Barcode entsprechend der Zielinformationen auf die Sendung gedruckt. Kann die Anlage die Anschrift nicht auf elektronischem Wege entschlüsseln, werden die entsprechenden Sendungen ausgeschieden und Videocodieranlagen zugeführt. Im letzten Arbeitsschritt werden die maschinenlesbaren Sendungen von Sortiermaschinen auf Richtungen, d.h. auf die regionalen Sortierzentren der Bestimmungsregionen verteilt (Abgangsverteilung). Nicht-maschinenlesbare Sendungen werden manuell sortiert.

Die Sendungen werden anschließend (mit Flugzeug, Bahn oder LKW) zu den regionalen Sortierzentren der Bestimmungsregionen transportiert. In jedem dieser Sortierzentren werden die eingegangenen Sendungen auf vorher definierte Einheiten der Zustellebene verteilt. Dies können Zustellpostämter, Großkunden, Postfachanlagen, etc. sein. Die Eingangsbearbeitung unterscheidet sich je nach Sendungsstrom:

- Sendungen, die einen Barcode-Aufdruck haben, werden maschinell nach Maßgabe der in den aufgedruckten Barcodes enthaltenen Zielinformationen sortiert,

- Sendungen, die maschinenlesbar sind, aber nicht mit einem Barcode versehen sind, werden von Optical Character Readern gelesen[5] und maschinell sortiert und

- Sendungen, die nicht maschinenlesbar sind, werden manuell sortiert.

Prinzipiell ist es auch möglich, die in den lokalen Postämtern vorgenommene manuelle Sortierung auf Zustellrouten in die regionalen Sortierzentren zu verlagern und dort automatisiert vorzunehmen. Auch die Sortierung auf Gangfolge der Adressen könnte von den lokalen Postämtern auf die Sortierzentren verlagert werden und dort automatisiert durchgeführt werden.

Die "Schnittstelle" zwischen lokalen Postnetzen und überregionalen Postnetzen liegt bei den regionalen Sortierzentren im Abgangs- und Eingangsgebiet. Dort "liefern" die lokalen Postämter die abgehenden Sendungen gleichsam "ein" und "holen" die eingehenden Sendungen "ab".

[5] Die in diesem Fall verwendeten Maschinen sind dieselben, die auch für die Abgangsverteilung benutzt werden.

Abbildung 1: Struktur eines postalischen Netzes

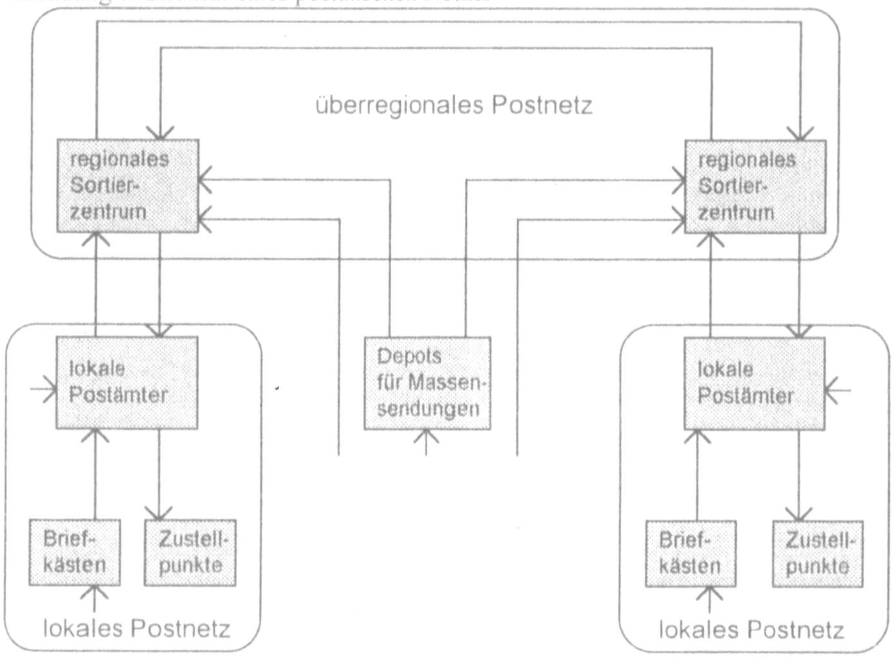

Im Gegensatz zu Einzelsendungen, die ausschließlich über lokale Postnetze eingesammelt werden, existieren für weniger zeitempfindliche Massensendungen (Werbesendungen und Zeitschriften) spezielle Depots, in die die Sendungen eingeliefert werden können. Diese Depots können sich in räumlicher Nähe von regionalen Sortierzentren befinden oder in diese räumlich integriert sein. Die Zahl der Depots ist in der Regel wesentlich geringer als die Zahl der regionalen Sortierzentren. Da Massensendungen in der Regel vorsortiert eingeliefert werden müssen, brauchen sie eine Abgangssortierung im regionalen Sortierzentrum der Herkunftsregion nicht zu durchlaufen. Sie können statt dessen vom Depot direkt zu den regionalen Sortierzentren der Bestimmungsregionen transportiert werden, wo sie - zusammen mit den eingegangenen Einzelsendungen - auf die entsprechenden Einheiten der Zustellebene verteilt werden.

Im Ausnahmefall - bei sehr großen, vorsortierten Einlieferungen - transportieren Postunternehmen Sendungen direkt vom Versender zu den Briefzentren der Bestimmungsregionen. Solche Sendungsströme durchlaufen dann weder das regionale Briefzentrum in der Herkunftsregion noch ein nahegelegenes Depot für Massensendungen.

II.1.2. Kostenstruktur eines Postnetzes

II.1.2.1. Größen- und Verbundvorteile

Lokale Postnetze sind durch bedeutsame Netzgrößenvorteile gekennzeichet, die aus dem Zusammenwirken von Größenvorteilen (*economies of scale*) in der Einsammlung und insbesondere der Zustellung sowie aus Verbundvorteilen (*economies of scope*) aus der gemeinsamen Erbringung beider Leistungen resultieren.[6] Größenvorteile in der Zustellung ergeben sich durch den relativ hohen mengenunabhängigen Kostenblock, der durch die Vorhaltung eines Zustellnetzes, mit dem prinzipiell täglich jede Adresse beliefert werden kann, entsteht. Bei der Zustellung werden im wesentlichen zwei Kostenbestandteile unterschieden: die Wegekosten und die Kosten des Zugangs zu den privaten Briefkästen (Zugangskosten). Wegekosten fallen durch die Arbeitszeit an, die ein Zusteller benötigt, um von einer Zustelladresse zur nächsten zu gelangen. Zugangskosten beinhalten alle Kosten, die mit dem Einwurf der Sendung in den Hausbriefkasten zusammenhängen. In beiden Kostenbestandteilen sind Größenvorteile bei steigendem Sendungsvolumen enthalten. So werden die Gesamtkosten kaum erhöht, wenn das Sendungsvolumen, innerhalb gewisser Grenzen, zunimmt. Diese geringen zusätzlichen Kosten führen zu sinkenden Stückkosten. Lediglich in Ballungsräumen erreichen Zustellbezirke ein Sendungsvolumen, bei dem die Größenvorteile weitgehend erschöpft sind.

Der gleiche Zusammenhang gilt in abgeschwächter Form auch für die Einsammlung von Briefsendungen aus öffentlichen Briefkästen. Da die Briefkästen in relativ großen Abständen zueinander stehen (in Abhängigkeit von der Besiedlungsdichte), stellen die Wegekosten zwischen den Briefkästen einen mengenunabhängigen Kostenblock dar. Je größer die eingelieferte Menge, je geringer sind die Stückkosten. Diese Größenvorteile dürften allerdings in vielen Einsammlungsbezirken aufgrund des relativ hohen Sendungsvolumens ausgeschöpft sein. Bei der Einlieferung bzw. der Einsammlung von Massensendungen spielen Größenvorteile keine Rolle mehr.

Zwischen Einsammlung und Zustellung bestehen Verbundvorteile soweit gemeinsame Ressourcen benutzt werden. Dies ist insbesondere in ländlichen Zustellbezirken der Fall, wo der Zusteller gleichzeitig auch Annahmestelle für zu versendende Briefe ist. Im übrigen werden sowohl für die eingesammelten als auch die zuzustellenden Sendungen die gleichen Gebäude zur Bearbeitung genutzt. Eingesammelte Sendungen werden im lokalen Zustellpostamt verdichtet, bevor sie zum regionalen Sortierzentrum gebracht werden. Zuzustellende Sendungen sind in der Regel im Postamt auf die Gangfolge zu sortieren.

---

[6] Vgl. dazu im folgenden auch Panzar, J. C.: Is Postal Service a Natural Monopoly?, in: Crew, M. A./ Kleindorfer, P. R. (Eds.): Competition and Innovation in Postal Services, Boston/Dordrecht/London 1991, S.219-228 und ders.: Panzar, J. C.: Competition, Efficiency, and the Vertical Structure of Postal Services, in: Crew, M. A. and Kleindorfer, P. R. (Eds.): Regulation and the Nature of Postal and Delivery Services, Boston/ Dordrecht/ London 1993, S. 91-105 sowie Rogerson, C. M./ Takis, W. M.: Economies of Scale and Scope and Competition in Postal Services, in: Crew, M. A. and Kleindorfer, P. R. (Eds.): Regulation and the Nature of Postal and Delivery Services, Boston/ Dordrecht/ London 1993, S. 109-127.

Im Gegensatz zu lokalen Postnetzen sind die Netzgrößenvorteile bei überregionalen Postnetzen von geringerer Bedeutung. Sortiermaschinen erfordern zwar ein gewisses Mindestvolumen an Sendungen, um effizient arbeiten zu können. Gemessen an der in einer Region zu bearbeitenden Gesamtmenge ist diese mindestoptimale Größe jedoch relativ gering, so daß von konstanten Skalenerträgen bei Sortieraktivitäten ausgegangen werden kann. Zudem ist die Größe der Region, mithin auch das Volumen der von einem Sortierzentrum zu bearbeitenden Sendungen, für das Postunternehmen keine langfristig fixe Größe. Bei der Netzplanung, d.h. der Planung von Anzahl und Ort der überregionalen Briefzentren, spielen das Sendungsaufkommen innerhalb einer Region und die Entfernung zwischen den Sortierzentren die entscheidende Rolle.

In der Eingangs- und Abgangsverteilung bestehen Verbundvorteile durch die gemeinsame Nutzung von Sortierkapazitäten. Ursächlich dafür ist das zeitliche Auslastungsprofil von Sortieranlagen. Die Kapazität einer Sortiermaschine wird vor allem durch das Volumen des Sendungsstromes bestimmt, der innerhalb weniger Nachtstunden zur Eingangsverteilung (also zur Verteilung auf die lokalen Postämter) eintrifft. Die zur Abgangsverteilung "eingelieferte" Post ist dagegen stärker über den Tag verteilt. Die durch die Eingangsverteilung bestimmte Kapazität steht also für den gesamten Tag zur Verfügung, wodurch Verbundvorteile entstehen.[7]

Der Transportbereich ist durch Netzgrößenvorteile gekennzeichnet, die durch Bündelung von Verkehrsströmen erzielt werden können. Dies muß allerdings für überregionale Postnetze nicht zu Kostendegressionen führen. Werden Transportkapazitäten bei anderen Transporteuren wie z.B. Luftfahrtgesellschaften, Eisenbahngesellschaften oder Spediteuren zugekauft, kann für die postalische Leistungserstellung auch im Transportbereich von konstanten langfristigen Durchschnittskosten ausgegangen werden.

II.1.2.2. Kostendifferenzierung in einem Postnetz

Postnetze sind durch ein hohes Maß an Kostendifferenzierung gekennzeichnet. Dies liegt erstens daran, daß verschiedene Sendungsformen bestehen, die ein Netz in unterschiedlichem Maße beanspruchen. Niedrigere Kosten ergeben sich, wenn bestimmte Netzteile nicht genutzt werden, Bearbeitungsschritte entfallen oder kostengünstiger ausgeführt werden können:

- Intraregionale Sendungen, die innerhalb einer Region eingesammelt und zugestellt werden, verursachen geringere Kosten als überregionale Sendungen, da sie nur die Dienste *eines* regionalen Sortierzentrums beanspruchen und der Ferntransport *nicht* benötigt wird.

---

[7] Spitzenlastprobleme entstehen im Postsektor, weil Briefpostsendungen einen Tag nach der Einlieferung zugestellt werden sollen. Da die eingelieferten Sendungen bis zum Abend des ersten Tages in einem lokalen Postnetz eingesammelt werden, müssen sie während der Nachtstunden im überregionalen Postnetz bearbeitet werden. Die Kapazitätsplanung muß sich also an diesem Bedarf während der Nachtstunden ausrichten. Dies hat zur Folge, daß am Tage Sortierkapazitäten nicht genutzt werden. Zur Spitzenlastproblematik vergleiche auch Crew, M.A./ Kleindorfer, P.R.: The Economics of Postal Service. A Research Study supported by WIK. Boston/ Dordrecht/ London 1992, S. 35-92.

- Massensendungen verursachen geringere Kosten als Einzelsendungen, weil sie direkt im lokalen Postamt oder im Depot für Massensendungen eingeliefert werden und nicht das kostenintensive lokale Einsammlungsnetz nutzen. Einzelsendungen müssen im Briefzentrum der Abgangsregion in der folgenden Weise vorbereitet werden: Trennung nach Auslands- und Inlandssendungen, Trennung unterschiedlicher Formate, Aufstellen der Sendungen (d.h. die Sendungen müssen hinsichtlich der Zieladresse und der Briefmarke für die automatisierte Bearbeitung geordnet werden) und Entwertung, soweit die Sendungen nicht freigestempelt wurden. Die hier aufgezählten Arbeitsgänge entfallen bei Massensendungen, da diese in der Regel gleiche Formate aufweisen, entsprechend aufgestellt eingeliefert werden und freigestempelt sind.

- Maschinenfähige Sendungen verursachen geringere Kosten als nicht maschinenfähige Sendungen, da letztere in den regionalen Sortierzentren manuell sortiert werden müssen.

Kostendifferenzierung entsteht aber nicht nur dadurch, daß bei bestimmten Briefströmen Teile der Wertschöpfungskette einfach entfallen. Kostendifferenzen können zwischen Sendungen auch dann entstehen, wenn zweitens unterschiedliche Transportrelationen durchlaufen werden, unterschiedliche Sortierzentren beansprucht werden bzw. dasselbe Sortierzentrum zu unterschiedlichen Zeiten bei unterschiedlicher Kapazitätsauslastung durchlaufen wird.

- Die Kosten des Transports zwischen zwei regionalen Sortierzentren hängen ab von der Entfernung zwischen diesen Sortierzentren und von der Wettbewerbssituation der Verkehrsträger auf dieser Transportrelation. Sofern nicht alle Briefzentren in der gleichen Entfernung zueinander liegen, bestehen Kostenunterschiede zwischen Transportrelationen. Von Bedeutung ist ferner der intramodale Wettbewerb bei einem Verkehrsträger sowie der intermodale Wettbewerb zwischen verschiedenen Verkehrsträgern (z.B. zwischen Bahn und LKW). So könnte auf Grund eines intensiven Wettbewerbs auf Transportrouten zwischen Briefzentren, die in Ballungsräumen liegen, ein kostengünstigeres Transportangebot für das Postunternehmen erhältlich sein als für Transportrouten zwischen Briefzentren, die in eher ländlichen Gebieten liegen. Schließlich können Transportkosten zwischen Ballungsräumen auch deshalb niedriger sein, weil Rückladungen zu bekommen sind. Dies dürfte bei Verkehrsrelationen mit hohem Güteraufkommen eher der Fall sein als bei solchen, auf denen nur geringe Gütermengen transportiert werden.

- Kostenunterschiede zwischen regionalen Sortierzentren können sich als Folge einer unterschiedlichen Struktur der zu bearbeitenden Sendungsströme ergeben. Unterscheidet sich z.B. der Anteil von privaten und gewerblichen Absendern von Region zu Region, hat dies Auswirkungen auf die Kostenstruktur. Massensendungen gewerblicher Versender sind kostengünstiger zu bearbeiten als Einzeleinlieferungen von Privatpersonen (Formattrennung, Aufstellung und Freimachung entfallen). Darüber hinaus sind gewerbliche Versender eher in der Lage, Vorleistungen zu erbringen.

- Kostenunterschiede können auch bei der Bearbeitung in demselben Sortierzentrum bestehen. Zeitsensitive Sendungen, die die Sortieranlagen in der Spitzenlastperiode beanspruchen, haben neben den entstehenden Betriebskosten auch die Kapazitätskosten zu decken. Sendungen mit einem niedrigeren Laufzeitziel verursachen dagegen geringere

Sortierkosten, weil sie die am Tage sonst leerstehenden Sortierkapazitäten nutzen können. Den weniger zeitsensitiven Sendungen, deren Bearbeitung auf die Schwachlastperiode verschoben werden kann, sollten nur die jeweils anfallenden Betriebskosten zugerechnet werden.[8]

II.2. Netzzugang durch geschäftliche Versender

II.2.1. Möglichkeiten des Netzzugangs

Postunternehmen müssen nicht notwendigerweise alle Aktivitäten selbst durchführen, die erforderlich sind, um eine Sendung von ihrem Herstellungsort zum Adressaten zu befördern. Zwischen Postunternehmen und geschäftlichen Versendern gibt es vielfältige Möglichkeiten der Arbeitsteilung (*worksharing*) und des Netzzuganges. Schnittstellen für den Netzzugang können sein:

- das lokale Postamt in der Herkunftsregion,
- das regionale Briefzentrum in der Herkunftsregion,
- das Depot für Massensendungen,
- das regionale Briefzentrum in der Bestimmungsregion oder
- das lokale Postamt in der Bestimmungsregion.

Je nachdem, welche Schnittstelle benutzt wird, sind Vorleistungen durch den Versender zwingend erforderlich. Andere Vorleistungen können darüber hinaus optional von dem Versender erbracht werden. Es bestehen die folgenden, in Abbildung 2 veranschaulichten, Möglichkeiten:

- Sendungen werden in die lokalen Postämter im Abgangsgebiet eingeliefert (Variante 1 in Abbildung 2). Hinsichtlich der Vorsortierung ist keine Vorleistung zwingend erforderlich. Optional können die Sendungen auf regionale Sortierzentren des Bestimmungsgebietes, auf lokale Zustellpostämter, auf Zustellrouten oder auf die Gangfolge vorsortiert werden[9]. Darüber hinaus kann eine maschinenlesbare Adresse (alphanumerisch oder Barcode) aufgedruckt werden.

---

[8] Die Verteilung der Kapazitätskosten auf Spitzen- und Schwachlastprodukt hängt von der Modellformulierung ab. Im einfachen Modell mit nur einer verfügbaren Technologie, einer feststehenden Lastspitze und unabhängiger Nachfrage trägt das Spitzenlastprodukt die gesamten Kapazitätskosten. Vergleiche dazu die Modellformulierung bei Steiner, P. O.: Peak Loads and Efficient Pricing, in: Quarterly Journal of Economics, 1957, S. 585-610. Verändert man die Annahmen, lassen sich Ergebnisse ableiten, bei denen auch das Schwachlastprodukt Anteile der Kapazitätskosten trägt.

[9] Die Vorsortierung auf Gangfolge führt nur dann zu Kosteneinsparungen bei dem Postunternehmen, wenn dieser Arbeitsschritt ansonsten manuell im lokalen Postamt vorgenommen werden würde. Falls die Sortierung auf Adressenfolge im Sortierzentrum stattfindet, werden alle Sendungen, auch die vor-

- Sendungen werden in die regionalen Sortierzentren im Abgangsgebiet eingeliefert (Variante 2). Hinsichtlich des Vorsortiergrades besteht keine Verpflichtung. Optional können jedoch die Sendungen wieder auf regionale Sortierzentren des Bestimmungsgebietes, auf lokale Zustellpostämter, auf Zustellrouten oder auf Gangfolgen vorsortiert werden. Auch können die Sendungen mit einer maschinenlesbaren Adresse versehen werden.

- Sendungen werden in Depots für Massensendungen eingeliefert (Varante 3). Da in diesen Depots üblicherweise keine Abgangssortierung stattfindet, müssen die Sendungen bereits auf die Briefzentren der Bestimmungsregion vorsortiert sein. Eine weitergehende Vorsortierung auf lokale Zustellpostämter, Zustellrouten der Gangfolgen ist möglich. Da die Sendungen im regionalen Briefzentrum des Zielgebietes automatisiert bearbeitet werden, stellt auch der Aufdruck einer maschinenlesbaren Adresse Arbeitsteilung zwischen Postunternehmen und Versender dar.

- Sendungen werden in die regionalen Sortierzentren der Bestimmungsregionen eingeliefert (Variante 4). Der Versender muß folglich die Abgangssortierung und den Ferntransport übernehmen. Weitergehende Möglichkeiten der Arbeitsteilung entsprechen den in Variante 3 genannten.

- Sendungen werden eingesammelt und in die lokalen Postämter der Zustellgebiete eingeliefert (Variante 5). Versender übernehmen mithin neben Abgangs- und Eingangsverteilung auch alle Transportaktivitäten und nutzen nur noch die Zustell- und eventuell Sortierleistung des lokalen Postamtes. Die Einlieferung kann weitergehend auf Zustellwege und Gangfolge vorsortiert sein. Kosteneinsparungen beim Postunternehmen durch den Aufdruck einer maschinenlesbaren Adresse fallen nicht mehr an, wenn die Sendungen nicht mehr automatisiert weiterbearbeitet werden, wie dies üblicherweise in den lokalen Zustellpostämtern der Fall ist.

---

sortierten, von den Sortiermaschinen bearbeitet. Infolgedessen ließe sich durch Vorsortierung auf die Adressenfolge keine Kosteneinsparung mehr realisieren.

Abbildung 2: Möglichkeiten der Arbeitsteilung zwischen Postunternehmen und Versendern

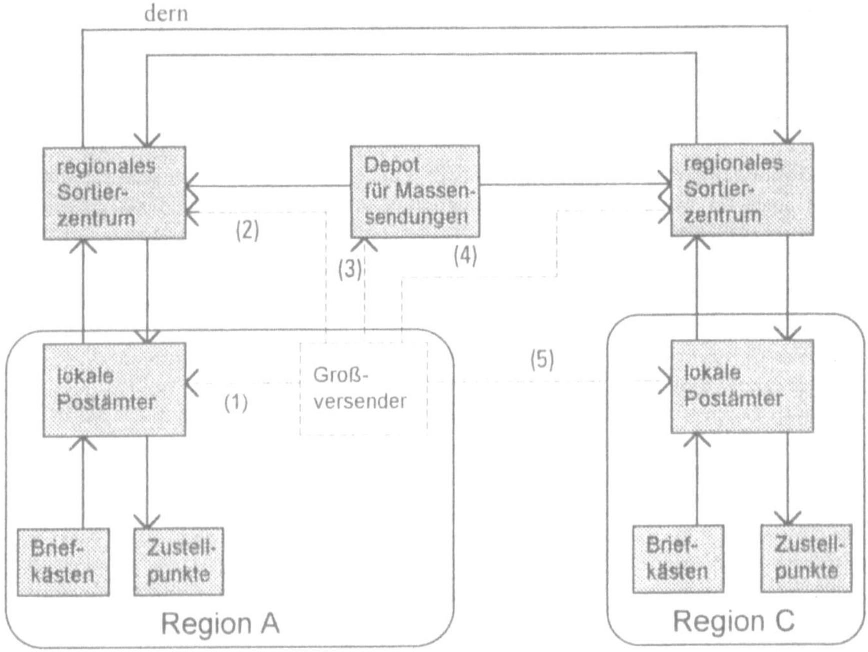

II.2.2. Vergleich der Kostenstrukturen von Postunternehmen und geschäftlichen Versendern

Die Produktions- und Kostenbedingungen eines geschäftlichen Versenders können sich grundsätzlich von denen eines Postunternehmens unterscheiden. Dies gilt sowohl für die Vorbereitung der Sendungen als auch für das Vorsortieren und den Transport zur Bestimmungsregion.

Versender von Massensendungen können das Vorbereiten der Sendungen (Aufstellen der Sendungen, Maschinenlesbarkeit der Adressen und den Aufdruck eines Barcodes) häufig kostengünstiger ausführen als Postunternehmen:

- Massensendungen werden i.d.R. maschinell durch den Versender bzw. im Auftrag des Versenders erstellt. Nach dem Druck, der Kuvertierung und der Beschriftung liegen die Sendungen so vor, daß sich Zieladresse und Freimachungsvermerk jeweils auf der gleichen Seite an der gleichen Stelle befinden. Werden die Sendungen in dieser Weise in entsprechenden Behältern bei dem Postunternehmen eingeliefert, entfällt dort der Arbeitsschritt "Aufstellung der Sendungen". Durch eine entsprechende Vorbereitung der Sendungen werden also bei dem Postunternehmen Kosteneinsparungen realisiert, denen nur sehr geringe zusätzliche Kosten auf Versenderseite gegenüberstehen.

- Ebenso läßt sich bei Massensendungen mit relativ geringem zusätzlichen Aufwand ein der Zielinformation entsprechender Barcode aufdrucken. Da die Zielinformationen bei der Erstellung der Sendungen bereits elektronisch vorliegen, entfällt bei dem Postunternehmen der Lese- und Druckvorgang.

Auch die Vorsortierung ist bei Massensendungen vom Versender u.U. zu geringeren Kosten durchführbar. Bei maschinell beschrifteten Sendungen kann die Beschriftung nach der Bestimmungsregion und den relevanten Einheiten der Zustellebene erfolgen. Der Computer kann die Sendungen entsprechend vorsortieren, so daß sie in der vorsortierten Reihenfolge gedruckt und gebündelt werden können. Zwischen Erstellung, Druck und Vorsortieren eines Mailings bestehen Verbundvorteile, die auf Versenderseite anfallen.

In welchem Umfang die Vorsortierung durch Versender kostengünstiger ist, hängt davon ab, ob die Sendungen, wenn sie nicht vorsortiert wären, die regionalen Sortierzentren in Spitzenlast- oder Schwachlastperioden durchlaufen würden. Sendungen, die mit einem niedrigen Qualitätsziel das postalische Netz durchlaufen, können vom Postunternehmen relativ kostengünstig auch selbst vorsortiert werden, da ihre Bearbeitung auf Schwachlastperioden verlagert werden kann, in denen die Sortiermaschinen sonst unausgelastet blieben.

Hinsichtlich der Transportfunktion sind Versender mit ähnlichen Kostenstrukturen konfrontiert wie Postunternehmen. Eine kostengünstige Erbringung eigener Leistungen im Transportbereich durch Versender setzt allerdings größere Sendungsvolumina voraus. Bei kleineren Mengen kann das Postunternehmen wegen der Bündelungseffekte hingegen deutlich günstiger Transportleistungen erbringen als Versender.

II.3. Netzzugang durch Konsolidierer

II.3.1. Möglichkeiten des Netzzugangs

Nehmen wir an, das Monopol des nationalen Postunternehmens erstrecke sich nur auf die lokale Zustellung, alle anderen Aktivitäten könnten auch von privaten gewerblichen Anbietern erbracht werden. In diesem Fall könnten private Einsammlungs- und Beförderungsnetze von sog. Konsolidierern (*consolidators*) entstehen, die mit dem postalischen Netz "zusammengeschaltet" werden müßten (*interconnection*). Je nach Ausgestaltung des Postmonopols und den Marktverhältnissen mag sich ein Konsolidierer dabei auf die Einsammlung geschäftlicher Sendungen beschränken oder ein öffentliches Einsammlungsnetz mit Briefkästen und anderen Annahmestellen betreiben.

Wie Abbildung 3 zeigt, ist Konsolidierung in vielfältigen Varianten möglich. Konsolidierer mögen sich auf den Betrieb lokaler Einsammlungsnetze beschränken, wobei folgende Fälle denkbar sind:

- Sendungen werden eingesammelt und in die regionalen Sortierzentren des Postunternehmens im Abgangsgebiet eingeliefert. Alle Vorsortiergrade sind für den Konsolidierer im Hinblick auf Arbeitsteilung optional möglich[10] (Variante 1 in Abbildung 3).

- Sendungen werden eingesammelt und auf Bestimmungsregionen, eventuell auch auf lokale Zustellpostämter, Großkunden etc. vorsortiert. Sie werden in Depots für Massensendungen eingeliefert (Variante 2).

Bei diesen Varianten müssen die lokalen Einsammlungsnetze der Konsolidierer mit dem überregionalen Verteilnetz des Postunternehmens "zusammengeschaltet" werden. Konsolidierer mögen neben lokalen Einsammlungsnetzen auch überregionale Verteilnetze betreiben. Die folgenden Varianten sind dann denkbar:

- Sendungen werden eingesammelt, auf regionale Sortierzentren der Bestimmungsregionen vorsortiert und in diese eingeliefert. Die Einlieferung kann dabei auch weitergehend auf lokale Postämter, Zustellwege und Gangfolgen vorsortiert sein (Variante 3 Abbildung 3).

- Sendungen werden eingesammelt und in die lokalen Postämter der Zustellgebiete eingeliefert. Die Einlieferung kann darüber hinaus auf Zustellwege und Gangfolge vorsortiert sein (Variante 4).

In diesen beiden Varianten verknüpft der Konsolidierer seine lokalen Einsammlungsnetze mit den lokalen Zustellnetzen des Postunternehmens durch ein eigenes überregionales Transportnetz. "Zugeschaltet" werden lediglich noch die lokalen Postnetze.

In den Varianten 1 bis 3 könnte der Konsolidierer einen Barcode entsprechend den Zielinformationen aufdrucken, um die weitere Bearbeitung kostengünstiger zu gestalten und den Bearbeitungsvorgang bei dem Postunternehmen zu beschleunigen. Der Aufdruck eines Barcodes ist dann wirtschaftlich sinnvoll, wenn die Zieladressen durch den Konsolidierer für die Vorsortierung gelesen werden. Die dann elektronisch gespeicherten Daten lassen sich mit entsprechenden EDV-Programmen in die von dem Postunternehmen benutzten Barcodes übersetzen.

[10] Auch hier gilt wieder, daß die Vorsortierung auf Gangfolge nur dann zu Kosteneinsparungen bei dem Postunternehmen führt, wenn dieser Arbeitsschritt ansonsten manuell im lokalen Postamt vorgenommen werden würde.

Abbildung 3: Netzzugangsmöglichkeiten für Konsolidierer

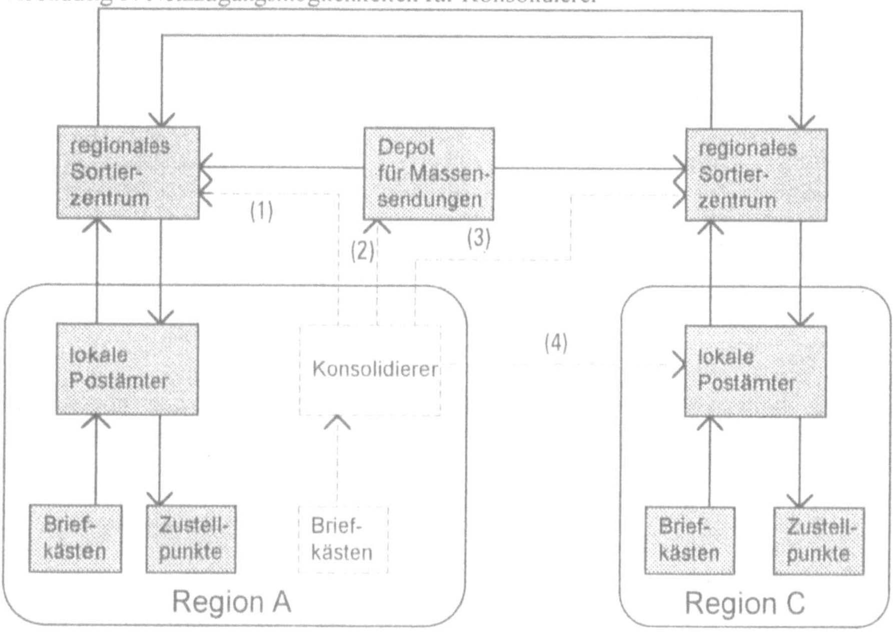

II.3.2. Vergleich der Kostenstrukturen von Postunternehmen und Konsolidierern

Die Kostenstrukturen von Konsolidierern können sich wesentlich von denen eines Postunternehmens unterscheiden. Tendenziell zum Nachteil eines Konsolidierers wirkt sich aus, daß sich dieser auf die Einsammlung beschränken muß und nicht selbst zustellen darf. Dadurch entfallen Verbundvorteile zwischen beiden Aktivitäten, die allerdings nur bei der Einsammlung von Einzelsendungen aus öffentlichen Briefkästen von Bedeutung sind. Bei der Einsammlung von Massensendungen geschäftlicher Versender bestehen kaum Verbundvorteile zwischen Einsammlung und Zustellung.

Dagegen ist für den Konsolidierer von Vorteil, daß er - im Unterschied zu vielen Postverwaltungen - keine "Altlasten" zu tragen hat. Dazu zählen z.B. die fehlenden Rückstellungen für Versorgungsbezüge oder eine Reihe betriebswirtschaftlicher Ineffizienzen. Zudem können kleine Unternehmen typischerweise flexibler auf Veränderungen der Marktbedingungen reagieren. Diese Flexibilität stellt in vielen Belangen einen Wettbewerbsvorteil für Konsolidierer gegenüber dem Postunternehmen dar.

II.4. Netzzugang durch alternative Zustelldienste

II.4.1. Möglichkeiten des Netzzugangs

Nehmen wir nun an, neben der Konsolidierungsebene sei auch die Zustellebene liberalisiert. Bei einem Abbau des Monopolschutzes können sich in den liberalisierten Bereichen alternative Zustelldienste etablieren, die die gesamte Wertschöpfungskette von der Einsammlung bis zur Zustellung anbieten. Alternative Zustelldienste könnten sich dabei auf die Einsammlung und (Haus-)Zustellung in einer Region beschränken. Bei den *inter*-regionalen Sendungen sowie bei Postfachsendungen würden sie nur eine Konsolidierungsfunktion wahrnehmen. Die konsolidierten, nicht für die eigene Zustellung bestimmten Sendungen würden beim Postunternehmen eingeliefert und von diesem weiterbefördert.

Prinzipiell sind dabei alle Varianten der Zusammenschaltung mit dem postalischen Netz möglich, die schon in Abschnitt II.3.1. genannt wurden. Die Zusammenschaltung kann weitaus komplexere Formen annehmen, wenn mehrere private Zustelldienste in unterschiedlichen Regionen bestehen und ihre Netze miteinander verknüpfen. In einem solchen Fall könnten auch interregionale Sendungen ohne Einschaltung des nationalen Postunternehmens befördert werden.

II.4.2. Vergleich der Kostenstrukturen von Postunternehmen und alternativen Zustelldiensten

Von Vorteil für alternative Zustelldienste ist, daß sie, im Unterschied zu vielen Postverwaltungen, keine Altlasten zu tragen haben. Tendenziell zum Nachteil der alternativen Zustelldienste mögen sich allerdings die folgenden beiden Faktoren auswirken:

- Alternative Zustelldienste verfügen in ihrem lokalen Netz über geringere Zustellmengen. Mit Ausnahme der Ballungsräume verfügen sie deshalb über Größennachteile gegenüber dem Postunternehmen. Es ist deshalb zu erwarten, daß sich alternative Zustelldienste in erster Linie in Ballungsräumen etablieren werden und für ländliche Regionen die Zusammenschaltung ihrer Netze mit dem postalischen Netz suchen werden. Alternative Zustelldienste können in Ballungsräumen u.U. auf bereits existierende Netze aufbauen (Zustellnetze für Tageszeitungen, Wurfsendungen, etc.).

- Kurzfristig aufgebaute Netze privater Betreiber haben u.U. gegenüber dem postalischen Netz eine geringere Qualitätsreputation. Insofern ist zu erwarten, daß private Zustellnetze zunächst lediglich für weniger wichtige sowie zeitunempfindliche Sendungen (z.B. Werbesendungen) genutzt werden. Dieser Reputationsnachteil entfiele, wenn im Kurier-, Express- und Frachtsektor tätige Anbieter ihre Angebotspalette ausweiten und in den Markt eintreten würden.

III. Normen für die Regulierung des Netzzugangs[11]

III.1. Effiziente Arbeitsteilung

Die Arbeitsteilung zwischen Postunternehmen und Versendern bzw. Konsolidierern ist volkswirtschaftlich effizient, wenn alle Tätigkeiten vom Postunternehmen auf Versender bzw. Konsolidierer verlagert werden, die diese kostengünstiger als das Postunternehmen erbringen können. Abbildung 4 veranschaulicht den Grundgedanken am Beispiel des Vorsortierens durch Versender. Die Grenzkosten, die dem Postunternehmen auf der (Vor-) Sortierebene entstehen, werden durch die Kurve EFH dargestellt. Wir haben dabei konstante Skalenerträge angenommen. Die Abbildung zeigt darüber hinaus die Grenzkosten auf Versenderseite, die entstehen, wenn Versender Vorsortierleistungen erbringen. Die Kurve DFG erhält man aus der horizontalen Aggregation der individuellen Grenzkostenkurven aller Versender. Es wird hier unterstellt, daß die aggregierte Grenzkostenkurve auf Versenderseite mit zunehmender Menge an (insgesamt erbrachten) Vorsortierleistungen ansteigt. Dies ist darauf zurückzuführen, daß die Effizienz der Vorleistungserbringung durch den einzelnen Einlieferer von seiner Einlieferungsmenge abhängt. Versender mit größeren Einlieferungsmengen können in der Regel kostengünstiger Vorleistungen erbringen als solche mit kleinerer Einlieferungsmenge. Darüber hinaus können Versender von Massensendungen diese wesentlich kostengünstiger als das Postunternehmen vorsortieren, da die Sortierung der Adressen dem Computer übertragen und das Mailing dann in der vorsortierten Reihenfolge gedruckt und weiter bearbeitet werden kann.

Nehmen wir an, die gesamte Briefmenge betrüge, wie in Abbildung 4 unterstellt, 0C. Welchen Anteil davon sollten die Versender vorsortieren, und welcher Anteil sollte vom Postunternehmen selbst sortiert werden? Solange die Grenzkosten des Postunternehmens über den Grenzkosten der Versender liegen, ist es vorteilhaft, den Umfang der Arbeitsteilung zu erhöhen. Das effiziente Ausmaß an Arbeitsteilung ist erreicht, wenn die letzte Einheit der erbrachten Vorleistung genau soviel zusätzliche Kosten auf Versenderseite verursacht, wie dem Postunternehmen zusätzlich Kosten entstünden, wenn es die Leistung selbst erstellte. Das effiziente Ausmaß an Arbeitsteilung ergibt sich folglich durch den Schnittpunkt F der beiden Grenzkostenkurven. Versender sollten die Menge 0B vorsortieren, das Postunternehmen sollte die Menge BC sortieren. Der volkswirtschaftliche Produktivitätsgewinn, der durch Arbeitsteilung erzielt wird, entspricht der Fläche des Dreiecks DEF.

Der Umfang der sich ergebenden Arbeitsteilung wird durch die Gestaltung des Netzzugangs und durch die Preispolitik des Postunternehmens bestimmt. Die effiziente Arbeitsteilung stellt sich ein, wenn das Postunternehmen Zugangsmöglichkeiten für vorsortierte Einlieferungen einräumt *und* die Vorsortierung mit einen Rabatt honoriert, der

[11] Vgl. im folgenden auch Panzar J. C.: Competition. Efficiency. and the Vertical Structure of Postal Services, a.a.O.; Baumol. W. J./ Sidak. J. G.: Towards Competition in Local Telephony, a.a.O.; Tye, W. B.: The Pricing Sold to Competitors: A Response". The Yale Journal of Regulation, Vol. 11 1994, S. 203-224 sowie Kahn, A. E./ Taylor, W. E.: The Pricing of Inputs sold to Competitors: A Comment., The Yale Journal of Regulation, Vol. 11, 1994, S. 225-240.

den Versendern die richtigen Anreize vermittelt. Abbildung 4 veranschaulicht die Höhe des volkswirtschaftlich effizienten Rabatts. Versender erbringen Vorleistungen, wenn der dafür eingeräumte Rabatt mindestes so hoch ist wie ihre Grenzkosten. Bei einem Rabatt von 0D gäbe es z.B. noch keinen Anreiz, Vorsortierleistungen zu erbringen. Ein Rabatt in Höhe von 0E, führt dagegen dazu, daß die Versender in effizientem Ausmaß Vorsortierung übernehmen. Für Postunternehmen heißt das, daß sie die Rabatthöhe an ihren Grenzkosten zu orientieren haben, wenn sich eine effiziente Arbeitsteilung ergeben soll.

Abbildung 4: Effiziente Arbeitsteilung am Beispiel der Vorsortierung

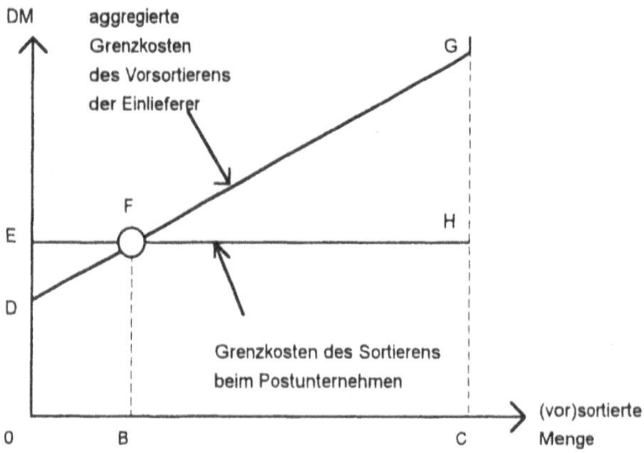

Die volkswirtschaftliche Effizienznorm, wie sie für die Arbeitsteilung zwischen Postunternehmen und Versendern abgeleitet wurde, ist auch relevant für die Arbeitsteilung zwischen Postunternehmen und Konsolidierern bzw. alternativen Zustelldiensten. Letztere üben, soweit sie das postalische Verteilnetz nutzen, eine Konsolidierungsfunktion aus. Es bleibt deshalb bei der oben abgeleiteten Antwort: Einsammlungsaktivitäten sollten vom Postunternehmen auf private Konsolidierer *einschließlich* privater Zustelldienste verlagert werden, solange deren Grenzkosten unter jenen des Postdienstes liegen. Im volkswirtschaftlichen Optimum gleichen sich die langfristigen Grenzkosten auf Konsolidiererseite und Postunternehmenseite aus.

III.2. Diskriminierungsfreiheit

Diskriminierungsfrei ist ein Netzzugang dann, wenn die Zugangsbedingungen hinsichtlich Einlieferungsmöglichkeiten, Qualität, Zugangspreis (oder Rabatt) und der sonstigen Einlieferungsbedingungen für alle Einlieferer und Postunternehmen gleich sind.

Netzzugang ist diskriminierungsfrei, wenn erstens für eine bestimmte Netzzugangsebene allen Einlieferern dieselben sachlichen, räumlichen und zeitlichen Einlieferungsmöglichkeiten gewährt werden, die sich das Postunternehmen selbst auch einräumt.

Netzzugang ist zweitens darüber hinaus dann diskriminierungsfrei, wenn die Qualität für die restliche Beförderungskette für alle Einlieferer auf einer bestimmten Netzzugangsebene gleich ist und jener entspricht, die implizit auch für Sendungen gilt, die die vollständige vertikale Wertschöpfungskette beim Postunternehmen durchlaufen.

Drittens ist ein Rabatt diskriminierungsfrei, wenn er die beim Postunternehmen eingesparten Kosten reflektiert. Diskrimierungsfreiheit impliziert hier zweierlei:

- Zum einen sollte das Postunternehmen von allen Einlieferern, die an derselben Schnittstelle ihre Einsammlungsnetze mit dem Postnetz zusammenschalten, den gleichen Zugangspreis verlangen. Dies heißt streng genommen nur, daß alle Einlieferer, die eine für die Region B bestimmte interregionale Sendung in ein Sortierzentrum der Region A einliefern, den gleichen Zugangspreis zahlen sollten. Der gegenläufige Sendungsstrom mag andere Kosten aufweisen und einen anderen Zugangspreis rechtfertigen.

- Zum anderen sollte der Zugangspreis für einen Einlieferer nicht höher sein als der interne Zugangspreis, den das Postunternehmen implizit in Rechnung stellt, wenn postalische Teilnetze in der gleichen Weise "zusammengeschaltet" werden. Zu welchem impliziten Preis erhält ein lokales Postnetz Zugang zum überregionalen Verteilnetz? Als impliziter Zugangspreis kann der Basispreis angesehen werden, *abzüglich* der Grenzkosten des Postunternehmens für die Einsammlungsaktivität des lokalen Postnetzes. Konsolidierer, die beim regionalen Sortierzentrum einliefern, zahlen dagegen den Basistarif abzüglich des Vorleistungsrabatts. Diskrimierungsfrei ist der Rabatt folglich dann, wenn er die Grenzkosten der vorgelagerten Wertschöpfungsebene im Postunternehmen reflektiert.[12] Rabatte und Netzzugangsmöglichkeiten, die diskriminierungsfrei sind, führen folglich zu einer volkswirtschaftlich effizienten Arbeitsteilung.

Für den Fall der Liberalisierung der vorgelagerten Wertschöpfungstufen kann ein Rabatt unter den Grenzkosten des Postunternehmens als diskriminierende, wettbewerbsbeschränkende Preisgestaltung für Leistungen auf vorgelagerten Wertschöpfungsebenen gewertet werden. Das Postunternehmen erbringt Einsammlungsleistungen etc. zu einem impliziten Preis, der unterhalb seiner Kosten liegt. Marktzutritt von Konsolidierern wird verhindert, obwohl diese die Vorleistung kostengünstiger erbringen könnten als das Postunternehmen.

Die vierte Anforderung an diskrimierungsfreien Netzzugang betrifft Einlieferungstandards wie Format- und Gewichtsabgrenzungen, Aufbau und Maschinenlesbarkeit der Adressen, Barcode-Aufdruck, etc. Diskriminierungsfreiheit bedingt, daß die Festlegungen, die für das Postunternehmen gelten, auch bei einem Netzzugang von geschäftlichen Versendern, Konsolidierern oder anderen Zustelldiensten in gleicher Weise Anwendung finden.

[12] Vgl. Panzar, J. C.: Competition, Efficiency, and the Vertical Structure of Postal Services, a.a.O.

III.3. Anwendungsvoraussetzungen für die Normen

III.3.1. Komponentenpreisbildung

Die in den vorherigen Abschnitten abgeleitete Norm für effiziente Arbeitsteilung und diskriminierungsfreien Netzzugang ist nur sinnvoll anwendbar, wenn zuvor eine Komponentenpreisbildung eingeführt wurde. Bei einer Komponentenpreisbildung werden die einzelnen Wertschöpfungstufen individuell tarifiert; der Basispreis für die gesamte Wertschöpfungskette ergibt sich aus der Summe der einzelnen Preise. Dies impliziert z.B. unterschiedliche Preise für lokale und interregionale Beförderungen.

Gibt es jedoch noch keine Komponentenpreisbildung und werden uniforme Basispreise gesetzt, können bei der Rabatteinführung zwei Probleme entstehen, die eine Anwendbarkeit der obigen Normen problematisch machen:

- Eine Differenzierung des Rabatts für eine Wertschöpfungsebene nach Kostengesichtspunkten führt bei einheitlichem Basispreis zu diskrimierenden Netzzugangspreisen.

- Die Setzung eines uniformen Rabatts für eine Wertschöpfungsebene kann zu selektivem Netzzugang (Rosinenpicken) führen.

III.3.1.1. Nach Kosteneinsparungen differenzierter Rabatt

Die Problematik eines differenzierten Rabatts für eine Wertschöpfungsebene soll anhand der Abbildung 5 für einen Vorsortierrabatt veranschaulicht werden. Die Abbildung zeigt die Grenzkosten für automatisiertes und manuelles Sortieren beim Postunternehmen, die als konstant angenommen werden. Die Automatisierbarkeit der Sortierung kann vom Format oder aber von der Automatenlesbarkeit der Adresse abhängen. Darüber hinaus werden die jeweiligen aggregierten Grenzkostenkurven der Versender für Vorsortierung dargestellt. Die effiziente Arbeitsteilung wird durch die Punkte L und N in Abbildung 5 dargestellt. Sie ergibt sich, wenn das Postunternehmen für die Vorsortierung automatisiert und nicht automatisiert bearbeitbarer Sendungen unterschiedliche Rabatte setzen würde. Da die Kosteneinsparung bei manuell zu bearbeitenden Sendungen höher ist als bei automatisiert bearbeitbaren Sendungen, müßte der Rabatt für erstere höher sein. Der effiziente Rabatt betrüge folglich für manuell zu bearbeitende Sendungen 0H und für maschinell bearbeitbare Sendungen 0G.

Abbildung 5: Nach Kosteneinsparungen differenzierter Rabatt

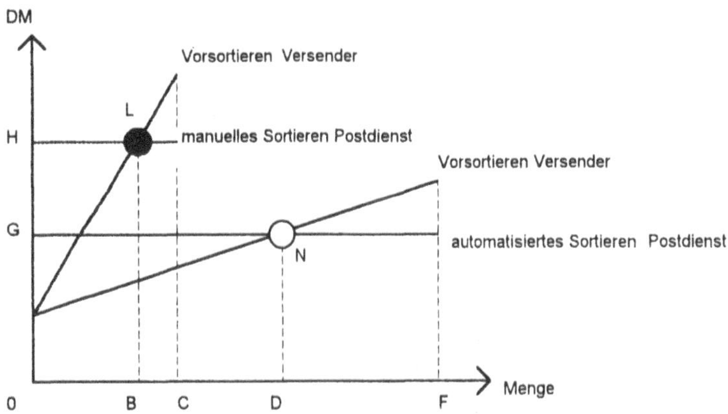

Ausgehend von einem einheitlichen Basistarif ergeben sich dann unterschiedliche Netzzugangspreise für die unterschiedenen Sendungsströme. Der Netzzugangspreis für vorsortierte Sendungen, die das Postunternehmen manuell sortieren würde, ist *niedriger* als der Netzzugangspreis für Sendungen, die das Postunternehmen automatisiert bearbeiten würde. Diese Differenzierung führt zu einer diskriminierenden Gestaltung des Netzzugangspreises.

III.3.1.2. Durchschnittsrabatt

Das im vorigen Abschnitt beschriebene Problem würde vermieden, wenn für eine Wertschöpfungsebene ein Durchschnittsrabatt gesetzt würde. Ein uniformer Rabatt für eine Wertschöpfungstufe kann aber zu selektivem Netzzugang (Rosinenpicken) führen. Wir veranschaulichen diesen Sachverhalt anhand von Abbildung 6 und knüpfen dabei an obiges Beispiel an. Nehmen wir an, das Postunternehmen setze einen einheitlichen Vorsortierrabatt von 0J. Die Versender würden dann bei vom Postdienst manuell zu bearbeitenden Sendungen die Menge 0A vorsortieren. Bei automatisiert bearbeitbaren Sendungen betrüge die vorsortierte Menge 0E. Die effizienten Vorsortiermengen liegen aber bei 0B bzw. 0D. Es kommt also zu ineffizientem, selektivem Netzzugang auf der Vorsortierebene.

Das Phänomen des selektiven Netzzugangs bei einheitlichen Durchschnittsrabatten mag im Monopolfall von geringer Relevanz sein. Bei einer Liberalisierung der Konsolidierungsebene hat das Problem des selektiven Netzzugangs jedoch größeres Gewicht. Wenn die Grenzkosten verschiedener Sendungsströme auf einer vorgelagerten Wertschöpfungsebene divergieren, führt ein uniformer Rabatt dazu, daß für einige Sendungsströme der Rabatt unter den Grenzkosten liegt und für andere Sendungsströme darüber. Es kann dann zu Konsolidierungsaktivitäten kommen, obwohl die Kosten des Konsolidierens über den Kosten des Postunternehmens liegen, wodurch ein volkswirtschaftlicher Effizienzverlust entsteht. Bei einem uniformen Rabatt entsteht ein Anreiz, *selektiv* jene Sendungen, bei denen die Kosten des Konsolidierers zwar über den Kosten des Postunternehmens, aber unterhalb des Rabattes liegen, zusätzlich zu bearbeiten (Menge DE in Abbildung 6).

Abbildung 6: Durchschnittsrabatt

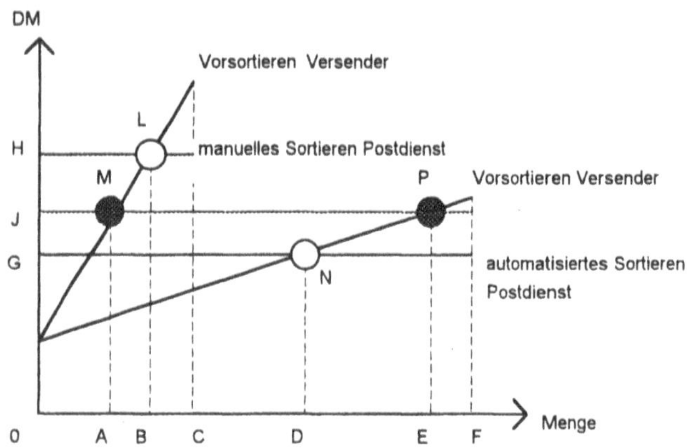

III.3.2. Tarifeinheit im Raum

In der Regel wird Postunternehmen die Tarifeinheit im Raum zur Auflage gemacht. Dies wird vielfach als unverzichtbarer Teil einer Universaldienstauflage angesehen. Auf liberalisierten Märkten können geographisch uniforme Preise aber zu volkswirtschaftlichen Ineffizienzen führen:

- Wenn die Grenzkosten verschiedener Sendungsströme unterschiedlich hoch sind, führt ein uniformer Preis dazu, daß für einige Sendungsströme der Preis unter den Grenzkosten liegt und für andere Sendungsströme darüber. Es kann dann zu Zustellaktivitäten kommen, obwohl die Kosten des privaten Zustelldienstes über den Kosten des Postunternehmens liegen, wodurch ein volkswirtschaftlicher Effizienzverlust entsteht. Bei einem uniformen Tarif entsteht ein Anreiz, selektiv jene Sendungen zuzustellen, deren Kosten unter dem Preis liegen (Rosinenpicken, *cream skimming*). Die Konsolidierung von Sendungen, bei denen der Preis unter den Kosten liegt, bleibt dagegen dem Postunternehmen überlassen.

- Das Postunternehmen könnte das Tarifniveau soweit absenken, daß die Zustellung für Wettbewerber grundsätzlich unattraktiv wird. Die Absenkung des Tarifniveaus könnte auch auf das Segment der Großversender beschränkt bleiben (Mengenrabatte). Marktzutritt würde dann gleichsam durch eine Absenkung der Zugangspreise unterbunden. Selektiver Netzzugang würde verhindert. Volkswirtschaftlich sinnvolle Arbeitsteilungsmöglichkeiten bleiben allerdings ebenfalls ungenutzt. Zudem verschlechtert sich die Erlössituation des Postunternehmens.

Aus einem solchen Dilemma führt nur eine Neubestimmung der Universaldienstauflage. In einem völlig liberalisierten Umfeld sollte die Tarifeinheit im Raum dem Postunternehmen *nicht* zur Auflage gemacht werden. Die Regulierung sollte dem nationalen Postunternehmen hinreichende Spielräume für eine Tarifdifferenzierung geben, um selektivem Netzzugang entgegenwirken zu können. Dazu sollte insbesondere die Möglichkeit gehören, Tarife für Massensendungen nach geographischen Merkmalen zu differenzieren. Dies könnte insbesondere durch die Einführung eines Ballungsraumrabatts geschehen.

III.3.3. Deckung der fixen Netzkosten

Postnetze sind durch Netzfixkosten, insbesondere im Zustellbereich, gekennzeichnet, die über die Preise zu decken sind. Bei einer Orientierung der Vorleistungsrabatte an den eingesparten Grenzkosten würden die Deckungsbeiträge implizit ausschließlich über den lokalen Zustellpreis erzielt werden. Rabatte, die unter dem Blickwinkel der Arbeitsteilung effizient sind, sind dies allerdings nicht notwendigerweise auch unter dem Gesichtspunkt der Deckung der fixen Netzkosten.

Um eine effiziente Fixkostendeckung zu erreichen, sollten die Versender nach Maßgabe ihrer Preiselastizität der Nachfrage belastet werden: Bei einer geringen Preiselastizität der Nachfrage sollte der Zuschlag auf die Grenzkosten relativ höher sein als bei einer hohen Preiselastizität der Nachfrage. Auf diese Weise werden die Nachfrageeinschränkungen (und die damit verbundenen Verluste an Konsumentenrente) möglichst gering gehalten.

Je stärker die Versenderseite segmentiert wird und nach Maßgabe der Preiselastizität der Nachfrage zur Kostendeckung herangezogen wird, um so effizienter wird die Preisstruktur.[13] Zweifellos kann die Segmentierung nach dem Inhalt der Sendungen (in individuelle Mitteilungen und Mitteilungen werblichen Inhalts) eine effiziente Form sein, Beiträge zur Deckung der fixen Netzkosten zu erwirtschaften. Eine weitergehende Segmentierung bestünde darin, Kundengruppen innerhalb einer Sendungsart nach unterschiedlichen Preiselastizitäten zu unterscheiden. Dazu könnten auch Vorleistungsmerkmale benutzt werden. In der Regel sind nur geschäftliche Versender mit größeren Einlieferungsvolumina zur Erbringung von Vorleistungen in der Lage. Diese verfügen aber auch über die besseren Substitutionsmöglichkeiten und weisen deshalb die höheren Preiselastizitäten der Nachfrage auf. Es wäre volkswirtschaftlich effizient, solche Versendergruppen mit geringeren Aufschlägen auf die relevanten Grenzkosten zu belegen als Versendergruppen mit geringeren Substitutionsmöglichkeiten. Dies impliziert, daß für geschäftliche Versender mit großen Einlieferungsmengen ein relativ niedriger Aufschlag auf die relevanten Grenzkosten gesetzt wird, während für Kleinversender ein relativ hoher Aufschlag auf die relevanten Grenzkosten verlangt wird. Die Differenz zwischen beiden Preisen ist *sowohl* kosten- *als auch* elastizitätsorientiert. Eine Preisdifferenz (ein Rabatt) in Höhe der Grenzkosten der Vorleistung würde zwar zu einer effizienten Arbeitsteilung, aber nicht zu einer effizienten Deckung der Netzfixkosten führen.

---

[13] Marktsegmentierung und Preisdifferenzierung ist allerdings mit Kosten verbunden, so daß nur ein begrenztes Maß an Segmentierung und Differenzierung volkswirtschaftlich effizient sein kann.

Der unter dem Gesichtspunkt der Deckung der Netzfixkosten effiziente Rabatt liegt tendenziell über dem im Hinblick auf die Arbeitsteilung effizienten Rabatt, wenn

- die Elastizität der Nachfrage nach vorsortierten Sendungen bezüglich des Preises für vorsortierte Sendungen (Eigenpreiselastizität) und bezüglich des Preises für unsortierte Sendungen (Kreuzpreiselastizität) relativ hoch ist,

- die Elastizität der Nachfrage nach unsortierten Sendungen bezüglich des Preises für unsortierte Sendungen (Eigenpreiselastizität) und hinsichtlich des Preises für vorsortierte Sendungen (Kreuzpreiselastizität) relativ gering ist.

Unter Monopolbedingungen sollte also die Einräumung von Vorleistungsrabatten an Versender auch unter dem Gesichtspunkt der Fixkostendeckung betrachtet werden. Erst bei einer Liberalisierung der Konsolidierungsebene oder völliger Liberalisierung ist ein diskriminierungsfreier Netzzugang zwingend. Dadurch entstehen zwar gewisse volkswirtschaftliche Effizienzverluste durch den Übergang von einer Preisstruktur, die sich an Preiselastizitäten orientiert, hin zu einer rein kostenorientierten Preisstruktur. Durch Liberalisierung entstehen aber dynamische Effizienzgewinne im Sinne einer schnelleren Anpassung von Produktions- und Organisationsstrukturen, die die Nachteile aus eingeschränkten Preisdifferenzierungsmöglichkeiten überwiegen dürften. Bei einer Liberalisierung ist jedenfalls eine Segmentierung der Einlieferer nach *Netzzugangsmerkmalen* ordnungs- und wettbewerbspolitisch nicht mehr vertretbar. Liberalisierung impliziert immer eine Priorität für die Zielsetzung eines diskriminierungsfreien Netzzuganges und einer effizienten Arbeitsteilung.

IV. Schlußfolgerungen

Die Öffnung des Netzzuganges für geschäftliche Versender, Konsolidierer und private Zustelldienste ermöglicht Arbeitsteilung auf den der Zustellung vorgelagerten Wertschöpfungsebenen. Arbeitsteilung kann volkswirtschaftliche Effizienzgewinne bewirken: Immer dann, wenn Versender oder Konsolidierer Sortier-, Transport- und Einsammelleistungen kostengünstiger erstellen können als das Postunternehmen, können die Gesamtkosten durch Arbeitsteilung gesenkt werden. Darüber hinaus ermöglicht die Öffnung des Netzzuganges Wettbewerb auf der Einsammel-, Sortier- und Transportebene. Wettbewerb erzeugt dynamische Effizienzgewinne, da Anpassungen an neue Nachfrage- und Produktionsbedingungen schneller vorgenommen und organisatorische und logistische Innovationen schneller durchgeführt werden.

Für den Fall der Öffnung des Netzzuganges sollte die Regulierung sich von den Normen der effizienten Arbeitsteilung und Diskriminierungsfreiheit leiten lassen. Dabei erscheint eine Reform des traditionellen Regulierungsansatzes unvermeidlich. Die Einführung von Komponentenpreisbildung, das "unbundling" der Preisbildung, wird unabdingbar: Die einzelnen Wertschöpfungsstufen sollten individuell tarifiert werden, der Basispreis einer Sendungsart für die Benutzung der gesamten Wertschöpfungskette sollte sich als Summe der individuellen Komponentenpreise ergeben. Dies hätte beispielsweise zur Folge, daß Postunternehmen lokale Sendungen niedriger als überregionale Sendungen tarifieren würden. Der Preis für die lokale Zustellung wäre jedoch derselbe. Der Rabatt für die Einlieferung im Zielgebiet - bezogen auf den Basispreis einer überregionalen Sendung - entspräche den, gegenüber einer rein lokalen Sendung, wegfallenden Kosten.

Nicht vereinbar mit Komponentenpreisbildung und Öffnung des Netzzuganges wären die folgenden politischen Auflagen:

- Bei einer völligen Liberalisierung von Märkten können geographisch uniforme Preisniveaus und Rabattstrukturen möglicherweise nicht aufrechterhalten werden, da sie selektiven, volkswirtschaftlich ineffizienten Netzzugang bewirken können. Es muß in einem liberalisierten Markt Postunternehmen möglich sein, Preisstrukturen hinreichend nach geographischen Merkmalen zu differenzieren, um "Rosinenpicken" zu vermeiden.

- Bei einer Liberalisierung der Konsolidierungsebene könnte zwar ein geographisch einheitlicher Preis für lokale Zustelleistungen aufrechterhalten werden. Die Preise für die vorgelagerten Netzzugangsebenen (also auch die Rabatte) sollten jedoch vom Postunternehmen differenziert werden können, um selektiven, auch volkswirtschaftlich ineffizienten Netzzugang unterbinden zu können.

- Würden nur geschäftlichen Versendern (also Großkunden) weiterreichende Netzzugangsmöglichkeiten eingeräumt, ist die Gefahr des selektiven, volkswirtschaftlich ineffizienten Netzzuganges weniger ausgeprägt. Die Aufrechterhaltung einer uniformen Preis- und Rabattstruktur erscheint dann eher möglich. Die Einführung einer Komponentenpreisbildung wäre gleichwohl auch dann volkswirtschaftlich sinnvoll, was zu Tarifdifferenzierungen, z.B. zwischen lokalen und überregionalen Sendungen führen könnte.

Literaturverzeichnis

Baumol, W. J./ Sidak, J. G.: Towards Competition in Local Telephony. Cambridge/Mass. 1994.

Crew, M. A./ Kleindorfer, P. R.: The Economics of Postal Service. A Research Study supported by WIK. Boston/ Dordrecht/ London 1992.

Industry Commission: Mail Courier and Parcel Services. Report No. 28. 30 October 1992. Canberra 1992.

Kahn, A. E./ Taylor, W. E.: The Pricing of Inputs sold to Competitors: A Comment.. The Yale Journal of Regulation. Vol. 11, 1994, S. 225-240.

Kommission der Europäischen Gemeinschaften: Grünbuch über die Entwicklung des Binnenmarktes für Postdienste. KOM (92) 476 endg., Rats-Dok. Nr. 7390/92. Brüssel 1992.

Kommission der Europäischen Gemeinschaften: Leitlinien für die Entwicklung der gemeinschaftlichen Postdienste. KOM (93) 247, Brüssel 1993.

Neu, W./ Speckbacher, W./ Stumpf, U.: Preisregulierung im Monopolbereich des Postdienstes. WIK Diskussionsbeitrag Nr. 92, Bad Honnef 1992.

Panzar, J. C.: Is Postal Service a Natural Monopoly?, in: Crew, M. A./ Kleindorfer, P. R. (Eds.): Competition and Innovation in Postal Services. Boston/ Dordrecht/ London 1991, S. 219-228.

Panzar, J. C.: Competition, Efficiency, and the Vertical Structure of Postal Services, in: Crew, M. A. and Kleindorfer, P. R. (Eds.): Regulation and the Nature of Postal and Delivery Services, Boston/ Dordrecht/ London 1993, S. 91-105.

Rogerson, C.M./ Takis, W.M.: Economies of Scale and Scope and Competition in Postal Services, in: Crew, M.A. and Kleindorfer, P.R. (Eds.): Regulation and the Nature of Postal and Delivery Services, Boston/ Dordrecht/ London 1993, S. 109-127.

Steiner, P.O.: Peak Loads and Efficient Pricing. in: Quarterly Journal of Economics, 1957, S. 585-610.

Tirole, J.: The Theory of Industrial Organization, Cambridc/Mass., London 1988.

Tye, W. B.: The Pricing Sold to Competitors: A Response", The Yale Journal of Regulation, Vol. 11, 1994, S. 203-224.

Möglichkeiten und Grenzen einer Qualitätsregulierung in wettbewerblichen Ausnahmebereichen des Postwesens (Bauer)

I. Einführung und Problemstellung

II. Operationalisierung des Qualitätsbegriffs im Briefdienst - einige grundsätzliche Überlegungen

- II.1. Qualitätsmerkmale im Briefdienst
- II.2. Zum Problem der Messung der für den Briefdienst relevanten Qualitätskriterien

III. Monopole und Qualität

IV. Qualitätsregulierung in gesetzlich geschützten Monopolbereichen?

- IV.1. Zum Problem der Identifizierung qualitativer Ineffizienzen
- IV.2. Zum Problem der Etablierung geeigneter Anreiz- und Sanktionsmechanismen zur Beseitigung qualitativer Ineffizienzen
- IV.2.1. Haftungsregeln
- IV.2.2. Einbeziehung eines Qualitätsindexes in die Preiskontrollformel

V. Staatliche Qualitätssicherung im Monopolbereich der Post AG?

VI. Ausblick

Möglichkeiten und Grenzen einer Qualitätsregulierung in wettbewerblichen Ausnahmebereichen des Postwesens

Brigitte Bauer*

I. Einführung und Problemstellung

Grundlage der marktwirtschaftlichen Ordnung der Bundesrepublik Deutschland ist die dezentrale Organisation des Güteraustauschs. Monopole sehen sich in diesem System der Koordination vielzahliger Wirtschaftseinheiten einer kritischen Öffentlichkeit ausgesetzt. Dies gilt insbesondere dann, wenn Monopolstellungen nicht aus leistungsmäßiger Überlegenheit im Konkurrenzkampf mit anderen Wettbewerbern am Markt resultieren, sondern auf gesetzlicher Grundlage basieren. Ein zentrales Thema bildet dabei die Frage, inwieweit sich gesetzlich geschützte Unternehmen tatsächlich an den Wünschen, Bedürfnissen und Interessen der Konsumenten orientieren. Vielfach wird die Kundenorientierung eher kritisch beurteilt und konstatiert, daß in wettbewerblichen Ausnahmebereichen die Anreize zu intensiver Marktforschung gering sind und die Wahrscheinlichkeit dementsprechend hoch ist, daß sich die erzeugten Leistungen in Quantität und Qualität weniger an den differenzierten Bedürfnissen der Empfänger als an den Normvorstellungen und der bürokratischen Bequemlichkeit der Anbieter orientieren werden.[1]

Auch das Dienstleistungsangebot der Deutschen Bundespost ist in diesem Zusammenhang immer wieder von den verschiedensten Seiten analysiert und beurteilt worden. Nach § 2 Abs. 1 Postgesetz (neu) ist "das Errichten und Betreiben von Einrichtungen zur entgeltlichen Beförderung von schriftlichen Mitteilungen oder sonstigen Nachrichten von Person zu Person dem Nachfolgeunternehmen der Deutschen Bundespost POSTDIENST bis zum Auslaufen des Beförderungsvorbehalts ausschließlich vorbehalten". Vom Beförderungsvorbehalt der jetzigen Deutschen Post AG ausgenommen sind neben Kurierdiensten lediglich Büchersendungen, schwere Massensendungen, unadressierte Werbezettel (Wurfsendungen) sowie Briefe mit einem Beförderungspreis, der mindestens das Zehnfache des Entgelts eines Standardbriefs beträgt. Auch erstreckt sich der Beförderungsvorbehalt in erster Linie auf den Briefverkehr, nicht dagegen auf den Paket- und Päckchendienst. Hier steht die Post im Wettbewerb mit anderen Dienstleistern, wie der Deutschen Bahn AG, dem Werkverkehr, den Speditionen und vor allem den privaten Paketbeförderungsunternehmen.

Im Vordringen und Erfolg privater Initiative - speziell der privaten Paketzusteller und Kurierdienste seit Mitte der 70er Jahre - wurde vielfach der Beweis für mangelnde Markt- und Kundenorientierung des mit vielfältigen Alleinbetriebsrechten im Postwesen ausgestatteten "gelben Riesen" gesehen.

* Wissenschaftliches Institut für Kommunikationsdienste, Bad Honnef.

[1] Vgl. Hauff, V./ Scharpf, F. W.: Modernisierung der Volkswirtschaft, Frankfurt am Main, Köln 1975, S. 103.

Intensiviert wurde die Diskussion über die Vor- und Nachteile von gesetzlich fixierten Monopolstrukturen im Postwesen im Rahmen der Verabschiedung des EG-Grünbuchs. Gleichwohl konnte sich der bundesdeutsche Gesetzgeber bislang nicht zu einer grundlegenden Veränderung der Ordnungsprinzipien im Postsektor entschließen.

Mit dem Festhalten an postalischen Alleinrechten hat auch die Frage nach Gewährleistung einer den Kundenwünschen entsprechenden Dienstleistungsqualität nichts an Aktualität verloren.

Im folgenden soll deshalb genauer untersucht werden, inwieweit in wettbewerblichen Ausnahmebereichen des Postwesens mit Qualitätsproblemen zu rechnen ist und ob der Staat durch regulatorisches Eingreifen Abhilfe schaffen kann.

Die Überlegungen gliedern sich in vier Teile: Ausgehend von einigen grundsätzlichen Überlegungen zur Operationalisierung des Qualitätsbegriffs im Briefdienst wird das Problemfeld "Monopole und Qualität" theoretisch beleuchtet. Im Anschluß werden Ansätze und Probleme einer staatlichen Qualitätssicherung diskutiert und schließlich Schlußfolgerungen hinsichtlich der Notwendigkeit sowie der Möglichkeiten und Grenzen staatlicher Qualitätssicherung im Monopolbereich des Postwesens gezogen.

II. Operationalisierung des Qualitätsbegriffs im Briefdienst - einige grundsätzliche Überlegungen

Die Qualität eines Produktes oder einer Dienstleistung läßt sich definieren als die Gesamtheit sämtlicher relevanter Merkmale dieses Produktes bzw. dieser Dienstleistung. Ein Qualitätsmerkmal ist dann relevant, wenn es den Nutzen einer nennenswerten Anzahl von Kunden merklich beeinflußt.[2]

Vor diesem Hintergrund sollen im folgenden zunächst einige Überlegungen zum Qualitätsbegriff im Briefdienst angestellt werden. Dabei gliedert sich die Betrachtung in zwei Teile: Zuerst ist zu klären, welches die im Briefdienst relevanten Qualitätsmerkmale sind. Es geht also zunächst um die Identifikation von Qualitätskriterien. Im Anschluß daran soll der Frage nachgegangen werden, inwieweit es gelingt, diese Merkmale zu messen, also einer quantitativen Bewertung zugänglich zu machen.

II.1. Qualitätsmerkmale im Briefdienst

Die Klärung der Frage, welche Merkmale die Qualität der Beförderungsleistung "Briefdienst" bestimmen, stellt in erster Linie ein empirisches Problem dar. Dabei lassen sich, was die Informationsbeschaffung angeht, zwei grundsätzliche Vorgehensweisen unterscheiden. Zum einen besteht die Möglichkeit, die relevanten Qualitätsmerkmale durch Beobachtung oder Befragung der Kunden zu ermitteln. Ein anderer Ansatz besteht darin, Veröffentlichungen in- und ausländischer Postverwaltungen, Regulierungsinstitu-

[2] Vgl. Kruse, J.: Ökonomie der Monopolregulierung. Göttingen 1985, S. 119.

tionen, internationaler Organisationen, der Presse usw. mit Blick auf das vorliegende Informationsproblem aufzubereiten und zu analysieren. Beide Vorgehensweisen haben spezifische Vor- und Nachteile und sollten beide zur Anwendung kommen, wenn möglichst genaue und zuverlässige Ergebnisse erzielt werden sollen.

Die im folgenden aufgelisteten Qualitätskriterien im Briefdienst basieren allein auf der skizzierten Auswertung und Aufbereitung verschiedener Veröffentlichungen, insbesondere auf: (1) von der Deutschen Bundespost in Auftrag gegebenen Kundenbefragungen durch Marktforschungsinstitute[3] (2) Veröffentlichungen der Deutschen Bundespost sowie des Bundesministeriums für Post und Telekommunikation;[4] (3) Veröffentlichungen ausländischer Postunternehmen und -verwaltungen;[5] (4) der veröffentlichten Meinung zur Dienstgüte der Deutschen Bundespost im Briefdienst;[6] (5) Stellungnahmen von Verbänden und sonstigen Interessenvertretungen im In- und Ausland zur Qualität im Briefdienst;[7] (6) Wirtschaftswissenschaftliche Veröffentlichungen zum Qualitätsproblem im Briefdienst[8]; (7) Veröffentlichungen zur Qualitätsproblematik in vergleichbaren Dienstleistungsunternehmen[9]. Zur Gewinnung eines grundsätzlichen Überblicks über Qualitätsmerkmale ist dies vertretbar.

Die Analyse der verschiedenen Informationsquellen liefert verschiedene Qualitätsmerkmale für den Briefdienst, die relativ gut den drei Kategorien (1) Einlieferung, (2) Transport und (3) Zustellung zugeordnet und entsprechend systematisiert werden können.

---

[3] Vgl. z.B. Erben, E.: Das Image der Deutschen Bundespost im Zeitablauf. Arbeitsberichte zum Marketing der Deutschen Bundespost. Band 1. Dieburg 1983.

[4] Vgl. z.B. Deutsche Bundespost: Geschäftsbericht 1988. Bonn 1989: Deutsche Bundespost Postdienst: Geschäftsbericht 1990. Bonn 1991; Helbig, M.: Bisherige Ergebnisse der Qualitätsoffensive Brief, in: Postpraxis 8/1991, S. 170-177; Zurhorst, B.: Neue Perspektiven für die "gelbe" Post. Zeitschrift für Post und Telekommunikation 2/89, S. 6-7; Schwarz-Schilling, Ch.: Die strukturpolitische Verpflichtung der Deutschen Bundespost bleibt gewahrt. Zeitschrift für Post und Telekommunikation 10/88, S. 4-11.

[5] Vgl. z.B. Sweden Post: Annual Report 1988; An Post, Annual Report 1989; The Post Office: Report and Accounts 1988, 1989, 1990-91, 1989-90.

[6] Vgl. z.B. Schütze, Ch.: Wohin die Post abgeht, in: Süddeutsche Zeitung vom 6.4.1989; o.V., Schalter unbesetzt und zu früh zu, in: Südwest-Presse vom 1.3.1989; o.V.: Post fährt weiter Zustelldienst auf Sparflamme, in: Hannoversche Allgemeine vom 18.11.1989; o.V.: Lange warten auf die Post, in: Stuttgarter Nachrichten vom 22.06.1990.

[7] Vgl. z.B. Arbeitsgemeinschaft der Verbraucherverbände: Wird Samstagszustellung eingestellt?, in: Bleckeder Zeitung, vom 16./17.5.1990; Schoser, F.: Wirtschaft und Deutsche Bundespost Postdienst, Erfahrungen - Erwartungen - Wünsche, in: Deutsche Bundespost POSTDIENST (Hrsg.): Post Forum, Dokumentation Band 1. Postdienst, Nürnberg 1990, S. 22-28; POUNC: Report on the delivery performance and potential of the Post Offices's mail services. London 1979; POUNC: Queuing for Service: Post Office Compared with Others, London 1989, POUNC: Customer Audit and Review of the Post Office. London 1991, POUNC: Annual Report of Post Office Users' National Council. London 1989-90.

[8] Vgl. z. B. Crew, M. A./ Kleindorfer, P. R.: Quality and Price Differentiation in Postal Services, in: Speckbacher, W. (Hrsg.): Die Zukunft der Postdienste in Europa. Berlin u.a. 1991, S. 49-67.

[9] Vgl. z.B. Behrens, R.: Qualitätsmanagement in Banken, Köln 1989. Klapwijk, P.: Making Quality Pay in the Freight Industry, Vortrag auf der 4th Annual World Express Freight & Distribution Conference, Amsterdam 1991; Moorhouse, P.: Meeting the Single Market Challenge, Vortrag auf der 4th Annual World Express Freight&Distribution Conference. Amsterdam 1991.

zu (1) Einlieferung

Die Möglichkeit zur Einlieferung von Briefsendungen determiniert den Zugang der Kunden zur Dienstleistung "Briefdienst". Entsprechend ist es unmittelbar einsichtig, daß die *Verfügbarkeit von Einlieferungsstellen* ein wesentliches Qualitätskriterium im Briefdienst darstellt. "Verfügbarkeit" hat dabei sowohl eine räumliche (Verteilung von Einlieferungsstellen im Raum) als auch eine zeitliche (zeitlicher Zugang zu Einlieferungsstellen) Dimension.

Berücksichtigt man, daß die Einlieferung über verschiedene "Technologien" erfolgen kann, dann ist von Bedeutung, daß - je nach Einlieferungstechnologie - neben Zeit und Raum noch andere Faktoren qualitätsrelevant sind. Während Großversender ihre Sendungen in der Regel direkt in den Sortierstellen aufliefern, stehen privaten Haushalten und geschäftlichen Kleinversendern momentan vor allem Briefkästen und Schalter als Einlieferungstechnologien zur Verfügung. Entsprechend läßt sich ein Großteil der identifizierten Qualitätsmerkmale einer ganz bestimmten Einlieferungstechnologie zuordnen.

Merkmale, die in Verbindung mit der Einlieferungstechnologie "Briefkasten" identifiziert wurden, sind: räumlicher Zugang, Information und Erhältlichkeit von (Post-) Wertzeichen.

Information bezieht sich dabei auf Angaben, bis wann ein Brief eingeliefert sein muß, damit er den Empfänger in einer bestimmten Zeit erreicht. Die Freimachung von Briefsendungen durch Postwertzeichen (Briefmarken) ist die bei der Einlieferung über Briefkästen benutzte Art der Entgeltverrechnung. Entsprechend ist die *Erhältlichkeit von Postwertzeichen* ein unmittelbar mit der Einlieferungstechnologie "Briefkasten" verbundenes Qualitätskriterium.

In Verbindung mit der Einlieferungstechnologie "Schalter" wurden als Qualitätskriterien ausgemacht: Zugang (räumlich, zeitlich), Wartezeit an Postschaltern, Kompetenz, Höflichkeit und Erscheinungsbild des Personals sowie Erscheinungsbild der Amtsstellen.

Von Bedeutung ist, daß *Information* außer als ein die Qualität von Einlieferungsstellen determinierendes Kriterium ein Qualitätskriterium an sich darstellt, also eine durchaus eigenständige Bedeutung hat. Information als Qualitätskriterium umfaßt die Verfügbarkeit von Empfehlungen, Tips und Orientierungshilfen, die dem Kunden die Nutzungsbedingungen und -möglichkeiten der Dienstleistung "Briefdienst" verständlich und überschaubar machen. Die Vermittlung der Information kann auf unterschiedlichste Arten erfolgen. Beispiele sind etwa die bereits erwähnten Hinweistafeln an Briefkästen und sonstigen Einlieferungspunkten, aber auch Broschüren oder Kunden-Seminare. Des weiteren können unter *Information* die Geschwindigkeit sowie die Art und Weise mit der Anfragen und Beschwerden beantwortet werden, subsumiert werden.

zu (2) Transport

Qualitätsmerkmale, die in Zusammenhang mit dem Transport von Briefsendungen identifiziert wurden, beziehen sich auf Beschädigung und Verlust von Sendungen sowie Sicherheit gegen unbefugten Zugriff.

Daß die Nutzer von Postdienstleistungen daran interessiert sind, daß ihre Sendungen beim Transport *nicht beschädigt* werden oder gar *verloren* gehen, ist unmittelbar einsichtig und bedarf keiner weiteren Erläuterung.

Auch die *Sicherheit gegen unbefugten Zugriff* stellt für die Nutzer von Briefdienstleistungen ein durchaus wichtiges Kriterium dar. Nicht am postalischen Betriebsablauf Beteiligte sollen möglichst wenig Möglichkeiten haben, sich Einblicke in den Postverkehr des Absenders bzw. Empfängers zu verschaffen. Von den anderen Kriterien unterscheidet es sich im wesentlichen dadurch, daß es sich hier nicht um einen flexibel variierbaren Aktionsparameter handelt, sondern um ein höchstpersönliches, wenn auch nicht absolut geschütztes Recht jedes Staatsbürgers.

zu (3) Zustellung

Bei den der Kategorie "Zustellung" zugeordneten Qualitätsmerkmalen handelt es sich um die Laufzeit sowie den Ort und die Zeit der Zustellung.

Die *Laufzeit* kennzeichnet die Zeitspanne von der Einlieferung einer Briefsendung bis zur Ankunft beim Empfänger. Dargestellt wird sie vielfach mit Hilfe der Formel E+X. Dabei steht E für den Einlieferungstag, die zu E hinzuzuzählende Zahl bezeichnet die Zahl der Werktage, die nach der Einlieferung bis zur Zustellung vergehen. Die Laufzeit wird vielfach als das dominierende Qualitätsmerkmal im Briefdienst bezeichnet. Von Bedeutung ist dabei allerdings nicht nur der Laufzeitwert und damit die Geschwindigkeit der Briefzustellung an sich, sondern auch die Zuverlässigkeit der Einhaltung von Laufzeitangaben im Sinn des Prozentsatzes der Sendungen, die E+1 erreichen 90 Prozent E+1 heißt z.B., daß 90 Prozent der Sendungen an dem auf den Einlieferungstag folgenden Werktag beim Empfänger eintreffen.

Schließlich lassen sich in Verbindung mit der eigentlichen Zustellung - analog zur Einlieferung - eine räumliche und eine zeitliche Qualitätsdimension unterscheiden. Der räumliche Aspekt läßt sich konzentrieren auf den *Ort der Zustellung* (persönliche Aushändigung versus Hausbriefkasten versus Hinterlegung beim Postamt (z.B. Postfach)), die zeitliche Dimension auf die *Tageszeit der Zustellung sowie die Häufigkeit/ Regelmäßigkeit der Zustellung* (nur werktags, auch Samstagszustellung usw.).

Wie die obige Auflistung zeigt, existiert im Briefdienst eine relativ große Anzahl von Qualitätskriterien, von denen jedes viele mögliche Ausprägungen haben kann. Daraus folgt, daß es *die* Qualität im Briefdienst nicht gibt. Statt dessen existiert eine Vielzahl möglicher Qualitätsvarianten. Denn aus Kundensicht haben zwei Produkte bereits dann eine unterschiedliche Qualität, wenn sie sich in irgendeinem relevanten Merkmal unterscheiden.

II.2. Zum Problem der Messung der für den Briefdienst relevanten Qualitätskriterien

Für eine ökonomische Analyse von Qualitäten, Qualitätsänderungen und Qualitätsunterschieden gilt es nun in einem zweiten Schritt der Frage nachzugehen, inwieweit die Qualität von Briefdienstleistungen einer quantitativen Bewertung zugänglich gemacht werden kann. Um Aussagen darüber machen zu können, welche Qualitätsausprägung im konkreten Fall gegeben ist, ist es erforderlich, Qualitätsmerkmale in hinreichend operationalen Skalen zu messen.

Bei genauerer Betrachtung der Merkmale treten einerseits Begriffe auf, bei denen relativ leicht ersichtlich ist, was damit gemeint ist und wie sie gemessen werden können. Beispiele hierfür sind die Brieflaufzeit, zeitlicher Zugang zu und räumliche Verteilung von Einlieferungsstellen, Beschädigung oder Verlust von Sendungen.

In anderen Fällen jedoch wird die Qualität der Dienstleistung vom Kunden subjektiv empfunden. Dies gilt etwa für Kriterien wie die Höflichkeit und Kompetenz der Schalterangestellten, das Informationsgebaren des Postunternehmens oder das Erscheinungsbild der Amtsstellen. Somit kann eine Bewertung auch nur über qualitative Prüfverfahren erfolgen. Eine Möglichkeit bieten z.B. Testberatungsgespräche, die anonym durchgeführt werden und das Beratungsniveau sowie das Umfeld der Beratung bewerten sollen. Zwar ist auch hier über eine Punktvergabe für einzelne Kriterien eine Quantifizierung möglich, jedoch ist die Vergleichbarkeit der Ergebnisse aufgrund der starken Subjektivität der Bewertung nur bedingt möglich.[10]

Insgesamt scheint eine vollständige Beschreibung der Eigenschaften des Nachrichtenübermittlungssystems "Briefdienst" kaum möglich, wenn man bedenkt, daß die Qualität der Leistung in Bezug auf alle Verkehrsrelationen und für jeden Zeitpunkt keineswegs gleich ist. Die Messung muß sich letztlich auf systematische Stichproben stützen und kann immer nur eine Annäherung an die Realität sein. Deshalb kommt es entscheidend darauf an, die Messung so auszugestalten, daß die Ergebnisse eine möglichst gute Annäherung an die Realität liefern. Als Beispiel sei hier kurz auf das Problem einer geeigneten Methode der Laufzeitmessung eingegangen:[11]

Traditionell haben die Postverwaltungen die Brieflaufzeit von dem Zeitpunkt an gemessen, da ein Brief die Sortierstelle erreicht und einen Datumsstempel erhält, bis zu dem Moment, da er zur Zustellung fertig ist. Die so ermittelten Meßwerte vernachlässigten Zeitverluste zwischen dem Einwerfen eines Briefes in einen Briefkasten bis zur An-

[10] Vgl. Horváth, P./ Urban, G.(Hrsg.): Qualitätscontrolling, Stuttgart 1990, S. 177.

[11] Vgl. dazu z.B. Nicholson, B.: Entwicklungstendenzen der Postdienste im europäischen Markt, in: Deutsche Bundespost POSTDIENST (Hrsg.), Post Forum, Dokumentation Band 1: Postdienst, Nürnberg 1990, S. 29-36, hier: S. 31 f.

kunft in der Sortierstelle und von dem Zeitpunkt, wenn ein Brief zur Zustellung fertig ist, bis zur eigentlichen Zustellung. Es wurden somit letztlich nicht die von den Geschäfts- und Privatkunden tatsächlich erfahrenen Zustellungsgeschwindigkeiten wiedergegeben. Dies hatte in den letzten Jahren Bestrebungen zur Folge, die Laufzeit so abzubilden, wie sie der Kunde empfindet, nämlich als Zeitspanne zwischen dem Einwerfen eines Briefes bis zur eigentlichen Zustellung. Die dabei ermittelte Diskrepanz zwischen den Ergebnissen der offiziellen Laufzeitmessungen und den Kundenerfahrungen trugen wesentlich dazu bei, daß mittlerweile eine Vielzahl von Postverwaltungen ein "Haus-zu-Haus"-Qualitätskontrollsystem etabliert hat, das - um die Glaubwürdigkeit der ermittelten Daten sicherzustellen - unter die Aufsicht eines professionellen externen Marktforschungsinstituts gestellt wurde. Darüber hinaus gingen einige Postverwaltungen dazu über, nicht mehr nur globale, nationale Laufzeitwerte für verschiedene Sendungsarten offenzulegen, sondern regional gegliederte Daten zu veröffentlichen.

III. Monopole und Qualität

Im folgenden soll der Frage nachgegangen werden, inwieweit monopolistische Marktstrukturen Funktionsmängel der marktlichen Lenkungsprozesse in Bezug auf den Qualitätsaspekt erwarten lassen. Dazu bedarf es in einem ersten Schritt einer Präzisierung der Ziele, nach denen die Funktionsfähigkeit der Lenkungsprozesse beurteilt wird. Der Beurteilungsmaßstab, an dem sich die Argumentation im Rahmen der vorliegenden Betrachtung primär ausrichtet, ist das Kriterium der "qualitativen Effizienz". Unter qualitativer Effizienz wird verstanden, daß die angebotenen Produkte hinsichtlich ihrer qualitativen Merkmale bzw. Eigenschaften den Präferenzen der Kunden bestmöglich entsprechen. Qualitative Effizienz bildet zusammen mit der allokativen Effizienz ("richtige" Preise und Mengen) und der technischen Effizienz (Produktion zu minimalen Kosten) die gesamtwirtschaftliche oder "ökonomische Effizienz", beinhaltet also die kostenminimale Erstellung der präferenzadäquaten Produktqualitäten und -mengen und ihr Angebot zu den "richtigen" Preisen.[12]

Die Frage, wie im Monopol über die Produktpolitik bzw. die Qualitätsmerkmale entschieden wird und ob das Ergebnis qualitative Effizienz verspricht, ist in der ökonomischen Theorie eher vernachlässigt worden.[13] Der überwiegende Teil der Literatur zum Monopolproblem konzentriert sich auf die allokative Effizienz - insbesondere den Preisaspekt. Dabei wird üblicherweise davon ausgegangen, daß das "Produkt" des betrachteten Bereichs vorgegeben ist. Die Aufhebung dieser Annahme bildet den Ausgangspunkt der theoretischen Überlegungen zum Thema "Monopole und Qualität bzw. qualitative Effizienz".

---

[12] Vgl. Kruse, J.: Ökonomie der Monopolregulierung, a.a.O., S. 70.

[13] Vgl. Caves, E./ Roberts, M.J.: Regulating the Product, Cambridge 1975, S. 15.

Einige Autoren[14] vergleichen im Rahmen modelltheoretischer Betrachtungen die Qualitätswahl eines gewinnmaximierenden Monopolisten mit der gesamtwirtschaftlich optimalen Qualität, indem sie die Reaktionskurven des Monopolisten mit gewinn- und wohlfahrtsoptimaler Zielsetzung in einem Qualitäts-Mengen-Diagramm analysieren. Es wird gezeigt, daß die gewinnmaximale Qualität des Monopolisten von der des sozialen Optimums abweicht und sehr detailliert die Faktoren herausgearbeitet, die die relative Lage der beiden Qualitätsoptima bestimmen.

Die skizzierten ökonomischen Marktergebnisbetrachtungen sind weitgehend statischer Natur. Analysiert werden die Abweichungen der Qualitätswahl eines gewinnmaximierenden Monopolisten von der gesellschaftlich optimalen Qualität und der damit verbundene "statische Wohlfahrtsverlust". Im Rahmen einer dynamischen Betrachtung, die weniger bestimmte Marktstrukturen als vielmehr die Interaktionen der Marktteilnehmer und damit den Marktprozeß an sich in den Mittelpunkt der Überlegungen stellt, ist es zweckmäßig, von vornherein prozessuale von dauerhaften Monopolstellungen zu unterscheiden und ihre Wirkungen auf die Marktergebnisse zu differenzieren.

Zu Beginn einer Marktentwicklung findet man fast immer die Marktform des Monopols vor. Dieses Monopol entsteht dadurch, daß ein innovativer Unternehmer durch Forschungs- und Entwicklungsanstrengungen ein neues Produkt kreiert, von dem er sich individuelle Gewinnmöglichkeiten verspricht.[15] Bedenken hinsichtlich der Leistungsqualität ergeben sich aus dieser Situation nicht. Entscheidend hierfür ist, daß nur solche Innovationen durchsetzbar sind, die von den Nachfragern akzeptiert werden, was wesentlich davon abhängt, ob die Neuerungen als Verbesserung gegenüber der vorher bestehenden Situation empfunden werden.

Während in der Einführungsphase einer Innovation die Existenz der Monopolstellung des Innovators nicht zuletzt durch die Ungewißheit hinsichtlich des ökonomischen Erfolges begünstigt wird, kommt es - sobald sich das Produkt auf einem stark expandierenden Markt behauptet - zu Gegenreaktionen imitierender Unternehmen.[16] Sie treten mit Kopien der Innovation auf den Markt und sorgen so dafür, daß Neuerungen im Markt diffundieren. Gleichzeitig werden durch den imitatorischen Prozeß die Monopolstellung des Innovators abgebaut und vor allem die Innovationsgewinne sukzessive erodiert. Dadurch entsteht auf der Anbieterseite simultan ein permanenter Druck, immer wieder Neuerungen hervorzubringen, um Unternehmensgewinne zu realisieren.

Es ist also letztlich dieses Wechselspiel zwischen Innovatoren und Nachfragern sowie zwischen Innovatoren und Imitatoren, das sicherstellt, daß Merkmale und Eigenschaften der angebotenen Produkte und Dienstleistungen der sich im Zeitablauf durchaus wandelnden Bedürfnis- und Präferenzstruktur der Konsumenten fortlaufend angepaßt werden und somit eine nachfragegerechte Leistungsqualität gewährleistet ist.

---

[14] Vgl. z.B. Spence, M.: Monopoly, quality and regulation, Bell Journal of Economics, vol. 6, 1973, S. 417-429; Sheshinski, E.: Price, Quality and Quantity Regulation in Monopoly Situations, Econometrica, vol. 43, 1976, S. 127-137.

[15] Vgl. Schumpeter, J.A.: Capitalism, Socialism and Democracy, New York 1942, S. 84.

[16] Vgl. hierzu Levitt, Th.: Innovative Imitation, Harvard Business Review vol. 44, 1966, S. 67.

Während innovatorische Monopole hinsichtlich ihres Beitrags zur Gewährleistung eines den Konsumentenpräferenzen entsprechenden Leistungsangebots durchaus positiv bewertet werden, ihre Existenz sogar als notwendige Voraussetzung für die Evolution marktwirtschaftlicher Systeme anzusehen ist, fällt die Beurteilung anders aus, wenn Monopolstellungen nicht durch überragende Leistung im Marktprozeß erlangt werden und damit zeitlich befristet sind, sondern durch legislative oder administrative Maßnahmen des Staates entstehen.

Die Errichtung permanenter Monopole durch Errichtung von Marktschranken beeinflußt die Aktionsspielräume der Wirtschaftseinheiten in unterschiedlicher Weise. Die Freiheit unter Konkurrenten zu Initiative, zu Vorstoß in technisches, organisatorisches und ökonomisches Neuland, aber auch zu Nachfolge und Imitation wird eingeschränkt. Das gleiche gilt für die Freiheit der Tauschpartner auf der Marktgegenseite aus mehreren Alternativen auswählen und auf Leistungsschwächen mit Sanktionen in Form von Widerspruch und Abwanderung[17] reagieren zu können. Dagegen wird der Aktionsspielraum des gesetzlich geschützten Anbieters erweitert. Der Zwang, das Leistungsangebot so zu gestalten, daß es bei den Nachfragern und gegen die Konkurrenz besteht, sinkt.

Von Bedeutung ist, daß die Spielräume für monopolistisches Verhalten und Ineffizienzen sehr unterschiedlich sein können, unter anderem als Folge unterschiedlich enger Substitutionsbeziehungen. Denn ein durch institutionelle Marktzugangsbarrieren geschütztes Monopol unterliegt zwar keiner brancheninternen Konkurrenz, über mögliche Wettbewerbsbeziehungen zu Unternehmen anderer Branchen ist damit aber nichts ausgesagt. Unter Umständen sorgen die Marktkräfte des Substitutionswettbewerbs dafür, daß der Monopolist zu qualitativer Effizienz angehalten wird.[18]

Ausmaß und Wirkung der Substitutionskonkurrenz spielen in der Diskussion um postalische Monopolbereiche eine nicht unerhebliche Rolle, denn die Alleinbetriebsrechte des Postdienstes für Mitteilungen von Person zu Person bedeuten keineswegs Konkurrenzlosigkeit für den Briefdienst. Faktisch bestehen vielmehr Konkurrenzbeziehungen und damit Substitutionsmöglichkeiten zu allen sonstigen Medien der Kommunikation, wie z.B. Telefon und Telefax sowie zu vom Beförderungsvorbehalt ausgenommenen Sendungsarten, insbesondere Kuriersendungen. Die Intensität der Substitution wird bestimmt durch das Ausmaß der zwischen den Dienstleistungen bestehenden Heterogenität sowie der Preisdifferenzen. Preisdifferenzen führen dann zur Substitution, wenn sie ausreichen, die spezifischen Eigenschaften der konkurrierenden Dienstleistung völlig zu kompensieren.

Die exakte Bestimmung der zwischen den einzelnen Medien bestehenden Konkurrenzzone würde die Kenntnis der vielfachen Anlässe und Zwecke der Kommunikation und ihre Zuordnungsmöglichkeit zum Konkurrenzbereich erfordern. Ob man z.B. jemandem schriftlich oder fernmündlich gratuliert, hängt ab vom Anlaß, der Enge der persönlichen Beziehung, sachlichen, örtlichen und zeitlichen Präferenzen etc. Ähnlich verhält es sich in weiten Bereichen der geschäftlichen Kommunikation. Daß Mitteilungen oft nicht

[17] Vgl. hierzu Hirschmann, A.: Abwanderung und Widerspruch. Tübingen 1974.

[18] Vgl. Kruse, J.: Ökonomie der Monopolregulierung. a.a.O., S. 18.

nur per Brief oder Postkarte, sondern zusätzlich auch fernmündlich übermittelt, per Telefon vereinbarte Terminabsprachen zusätzlich schriftlich bestätigt werden usw., kompliziert das Problem der Substitutionskonkurrenz. Denn offensichtlich gibt es Fälle, in denen der Informationszweck durch die gleichzeitige Inanspruchnahme zweier Medien angestrebt wird, obwohl ein Weg durchaus ausreichen würde. Hier spielen Gebührendifferenzen und -änderungen anscheinend keine Rolle, zumindest insoweit nicht, als sie den gewohnten Rahmen sprengen.[19]

Als Fazit bleibt festzuhalten: In wettbewerblichen Ausnahmebereichen im allgemeinen und in gesetzlich geschützten Monopolbereichen des Postwesens im besonderen sind mehr oder minder große qualitative Ineffizienzen zu erwarten, die staatlichen Handlungsbedarf begründen. Im weiteren stellt sich damit die Frage, welche Instrumente zur Verfügung stehen, um in den interessierenden Bereichen ein Angebot sicherzustellen, das den Präferenzen der Nachfrager bestmöglich entspricht.

IV. Qualitätsregulierung in gesetzlich geschützten Monopolbereichen?

Wenn - wie erläutert - Qualitätsprobleme darauf zurückgeführt werden können, daß durch die Beschränkung des Marktzutritts die Funktionsfähigkeit der unsichtbaren Hand des Marktes reduziert bzw. ausgeschaltet wird, erscheint es naheliegend und notwendig in einem ersten Schritt zu prüfen, inwieweit es tatsächlich begründet ist, einzelne Wirtschaftsbereiche dem Einfluß des Wettbewerbs zu entziehen. Im Rahmen der vorliegenden Untersuchung sollen jedoch die ordnungspolitischen Rahmenbedingungen bestimmter Märkte - konkret die Marktzugangsregulierungen im postalischen Bereich der Bundesrepublik Deutschland - als gegeben betrachtet werden. Die Argumente, die in der ökonomischen und politischen Diskussion zur Rechtfertigung wettbewerblicher Ausnahmebereiche vorgebracht werden, sollen deshalb nicht näher beleuchtet und auf ihre Stichhaltigkeit hin untersucht werden. Allerdings sei angemerkt, daß gerade die Notwendigkeit und Möglichkeit einer Markteintrittsliberalisierung in postalischen Monopolbereichen unter Ökonomen breite Zustimmung findet.[20] Mit der Liberalisierung des Marktzutritts verbindet sich u.a. die Erwartung, daß Marktzutritt erfolgt, wenn ein Newcomer Gewinnchancen sieht, und daß solche gegeben sind, wenn das etablierte Monopolunternehmen allokativ, technisch oder qualitativ ineffizient produziert. Der Monopolist, der diese Eintrittsmöglichkeiten antizipiert, wird seinerseits dadurch zur Effizienz gezwungen, so daß bei Marktzutrittsmöglichkeit selbst ohne aktuellen Marktzutritt Effizienzwirkungen für den Monopolisten bestehen.

Soll eine Problemlösung unter Aufrechterhaltung der Marktbarrieren erfolgen, so ist zu prüfen, inwieweit der Staat durch regulierendes Eingreifen den in gesetzlich geschützten Monopolbereichen zu erwartenden qualitativen Ineffizienzen entgegenwirken kann.

---

[19] Vgl. Schöll, F.: Der Briefdienst der Deutschen Bundespost als Medium der interpersonalen Kommunikation - Stand und Entwicklungstendenzen, in: Gscheidle, K./ Elias, D. (Hrsg.): Jahrbuch der Deutschen Bundespost 1979, Bad Windsheim 1980, S. 9-128, hier S. 51 ff.

[20] Vgl. z.B. Stumpf, U.: Is there a Place for Reserved Services?, Bad Honnef 1991; Gröner, H./ Knorr, A.: Die Entstaatlichung der Postdienste und der Binnenmarkt, Europäisches Wirtschafts- und Steuerrecht, 1/1990, S. 16-21.

Die Möglichkeiten und Grenzen einer staatlichen Qualitätssicherung sind Gegenstand der folgenden Betrachtung, die sich zunächst auf einige allgemeine Überlegungen konzentriert. Diese sollen die Grundlage für die Abhandlung der postspezifischen Fragestellungen bilden.

Die Sicherstellung qualitativer Effizienz in wettbewerblichen Ausnahmebereichen stellt eine Regulierungsinstanz im wesentlichen vor zwei Probleme: In einem ersten Schritt muß ermittelt werden, ob und in welchem Maße qualitative Ineffizienzen existieren. Wie zu zeigen sein wird, sieht sich der Regulator dabei mit einigen nicht ganz unerheblichen Schwierigkeiten konfrontiert. Wenn qualitative Ineffizienzen existieren und von der Regulierungsinstanz ausgemacht wurden, gilt es in einem zweiten Schritt Maßnahmen zu ihrer Beseitigung zu ergreifen.

IV.1. Zum Problem der Identifizierung qualitativer Ineffizienzen

Die Identifizierung qualitativer Ineffizienzen erfordert Informationen über (1) aktuelle Ausprägungen der relevanten Qualitätsmerkmale, (2) Konsumentenpräferenzen und (3) Produktionsmöglichkeiten.

zu (1) Um sich einen Überblick über die aktuellen Ausprägungen der relevanten Qualitätsmerkmale und damit den gegenwärtigen Qualitätsstand zu verschaffen, kann eine Regulierungsinstanz entweder auf Qualitätsberichterstattung des gesetzlich geschützten Anbieters zurückgreifen und/oder eigene Erhebungen und Untersuchungen durchführen. Beide Vorgehensweisen haben spezifische Vor- und Nachteile: Die Verwendung von vom Monopolisten zur Verfügung gestellten Qualitätsdaten ist für die Regulierungsinstanz weniger aufwendig, allerdings können sich Probleme hinsichtlich Aussagekraft und Glaubwürdigkeit der Daten ergeben. Um solchen Bedenken entgegenzuwirken, ist es sinnvoll bzw. notwendig, eine Berichterstattungssystematik zu entwickeln und zu etablieren, die genau festlegt, über die Entwicklung welcher Qualitätsmerkmale wie detailliert (z.B. regionale Gliederung von Laufzeitdaten) in welchen Zeitabständen berichtet werden soll und die das methodische Vorgehen bei der Qualitätsmessung transparent macht.

zu (2) Die Frage, inwieweit der gegenwärtige Qualitätsstand den Kundenpräferenzen entspricht, erfordert Kenntnisse über die Konsumentenpräferenzen und - mit Blick auf die Tatsache, daß Qualität und Preis letztlich zwei Seiten einer Medaille sind - ihrer Zahlungsbereitschaft. Eine Möglichkeit, Informationen über die Kundenpräferenzen zu gewinnen, bieten Kundenbefragungen, die die Regulierungsinstanz in eigener Regie durchführt oder an unabhängige Marktforschungsinstitute delegiert. Die Marktforschung verfügt über umfangreiche und erprobte Erhebungs- und Auswertungsmethoden, die einen hohen Informationsgehalt ermöglichen. Probleme können sich insoweit ergeben, als - aufgrund der gesetzlich fixierten Monopolsituation - die Konsumenten keine Möglichkeit haben, Konkurrenzangebote und damit verschiedene Qualtitätsvarianten im Sinn unterschiedlicher Ausprägungen der verschiedenen Qualitätsdimensionen zu testen. Entsprechend können die Konsumenten überfordert und nicht in der Lage sein, ihre Präferenzen zu offenbaren.

Einblicke in die Präferenzstrukturen geben auch Meinungsäußerungen über Produkte und Dienstleistungen, die die Kunden liefern, ohne speziell danach "gefragt" worden zu sein. Konkret handelt es sich dabei z.B. um Beschwerden, Vorschläge, spontane oder organisierte Proteste etc. Das Problem besteht darin, daß die Inhalte dieser Art von Information von den Interessenlagen der Informationsquellen bestimmt sind, und damit ihre Verläßlichkeit fraglich ist. Ihre Bedeutung liegt deshalb weniger im eigenständigen Informationsgehalt als in der Problematisierung von Inhalten und der Initiierung von Marktforschungsprojekten. Sie können insbesondere dann von Bedeutung sein, wenn mangels funktionierender Marktforschungsaktivitäten Mängel, Probleme, Präferenzverschiebungen etc. nicht rechtzeitig bemerkt werden.[21] Sie sollten deshalb mit Vorsicht behandelt, in ihrer Bedeutung aber nicht unterschätzt werden.

zu (3) Wenn die gegenwärtig verfügbaren Preis-/Qualitätsoptionen von den Kundenerwartungen abweichen und der Regulator zu dem Ergebnis kommt, daß ein Eingreifen erforderlich ist, werden schließlich Informationen darüber benötigt, inwieweit die Kundenwünsche durch ein entsprechendes Angebot befriedigt werden können. Eine Regulierungsinstanz, die versucht, die realisierbaren Preis-/Qualitäts-Kombinationen zu spezifizieren, benötigt Informationen über Produktionstechniken und die zugrundeliegenden Kostenstrukturen. Die Ermittlung der Kosten alternativer Qualitätsvarianten stellt - ebenso wie die Ermittlung von Präferenzprofilen - ein empirisches Problem dar und setzt voraus, daß das Rechnungswesen des zu regulierenden Monopolisten auf die Beantwortung derartiger Fragen zugeschnitten ist.

Unter Umständen führt die Ermittlung der erforderlichen Kostendaten allein aus betriebswirtschaftlichen und technischen Gründen zu gewaltigen Problemen. In diesem Zusammenhang ist auch von Bedeutung, daß bei der Kostenerfasssung sowie -schlüsselung und den als "betriebsnotwendig" zu rechtfertigenden Kosten sowie als "angemessen" zuzugestehenden Gewinnen prinzipiell nicht einschränkbare Willkürspielräume auftreten, die bei diversifizierten, mit hohem Gemeinkostenanteil produzierenden Unternehmen besonders groß sind.[22] Aufgrund fehlender Vergleichsmaßstäbe hat die Regulierungsinstanz kaum Möglichkeiten zu überprüfen, inwieweit die so ermittelten Kostendaten alternativer Qualitätsvarianten dem Ziel einer kostenminimalen Produktion bei gegebener Technik entsprechen. Des weiteren existiert kein systematischer Mechanismus, um neue, bislang unbekannte Produktionsmöglichkeiten ausfindig zu machen. So hat der Regulator keine Möglichkeit herauszufinden, inwieweit das regulierte Unternehmen in dieser Hinsicht versagt und vielleicht die Chance zu Diversifizierung und/oder Kostenreduktion vergeben hat.

Als Zwischenergebnis läßt sich festhalten: Eine Aussage zu Existenz und Umfang qualitativer Ineffizienzen in gesetzlich geschützten Monopolbereichen erfordert Informationen über die aktuellen Ausprägungen der verschiedenen Qualitätsmerkmale, Präferenzstrukturen und Produktionsmöglichkeiten. Die Möglichkeiten zur Deckung des objektiv bestehenden Informationsbedarfs sind mit nicht unerheblichen Problemen behaftet. Art und Ausmaß der Probleme hängen ab von der Meßbarkeit und Anzahl der relevanten

[21] Vgl. Kruse, J.: Ökonomie der Monopolregulierung, a.a.O., S. 185 ff.

[22] Vgl. Bartling, H.: Leitbilder der Wettbewerbspolitik. München 1980. S. 106.

Qualitätskriterien, Heterogenität der Kundenpräferenzen und Geschwindigkeit des technischen Fortschritts. Präzise Informationen zum Ausmaß qualitativer Ineffizienzen in wettbewerblichen Ausnahmebereichen lassen sich kaum ermitteln.

IV.2. Zum Problem der Etablierung geeigneter Anreiz- und Sanktionsmechanismen zur Beseitigung qualitativer Ineffizienzen

Im folgenden soll davon ausgegangen werden, daß eine Regulierungsinstanz in der Lage ist, die skizzierten Informationsprobleme in zufriedenstellendem Ausmaß zu überwinden und Qualitätsstandards für die verschiedenen Qualitätsdimensionen zu spezifizieren. Werden im Rahmen eines Soll-Ist-Vergleichs Abweichungen der realisierten Qualität von den fixierten Qualitätsstandards identifiziert, ist von Interesse, welche Mechanismen zur Verfügung stehen, um ein effizientes Leistungsangebot sicherzustellen. In Wettbewerbsmärkten werden die Anbieter hauptsächlich durch finanzielle Anreize motiviert. Wesentliche Antriebskräfte wettbewerblicher Prozesse sind sowohl die Sanktionsdrohung des Marktausscheidens als auch die Anreize erhöhter Gewinnmöglichkeiten. Vor diesem Hintergrund konzentrieren sich die folgenden Überlegungen auf die Frage, ob auch in gesetzlich geschützten Monopolbereichen finanzielle Anreiz- und Sanktionsmechanismen etabliert werden können und wie sie zu beurteilen sind. Diskutiert werden sollen Haftungsregeln sowie die Berücksichtigung von Qualitätsaspekten bei der Preisregulierung.

IV.2.1. Haftungsregeln

In der Einführung von Vertragsstrafen und Schadensersatzregelungen für Schlecht- oder Nichtleistung wird vielfach ein Instrument gesehen, um Qualitätsproblemen in gesetzlich geschützten Monopolbereichen entgegenzuwirken. Der Entschädigungsmechanismus läßt sich dahingehend beschreiben, daß der Monopolist bei Nichtbereitstellung der "richtigen" Qualität Zahlungen in einer vorher festgelegten Höhe an die betroffenen Kunden leistet. Erwartet wird, daß der Monopolist auf diese Weise Anreize zur Qualitätsänderung erhält. Anwendung findet diese Vorgehensweise z.B. bei der Regulierung von British Telecom (BT), dem in Großbritannien dominierenden Anbieter von Telekommunikationsdienstleistungen. Die steigende Zahl von Kundenbeschwerden hat die zuständige Regulierungsbehörde OFTEL im April 1989 veranlaßt, einen Entschädigungsmechanismus für Schlecht- oder Nichtleistung durch British Telecom bei bestimmten Teildienstleistungen des Telefondienstes einzuführen.[23]

Von Bedeutung ist, daß Funktionsfähigkeit und Handhabbarkeit eines solchen Mechanismus an bestimmte Voraussetzungen gebunden sind. Entschädigungsansprüche der Kunden können sich nur auf objektiv nachweisbare Tatbestände stützen. Hieraus resultieren ganz bestimmte Anforderungen an die Messung und Meßbarkeit von Qualitätsdi-

[23] Vgl. Oftel: Statement - British Telecom's Contract Terms and Conditions for Telephone Service, London 1989 und Oftel: Statement - The Control of the Quality of Prices of BT's Private Circuits, London 1989.

mensionen bzw. Qualitätsausprägungen. Im Grunde muß die Qualitätserfahrung jedes einzelnen Kunden eindeutig ermittel- und quantifizierbar sein. Dies scheint bei bestimmten Qualitätsdimensionen (z.B. Laufzeit) leichter realisierbar als bei anderen (z.B. Höflichkeit und Freundlichkeit des Personals).

Des weiteren hängt die Anreizwirkung eines Entschädigungsmechanismus nicht unwesentlich von der Höhe der zu leistenden Entschädigungszahlungen ab, so daß sich das Problem der Festlegung der "richtigen" Höhe der Entschädigungszahlungen stellt. In diesem Zusammenhang ist auch zu berücksichtigen, daß für die Kunden bei der Geltendmachung eines Ersatzanspruches die erlittenen Schäden einerseits, die Durchsetzungskosten eines Ersatzanspruches andererseits von Bedeutung sind. Sind die von einer einzelnen Partei erlittenen Schäden im Vergleich zu den Durchsetzungskosten eines Schadensersatzanspruches gering, werden beim Verursacher keine Schadensersatzansprüche geltend gemacht, selbst wenn die Summe der Schäden über alle Parteien groß ist.[24]

Inwieweit ein Entschädigungsmechanismus für "Qualitätsfehler" das Marktergebnis verbessern kann, hängt nicht zuletzt von der Zahl der relevanten Qualitätsdimensionen und der Heterogenität der Kundenpräferenzen ab. Während die Wirkungsweise dieses Instruments relativ einsichtig ist, wenn es darum geht, eine allgemein als optimal akzeptierte Ausprägung einer bestimmen Qualitätsdimension zu realisieren, erscheinen Wirksamkeit und Handhabbarkeit umso fraglicher je heterogener die Präferenzstruktur der Kunden ist und je mehr Qualitätsdimensionen relevant sind, so daß es letztlich darum geht, ein bestimmtes Spektrum von Qualitätsvarianten zu realisieren.

IV.2.2. Einbeziehung eines Qualitätsindexes in die Preiskontrollformel

Der Einführung eines Entschädigungsmechanismus liegt letztlich die Vorstellung zugrunde, daß Preis und Qualität in ein als angemessen erachtetes Verhältnis gebracht werden sollen. Angestrebt wird eine Qualitätsänderung bei gegebenem Preis oder eine Preisänderung (aktuelle Preisforderung des Monopolisten minus Entschädigungszahlung) im Fall der Beibehaltung der realisierten Qualität. Vor diesem Hintergrund wird in der Einbeziehung eines Qualitätsindexes in die Preiskontrollformel ein weiterer Mechanismus gesehen, um den Monopolisten zur Bereitstellung eines präferenzadäquaten Leistungsangebots zu motivieren. Die Grundidee des in diesem Zusammenhang vorgeschlagenen Lösungsansatzes für die Qualitätsregulierung läßt sich dahingehend charakterisieren, daß die Preiskontrollformel derart ausgestaltet werden soll, daß Abweichungen von den gesetzten Qualitätsstandards zu Einschränkungen bzw. Erweiterungen des Preissetzungsspielraumes des regulierten Unternehmens führen.[25]

Es wurde bereits erwähnt, daß in der mikroökonomischen Literatur allgemein und besonders in der Literatur zur Monopolregulierung die allokative Effizienz stark im Vordergrund steht. Untersucht wird vor allem das *Preis*setzungsverhalten in Monopolberei-

[24] Vgl. Finsinger, J.: Wettbewerb und Regulierung, München 1991, S. 263.

[25] Vgl. Heuermann, A./ Neu, W.: Ein Regulierungsrahmen für das Unternehmen Deutsche Bundespost Telekom, Bad Honnef 1988, S. 30.

chen und es werden Verfahren zur Preisregulierung entwickelt, die eine Ausnutzung von Marktmacht durch das Monopolunternehmen verhindern sollen. Dabei wird üblicherweise davon ausgegangen, daß das Produkt des betrachteten Bereichs vorgegeben ist. Es wird von Qualität und Qualitätsproblemen abstrahiert.

Auf eine umfassende und detaillierte Darstellung der verschiedenen in der Literatur diskutierten und in der Regulierungspraxis angewandten Preisregulierungsverfahren wie z.B. Price-Cap- und Rate-of-Return-Regulierung soll und kann im vorliegenden Zusammenhang verzichtet werden.[26] Von Bedeutung ist allerdings, daß die verschiedenen Verfahrensweisen für die regulierten Unternehmen durchaus ganz bestimmte Anreize für die Ausgestaltung des Aktionsparameters "Qualität" schaffen. Dabei gibt es keinen Grund zu der Annahme, daß die Anreize der qualitativen Effizienz förderlich sind. Es läßt sich vielmehr zeigen, daß es - je nach Art des praktizierten Preisregulierungsverfahrens - vielfach im Interesse von Unternehmens-Insidern, Eigentümern etc. liegt, eine besonders hohe oder niedrige Qualität zu realisieren. Es ist daher nicht unwahrscheinlich, daß die sich auf diese Weise ergebenden qualitativen Ineffizienzen größer sind als diejenigen, die ein unregulierter gewinnmaximierender Monopolist aufweisen würde. Dessen Gewinninteresse ist immerhin insofern präferenzorientiert, als er ceteris paribus davon ausgehen kann, daß er seinen Gewinn steigern kann, wenn er seine Qualitätsmerkmale stärker an die Präferenzen der Kunden anpaßt.[27]

Zur Illustration der Einbeziehung eines Qualitätsindexes in die Preiskontrollformel sei im folgenden von einer Preiskontrolle in Form der sog. Price-Cap-Regulierung ausgegangen. Dieses Preisregulierungsverfahren läßt sich stark vereinfacht dahingehend charakterisieren, daß eine Bindung der Preise des Monopolisten an einen vorgegebenen Preis- oder Kostenindex erfolgt, dessen Entwicklung durch das Unternehmen nicht beeinflußt werden kann. Die Preise dürfen nicht stärker steigen als die Veränderungsrate des vorgegebenen Preisindex minus eines ebenfalls vorgegebenen Abschlags der Produktivitätssteigerung (Produktivitätsindex). Entsprechend lautet die Preiskontrollformel:

$$P = I - X$$

mit P = Preisänderung des Monopolisten, I = Inflationsrate, X = Produktivitätsänderung.

Das Verfahren der Konstruktion und Einbeziehung eines Qualitätsindexes in diese Preiskontrollformel läßt sich durch folgende Schritte beschreiben:[28]

[26] Eine Darstellung der verschiedenen Preisregulierungsverfahren mit besonderer Berücksichtigung ihrer Anwendung im Postwesen findet sich im Beitrag von Neu und Stumpf in diesem Sammelband sowie bei Neu, W./ Speckbacher, W./ Stumpf, U.: Preisregulierung im Monopolbereich der DBP Postdienst, Bad Honnef 1992.

[27] Vgl. Kruse, J.: Ökonomie der Monopolregulierung, a.a.O., S. 142.

[28] Vgl. Noam, E.: The Quality of Regulation in Regulating Quality: A Proposal for an Integrated Incentive Approach to Telephone Service Performance, Discussion Paper (Draft), New York 1989, S. 35 ff.

1. Identifizierung von Qualitätsdimensionen

2. Definition von Qualitätsstandards

3. Gewichtung der Qualitätsmerkmale

Es ist sehr wahrscheinlich, daß die unter Schritt 1 definierten Qualitätsmerkmale aus Kundensicht nicht alle die gleiche Wichtigkeit haben. So mag z.B. das Erscheinungsbild der Annahmestellen weniger bedeutend sein als die Brieflaufzeit. Es ist deshalb notwendig, basierend auf Nutzer - und Expertenbefragungen, die einzelnen Qualitätsmerkmale zu gewichten. Genauer: Die Gewichte sollten für Abweichungen von den Standards vergeben werden, z.B. für eine 10 oder 20prozentige Abweichung vom vorgegebenen Standard für die Laufzeit.[29]

Wenn die Gewichte gesetzt sind, ist es möglich, die Durchschnittsqualität als Summe der relativen Leistungsqualität Q(i) [momentane Qualität P(i) zu Standard S(i)], multipliziert mit dem Gewicht w(i) zu definieren. Die Leistungsqualität Q* ist dann definiert als

$$Q^* = \sum Q\ (i)\ \mathrm{w}(i) \quad mit \quad Q(i) = \frac{P(i) - S(i)}{S(i)}$$

Wenn alle Standards genau erreicht werden, sind all P(i) identisch mit S(i) und die Summe Q* ist null. Sind die Standards über- oder untererfüllt, ist Q* positiv bzw. negativ.

4. Qualitätsbeobachtung:

Mit Hilfe dieses Systems kann die Leistung des gesetzlich geschützten Anbieters bewertet werden. Wenn der Qualitätswert null oder positiv ist, arbeitet er auf dem geforderten Level oder darüber.

5. Verknüpfung der Leistungsqualität mit finanziellen Anreizen:

Die Einbeziehung eines Qualitätsindexes in die Preiskontrollformel resultiert in der Gleichung

$$P = I - X + aQ^*$$

mit P = Preisänderung; I = Inflationsrate; X = Produktivitätsänderung; a = "Qualitätsanreizfaktor", positiv definiert; Q* = Leistungsqualität.

---

[29] Für eine detaillierte Darstellung vgl. Berg. S. V./ Lynch, J. G.: The Measurement, Evaluation an Encouragement of Telephone Service Quality, Vortrag auf der 7th Annual Telecommunications Policy Research Conference, Virginia 1989, S. 12 ff.

Im Falle Q*≥0, erhöhen sich die Preissetzungsspielräume des Unternehmens oder bleiben unverändert. Q*<0 hat eine Beschränkung des Preissetzungsspielraums zur Folge.

Die Befürworter dieses Ansatzes argumentieren, daß die Aggregation von Qualitätsmessungen für verschiedene Qualitätsdimensionen eine Informationsüberlastung der Regulierungsinstanz verhindert. Darüber hinaus betonen sie die Flexibilität dieses Systems. Ein Unternehmen kann einen oder mehrere Qualitätsstandards verfehlen, solange dies durch Übererfüllung anderer Standards wettgemacht wird. Ein Unternehmen muß Q*=0 erreichen; wenn es einige Standards verfehlt, kann dies durch Übererfüllung bei anderen Standards ausgeglichen werden.[30]

Hierzu ist anzumerken, daß die Aggregation von Qualitätsmessungen für verschiedene Dimensionen auch problematisch sein kann, weil sie die Transparenz bzgl. der aktuellen Leistungsqualität für den Regulator verschleiert und weil sie partielle Leistungsverschlechterungen duldet, solange dies durch Verbesserungen bei anderen Kriterien ausgeglichen wird. Dies kann eine Fehlallokation von Ressourcen zur Folge haben. Dieser Aspekt ist eng verbunden mit der wichtigen Frage, mit welchem Gewicht der Qualitätsindex in der Preiskontrollformel berücksichtigt werden sollte. Wird der Faktor "a" zu niedrig angesetzt, sind die Anreizwirkungen zu gering und es besteht möglicherweise ein Anreiz zu Qualitätsverschlechterungen. Wird der Qualitätsindex zu stark gewichtet, besteht die Gefahr des sog. "quality gold plating" - d. h. der Überinvestition in Qualität, aber gleichzeitig die Gefahr übermäßiger Einengung des Preissetzungsspielraums im Fall des Nichterreichens der gesetzten Qualitätsstandards.[31]

Schließlich erscheinen Wirksamkeit und Handhabbarkeit einer solchen Vorgehensweise - ähnlich wie bei einem Entschädigungsmechanismus - umso fraglicher, je heterogener die Präferenzstruktur der Kunden ist und es letztlich darum geht, ein bestimmtes Spektrum an Qualitätsvarianten zu realisieren. Insgesamt ist die Einbeziehung eines Qualitätsindexes in die Preiskontrollformel als ein sehr komplexes Instrument zu bewerten, das Willkürspielräume eröffnet und hohe Anforderungen an die Kompetenz der Regulierungsinstanz stellt.

V. Staatliche Qualitätssicherung im Monopolbereich der Post AG?

Ziel der vorausgegangenen Überlegungen war es, zu zeigen, daß in gesetzlich geschützten Monopolbereichen staatlicher Handlungsbedarf in Bezug auf den Qualitätsaspekt besteht. Eine genauere Betrachtung der Handlungsmöglichkeiten macht allerdings deutlich, daß einer staatlichen Qualitätssicherung doch relativ enge Grenzen gesetzt sind. Problematisch erscheint zum einen die "indirekte" Ermittlung der qualitativ effizienten Soll-Situation in wettbewerblichen Ausnahmebereichen, zum anderen die Etablierung geeigneter Anreiz- und Sanktionsmechanismen, um qualitativen Ineffizienzen erfolgreich entgegenwirken zu können. Dabei werden Handhabbarkeit und Leistungsfähigkeit des

[30] Vgl. ebenda.

[31] Vgl. Noam, E.: The Quality of Regulation in Regulating Quality: A Proposal for an Integrated Approach to Telephone Service Performance, Discussion Paper (Draft), a.a.O., S. 39.

zur Verfügung stehenden Instrumentariums von Faktoren wie technischem Fortschritt, Heterogenität der Kundenpräferenzen sowie Anzahl und Meßbarkeit der relevanten Qualitätsdimensionen nicht unerheblich beeinflußt.

Vor diesem Hintergrund gilt auch für den Bereich des Postwesens, daß staatliche Regulierung mit Hilfe des zur Verfügung stehenden Instrumentariums keinesfalls qualitative Effizienz sondern lediglich die Realisierung bestimmter, staatlich fixierter Mindestqualitätsstandards gewährleisten kann.

Die Umsetzung dieser "Second-Best-Lösung" erfordert in einem ersten Schritt eine Klärung der Frage, für welche der in Kapitel III identifizierten Qualitätsmerkmale konkrete Zielvorgaben formuliert werden sollten. Ausgehend von der Überlegung, daß Standards nicht nur formuliert, sondern - im Fall ihrer Nichterfüllung - auch durchgesetzt werden müssen, scheint es mit Blick auf die dem Regulator zur Verfügung stehenden Anreiz- und Sanktionsmechanismen sinnvoll, konkrete Zielvorgaben nur für die Qualitätskriterien zu formulieren, die sich "objektiv" erfassen lassen. Mit Blick auf die in Kapitel II.1. aufgelisteten Qualitätsmerkmale handelt es sich dabei im wesentlichen um den räumlichen und zeitlichen Zugang zu Einlieferungsstellen, die Art der Zustellung, den Verlust und die Beschädigung von Sendungen sowie die Laufzeit.

Die Einflußmöglichkeit der Regulierungsinstanz auf die Ausprägung von Qualitätskriterien, deren Beurteilung sehr stark von der subjektiven Bewertung durch die Kunden abhängt (wie z.B. die Höflichkeit und Kompetenz des Personals) muß als eher gering bezeichnet werden. Hier hängt eine den Kundenpräferenzen entsprechende Ausgestaltung sehr stark vom Goodwill des Monopolunternehmens ab, der wiederum nicht unwesentlich davon abhängt, wie stark der Druck der indirekten Konkurrenz ist.

In diesem Zusammenhang sei erwähnt, daß sich in letzter Zeit bei einer Vielzahl von Postverwaltungen "Qualitätsoffensiven" im Monopolbereich beobachten lassen - und zwar unabhängig davon, wie umfangreich und detailliert sich der Staat bzw. die jeweilige Regulierungsinstanz mit dem Thema "Qualität" befaßt. Diese Qualitätsoffensiven, die mittlerweile auch bei der DBP Postdienst bzw. der Post AG praktiziert werden, sind - stark vereinfacht - durch folgende Aktivitäten charakterisiert:[32]

- Umstellung des Laufzeitmessungs-Systems auf ein "Haus-zu-Haus"-Kontrollsystem unter Aufsicht eines unabhängigen, externen Marktforschungsinstituts;

- Marktforschung und Bearbeitung von Kundenbeschwerden als Mittel der Informationsgewinnung über Kundenwünsche und -bedürfnisse;

- Aufbereitung von Qualitätsdaten sowie Publikationen von Qualitätszielen und Zielerreichungsgraden als Instrument der Öffentlichkeitsarbeit;

[32] Vgl. z.B. Österholm, B.: Quality Development Sweden Post. Vortrag auf einem Workshop des WIK zur Qualitätsproblematik in postalischen Monopolbereichen. Gummersbach 1991; Brown, D./ Pettitt, K.: Ensuring Quality in the Letter Service. Vortrag auf einem Workshop des WIK zur Qualitätsproblematik in postalischen Monopolbereichen, Gummersbach 1991.

- Innerbetriebliche Umstrukturierung in Verbindung mit der Implementierung und Praktizierung eines Qualitätsmanagements. Letzteres läßt sich dahingehend beschreiben, daß das Postunternehmen bestrebt ist, sich durch höhere Qualitätsstandards, zuverlässigere Leistungen, sinkende Kosten, Rückgang der Beschwerden und ein besseres Image langfristig auf die wechselnden Anforderungen des Marktes einzustellen.

Als Grund für dieses Vorgehen wird von den Postverwaltungen in der Regel öffentlicher Druck und/oder Wettbewerbsdruck aufgrund wachsender Substitutionskonkurrenz genannt.

Mit speziellem Blick auf die deutsche Situation ist außerdem anzumerken, daß ein Großteil der "subjektiven" Qualitätskriterien in Verbindung mit einer bestimmten Einlieferungstechnologie, dem "Schalter", identifiziert wurde, die Postschalter jedoch nicht nur zur Erbringung der Monopolleistungen genutzt werden, sondern zum einen auch für Dienste, mit denen das Postunternehmen im Wettbewerb steht, und zum anderen durch die Postbank. Das Schalternetz stellt eine von den drei Postunternehmen gemeinsam genutzte Ressource dar, die sich im Besitz des Deutschen Post AG befindet. Da die Deutsche Postbank AG mit einer Vielzahl von Kreditinstituten im Wettbewerb steht, ist davon auszugehen, daß die Fixierung von Standards für bestimmte Qualitätsmerkmale, wie z.B. Wartezeit an Postschaltern, Freundlichkeit des Personals, Ausgestaltung der Schalterhallen etc. einen wichtigen Gegenstand bei den Verhandlungen um eine adäquate Vergütung der gemeinsamen Schalternutzung darstellt.[33]

Zur Gewinnung eines Überblicks über die Entwicklung der einzelnen Qualitätsdimensionen und um Abweichungen von den gesetzten Standards offenzulegen, stellt die Einführung eines systematischen Qualitätsmonitoring, d.h. einer systematischen Qualitätsbeobachtung durch die Regulierungsinstanz, einen entscheidenden Schritt dar. Wie in Kapitel IV.1. erläutert, kann der Regulierer zur Ermittlung der aktuellen Ausprägungen der als relevant erachteten Qualitätsmerkmale entweder auf Qualitätsberichterstattung des gesetzlich geschützten Anbieters zurückgreifen und/oder eigene Erhebungen und Untersuchungen durchführen. Beide Vorgehensweisen haben spezifische Vor- und Nachteile: Die Verwendung von vom Monopolisten zur Verfügung gestellten Qualitätsdaten ist für die Regulierungsinstanz weniger aufwendig, allerdings können sich Probleme hinsichtlich Aussagekraft und Glaubwürdigkeit der Daten ergeben. Um solchen Bedenken entgegenzuwirken, ist es notwendig, eine Berichterstattungssystematik zu entwickeln und zu etablieren, die genau festlegt, über die Entwicklung welcher Qualitätsmerkmale wie detailliert in welchen Zeitabständen berichtet werden soll und die das methodische Vorgehen bei der Qualitätsmessung transparent macht.

Als Instrument zur Motivierung von Monopolunternehmen, gesetzte Qualitätsstandards zu erreichen, wurde im Rahmen der vorangegangenen theoretischen Betrachtungen die Etablierung finanzieller Anreiz- und Sanktionsmechanismen genannt. Diskutiert wurden insbesondere Entschädigungsregeln sowie die Einbeziehung eines Qualitätsindexes in die Preiskontrollformel. Wie dargestellt, weist jeder der beiden Ansätze ganz spezifische

[33] Vgl. Ferdinand, Ch.: Ökonomische und regulatorische Aspekte der gemeinsamen Schalternutzung: Preisbildung im Schalterbereich. Bad Honnef 1991, S. 8 f.

Vor- und Nachteile auf. Entsprechend kann auch keine der beiden Vorgehensweisen völlig vorbehaltlos für eine Anwendung im Monopolbereich des Postwesens empfohlen werden.

Die Etablierung eines Entschädigungsmechanismus bei Nichterreichen bestimmter Qualitätsstandards hat auf den ersten Blick sicherlich den Reiz, daß die von schlechtem Service Betroffenen unmittelbar entschädigt werden. Berücksichtigt man jedoch, daß ein solcher Mechanismus letztlich die Erfassung der Qualitätserfahrung jedes einzelnen Versenders bei den verschiedenen Qualitätskriterien voraussetzt, stößt die Praktikabilität eines Entschädigungsmechanismus bei der Beförderung von Briefsendungen doch recht schnell an Grenzen. Dies gilt zumindest für seine Anwendung auf die Versendergruppen private Haushalte und geschäftliche Kleinversender. Erwägenswert erscheint seine Anwendung dagegen auf geschäftliche Großversender. Aufgrund der großen Versendungsvolumina einerseits sowie der Dominanz der Qualitätsdimension "Laufzeit" andererseits, dürfte sich hier die Etablierung eines Entschädigungsmechanismus als relativ problemlos erweisen.

Die Einbeziehung eines Qualitätsindexes in die Preiskontrollformel bewirkt eine gewisse Geschlossenheit des Regulierungsansatzes und hat insofern unzweifelhaft theoretische Eleganz. Im Briefdienst bietet sich eine solche Vorgehensweise nicht zuletzt deshalb an, weil eine Erfassung der Qualitätserfahrung jedes einzelnen Versenders nicht erforderlich ist. Es reicht die Erfassung und Messung von Qualität auf der Basis repräsentativer Stichproben aus. Insofern scheint es durchaus lohnenswert, über die Konstruktion eines Qualitätsindexes und eine entsprechende Ausgestaltung der Preiskontrollformel nachzudenken. Gleichwohl sei nochmals betont, daß die dabei eröffneten Willkürspielräume nicht unerheblich sind und der Ansatz insgesamt sehr hohe Anforderungen an die Regulierungsinstanz stellt.

VI. Ausblick

Die vorangegangenen Ausführungen konzentrierten sich auf Notwendigkeit, Möglichkeiten und Grenzen einer Qualitätsregulierung bei Existenz eines gesetzlich geschützten Monopolbereichs - rekurrierten also auf den Status quo der ordnungspolitischen Rahmenbedingungen im Postwesen der Bundesrepublik Deutschland. Vor dem Hintergrund der Diskussion um eine weitergehende Liberalisierung des Postsektors bleibt zu fragen, welche Bedeutung der hier diskutierten Qualitätsregulierungsproblematik bei einer fortschreitenden Öffnung des Postwesens für den Wettbewerb zukommt.

Nach aller Erfahrung ist der Wettbewerb der beste Garant für ein vielfältiges, differenziertes, den Kundenwünschen entsprechendes Dienstleistungsangebot. Andererseits zeigt ein Blick auf die Deregulierungspraxis in verschiedenen Ländern und Wirtschaftssektoren, daß der Abbau administrativer Marktzutrittsschranken häufig einhergeht mit der Einführung einer mehr oder weniger umfassenden Verhaltensregulierung der ehemaligen Monopolunternehmen und/oder sonstiger Marktteilnehmer.

Die Argumente, die für und gegen eine solche Regulierung vorgebracht werden, können und sollen hier nicht näher betrachtet werden. Gleichwohl bleibt abschließend festzuhalten, daß - soweit eine Regulierung eines wettbewerblich strukturierten Postsektors angedacht wird - die skizzierten Ansätze und insbesondere Probleme einer staatlichen Qualitätssicherung unverändert aktuell bleiben.

Literaturverzeichnis

An Post: Annual Report 1989.

Arbeitsgemeinschaft der Verbraucherverbände: Wird Samstagszustellung eingestellt?. in: Bleckeder Zeitung. vom 16./17.5.1990.

Bartling. H.: Leitbilder der Wettbewerbspolitik. München 1980.

Behrens. R.: Qualitätsmanagement in Banken. Köln 1989.

Berg. S.V./ Lynch. J. G.: The Measurement. Evaluation an Encouragement of Telephone Service Quality. Vortrag auf der 7th Annual Telecommunications Policy Research Conference. Virginia 1989.

Brown. D./ Pettitt. K.: Ensuring Quality in the Letter Service. Vortrag auf einem Workshop des WIK zur Qualitätsproblematik in postalischen Monopolbereichen. Gummersbach 1991.

Caves. E./ Roberts. M. J.: Regulating the Product. Cambridge 1975.

Crew. M. A./ Kleindorfer. P. R.: Quality and Price Differentiation in Postal Services. in: Speckbacher. W. (Hrsg.): Die Zukunft der Postdienste in Europa. Berlin u.a. 1991. S. 49-67.

Deutsche Bundespost: Geschäftsbericht 1988. Bonn 1989.

Deutsche Bundespost Postdienst: Geschäftsbericht 1990. Bonn 1991.

Erben. E.: Das Image der Deutschen Bundespost im Zeitablauf. Arbeitsberichte zum Marketing der Deutschen Bundespost. Band 1. Dieburg 1983.

Ferdinand. Ch.: Ökonomische und regulatorische Aspekte der gemeinsamen Schalternutzung: Preisbildung im Schalterbereich. Bad Honnef 1991.

Finsinger. J.: Wettbewerb und Regulierung. München 1991.

Gröner. H./ Knorr. A.: Die Entstaatlichung der Postdienste und der Binnenmarkt. Europäisches Wirtschafts- und Steuerrecht. 1/1990. S. 16-21.

Hauff. V./ Scharpf. F. W.: Modernisierung der Volkswirtschaft. Frankfurt am Main. Köln 1975.

Helbig. M.: Bisherige Ergebnisse der Qualitätsoffensive Brief. in: Postpraxis 8/1991. S. 170-177.

Heuermann. A / Neu. W.: Ein Regulierungsrahmen für das Unternehmen Deutsche Bundespost Telekom. Bad Honnef 1988.

Hirschmann. A.: Abwanderung und Widerspruch. Tübingen 1974.

Horváth. P./ Urban. G.(Hrsg.): Qualitätscontrolling. Stuttgart 1990.

Klapwijk. P.: Making Quality Pay in the Freight Industry. Vortrag auf der 4th Annual World Express Freight & Distribution Conference. Amsterdam 1991.

Kruse. J.: Ökonomie der Monopolregulierung. Göttingen 1985.

Levitt. Th.: Innovative Imitation. Harvard Business Review. vol. 44. 1966. S. 63-70.

Moorhouse. P.: Meeting the Single Market Challenge. Vortrag auf der 4th Annual World Express Freight&Distribution Conference. Amsterdam 1991.

Neu. W./ Speckbacher. W./ Stumpf. U.: Preisregulierung im Monopolbereich der DBP Postdienst, Bad Honnef 1992.

Nicholson. B.: Entwicklungstendenzen der Postdienste im europäischen Markt, in: Deutsche Bundespost POSTDIENST (Hrsg.). Post Forum. Dokumentation Band 1: Postdienst. Nürnberg 1990. S. 29-36.

Noam. E.: The Quality of Regulation in Regulating Quality: A Proposal for an Integrated Incentive Approach to Telephone Service Performance. Discussion Paper (Draft). New York 1989.

o.V.: Lange warten auf die Post. in: Stuttgarter Nachrichten vom 22.06.1990.

o.V.: Post fährt weiter Zustelldienst auf Sparflamme. in: Hannoversche Allgemeine vom 18.11.1989.

o.V.: Schalter unbesetzt und zu früh zu. in: Südwest-Presse vom 1.3.1989.

Oftel: Statement - British Telecom's Contract Terms and Conditions for Telephone Service. London 1989.

Oftel: Statement - The Control of the Quality of Prices of BT's Private Circuits. London 1989.

Österholm, B.: Quality Development Sweden Post, Vortrag auf einem Workshop des WIK zur Qualitätsproblematik in postalischen Monopolbereichen. Gummersbach 1991.

POUNC: Annual Report of Post Office Users' National Council. London 1989-90.

POUNC: Customer Audit and Review of the Post Office. London 1991.

POUNC: Queuing for Service: Post Office Compared with Others, London 1989.

POUNC: Report on the delivery performance and potential of the Post Offices's mail services, London 1979.

Schöll. F.: Der Briefdienst der Deutschen Bundespost als Medium der interpersonalen Kommunikation - Stand und Entwicklungstendenzen, in: Gscheidle. K./ Elias, D. (Hrsg.): Jahrbuch der Deutschen Bundespost 1979, Bad Windsheim 1980, S. 9-128.

Schoser, F.: Wirtschaft und Deutsche Bundespost Postdienst, Erfahrungen - Erwartungen - Wünsche. in: Deutsche Bundespost POSTDIENST (Hrsg.): Post Forum, Dokumentation Band 1, Postdienst, Nürnberg 1990, S. 22-28.

Schumpeter, J. A.: Capitalism, Socialism and Democracy, New York 1942.

Schütze, Ch.: Wohin die Post abgeht, in: Süddeutsche Zeitung vom 6.4.1989.

Schwarz-Schilling, Ch.: Die strukturpolitische Verpflichtung der Deutschen Bundespost bleibt gewahrt, in: Zeitschrift für Post und Telekommunikation 10/88. S. 4-11.

Sheshinski. E.: Price, Quality and Quantity Regulation in Monopoly Situations, Econometrica. vol. 43, 1976. S. 127-137.

Spence. M.: Monopoly, quality and regulation. Bell Journal of Economics. vol. 6. 1973, S. 417-429.

Stumpf, U.: Is there a Place for Reserved Services?, Bad Honnef 1991.

Sweden Post: Annual Report 1988.

The Post Office: Report and Accounts 1988, 1989. 1990-91. 1989-90.

Zurhorst, B.: Neue Perspektiven für die "gelbe" Post. in: Zeitschrift für Post und Telekommunikation 2/89, S. 6-7.

Teil 4: Zusammenfassung und Ausblick

Funktion und Struktur der staatlichen Postpolitik (Berger)

I. Rückblick

II. Funktionen der Postpolitik

  II.1. Gewährleistung bedarfsgerechter Dienstleistungen

  II.2. Sicherung der finanziellen Interessen des staatlichen Eigentümers

  II.3. Sicherung einer ausgewogenen Infrastruktur

  II.4. Schaffung und Sicherung von Wettbewerbsstrukturen

  II.5. Verfolgung politischer Ziele allgemeiner Art

III. Gedanken zur Strukturierung der politischen Funktionen im Bereich der Postpolitik

  III.1. Trennung oder Zusammenfassung der Funktionen?

  III.2. Regulierung und politische Verantwortung

IV. Regulierung, Privatisierung und Wettbewerb

  IV.1. Umfang der Regulierungsaufgaben

  IV.2. Privatisierung und Wettbewerb

Funktion und Struktur der staatlichen Postpolitik

Heinz Berger*

I. Rückblick

Neben der allgemeinen Wirtschaftspolitik der Bundesrepublik Deutschland, deren Aufgabe es ist, Rahmendaten für die privaten Wirtschaftssubjekte zu setzen, gibt es bekanntlich für einzelne Branchen der Wirtschaft spezielle Politikbereiche. Als Beispiele seien hier aufgeführt: die Landwirtschaftspolitik, die Wohnungsbaupolitik, die Energiepolitik und eben die Postpolitik.

Gemeinsam ist allen diesen Politikbereichen, daß das von den politisch Verantwortlichen vermutete Ergebnis des wirtschaftlichen Handelns privater Unternehmen, wenn und soweit es nicht vom Staat beeinflußt wird, mit dem Ergebnis nicht übereinstimmt, das den politischen Akteuren erwünscht erscheint. Die Postpolitik ist also deshalb existent, weil sich in der Sphäre der Politik Auffassungen über einen wünschbaren Zustand in diesem Wirtschaftssektor gebildet haben und die politisch Handelnden der allgemeinen Wirtschaftpolitik und den von ihr gesetzten Rahmendaten nicht zutrauen, dieses gewünschte Ergebnis zu erreichen. Die Einflußnahmen aus dem politischen Bereich auf die Wirtschaftssektoren, auch auf den der Postdienstleistungen, die meist die Form von Gesetzen oder Verordnungen annehmen, werden heutzutage allgemein als (staatliche) Regulierung bezeichnet. Eine Frage, die hier zu beantworten ist, lautet demnach: "Welchen Zweck haben staatliche Regulierungen auf dem Sektor der Postdienstleistungen im Rahmen der marktwirtschaftlichen Wirtschaftsordnung" oder anders ausgedrückt "Welche Funktionen übt die staatliche Postpolitik aus?".

Die Postpolitik hat nicht nur <u>eine</u> Aufgabe und sie hat auch nicht nur <u>ein</u> Instrument zur Erfüllung ihrer Aufgaben. Im folgenden sollen die Aufgaben untersucht werden, die die staatliche Postpolitik in der politischen Situation nach den beiden Postreformen von 1989 und von 1995 erreichen will. Weiterhin ist zu fragen, welche Folgerungen man unter der Bedingung eines möglichst störungsfreien und effizienten politischen Handelns aus der Existenz der festgestellten Aufgaben für die Gestaltung der Struktur des Politikfeldes "Post" ziehen kann.

Bis zum Jahre 1989, dem Jahr der Postreform I, war das Post- und Fernmeldewesen so strukturiert, daß im Ministerium für das Post- und Fernmeldewesen Betrieb und staatliche Aufsicht über diesen Betrieb eine Einheit bildeten. Staatliche Postpolitik und Unternehmenspolitik der Deutschen Bundespost waren also nicht voneinander zu trennen. Bis 1989 war durch das Postverwaltungsgesetz von 1953 festgelegt, daß der Bundesminister für das Post- und Fernmeldewesen dafür verantwortlich war, daß die Deutsche Bundespost nach den Grundsätzen der Politik der Bundesrepublik Deutschland, insbesondere der Verkehrs-, Wirtschafts-, Finanz- und Sozialpolitik, „verwaltet" wurde . Dies bedeutete eine starke Einbindung der Deutschen Bundespost in die übrigen politischen Ziele

---

* Bundesministerium für Post und Telekommunikation. Der Beitrag gibt die persönliche Auffassung des Autors wieder.

der jeweiligen Bundesregierung. Man kann auch sagen, daß Postpolitik und allgemeine Politik sich trotz der Tatsache, daß die Deutsche Bundespost ein Sondervermögen darstellte, der Haushalt der Deutschen Bundespost also nicht im Rahmen der Aufstellung des Bundeshaushaltes erstellt wurde, eng vermischten. Auch die Tatsache, daß sich die Spitze der Deutschen Bundespost in den 70er Jahren als Unternehmensleitung bezeichnete, konnte nicht darüber hinwegtäuschen, daß sie einen Kompromiß zwischen den unternehmerischen Aufgaben der Deutschen Bundespost und politischen Zielen, die sich im Rahmen der Arbeit der Bundesregierung stellten, einzugehen hatte.

Noch deutlicher wird das Problem, wenn man bedenkt, daß das Postverwaltungsgesetz forderte, daß die Ausgaben der Deutschen Bundespost aus ihren Einnahmen zu bestreiten waren und daß Zuschüsse aus dem Bundeshaushalt nicht geleistet wurden. Hier zeigt sich, daß vor der Postreform I ein geradezu klassischer Zielkonflikt bei der Verfolgung der Postpolitik vorlag. Einerseits sollte die Deutsche Bundespost wie ein Unternehmen handeln, indem sie ihre eigenen Einnahmen aus Gebühren für Postdienstleistungen mit den Ausgaben zur Deckung brachte, andererseits sollte sie dazu beitragen, ausgabewirksame politische Ziele zu verwirklichen, die zum Teil außerhalb des Postsektors lagen. Dieser Zielkonflikt war Folge der vorgegebenen Struktur: Die Deutsche Bundespost war Bestandteil der Bundesverwaltung; darüber hinaus waren Aufsicht und Betrieb nicht voneinander getrennt. (An dieser Stelle sei auch erwähnt, daß das Postverwaltungsgesetz an keiner Stelle etwas über die Aufgaben der Deutschen Bundespost sagte. Insbesondere sagte es nichts über das Verhältnis zwischen Wirtschaftlichkeit einerseits und politischen Aufgaben andererseits. Auch fehlte ein Hinweis auf das Problem der Infrastruktur oder der Daseinsvorsorge).

Die Postreform I von 1989 hatte nun zu folgenden Strukturänderungen geführt: Die Deutsche Bundespost in ihrer ursprünglichen Form wurde in vier Teile aufgeteilt, das Ministerium auf der einen Seite und die drei Teilbetriebe "Deutsche Bundespost TELEKOM", "Deutsche Bundespost POSTDIENST" und "Deutsche Bundespost POSTBANK" auf der anderen Seite. Die Teilbetriebe waren im Gesetz als "Unternehmen" bezeichnet, um die unternehmerische Aufgabe dieser Einheiten deutlich werden zu lassen; jedoch war mit der Postreform I keine Privatisierung dieser drei als Unternehmen bezeichneten Einheiten verbunden, so daß der oft nicht verstandene Sachverhalt auftrat, daß die Deutsche Bundespost in ihren drei Einzelgebilden zwar als Unternehmen firmierte, es sich tatsächlich aber nach wie vor um Bestandteile der Bundesverwaltung handelte.

Zwei hauptsächliche Zielsetzungen waren durch die Postreform I gestellt worden, nämlich die Postunternehmen durch betriebswirtschaftliche Instrumente und Organisationsformen zu größerer Effektivität zu führen und durch Trennung des Ministeriums vom Postbetrieb dem Ministerium eine Aufsichtsfunktion zuzuweisen, die in der Hauptsache dem Ziel des Schutzes des Kunden und der Wettbewerber sowie der Infrastruktursicherung diente.

Diese strukturelle Trennung von Aufsicht und Postbetrieb hat sich insbesondere auf dem Telekommunikationssektor nach 1989 positiv für das Entstehen zusätzlichen Wettbewerbs ausgewirkt. Gleichwohl sah auch das Postverfassungsgesetz von 1989 Eingriffsmöglichkeiten zur Realisierung politischer Einflußnahmen über den Bereich der

Postpolitik hinaus vor, da die Postunternehmen ja Bestandteil der Bundesverwaltung geblieben waren. Diese Einflußnahme sollte in der Weise geschehen, daß das Bundesministerium für Post und Telekommunikation berechtigt war, den Unternehmen der Deutschen Bundespost durch Rechtsverordnungen politische Zielvorgaben zu machen. Die politischen Ziele waren dabei mit der wirtschaftlichen Leistungsfähigkeit der Unternehmen der Deutschen Bundespost in Einklang zu bringen.

Mit der Postreform I ist andererseits erstmals das Ziel der bestmöglichen Versorgung des Landes mit Postdienstleistungen, und es sind Aufgaben der Daseinsvorsorge und der Infrastrukturverpflichtung der Unternehmen der Deutschen Bundespost mit diesen Dienstleistungen vorgegeben worden. Die Postreform I hat also zum erstenmal den Unterschied zwischen den spezifisch postpolitischen Zielen der Infrastrukturgestaltung einerseits und allgemeinpolitischen Zielen andererseits deutlich gemacht. Dies ist im Vergleich zu der Situation vor 1989 als ein Fortschritt auf dem Weg der Deutschen Bundespost von einem Bestandteil des Staates und seiner allgemeinen Politik hin zu einem infrastrukturpolitisch verpflichteten Dienstleistungsunternehmen des Postsektors zu bewerten. Als wichtig ist hervorzuheben, daß das Poststrukturgesetz von 1989 mit dem vom Postbetrieb getrennten Ministerium eine organisatorische Einheit geschaffen hat, die durch die entsprechende Ausgestaltung ihrer Instrumente im Gesetz und durch die praktische Handhabung der gesetzlichen Regelungen eine staatliche, von der „Unternehmenspolitik“ der Postunternehmen unabhängige Politik zu betreiben hatte und betreiben konnte. Das Inkrafttreten des Poststrukturgesetzes im Jahr 1989 ist die eigentliche Geburtsstunde der staatlichen Postpolitik als Bestandteil der Wirtschaftspolitik. Staatliche Postpolitik und Unternehmenspolitik des Unternehmens Deutsche Bundespost POSTDIENST/ Deutsche Post AG gehören seither ebenso unterschiedlichen Bereichen an wie die allgemeine Wirtschaftspolitik und die Unternehmenspolitik etwa eines Industrieunternehmens unterschiedlichen Zielen dienen.

Die Postreform II von 1995 ist im wesentlichen dadurch gekennzeichnet, daß die im Jahre 1989 nur als Unternehmen bezeichneten, jedoch nach wie vor dem staatlichen Verwaltungsbereich zugehörigen Einheiten "Deutsche Bundespost TELEKOM", "Deutsche Bundespost POSTDIENST" und "Deutsche Bundespost POSTBANK" in die Rechtsform der Aktiengesellschaft überführt und damit auch rechtlich zu Unternehmen wurden. Sie heißen seit dem 01.01.1995: "Deutsche Telekom AG", "Deutsche Post AG" und "Deutsche Postbank AG". Mit der Übernahme der Rechtsform der Aktiengesellschaft ist zunächst einmal ein besserer Zugang der Unternehmen zum Kapitalmarkt verbunden. Ein zweites und ebenso wichtiges Ziel der Reform ist, daß der Zugriff des Staates als Eigentümer der Nachfolgeunternehmen der Deutschen Bundespost auf die Unternehmenspolitik der drei Unternehmen nicht mehr in Richtung auf eine Realisierung solcher politischer Ziele wirken kann, die außerhalb des Bereichs des jeweiligen Dienstleistungssektors liegen.

An dieser Stelle ist allerdings auf Kritik hinzuweisen, die an der Postreform II im Hinblick auf die entstandene Struktur laut geworden ist.[1] Die Kritik entzündet sich daran, daß zusätzlich zu den drei Unternehmen die Bundesanstalt für Post und Telekommunikation geschaffen worden ist. Diese Anstalt soll, wie es in der amtlichen Begründung zum Postneuordnungsgesetz heißt, der historisch gewachsenen Einheit des Post- und Fernmeldewesens sowie der Bedeutung der bisherigen Bundespost für die Infrastruktur Rechnung tragen. Darin komme, so die Kritik, das Bemühen zum Ausdruck, die bisherigen Strukturen soweit wie möglich zu erhalten und nur diejenigen organisatorischen Änderungen vorzunehmen, die unerläßlich sind, den Unternehmen den Zugang zu ausländischen Märkten und zum Kapitalmarkt zu öffnen. Ein weiterer Punkt, der Kritik auf sich gezogen hat, ist, daß es dazu kommen kann (vorgesehen ist), daß dieselben Personen einmal im Postministerium Regulierungsfunktionen und zum anderen im Aufsichtsrat der Unternehmen unternehmerische Funktionen wahrnehmen. Die Kritik sieht hierin (und auch in anderen Punkten) die Notwendigkeit, im Zuge weiterer Reformschritte für eine strikte personelle und institutionelle Trennung der Funktionen zu sorgen.

Wichtig ist, daß es nach der Postreform II das gesetzliche Instrument der politischen Zielvorgaben, das durch die Postreform I geschaffen worden war, nicht mehr gibt. Die Zukunft wird zeigen, ob etwa über den Aufsichtsrat der Unternehmen oder über den neugeschaffenen Regulierungsrat, in dem Vertreter des Bundestages und der Länder vertreten sind, der Versuch gemacht wird, politische Zielsetzungen allgemeiner Art zu verwirklichen.

Fassen wir zusammen, so gab es vor der Postreform I zwischen 1953 und dem Jahr 1989 die Situation, daß allgemeinpolitische Zielsetzungen und das finanzielle Interesse des Bundes an einer finanziell intakten Deutschen Bundespost miteinander in Ausgleich zu bringen waren. Mit der Postreform I wurden dann neben der Schaffung eines Ministeriums, das die Aufsicht über die Märkte führte, als Neuerung die Infrastrukturaufgaben für die drei Postunternehmen aufgenommen, die Möglichkeit, politische Zielsetzungen für die Postunternehmen vorzugeben, wurde geschaffen, allerdings in ihrem Umfang ausdrücklich an die Leistungsfähigkeit der Unternehmen der Deutschen Bundespost geknüpft und die finanzielle Stabilität der Postunternehmen blieb als zu verfolgendes Ziel der staatlichen Postpolitik erhalten. Mit der Postreform II sind, wie nach der Postreform I, die Infrastrukturaufgaben - nunmehr der Post AG -, und die finanziellen Interessen der Post AG bzw. ihres Eigentümers durch die Politik zu berücksichtigen. Ausdrücklich festgelegt ist, daß auch Wettbewerber entsprechende Dienstleistungen erbringen dürfen. Somit gilt es, auch die Interessen der Wettbewerber zusammen mit den übrigen Interessen zu berücksichtigen. Die gesetzlich begründete Möglichkeit der Vorgabe politischer Ziele allgemeiner Art, also solcher, die über infrastrukturpolitische Ziele im Bereich der Postdienstleistungen hinausgehen, ist nicht mehr gegeben. Dies ist ein weiterer Fortschritt auf dem Weg zu einem spezifisch auf Postdienstleistungen ausgerichteten Unternehmen.

[1] Wissenschaftlicher Beirat des Bundesministeriums für Wirtschaft: Orientierungen für eine Postreform III. Bonn 1995.

II. Funktionen der Postpolitik

Insgesamt zeigen sich im Zeitverlauf bei der Betrachtung der drei Gesetze (Postverwaltungsgesetz von 1953, Poststrukturgesetz von 1989 und Postneuordnungsgesetz von 1994) fünf Funktionen, für die die Politik Verantwortung trägt bzw. trug. Diese Funktionen der Postpolitik decken sich nicht mit den Aufgabenbereichen der Regulierung (siehe hierzu unter III.); es sind die folgenden Funktionen:

a) Gewährleistung bedarfsgerechter Dienstleistungen (nach Art, Qualität und Preis),

b) Sicherung der finanziellen Interessen des (staatlichen) Eigentümers der Deutschen Post AG,

c) Sicherung einer ausgewogenen Infrastruktur auf dem Sektor der Postdienstleistungen,

d) Schaffung und Sicherung von Wettbewerbsstrukturen,

e) Verfolgung politischer Ziele allgemeiner Art, die nicht zum Bereich der Postdienstleistungen zu zählen sind.

II.1. Gewährleistung bedarfsgerechter Dienstleistungen

Die Aufgabe der Politik ist es hier, insbesondere im Monopolbereich der Deutschen Post AG, die Preise daraufhin zu überwachen, ob sie nicht zu hoch sind. Zu hohe Preise würden einmal den Kunden stärker als notwendig belasten, andererseits wären sie eine Quelle für mögliche Quersubventionierungen in den Wettbewerbsbereich hinein, womit das Aufkommen von Wettbewerbern erschwert würde und damit wiederum auch dem Kunden, der durch fehlenden Wettbewerb Auswahlmöglichkeiten verliert und auf die Dynamik des Wettbewerbs verzichten muß, ein Nachteil zugefügt wird. Preisregulierung zieht zwangsläufig Qualitätsregulierung nach sich. Würde mit der Preisregulierung nicht gleichzeitig eine Qualitätsregulierung stattfinden, ergäbe sich die Situation, daß das regulierte Unternehmen zwar formal den vorgegeben Preis einhalten würde, das Preis/Leistungsverhältnis aus der Sicht des Kunden sich jedoch verschlechtern könnte, da es für das regulierte Unternehmen viele Möglichkeiten gibt, bei einem vorgegebenen Preis Kosten einzusparen; dies hätte unter Monopolbedingungen in der Regel nicht Rationalisierung zur Folge, sondern eine Senkung der Qualität der Dienstleistung. Eng damit verbunden ist die Aufgabe, auf Nutzungsbedingungen Einfluß zu nehmen. Die Nutzungsbedingungen können sich auf Zugangsmöglichkeiten zu den Dienstleistungen, auf Haftungsfragen sowie auf die Art und Weise der Abwicklung von Beschwerden beziehen.

Es ist darauf hinzuweisen, daß der Kundenschutz als Aufgabe der Postpolitik des Staates einerseits und die Aufgabe des Staates, für eine ausreichende Infrastruktur im Bereich der Postdienstleistungen zu sorgen, nicht deckungsgleich sind. Dies gilt jedenfalls dann, wenn der Grundsatz der Tarifeinheit im Raum weiterhin gelten soll und dann, wenn - wie in der Bundesrepublik Deutschland - eine unterschiedliche Verteilung der Bevölkerung über das Land hinweg gegeben ist, so daß die Versorgung des einzelnen Kunden mit Postdienstleistungen auf dem Lande teurer ist als in und zwischen Städten. Eine sehr ausgeprägte und damit kostenintensive Gestaltung bestimmter Qualitätskriterien zur Flächendeckung würde einen Teil der Kunden, nämlich die, die nicht in ländlichen Gebieten leben, über zu hohe Tarife benachteiligen. Umgekehrt würde eine Politik des Kundenschutzes, die sich in extremer Weise bei der Preisregulierung an unterschiedlichen Kostenstrukturen im Stadt-Land-Vergleich ausrichten würde, eine Beeinträchtigung der Erfüllung der Infrastrukturaufgabe, so wie sie allgemein verstanden wird, bedeuten.

II.2. Sicherung des finanziellen Interesses des staatlichen Eigentümers der Deutschen Post AG

Das finanzielle Interesse des Staates stand bereits bei der Herausnahme des Haushalts der Deutschen Reichspost aus dem Reichshaushalt im Jahre 1924 im Vordergrund. Die Deutsche Reichspost sollte damals nicht länger eine Belastung für den Reichshaushalt darstellen. Die Verpflichtung zur Eigenwirtschaftlichkeit, also die Verpflichtung, die Ausgaben aus den Einnahmen zu bestreiten, galt auch nach 1953 unbeschränkt fort. Die Postreformen I und II haben den Grundgedanken der Eigenwirtschaftlichkeit insoweit modifiziert, als sie ihn stärker als im Jahr 1924 und im Jahr 1953 auf die Einzelbereiche bzw. -unternehmen Post, Postbank und Fernmeldewesen (Telekommunikation) bezogen haben und damit die Interessengemeinschaft der Nutzer aller Dienstleistungen der früheren Deutschen Bundespost aufgelöst haben, um die Eigenverantwortung der Einzelbereiche zu stärken.

Bis 1989 herrschte im Bereich der späteren Deutschen Bundespost POSTDIENST die Auffassung vor, daß die "Gelbe Post" nicht ohne Subventionen aus dem Bereich des Fernmeldewesens auskommen könne. (Der Verfasser hatte eine größere Zahl von Veranstaltungen für Führungskräfte der Deutschen Bundespost mit dem damaligen Bundespostminister durchgeführt, in denen vehement und fast einhellig die soziale Aufgabe der "Gelben Post" für ihre Kunden betont wurde. Eine dauerhafte Unterstützungsbedürftigkeit der "Gelben Post" wurde aus dieser angenommenen sozialen Verpflichtung heraus bis auf wenige Ausnahmen von Angehörigen der Führungscrew der "Gelben Post" als selbstverständlich angesehen). Die späteren finanziellen Ergebnisse der Deutschen Bundespost POSTDIENST zeigen, daß eine strukturelle Änderung, die, wie hier, die Subventionsmöglichkeiten beschneidet, eigene Ressourcen der bisherigen Defizitbereiche zum Tragen bringen kann.

II.3. Sicherung einer ausgewogenen Infrastruktur

Die Infrastrukturaufgabe im Bereich des Postwesens ergibt sich aus der grundgesetzlich abgesicherten Verpflichtung des Staates festzulegen,

- welche Dienstleistungen (z. B. Briefe, Pakete) anzubieten sind und

- welche Ausprägungen die Dienstleistungen bzw. deren Qualitäten im einzelnen haben sollen (z. B. Gewichtsgrenzen, Sonderleistungen wie z. B. Eilzustellung, Laufzeiten, Einlieferungsmöglichkeiten, Zustellmodalitäten).

Der Grundgedanke für alle diese Festlegungen ist, daß der Staat die Aufgabe hat, der Deutschen Post AG und ggf. ihren Wettbewerbern hinsichtlich der infrastrukturell wichtigen Dienstleistungen Vorgaben zu machen. Die Vorgaben sollen nicht nur die Art der Dienstleistungen, die Bedingungen ihrer Nutzung, sondern insbesondere auch die örtliche Verteilung des Angebotes betreffen; letzteres, die sogenannte Flächendeckung, wird in Deutschland als ein wesentliches Merkmal der staatlichen Infrastrukturpolitik im Bereich der Postdienstleistungen angesehen.

II.4. Schaffung und Sicherung von Wettbewerbsstrukturen

Nach dem Grundsatz, daß in unserer Wirtschaftsordnung das Monopol die Ausnahme bilden soll, der Wettbewerb jedoch die Regel, ist im Bereich des Postwesens das Monopol auf die Übermittlung von Nachrichten von Person zu Person, also grob gesprochen auf einen Teil, allerdings den größten Teil, des Briefsektors beschränkt. Durch Lizenzen für private Anbieter wurde seit 1994 der Bereich des Monopols des Postdienstes weiter eingeschränkt. Nun ist die Deutsche Post AG aufgrund ihrer Verbreitung über ganz Deutschland, auch in allen ländlichen Gebieten, aufgrund ihres Bekanntheitsgrades und ihrer Staatsnähe und dem damit vom Kunden der Post AG gegenüber an den Tag gelegten Vertrauen im Vergleich zu neu aufkommenden Wettbewerbern trotz ihrer Infrastrukturverpflichtungen und trotz ungünstiger Kostenstrukturen, die auf früheren Entscheidungen beruhen, in gewisser Weise im Vorteil.

Die Aufgabe der Politik im Bereich des Postwesens ist es also auch, für einen fairen Wettbewerb zwischen der Post AG und den neu aufkommenden Wettbewerbern zu sorgen. Diese Aufgabe stellt sich im wesentlichen auf vier Teilgebieten. Das erste Gebiet ist die Preisgestaltung. Da die Deutsche Post AG nach wie vor über einen Monopolbereich verfügt, besteht grundsätzlich die Gefahr, daß im Bereich dieses Monopols Überschüsse erwirtschaftet werden, die dazu verwendet werden könnten, in den Wettbewerbsbereichen der Deutschen Post AG Defizite auszugleichen. Ein solcher Finanzausgleich würde dazu führen, daß neu aufkommende Wettbewerber, die über einen Monopolbereich nicht verfügen, benachteiligt sind. Die Aufgabe der Politik ist es hier also, darauf zu achten, daß in Wettbewerbsbereichen von der Deutschen Post AG nicht zu niedrige Preise angesetzt werden; deren unternehmensstrategischer Zweck könnte es sein, zur Verdrängung von Wettbewerbern aus dem Markt beizutragen oder Wettbewerbsunternehmen gar nicht erst aufkommen zu lassen.

Der zweite Bereich ist der der Zugangsmöglichkeiten zum Postdienst. Da aufgrund der oben dargelegten Gründe die Deutsche Post AG weiterhin eine dominante Marktposition hat, hat die Politik die Aufgabe, darauf zu achten, daß die Dienstleistungen der Deutschen Post AG auch Wettbewerbern zur Verfügung stehen. Zu diesen Dienstleistungen zählen auch solche, die es dem Kunden ermöglichen, das Versorgungsnetz der Deutschen Post AG auf kostensparende Weise zu nutzen. Konkrete Zugangsmöglichkeiten zum Netz können sein (neben der nächstgelegenen Einlieferungsmöglichkeit): Eine zentrale Verteilstelle, die Postfachanlage des Zielorts oder die direkte Einlieferung am Zustellort. Allerdings kann es nicht nur um die Gewährleistung der physischen Zugangsmöglichkeiten gehen. Weitere Voraussetzung ist, daß dem Einlieferer/ Wettbewerber der Post AG angemessene Entgeltermäßigungen für seine Vorleistungen zugestanden werden.[2]

Eine dritte Aufgabe ist es, den Marktzutritt über Lizenzierungsverfahren so zu steuern, daß die Infrastrukturversorgung insgesamt nicht gefährdet wird und gleichzeitig die Einschränkungen der allgemeinen Berufs- und Gewerbefreiheit auf das notwendige Minimum reduziert werden.[3]

Ein viertes Feld ist das der Investitionen im Postbereich aus der jüngsten Vergangenheit. Wie bereits erwähnt, wurde in den vergangenen Jahrzehnten der Bereich der "Gelben Post" aus dem Bereich der Telekommunikation subventioniert. Dies hat dazu geführt, daß im Bereich der "Gelben Post" Investitionen getätigt werden konnten, die bei Nichtvorhandensein dieser Subventionen aus dem Telekommunikationssektor nicht hätten getätigt werden können, weil die entsprechenden Finanzmittel nicht vorhanden gewesen wären. Dies bedeutet, daß aus der Vergangenheit Wettbewerbsverzerrungen in die Gegenwart und in die Zukunft hineinreichen. Konkret ist dies bei den Investitionen in die Frachtzentren der Post AG, die mit hohem Aufwand errichtet worden sind, festzustellen. Vergleichbares gilt für die Briefzentren, die jedoch nur in dem Bereich Wettbewerbsprobleme mit sich bringen können, in dem der Markt für den Wettbewerb frei ist oder durch Lizenzierung innerhalb des Monopolbereichs geöffnet wurde oder noch geöffnet wird. Hier besteht die Aufgabe des Staates zunächst in der Beobachtung des Grades der Wettbewerbsverzerrung zwischen der Deutschen Post AG und den privaten Paketbeförderern.

II.5. Verfolgung politischer Ziele allgemeiner Art

Die Forderung des Postverwaltungsgesetzes von 1953, daß die Deutsche Bundespost unter anderem die Verkehrs-, die Wirtschafts-, die Finanzpolitik- und Sozialpolitik zu berücksichtigen habe, ist häufig als eine Aufforderung für den Einsatz des Sondervermögens Deutsche Bundespost für politische Zwecke verstanden worden. Folgende Beispiele machen den Einfluß der Politik auf die Deutsche Bundespost deutlich:

[2] Siehe hierzu den Beitrag von Pieper und Stumpf in diesem Sammelband.
[3] Gröner, H./ Knorr, A.: Marktöffnung im Postbereich durch Lizenzierung?, Tübingen 1995.

- Nach dem Stabilitäts- und Wachstumsgesetz war die Deutsche Bundespost verpflichtet worden, unter bestimmten Bedingungen ihre Investitionen zeitlich zu verschieben und nach der konjunkturellen Situation auszurichten. Dies bedeutete, daß die Investitionen nicht zu einem betriebswirtschaftlich sinnvollen Zeitpunkt hätten vorgenommen werden können.

- Auch die Forderung von vielen gesellschaftlichen Gruppen gegenüber der Deutschen Bundespost, über den jeweiligen Bedarf hinaus Auszubildende einzustellen, gehört in die Kategorie des Einsatzes der Post für allgemeine politische Ziele. Es ist auch nur konsequent, daß diejenigen Kräfte im politischen Raum, die eine Ausbildung über den Bedarf hinaus forderten, auch eine dauerhafte Einstellung der Kräfte nach abgeschlossener Ausbildung für notwendig erachteten. Bei der Bewertung entsprechender Forderungen ist zu berücksichtigen, daß aufgrund der Monopolsituation und der spezifischen Arbeitsplatzanforderungen der Deutschen Bundespost die hier Ausgebildeten nur sehr schwer auf dem allgemeinen Arbeitsmarkt unterkommen konnten.

- Es war nicht möglich, bei der Planung einer Neustrukturierung der damaligen Mittelbehörden (Oberpostdirektionen) die Organisation so zu gestalten, daß die Direktionen eine einigermaßen vergleichbare Größenordnung gehabt hätten. Nach dem hier in die Diskussion gebrachten Verfassungsgrundsatz des länderfreundlichen Verhaltens des Bundes mußte in jedem Bundesland eine Oberpostdirektion beibehalten werden, was dazu führte, einen Größenunterschied dieser Organisationseinheiten im Verhältnis von etwa 1:10 beizubehalten.

Das große Problem der Einheit von Ministerium und Unternehmensleitung der Deutschen Bundespost war, daß nicht nur in der politischen Spitze über politische Maßnahmen entschieden wurde, sondern bereits die ausführenden Ebenen ihren betriebswirtschaftlichen Erwägungen auch allgemein-politische Überlegungen hinzufügten und zur Grundlage ihrer Planungen und Vorschläge an das Ministerium machten. Unternehmerische und politische Überlegungen mußten auf diese Weise auf mehreren Ebenen untrennbar miteinander vermischt werden. Ein großer Fortschritt der Postreform I war daher die Trennung von Politik (Ministerium) und Unternehmen. Die Vorschrift des Postverfassungsgesetzes von 1989, wonach den Unternehmen der Deutschen Bundespost politische Zielsetzungen vorgegeben werden konnten, hat zwar zu umfangreichen Ausarbeitungen und intensiven Diskussionen über die Bedeutung und konkrete Ausgestaltung dieser Zielsetzungen geführt. Naturgemäß haben die Unternehmen der Deutschen Bundespost eine restriktivere Auffassung von den Möglichkeiten ihrer Unternehmen dargelegt, politische Ziele zu realisieren, als es im Bereich der Politik (beispielsweise des Infrastrukturrates) der Fall war. Praktische Bedeutung haben die Vorarbeiten zu den politischen Zielvorgaben allerdings nicht bekommen.

III. Gedanken zur Strukturierung der politischen Funktionen im Bereich der Postpolitik

III.1. Trennung oder Zusammenfassung der Funktionen?

Die zu erörternde Frage lautet: "Wie können die oben dargestellten Funktionen der staatlichen Postpolitik in Organisationseinheiten zusammengeführt oder so auf Organisationseinheiten verteilt werden, daß eine störungsfreie und effiziente Postpolitik möglich wird?" Hier muß man bedenken, daß die Lösung der Konflikte, die es zwischen den verschiedenen Funktionen der Postpolitik gibt, nicht nur von der Organisationsstruktur abhängig ist. Allerdings beeinflußt die Organisationsstruktur die Art und Weise, wie die Konflikte ausgetragen werden sowie die Frage, welche Konflikte ausgetragen werden. Die Organisationsstruktur hat auch einen Einfluß darauf, mit welcher Intensität die Konflikte diskutiert werden. Weiterhin ist die Rangfolge der zu behandelnden Themen von der Organisationsstruktur abhängig. Dies gilt insbesondere für die Frage, in welchen Ministerien die politische Verantwortung für die beschriebenen Funktionen der staatlichen Postpolitik liegen soll.

Ein Grund für die Planung und Realisierung der Postreform I war die - auch durch EG-Recht geforderte - Trennung von politischem und betrieblichem Sektor im Rahmen der Postpolitik. Die zur Vorbereitung der Postreform I eingesetzte Regierungskommission Fernmeldewesen hatte zu der Frage, ob es für die Aufgaben der Existenz eines Ministeriums nach wie vor bedürfe, eindeutig festgestellt: "Der Informations- und Kommunikationssektor ist für Staat, Wirtschaft und Gesellschaft hinsichtlich seines finanziellen Volumens, der Wachstumsrate, der Innovationsgeschwindigkeit und des Arbeitsmarktes so bedeutsam und auch ordnungspolitisch problemreich, daß ein eigenständiges Ministerium nicht entbehrt werden kann."[4]

Was kann man hierzu aus heutiger Sicht sagen?[5] Einerseits kann man in der Tat feststellen, daß jede Organisationsform, die zu einer Trennung der Zuständigkeiten für unterschiedliche Aufgabenfelder beiträgt, den Entscheidungsprozeß erschwert oder ihn langsamer macht. Die Trennung von Zuständigkeiten und deren Verteilung auf unterschiedliche Ministerien aber bietet zugleich die Chance, daß Entscheidungen auch tatsächlich - wenn nötig - auf höherer Ebene gefällt werden, die Konflikte also tatsächlich behandelt und der Interessenausgleich gesucht und gefunden werden kann.

Die Zusammenfassung der Zuständigkeit mehrerer sachlich in Konflikt liegender Aufgaben erleichtert demgegenüber die Entscheidungsfindung. Doch dann fallen Entscheidungen sehr oft auf unterer Ebene oder auf der Basis verwaltungsinterner, in langen Jahren entstandener Prioritätensetzungen. Die Konflikte werden dadurch entsprechend sel-

[4] Regierungskommission Fernmeldewesen: Neuordnung der Telekommunikation. Heidelberg 1987, S. 108.

[5] Einem Teil der folgenden Ausführungen liegt die Arbeit von Weidig, I./ Wolff, H./ Schrape, K.: Doppelfunktion des BMPT; Wahrnehmung der Eigentümerrechte an den DBP-Unternehmen und Regulierungsinstanz für die Märkte von Post und Telekommunikation, unveröffentlichtes Manuskript, Prognos AG, Basel 1993, zugrunde.

ten ausgetragen, und es wächst die Gefahr, daß Entscheidungsträger durch eingespielte, in der Zeit vor den Postreformen entstandene Wertvorstellungen die technischen und wirtschaftlichen Veränderungen nicht erkennen und sich innovationsfeindlich verhalten. Dies gilt umso mehr, als das Personal des 1989 gebildeten Ministeriums für Post und Telekommunikation - zum weit überwiegenden Teil - aus dem Bestand der früheren Deutschen Bundespost übernommen wurde.

Je stärker die Zuständigkeit in einer Hand, sprich in einem Ministerium, zusammengefaßt wird, um so größer ist die Wahrscheinlichkeit, daß die anstehenden Konfliktfelder nicht oder nicht ausreichend gleichberechtigt behandelt werden. Besonders groß ist die Gefahr, daß der Versorgungsaspekt sich stärker durchsetzen wird, da die festzulegenden Details leicht faßbar sind und auch die entsprechenden Einflußgruppen wie Gewerkschaften, Abgeordnete von Bund und Ländern, Parteien und die Vertreter von Flächenländern im Sinne dieses Aspekts tätig sind. Auf der anderen Seite finden die Wettbewerbsinteressen im politischen Raum sehr viel weniger Unterstützung. Mit anderen Worten, es besteht die Gefahr, daß die Vertreter der Interessen der bereits seit langem existierenden Organisationen sich im politischen Kräftespiel stärker durchsetzen können, als die Interessen der hinsichtlich ihrer politischen Wirksamkeit schwachen oder noch gar nicht existierenden Wettbewerbsunternehmen. Im übrigen haben die Infrastrukturaufgaben wegen ihrer grundgesetzlichen Absicherung und aufgrund der Zusammensetzung des Regulierungsrates[6] (unter anderem 16 Vertreter der Bundesländer) eine sehr starke Position. Daraus ergibt sich die Notwendigkeit, den Wettbewerbsaspekt zukünftig stärker zu betonen.

Bis zum Inkrafttreten der Postreform II war das finanzielle Interesse des Bundes an der Deutschen Bundespost durch die Ablieferungen von zunächst 6 2/3-, dann 10% von den „Betriebseinnahmen" (Umsatz) abgesichert.

Durch die Postreform II haben sich in diesem Sektor die folgenden Aufgaben für den Bund ergeben: Er verwaltet die Aktien für die Bundesrepublik Deutschland, kauft und verkauft Aktien und verwaltet die Dividenden. Diese Aufgaben sind als Bestandteile der staatlichen Einnahmenverwaltung und damit als Verantwortungsbereich der Finanzpolitik anzusehen. Bislang werden sie vom Bundesminister für Post und Telekommunikation gemeinsam mit dem Bundesminister der Finanzen verantwortet. Im Interesse einer klaren Abgrenzung der politischen Verantwortung sind sie nicht als wirtschaftspolitische oder infrastrukturpolitische Aufgaben anzusehen. Aus ihnen ergeben sich auch keine Maßnahmen der Regulierung. Entscheidungen über Kapitalmaßnahmen etwa sind keine Regulierungsmaßnahmen. Regulierungsfunktion und Eigentümerfunktion sind gedanklich streng zu trennen.

Nach dieser Übersicht zu den Gesichtspunkten, die für oder gegen eine Trennung der staatlichen Postpolitik in einem Ministerium sprechen, stellt sich die Frage nach dem Merkmal, das zur Entscheidungsfindung herangezogen werden soll. Sucht man den Leitgedanken der Postreformen I und II, so wird man ihn in der Absicht finden, die deutsche Wirtschaft zu deregulieren. Deregulierung bedeutet zunächst die Abschaffung oder Re-

---

[6] Siehe hierzu Seite 42 und den Beitrag von Plagemann.

duzierung von staatlichen Vorschriften und der Behörden, die diese anwenden. Eine solche Politik führt zu Strukturveränderungen und soll dies tun. Strukturveränderungen, hier also die Anpassung von gegebenen Produktionsstrukturen an veränderte Produktionsmöglichkeiten, verändertes Nachfrageverhalten und (internationale) Wettbewerbsbedingungen, erfordern eine Neugewichtung der Produktionsfreiheit und der Freiheit der Berufsausübung gegenüber dem Gedanken des staatlichen Schutzes bestehender Angebotsstrukturen im Sektor der Postdienstleistungen.

Akzeptiert man dies, wird man eine Vergrößerung des Wettbewerbsbereichs im Sektor der Postdienstleistungen als notwendig anerkennen müssen. Am Ende besagt dies, daß die Organisationsstruktur der staatlichen Postpolitik dem Gedanken des Wettbewerbs stärker als bisher Geltung verschaffen muß. Die Unterstützung des Wettbewerbsgedankens ist - wie oben dargestellt - durch die Verlagerung der politischen Verantwortung für Wettbewerb in der Postpolitik in ein Ministerium, das für die Aufrechterhaltung des Wettbewerbsgedankens ganz allgemein wirkt, mit größerer Sicherheit zu erwarten, als dies bei einer Lösung zu erwarten ist, bei der innerhalb desselben Ministeriums Infrastruktursicherung und Wettbewerbssicherung gegeneinander abgewogen werden müssen. Dies heißt, daß eine Trennung der politischen Verantwortung für Wettbewerb und der politischen Verantwortung für die Infrastrukturgestaltung als die stärker zielgerichtete Organisationsstruktur in der Postpolitik anzusehen ist.

Das Ergebnis dieser Überlegungen lautet also wie folgt: Die politische Verantwortung ist zweckmäßigerweise auf drei Ministerien aufzuteilen. Die politische Verantwortung für den Bereich des Wettbewerbs liegt im Bereich des Wirtschaftsministeriums. Die politische Verantwortung für die Dienstleistungsqualität und die Infrastruktursicherung läge dann in einem Ministerium, das in Infrastrukturfragen ohnehin tätig ist; hier wäre an das Verkehrsministerium oder ein mögliches Infrastrukturministerium zu denken. Die politische Verantwortung für die finanzielle Stabilität der Postunternehmen, also auch der Deutschen Post AG, liegt beim Bundesfinanzministerium.

Die hier skizzierten Gedanken zu Mitwirkung und Mitverantwortung unterschiedlicher Politikbereiche haben ihre Bedeutung unabhängig davon, welchem Ministerium eine Regulierungsbehörde für den Postmarkt formal nachgeordnet sein wird.

III.2. Regulierung und politische Verantwortung

Die bisherigen strukturellen Überlegungen zur Postpolitik bezogen sich bislang ausschließlich auf die politische Verantwortung. Jedoch ist es im Postbereich wegen seiner politischen und wirtschaftlichen Bedeutung notwendig, zwischen der politischen Verantwortung, der Organisation der Regulierungsaufgaben und der Organisation der Leistungserbringung zu unterscheiden. (Allerdings bestehen zwischen den verschiedenen Organisationsebenen Wechselbeziehungen. Eine starke Verselbständigung der Unternehmensführung im Bereich der Erbringung der Dienstleistung, wie dies bei der Deutschen Post AG der Fall ist, stärkt die auf der politischen Ebene notwendige Auseinandersetzung zwischen der Rentabilitätsforderung, also dem Finanzaspekt einerseits und der infrastrukturpolitischen Aufgabenstellung andererseits). Über die zweckmäßige

Organisationsform der Leistungsebene ist bereits viel geschrieben worden und mit der Postreform II ist ja auch im politischen Raum die entsprechende Entscheidung gefällt worden: Die Deutsche Bundespost POSTDIENST wurde in die Deutsche Post AG umgewandelt. Die Leistungsebene braucht also hier nicht weiter erörtert zu werden.

Die Tatsache, daß die politische Verantwortung auf mehrere Ministerien verteilt sein sollte, sagt natürlich keineswegs, daß jedes der hier beispielhaft angesprochenen Ministerien eine eigene Regulierungsabteilung bzw. eine eigene nachgeordnete Regulierungsinstitution erhalten muß. Es erscheint vielmehr zweckmäßig, auf der Ebene der Regulierung, in der alle konkreten Einzelmaßnahmen der staatlichen Postpolitik sich gegenseitig beeinflussen, eine einheitliche Institution zu wählen. (Da wir hier über die Regulierung im Bereich der Postdienstleistungen sprechen, sei kurz erwähnt, daß es aus ordnungspolitischer Sicht keine Bedenken dagegen gibt, die Regulierung des Postmarktes und die Regulierung des Telekommunikationsmarktes aus Kostengründen in eine Institution zusammenzufassen. Da die Öffnung des Marktes für Wettbewerber im Sektor der Telekommunikation früher vorgenommen wurde, als dies für den Sektor der Postdienstleistungen der Fall war, können sich durch die Zusammenfassung von Regulierungsaufgaben Lernprozesse und Verbundvorteile für die Regulierung des Marktes für Postdienstleistungen ergeben. Selbstverständlich wäre aber auch eine getrennte Regulierung von Postdienstleistungen und Telekommunikationsdienstleistungen grundsätzlich möglich, wie dies das Beispiel von anderen Ländern zeigt.)

Sehr nachdrücklich ist insbesondere nach der Vergabe von Lizenzen im Bereich der Postdienstleistungen die Forderung erhoben worden, die Regulierungsbehörde nach der Postreform II müsse "unabhängig sein". Diese Forderung ist richtig, kann aber keineswegs bedeuten, daß es keine politische Verantwortung für den Bereich der Postdienstleistungen geben soll. Solange der Staat in einen Wirtschaftsbereich eingreift, muß es im Rahmen unserer politischen Ordnung eine politische Verantwortung für dieses Eingreifen geben. Die Forderung nach einer unabhängigen Regulierungsbehörde kann daher nur so verstanden werden, daß die Regulierungsbehörde von tagespolitischen Einflüssen möglichst unabhängig ist, nicht aber so, daß es keine politisch Verantwortlichen für die staatlichen Maßnahmen im Rahmen der Postpolitik geben sollte.

IV. Regulierung, Privatisierung und Wettbewerb

IV.1. Umfang der Regulierungsaufgaben

Von den oben beschriebenen fünf Bereichen politischer Verantwortung ist ein Funktionsbereich durch die Postreform II entfallen (Allgemeinpolitische Ziele), ein weiterer Bereich wurde als nicht zum Regulierungssektor gehörig eingeordnet (Verwaltung der Aktien, Finanzpolitik).

Demnach bleibt festzuhalten, daß von der staatlichen Regulierung vornehmlich drei Aufgaben wahrzunehmen sind, nämlich:

- der Schutz der Kunden vor dominanten Marktteilnehmern,

- der Schutz der vorhandenen und potentiellen Wettbewerber vor dominanten Marktteilnehmern und

- die Gewährleistung der gewünschten infrastrukturellen Versorgung.

Aus diesen Funktionen der Regulierung lassen sich die konkreten Aufgaben ableiten, die die Regulierungsbehörde in der Praxis zu bewältigen hat, nämlich:

- Ermittlung, bei welchen Dienstleistungen und in welchen Marktsegmenten eine staatliche Einflußnahme bzw. Regulierung überhaupt notwendig ist;

- Regelung des Marktzutritts über die Vergabe von Lizenzen;

- Preisregulierung; (hier ergibt sich die Frage, ob zur Preiskontrolle auch eine Kostenkontrolle gehört, denn nur bei effizienter Ausübung der Rechte aus den Lizenzen ist die Kostensituation eine ausreichende Grundlage für Preisgestaltung);

- Qualitätskontrolle;

- Verhaltenskontrolle; (hiermit ist gemeint, daß das Verhalten des dominanten Anbieters Deutsche Post AG Wettbewerber nicht behindern darf; hierzu gehört die Frage der Quersubventionierung sowie die Frage der Zugangsbedingungen zu dem Netz der Post AG).

Die Funktionen und die konkreten Aufgaben der Regulierung wurden deshalb noch einmal zusammengefaßt, weil hier deutlich wird, daß trotz der politischen Verantwortung bzw. Mitverantwortung verschiedener Stellen (Ministerien) aus dem politischem Bereich die Einflußnahme des Staates auf den Markt der Postdienstleistungen im konkreten Einzelfall von einer einzigen Dienststelle ausgehen muß. Alle aufgeführten Ziele und Aufgaben hängen sehr eng miteinander zusammen und es würde dem angestrebten Ziel der Unabhängigkeit der staatlichen Eingriffe von der Tagespolitik zuwiderlaufen, wollte man einen unmittelbaren und ständigen Einfluß der politisch verantwortlichen Ministerien auf die Regulierungsarbeit ermöglichen. Dies bedeutet, daß die Regulierungsbehörde einen Schutz vor zu intensiver und tagespolitischer Einflußnahme aus den verantwortlichen bzw. mitverantwortlichen Ministerien oder auch anderen politischen Einheiten benötigt. Dieser Schutz kann zum einen dadurch erfolgen, daß der Leiter der Behörde nur unter sehr eng gefaßten Bedingungen entlassen werden kann und zum anderen dadurch, daß politische Einflußnahmen nur wirksam werden, wenn sie durch ein allgemein anerkanntes Gremium bestätigt werden. Nach Ansicht des Verfassers sollte dieses Gremium nicht fast ausschließlich, wie das beim Infrastrukturrat nach der Postreform I und beim Regulierungsrat nach der Postreform II der Fall war bzw. ist, auf Infrastrukturfragen ausgerichtet sein. Fragen der Leistungsfähigkeit und Fragen des Wettbewerbs müssen eine ebenso wichtige Rolle spielen. Auch ist es ganz entscheidend, die Aufgaben der Regulierungsbehörde einerseits und die der im politischen Raum verantwortlichen Ministerien andererseits möglichst genau festzulegen.

In jüngster Zeit ist für den Telekommunikationsbereich der Vorschlag gemacht worden, die Regulierung dem Kartellamt zu übertragen. Der Verfasser ist zum einen der Auffassung, daß nach Jahrhunderten des Postmonopols (in einem Sektor der Postdienstleistungen) nun ein längerfristiger Prozeß des Übergangs vom Monopoldenken zum Wettbewerbsdenken zu gestalten ist. Es geht hier nicht darum, die Entstehung einer marktbeherrschenden Stellung von Unternehmen auf dem Markt zu verhindern, wie es der Aufgabe des Kartellamtes entspricht, sondern die vom Staat geschaffene Monopolstellung im Bereich der Postdienstleistungen sukzessive aufzuheben. Dabei ist die Änderung des Denkens in Kategorien des Wettbewerbs nicht ausschließlich beim Anbieter erforderlich, sondern im gesamten Markt. Zum zweiten ist darauf hinzuweisen, daß zeitlich parallel zur Schaffung von Wettbewerbsstrukturen ein Instrumentarium zu schaffen und anzuwenden ist, das die grundgesetzlich abgesicherte Infrastrukturverpflichtung des Staates in praktische Postpolitik umsetzen kann. Dies ist ein dynamischer Prozeß, der mit fortschreitendem Wettbewerb für einen jetzt noch nicht absehbaren Zeitraum immer neue Aufgaben der Wettbewerbs- und Infrastrukturgestaltung mit sich bringt. Eine solche Situation eines zeitlich nicht sehr eng zu begrenzenden Übergangs vom Monopol in den Wettbewerb ist eine Aufgabe, die nicht typisch für die bisherige Arbeit des Kartellamtes ist. Für den Postsektor jedenfalls erscheint eine starke, von kurzfristigen politischen Einflußnahmen unabhängige und durch ein anerkanntes Expertengremium unterstützte Regulierungsbehörde die Gewähr dafür zu bieten, daß der schwierige Übergang vom Monopol zum Wettbewerb bei Aufrechterhaltung einer leistungsfähigen Infrastruktur ohne unnötige Störungen gelingt.

In diesem Zusammenhang wurde auch die Frage diskutiert, ob eine Regulierungsbehörde als oberste Bundesbehörde ausgestaltet werden sollte, wie dies beispielsweise die Deutsche Bundesbank oder der Bundesrechnungshof sind. Wägt man die Aufgaben der Bundesbank und des Rechnungshofes einerseits mit den Regulierungsaufgaben im Bereich der Postdienstleistungen andererseits ab, so wird man wohl zu dem Ergebnis kommen müssen, daß es unwahrscheinlich ist, im politischen Raum einmal eine Entscheidung für eine oberste Bundesbehörde zur Regulierung von Postdienstleistungen (Telekommunikationsdienstleistungen) zu erreichen. Denkbar und politisch vielleicht auch akzeptabel wäre eine oberste Regulierungsbehörde nur dann, wenn deren Existenz im vorhinein zeitlich befristet würde. In der Folge gehen die Überlegungen zur Organisationsform allerdings von dem realistischeren Gedanken aus, daß die Regulierung von Postdienstleistungen in einer oberen Bundesbehörde vorgenommen wird.

IV.2. Privatisierung und Wettbewerb

Ein wichtiges Ziel der Postreform I war, die betriebliche Seite der früheren Deutschen Bundespost durch deren Aufteilung zu stärken. Das Management sollte sich auf jeweils einen der ganz unterschiedlichen Märkte von Telekommunikation, Postdienstleistungen und (speziellen) Bankdienstleistungen einstellen können, um dadurch die Wettbewerbsfähigkeit der „Unternehmen" zu verbessern. Instrumente der Unternehmensführung z.B. in den Bereichen Organisation, Personalführung, Produktion und Marketing sollten die Wirtschaftlichkeit erhöhen. Schließlich sollte durch Reduzierung der Querfinanzierung zwischen den Unternehmen deren Eigenverantwortung gestärkt und die Bereitschaft, in den einzelnen Bereichen innerhalb der einzelnen „Unternehmen“ Kostendeckung zu erzielen, angehoben werden. Die Postreform II hat dann das Finanzierungspotential der Unternehmen durch die Möglichkeit des Zugriffs auf den Aktienmarkt sowie die Unabhängigkeit dieser bisher noch im Staatseigentum befindlichen Unternehmen gegenüber politisch motivierten Eingriffen vergrößert.

Uns stellt sich nun die Frage, wie - im Hinblick auf die Zielsetzung der Deregulierung - die Verbesserung der Wettbewerbsfähigkeit der Deutschen Post AG mit dem Ziel der Schaffung von neuen Wettbewerbsstrukturen im Postmarkt zu vereinbaren ist.

Zunächst gibt es bei statischer Betrachtung grundsätzlich einen Zielkonflikt zwischen dem Ziel „Stärkung der Deutschen Post AG für den Wettbewerb“ einerseits und dem Ziel „Schaffung von zusätzlichem Wettbewerb“ (insbesondere durch kleinere und mittlere Unternehmen) andererseits. Natürlich kann es nicht das Ziel der staatlichen Postpolitik sein, zugunsten von Neueinsteigern im Markt der Postdienstleistungen auf Effizienzgewinne bei dem dominanten Anbieter Deutsche Post AG zu verzichten. Allerdings ist eine wesentliche Voraussetzung für den Aufbau eines Wettbewerbsmarktes im Bereich der Postdienstleistungen, daß es der Regulierung gelingt, Geldflüsse vom Monopolbereich der Post AG in deren Wettbewerbsbereich hinein zu verhindern. Dies gilt insbesondere für die Bereiche, die erst in jüngster Zeit für den Wettbewerb geöffnet wurden.

Will man die Querfinanzierung beim Monopolunternehmen Deutsche Post AG verhindern, ist das Problem der „richtigen“ Zurechnung der Ressourcen, die gemeinsam von den Wettbewerbsbereichen und dem Monopolsektor der Deutschen Post AG genutzt werden, zu lösen. Die Erfahrungen der Regulierungsbehörden in Deutschland und in anderen Ländern zeigen, wie schwierig es ist, diese Aufgabe zufriedenstellend zu erledigen.

Sollte es sich erweisen, daß auf längere Sicht eine Lösung des Problems der Querfinanzierung von Wettbewerbsbereichen der Post AG nicht möglich ist, weil entweder der Umfang der Querfinanzierung nicht sicher erkannt oder erkannte Quersubventionierung, die den Wettbewerb behindert, nicht abgestellt werden kann, müßte grundsätzlich an eine Aufteilung der Deutschen Post AG in rechtlich voneinander unabhängige und damit getrennt Rechnung legende Unternehmen gedacht werden. Man kann hier an eine Aufteilung in zwei Unternehmen denken, (Monopol- und Wettbewerbsbereich). Auch wäre eine Aufteilung nach britischem Vorbild denkbar (Paketdienst, Briefdienst, Schalterdienst). Das mögliche Argument, daß nach einer Aufteilung eines Unternehmens das Problem der „richtigen“ Verrechnungspreise für die gegenseitig in Anspruch genommenen Leistungen bleibt, hat kein besonderes Gewicht. Das Beispiel der Abrechnung der Inanspruchnahme der Schalter der Deutschen Post AG durch die Deutsche Postbank AG, das im wesentlichen die Frage beinhaltet, ob die Kosten der Post AG oder die Preise für Schalter „vom Markt“ der Abrechnung zugrundegelegt werden, zeigt: Es kommt zwischen selbständigen Unternehmen zu einer offensiveren Auseinandersetzung über den anzusetzenden Preis als innerhalb eines Unternehmens.

Die Tatsache, daß in Deutschland das Sendungsaufkommen bei Briefsendungen pro Kopf der Bevölkerung zum Teil deutlich niedriger liegt als in anderen europäischen Ländern und den USA, kann im wesentlichen auf die hohen deutschen Preise im Briefsektor zurückgeführt werden. Die Rationalisierungspotentiale der Deutschen Post AG, die der Wettbewerb in reale Kostensenkungen umwandeln kann, führen zu Preissenkungsspielräumen. Da der internationale Vergleich zeigt, daß die Nachfrage nicht preisunelastisch ist, werden Kostensenkungen zu einer Nachfragesteigerung führen.

Wettbewerb führt also zu einem Wachstum des Gesamtmarktes, wenn, wie hier, Preissenkungspielräume vorhanden sind und genutzt werden. Dies wiederum bedeutet, daß die unter der Bedingung eines feststehenden Marktvolumens getroffene Aussage eines Zielkonflikts zwischen der Stärkung des (bislang noch) staatlichen Postunternehmens und der Förderung privater Wettbewerbsunternehmen in der Realität nicht haltbar ist, wenn sich die Führung der Post AG rational verhält und die Kostensenkungsspielräume nutzt.

Literatur

Gröner, H./ Knorr, A.: Marktöffnung im Postbereich durch Lizenzierung?. Tübingen 1995.

Neumann, K.-H.: Rahmenbedingungen für die Kommunikationspolitik der DBP, in: Diederich, H./ Hamm, W./ Zohlnhöfer, W. (Hrsg.): Die Deutsche Bundespost im Spannungsfeld der Wirtschaftspolitik, Heidelberg 1987.

Regierungskommission Fernmeldewesen: Neuordnung der Telekommunikation. Heidelberg 1987.

Roland Berger & Partner: Internationaler Effizienzvergleich von Unternehmen in Postmärkten, unveröffentlichter Bericht, München 1993.

Weidig, I./ Wolff, H./ Schrape, K.: Doppelfunktion des BMPT: Wahrnehmung der Eigentümerrechte an den DBP-Unternehmen und Regulierungsinstanz für die Märkte von Post und Telekommunikation, unveröffentlichtes Manuskript, Prognos AG, Basel 1993.

Wissenschaftlicher Beirat des Bundesministeriums für Wirtschaft: Orientierungen für eine Postreform III, Bonn 1995.

Stichwortverzeichnis

Ausschreibung 36; 216 ff.; 238, 242 ff.
Averch-Johnson-Effekt 38; 240; 254

Beförderungspflicht 138
Beförderungsvorbehalt 65 ff.
Betriebspflicht 16; 23; 67; 229
Bundesamt für Post und Telekommunikation (BAPT) 39; 78; 84; 136

CEPT 30; 217
Contestable Markets 22; 93; 98; 103 ff.; 119
Corbeau-Entscheidung 34 f.; 86 f.

Datenschutz 63 ff.
Deregulierung 22; 36; 43; 95; 104 f.; 108; 119 ff.; 127; 130; 132; 161; 165; 169; 172; 177; 210 f.; 221 ff.; 245; 327; 332
Dienstleistungsfreiheit 85
Dokumentenaustauschdienst 22; 178; 233; 236

Economies of Scale s. Größenvorteile
Economies of Scope s. Verbundvorteile
EG-Vertrag 85 ff.
Eintrittsverhinderung 40
Endvergütung 30 f.; 88, 210; 217
Entbündelung 130 ff.
Europäischer Gerichtshof 34 f.; 75; 86 f.
Expreßpost 156 f.
Externalitäten 22 f.; 114 f.

Fernsprechdienst 166 ff.

Genehmigungsrechte 81 f.
Gesetz über die Regulierung der Telekommunikation und des Postwesens (PTRegG) 53 ff.
Größenvorteile 20; 96 f.; 109 f.; 130 ff.; 206; 214; 222; 269; 279
Grundgesetz 51 ff.
Grünbuch Post 13; 26 ff.; 32 ff.; 87 f.; 135; 181; 189

Incremental-Cost-Test s. Zusatzkostentest
Infrastruktur 24 ff.; 37; 54; 62; 125; 138; 162; 168; 193; 218; 232; 318; 321 ff.; 331
Infrastrukturaufgaben 23; 36; 88; 193; 320; 327
Infrastrukturfonds 36 f.; 203 ff.
Infrastrukturrat 55 ff.; 82 f.; 330
Interconnection 212 f.; 275
Interne Subventionierung 107; 114; 118; 206; 217; 222
Irreversibilitäten 100; 104 ff.; 129; 212 f.; 232

Japan Post 190 ff.

Kommission der Europäischen Gemeinschaften 18; 26; 30 ff.; 87 f.; 181; 197; 203 ff.; 231; 265
Komponentenpreisbildung 282; 286 f.
Konsolidierer 266; 275 ff.
Kontrahierungszwang 23; 33; 58; 60; 127; 218; 239
Kundenschutz 39
Kurierdienste 17; 21; 28; 49 f.; 72 f.; 118; 140 f; 156 f.; 171; 227; 233; 278; 291

Laufzeitmessung 136; 165; 196
Lizenzierung 35 f.; 227 ff.

Marktmacht 106; 197; 213 ff.; 222; 237; 240 ff.; 253; 261
Marktmachtregulierung 212 ff.
Marktversagen 19 f.; 23; 93 ff.; 108
Massensendungen 18; 32 f.; 75 ff.; 126 f.; 135 f.; 150 ff.; 186 ff.; 227; 268 ff.; 285
Mobilfunk 166 ff.

Natürliches Monopol 20; 96 ff.; 111; 113; 118; 132; 227 f.
Netzzugang 214; 265 ff.
New Zealand Post (NZP) 192 ff; 228; 233; 255

OFTEL 303
Ordnungswidrigkeit 78; 85; 127

Paketdienste 17; 49; 137 ff.
Pflichtleistungen 23 f.; 42; 54 f.; 60 ff.; 81 f.; 126; 138; 143 ff.; 196
Pflichtleistungsverordnung 23; 59 ff.; 138; 143; 146; 196
Postdienstverordnung 23; 56; 59
Postgesetz 57 ff.
Postmonopol s. Beförderungsvorbehalt
Post Office 19; 109 f.; 179 ff.; 234; 255; 261; 293
Post Office Users' National Council (POUNC) 181; 293
Postverfassungsgesetz 53 ff.
Postzeitungsdienst 61; 141 ff.; 195
Preisdifferenzierung 118; 205; 285
Preisregulierung 37 f.; 82 f.; 184; 214; 239 f.; 247; 249; 255 ff; 303 f.; 321 f.; 330
Pressepost 143 f.; 195; 206
Price-Cap-Regulierung 38; 214; 255 ff.; 305
Privatisierung 41; 50; 52; 84; 98; 108 f.; 119; 121; 178 f.; 187 f.; 197; 255; 318; 329; 331 ff.
Produktionsstufen 21; 107; 118; 125 ff; 210 f.; 217; 227; 233 ff.; 245
Proportionalitätsprinzip 26; 208 f.
PTT Post Nederland 188 ff.; 197; 255

Qualitätsindex 39; 304 ff.
Qualitätsprofil 159; 161; 169 f.
Qualitätsregulierung 37 ff.; 83 f.; 165; 173; 195; 209; 291; 300; 304; 310; 321
Quersubventionierung 23; 39 f.; 127; 206; 332

Rate-of-Return-Regulierung 252 ff.; 305
Regulierungsrat 42; 57; 59; 71; 76; 81; 89; 153; 250; 320
Remailing 30 f.; 77; 90; 135; 209; 217; 221; 234
Rent Seeking 20; 43
Reservierter Bereich 33 f., 209
RPI-X-Regel s. Price-Cap-Regulierung
Rosinenpicken 33; 36; 103; 206; 210 f.; 282 ff.
Royal Mail 33; 130; 179 ff.; 255
Ruinöse Konkurrenz 96

Skalenerträge 206; 222; 279
Staatsversagen 108
Subadditivität 96 ff.; 108
Sunk Costs s. versunkene Kosten
Sustainability 104; 213
Sweden Post 19; 182 ff.; 293; 308 ff.

Tarifeinheit im Raum 62; 113; 117; 138; 184; 207; 210; 263; 284 f; 322
Telefax 135; 162 ff.; 232; 259; 299
Telefon 116; 135; 140; 163 ff.; 231; 259 f.; 299
Transaktionskosten 108; 123; 128; 130 ff.; 212; 238; 242

Überkapazitäten 39 ff.
United States Postal Service (USPS) 185 ff.; 229; 234

Universaldienst 26; 88; 178; 203 ff.; 249

Verbundvorteile 20; 98; 101; 110; 113; 120; 128 ff.; 206; 216; 263; 269 ff.; 329
Verkehrsaffinität 169 f.
Verkehrswertigkeit 163 f.; 169 ff.
Versunkene Kosten 22; 41; 104; 129 f.; 144; 212; 222; 232
Vertikale Integration 128 ff.; 217

Wegfallkosten 144
Weltpostkongreß 13
Weltpostverein 13; 30; 44; 60; 77; 182 ff.; 196
Werkverkehr 141; 155; 291
Wettbewerbsschutz 37; 39; 126 ff.; 134
Widerspruchsrechte 82

X-Ineffizienz 113; 204; 240

Zeitschriftendistribution 49; 69; 126; 133; 142 ff.; 186; 189; 191; 195; 207
Zeitungsdistribution 49; 67 ff.; 126; 133; 137; 142 ff.; 186; 189; 191; 195; 207
Zusatzkosten 41; 98; 101 f.; 144; 205 f.; 211; 216
Zusatzkostentest 40 f.; 101

www.ingramcontent.com/pod-product-compliance
Lightning Source LLC
LaVergne TN
LVHW091725021026
849161LV00003BA/316
* 9 7 8 3 4 8 6 2 2 7 4 9 9 *